Für Frau Dr. Tyron

Möge Sie mein Buch beim Lesen erfreuen und nachdenklich stimmen.

Mit guten Wünschen

Gerhard Häusler

Barchfeld, den 30.9.08

VL

Gerhard Hörselmann

Nepal.

Ein Tagebuch der Begegnungen

VNL

Verlag Neue Literatur
Jena · Plauen · Quedlinburg
2005

Bibliografische Information Der Deutschen Bibliothek:
Die Deutsche Bibliothek verzeichnet diese Publikation in der Deutschen Nationalbibliografie; detaillierte bibliografische Daten sind im Internet über http://dnb.ddb.de abrufbar.

www.vnl.de

Fotos: Gerhard Hörselmann
Titelbild: Mingma – Im Hintergrund der schelmisch lächelnde Mindu
Gesamtherstellung: Satzart Plauen
Printed in Germany

2. Auflage 2006

ISBN 3-938157-33-X

Meiner Frau Martina,
meiner Tochter Katja und
meiner Enkelin Elise gewidmet.

Vorwort

Etwas ist verborgen. Geh, entdecke es.
Geh und schau nach, was hinter dem Gebirge ist.
Etwas ist hinter den Ketten des Gebirges verloren gegangen.
Es ist verloren gegangen und wartet dort auf dich.
Geh!

(Rudyard Kipling)

Eine Erinnerung an meine Schulzeit ist wach und stark geblieben. Sie wurde bewusst oder unterbewusst durch Lebensumstände und Berührungspunkte, welche diese Erinnerung immer wieder auffrischten, bis in mein gegenwärtiges Leben getragen.

Der Ursprung für eine übersteigerte Aufmerksamkeit für einen Teil der Erde liegt für mich zweifellos in der großen Landkarte mit der Gesamtdarstellung der Kontinente. Diese Weltkarte wurde vor dem Geografieunterricht immer von zwei verantwortlichen Schülern aus dem Kartenraum geholt, aufgerollt und am Kartenständer vor der Wandtafel aufgehängt.

Zu meiner Schulzeit waren diese Karten einfach strukturiert, die Weltmeere und Seen waren blau, die Ebenen grün und die Gebirge zeigten sich in unterschiedlichen Brauntönen.

Schon vor Beginn des Unterrichtes hefteten sich meine Augen auf eine große, halbrund geschwungene tiefbraune Fläche in Nordindien. Immer verträumter wurde mein Blick auf dieses für mich geheimnisvolle, große asiatische Gebiet. Wieder und wieder las ich die Bezeichnung »Hochland von Tibet«.

Dieses kräftige Braun über einem solch großen Gebiet, mit dieser beträchtlichen Höhe, faszinierte mich umso mehr, je länger ich mich in Vorstellungen verlor, wie wohl die Landschaft in der Wirklichkeit aussehen mochte und was für Menschen fernab von meiner Heimat unter welchen Umständen lebten. Ich versuchte mir lebendige und bewegte Bilder vorzustellen. Es war vergeblich, sie verschwammen in rätselhaft-mystischen Formen und alles Wirkliche blieb unter dem braunen Abstraktum der Landkarte verborgen.

Aber es gab für mich etwas auf der Erdkarte, das eine noch größere Faszination hervorrief: Das Tibetische Hochland wurde von Nordwesten nach Südosten von einem Gebirgszug in dunkelstem Braun umkränzt. Ich fand kein Braun auf der Landkarte, das eine noch größere Sättigung aufwies. Und was stand auf dem langen Bogen, der sich gigantisch in die besagten Himmelsrichtungen ausdehnte? – Himalaja! Was meine jugendliche Vorstellungskraft überforderte, ist heute, nachdem ich viel über das gewaltigste Gebirge unserer Erde gelesen habe, vorstellbarer geworden. Nachdem wir, meine Frau Martina und ich, ein Land bereisten, das dem Himalaja am nächsten liegt und in dem das Tibetische ein Teil der Kultur und der Religion dieses Landes und dieses Gebirges ist, sind wir auch den Menschen näher gekommen, den Menschen von Nepal.

Der Gedanke, dieses Land zu sehen, schwelte schon lange in mir. Er reifte nur langsam, obwohl schon seit längerer Zeit die Möglichkeit bestand, in ein Flugzeug zu steigen und der asiatischen Sonne entgegenzufliegen.

Nach der Grenzöffnung des östlichen Deutschlands in alle Richtungen und Länder der Erde vergingen die Jahre. Ich ließ dem unbewussten Heranreifen der außergewöhnlichen Reiseabsicht Zeit, ohne sie in weite Ferne zu rücken.

Liegt darin vielleicht ein verborgenes Geheimnis? Darin, dass wir warten konnten, um alles tiefer zu erleben, und dass unser Aufenthalt so nachdrücklich wirkte, dass ich mein stichpunktartig abgefasstes Tagebuch mit begeisterter Kraftanstrengung in meiner knappen Freizeit in eine lesbare Form brachte? Dass ich mich außerdem auf das unwiderstehliche Wagnis einließ, es in Buchform zu bringen und zu veröffentlichen?

Es gab nicht wenige Freunde und Bekannte, die mich ermutigten, alles Erlebte aufzuschreiben, um sie daran teilhaben zu lassen. Sie motivierten mich, indem sie sich beharrlich nach der Fertigstellung meiner Erzählung erkundigten. Diese Tatsache hat meine Kraft zum Schreiben belebt.

Wir verweilten vier Wochen auf dem »Dach der Welt«, umrundeten das Annapurna-Bergmassiv und verbrachten gut drei Wochen unter komfortlosen Bedingungen im Zelt. Das mag auf den ersten Blick und aus der strengen Sicht eines »Normalurlaubers« eine Schmälerung sein, die sich jedoch und letztendlich als einsichts- und erkenntnisreich herausstellte, auch wenn sich vieles, was wir sahen und erlebten, unserem tieferen Verständnis entzog.

Je länger wir in den Bergen unterwegs waren, desto mehr wurde mir bewusst, dass der Himalaja mehr ist als ein geologisch nüchternes und kaltes Gebirge, welches nur aus Höhenangaben besteht und in dem es gilt den puren sportlichen Ehrgeiz zu befriedigen.

Zur Großartigkeit der größten Erhebungen unserer Erde gehören die Menschen mit ihren Religionen, Lebensauffassungen und vor allem ihrer Lebensbewältigung in schöner, aber rauer und entbehrungsreicher Natur, die bedenkenswerte Impulse in mir auslösten.

Gerhard Hörselmann

Sanibar (Samstag), den 25. Oktober 2003

Kathmandu

»Namaste!« ist das erste Wort in Nepali, das wir verstehen und deshalb auch aus dem Stimmenwirrwarr und dem Tumult des Flughafens Tribhuvan heraushören.

Das in der Vergangenheit über Nepal Gelesene verweilte stumm in mir. Ich hatte versucht meine Einbildungskraft zu beflügeln, aber dennoch war die Frage, wie dieses Begrüßungswort ausgesprochen wird und wie wir diese fremdartige Sprache in uns aufnehmen würden, offen geblieben.

Die Flughafenbeamten sind diejenigen Nepalesen, die uns in den fremden Klang der Sprache einweihen und von denen wir die ersten zusammenhängenden Sätze vernehmen. Es sind vorwiegend Worte, die einen amtlichen Zweck erfüllen. Wir stehen am Schalter und warten auf die Erteilung unserer Visa. Die Beamten sprechen langsam und aus der Warteschlange heraus beobachte ich mit aufkommender europäischer Ungeduld: Sie arbeiten auch langsam. Du darfst Nepal nicht an europäischen Maßstäben messen, du musst Nepal verstehen und du sollst Nepal nicht verändern, es soll dich verändern!

Ich denke über die Empfehlungssätze nach und dränge die Ungeduld mühsam zurück. Sie ist nur für kurze Zeit der Verlierer dieses Zweikampfes, sie bäumt sich auf und ich treffe eine schnelle Entscheidung, den Wechsel in die vermeintlich kürzere »Wartegemeinschaft« am Schalter gleich nebenan. Auch da ist die Bearbeitungsgeschwindigkeit schleppend und auch diese Männer tragen Topi, die traditionellen Kappen der nepalesischen Männer, auf dem Kopf. Sind sie ein Markenzeichen für die lässige Behäbigkeit der zahlreichen Flughafenbeamten?

Vor uns steht ein Franzose, der sich als Organisator für eine größere Reisegruppe entpuppt, deren Visa er im Sammelauftrag gemächlich bearbeiten lässt. Die Zeit dehnt sich erneut, unsere innere Hast wird auf eine neue Probe gestellt. Sie ist eine erste Lehrmaßnahme für mehr Geduld im Sinne von »Zeit haben«.

Der Weg durch das Flughafengebäude verläuft ohne weitere bürokratische Auffälligkeiten und Hindernisse. Die Sicherheitskontrolleure sitzen gelangweilt auf Holzstühlen und lösen per Knopfdruck »pro forma« die routinemäßige Vorwärtsbewegung des Transportbandes eines Durchleuchtungsdetektors aus. Der Inhalt der Gepäckstücke scheint die Beamten nur beiläufig zu interessieren. Jeder Koffer, Rucksack oder Seesack, so kommt es mir vor, ist ein unbeachtetes, bedeutungsloses Etwas mit belanglosem Inhalt, welches sich anonym an ihnen vorüberbewegt und ihre lockeren Gespräche keineswegs zu stören vermag.

»Wo ist Herr Kleenlich abgeblieben?«, fragt mich Martina, als wir durch die lärmende Flughafenhalle gehen, nachdem wir im Grunde genommen alle Formalitäten erledigt haben, so dass sich Geist und Sinne nervös auf die eigentliche Ankunft in Kathmandu vorbereiten.

Herr Kleenlich war uns erstmalig im Flugzeug begegnet. Er trat mit erstaunlicher Sicherheit an unsere Sitzreihe heran, als ahne er, wer wir sind, und fragte nach unseren Namen, als wolle er nur eine routinemäßige Bestätigung für seine korrekte Einschätzung einholen. Er weiß nun, dass wir es sind, die er gesucht hatte und mit denen er vier Wochen lang täglich zu tun haben würde.

»Man sieht sich«, sagt er, als erschiene ihm die Kurzinformation ausreichend, uns im Flugzeug zu wissen und unsere Gesichter zu kennen. »Man« sieht sich ganz sicher wieder. Herr Kleenlich ging beruhigt auf seinen Platz zurück.

Wo ist er nun, dieser Herr Kleenlich? Wir wollen den Flughafen nicht ohne ihn verlassen. Ich suche den älteren Herrn mit der wunderlich altmodischen Frisur, den sonderbar gekämmten Haaren, die zusammen mit Mimik und Gestik Eigensinn verraten. Ist es ein Vorurteil, das mich da befällt? Ich schiebe es beiseite und gehe zurück durch die große Vorhalle des Flughafens, durchquere das erste Stockwerk und finde Herrn Kleenlich schließlich am Visaschalter.

Ich lasse ihn wissen, dass wir auf ihn warten. Ich habe jetzt etwas mehr Zeit mich umzuschauen, während ich in die Vorhalle zurückgehe, in der Martina mit unserer Ausrüstung auf mich wartet.

Fußboden und Wände des Flughafengebäudes sind mit bräunlich-beigem Marmor verkleidet. Die erdfarbenen Töne des Marmors erinnern mich an Fotografien mit den wüstenhaften Bergen von Tibet, die nur in bestimmten Regionen begrünt sind und jahreszeitlich bedingt eine Schneedecke tragen. Die Wände der Räume und Hallen sind nüchtern, kahl und sie vermitteln den Eindruck, dass alle Steuerungsvorgänge und Organisationsabläufe dieses Flughafens weitgehend untechnisch ablaufen. Die Visaerteilung, die kaum eine halbe Stunde zurückliegt, kommt mir als erlebter Beleg dafür wieder ins Gedächtnis. Hier wurden personalintensiv Einträge in Formulare und Registerbücher handgeschrieben und Geldbeträge von Hand gerechnet.

An einer großen Wand zeigen Weltzeituhren den vorübergehenden Passagieren die Tagesstunden der wichtigsten Zeitzonen an. Sie informieren darüber, wie spät es in New York ist oder ob die Menschen in Europa noch schlafen, wenn der Tag in Nepal längst begonnen hat. Die Reihe dieser Weltzeituhren ist durch mehrere Lücken unterbrochen, hier ragen die Kabelenden aus der Wand und warten, ihr Impulssignal an die nicht mehr vorhandenen Uhren weiterzugeben. Ob sich diese Uhren in einer Reparaturwerkstatt aufhalten oder unauffindbar in den Händen von Dieben verschwunden sind, wissen wir nicht. Die unterbrochene Reihe der Weltzeituhren wirkt wie ein Symbol des »technischen Rückschritts«.

Martina lehnt am Gepäckwagen und beobachtet durch die großflächigen Glasscheiben das turbulente Treiben auf der Straße vor dem Flughafengebäude.

Wir schieben die Gepäckladung in Richtung Ausgang und werden unvermittelt von einem Soldaten aufgehalten. Sein ungewöhnlich langes Gewehr und die Felduniform in dieser zivilen Umgebung beunruhigen mich. »Passport-Check!«, sagt er mit barschem Ton. Er kontrolliert unsere Reisepässe mit ernsthafter Miene, gibt sie uns zurück und deutet mit einer Handbewegung hinaus in das Menschengetümmel vor dem Flughafen.

Umringt von fremden Menschen, von Ungewohntem umströmt, empfängt uns Kathmandu in diesem Moment. Hände greifen andeutungsweise oder entschlossen nach unseren Rucksäcken und Seesäken. Es sind zu viele, die unser Gepäck transportieren wollen. Die Hilfsbereitschaft erscheint uns als Zudringlichkeit. Mit offensichtlich geübter Gewandtheit sind die Stücke unserer Ausrüstung in die schnellsten Hände verteilt.

Ein Schild mit der Aufschrift »Intertours«, welches ein Nepalese über die Köpfe des Menschengewühls hebt, gibt uns eine erste Orientierung. Wir eilen zum bereitstehenden Hotelkleinbus, unser Gepäck wird verladen, die Hände unserer Helfer sind jetzt frei für das Entgegennehmen des Trinkgeldes.

Vom erhöht gelegenen Flughafen fahren wir eine breite Straße abwärts zur nahe gelegenen Stadt. Es ist eine mehrspurige Straße, die uns vorerst den Eindruck von Großzügigkeit, Raum und Größe vermittelt. Bald verengen sich die Straßen, der Verkehr wird dichter und schnell zum Chaos. Fahrzeuge unterschiedlichster Art rattern im Linksverkehr an uns vorbei. Autos, Busse, Fahrräder und Motorräder bahnen sich lärmend und hupend ihren Weg durch die Fußgängermassen, die teilweise mit oder gegen den Fahrzeugstrom laufen oder die Straße überqueren. Fremdartige, bunte und vielfältige Eindrücke ziehen während der Fahrt an den Fenstern des Busses vorüber. Wir sind unfähig, sie in diesem Moment zu verarbeiten. Für unsere Sinne sind die Schnelligkeit und die schockartige Konfrontation mit diesem Gewühls zu rasant.

Unser Fahrer behält in diesem Zustand fehlender Ordnung einen bewundernswerten Gleichmut. Nur zuweilen nehmen wir die beißenden Abgase und den Staub in unseren Nasen wahr, zu groß ist die magische Wirkung des vorüberziehenden, brodelnden Geschehens.

Der Verkehr der Großstadt Kathmandu schiebt sich durch die engen Straßen. Er folgt einer gewissen Eigendynamik und einem Zusammenspiel der vielen Beteiligten, in dem Hupen, erhöhte Aufmerksamkeit, Rücksichtnahme und situationsgerechte Nachgiebigkeit die Vermittler sind, hinzu kommen äußerste Geschicktheit und gekonnte Ausweichmanöver der Fahrzeugführer. Nur sehr wenige Verkehrszeichen reglementieren den Straßenverkehr. Auf unserer Fahrt durch die Stadt sehe ich nur eine große Kreuzung, an der eine Ampel in das beträchtliche Verkehrsaufkommen eingreift. Zwei heilige Kühe queren vor dem Bus die Fahrbahn. Sie sind Teilnehmer am Verkehr mit Sonderrechten, die ihnen von der hinduistischen Staatsreligion eingeräumt werden, sie haben immer und überall »Vorfahrt«. Blockieren diese heiligen Wesen in ihrer Gleichgültigkeit und Sturheit die Straße, sind gutes Zureden, ein sanfter Klaps oder die »Hinterteilschiebetechnik«

die einzigen Möglichkeiten, die Fahrbahn wieder für den Verkehr freizumachen. Gewalttätigkeit gegen die heiligen Kühe ist strikt verboten. Gewaltanwender werden hart bestraft, sollten sie eine Kuh verletzen oder gar töten. Auch das allgemeine Leben in Kathmandu, so denke ich richtig zu beobachten, unterliegt wenigen staatlichen Eingriffen. Zu vielgestaltig ist das öffentliche Leben. Ich sehe die Händler, die Handel in vielfältigsten Formen bis in verwinkelste Gassen betreiben. Ein undurchdringliches Labyrinth ist diese Stadt mit ihren sozialen Schichtungen, Lebensweisen und hervortretendem Elend.

Nach den ersten Eindrücken, die uns regelrecht überrollen, nehmen wir unseren Begleiter von Intertours, Herrn Manik, erst richtig wahr. Er stellte sich mit knappen Worten vor dem Flughafengebäude vor. Jetzt sitzt er zwischen Martina und mir im Hotelbus.

»Wir fahren zum Hotel Tibet in den Stadtteil Lazimpat«, teilt uns Herr Manik mit, »es wird nicht sehr lange dauern, bis wir dort eintreffen.«

Wir sind erstaunt über sein überaus verständliches Deutsch.

»Ich habe guten Deutschunterricht am Goethe-Institut Kathmandu gehabt«, sagt er mit freundlich-schmunzelndem Gesicht. Er gibt mit Eifer Auskunft über alles, was uns in den kommenden Stunden erwartet. Nach jeder gestellten Frage läuft seine Freundlichkeit zur Hochform auf, erhellen die weißen Zähne sein ganzes Gesicht, während er problemlos deutsche Sätze formuliert.

Er schaut hinaus in den Strom des Verkehrs. Er hat unsere Reaktionen auf das Chaos bemerkt, »Kathmandu ist eine sehr große Stadt geworden, wissen Sie, und sie wird größer und größer. Mein Großvater hat mir und meinen Schwestern erzählt, dass Kathmandu in den fünfziger Jahren nicht viel größer als ein Dorf war. Die Stadt konnte nur auf Maultierpfaden erreicht werden. Es gab noch keine Bettler und auch keine Autos. Auch ich kann mir das nicht vorstellen.«

Allmählich werden die Straßen wieder übersichtlicher und ruhiger. Wir haben Lazimpat erreicht und fahren in die Hoteleinfahrt.

»Namaste!«, grüßt und salutiert der Hotelportier, sein Gesicht strahlt. Den rechten Arm hat er zu einem straffen Gruß erhoben, der Daumen berührt die Schläfe und die Handfläche mit den soldatisch gestreckten Fingern ist uns zugewandt.

Durch das militärisch wirkende Empfangsprozedere strahlt dennoch ungespielte Freudigkeit und mir ist, als wäre ich diesem Mann schon einmal begegnet. Im gleichen Moment frage ich mich, woher das Déjà-vu-Erlebnis kommt, diese Erinnerungstäuschung, die ich längere Zeit nicht hatte. Sind es nur Äußerlichkeiten von Menschen, die mir in der Vergangenheit begegneten, oder ist es diese ursprüngliche Herzlichkeit, die ich hier erlebe und die mir manch vergangene Liebenswürdigkeit zurückruft und schließlich im tiefsten Inneren das Bedürfnis nach Wiederholung auslöst?

Im Hotel Tibet empfangen uns junge Hotelangestellte. Sie greifen schnell nach unserem Gepäck. Sobald die jungen Burschen aus Richtung Rezeption die Nummern unserer Zimmer vernehmen, sind sie auch schon auf dem Weg dorthin. Wir werden gar nicht erst gefragt, ob wir die Hilfeleistung in Anspruch nehmen wollen, sie wird uns mit der größten Selbstverständlichkeit gegeben und wir nehmen sie hin. Unsere Ausrüstung steht wenig später, noch bevor wir über die Treppenaufgänge in unser Zimmer gelangt sind, vor unseren Betten.

Das Hotel ist tibetisch eingerichtet. Die Innenausstattung entspricht jedoch nicht den wirklichen Lebensverhältnissen der Tibeter. Sie ist so angelegt, dass sie die Wirklichkeit mit ihrer Ausmalung und Ausstattung verklärt. An den Wänden hängen Darstellungen und Gegenstände aus dem Klosterleben, ein Bild einer Khampafamilie und eine große Fotografie des Dalai Lama.

»Kommen Sie bitte, kommen Sie zur Rezeption!«, Herr Manik meldet sich am Zimmertelefon.

In der Lounge nimmt Herr Manik unsere Flugtickets zur sicheren Verwahrung in seinem Agenturbüro an sich. Von den Reisepässen fertigt man uns Kopien, die in den folgenden Wochen in unseren Rucksäcken verschwinden, die Originale verbleiben an der Rezeption. Auch bestimmte Ausrüstungsgegenstände, die sich schon jetzt als überflüssig erweisen, finden im Hinterzimmer der Rezeption einen Platz.

»Sie haben morgen die Möglichkeit für Kennenlernen von Kathmandu mit Auto und gute Führer und Fahrer für halben oder ganzen Tag«, schlägt uns Herr Manik vor. »Sie können aussuchen zwischen große Stadtrundfahrt und Bhaktapur oder die Orte Boudhanath und Pashupatinath«, fügt er hinzu. »Morgen am Abend kommt Herr

Sukendra Gurubacharya zu Ihnen, er erklärt dann weiteren Ablauf von Expedition«, dienert Herr Manik und leitet damit unsere Verabschiedung ein.

»Wünsche Ihnen viel Erfolg bei Expedition um Annapurna, bleiben Sie gesund, wir sehen uns wieder in vier Wochen in Kathmandu hier im Hotel.« »Namaste!«, Herr Manik macht eine kleine Verbeugung, geht in dieser Pose einen Schritt zurück und wendet sich lächelnd und winkend dem Hotelausgang zu.

Aitabar (Sonntag), den 26. Oktober 2003

Bodnath

Die Stupa von Bodnath, wie oft habe ich dieses große buddhistische Bauwerk schon auf Fotografien gesehen, darüber gelesen und mir vorgestellt dort zu sein! Die Wahl ist eine Leichtigkeit, sie wird zur schnellen Entscheidung.

Herr Adi, unser Stadtführer, betritt das Hotel. Ist Herr Adi ein »indisch aussehender Nepalese« oder ist er ein Inder?, rätsele ich. Es ist seine dunkelbraune Hautfarbe, die diesen Gedanken in mir auslöst, den ersten vagen Eindruck vermittelt. Ich halte es für unhöflich, ihn in den ersten Momenten unseres Kontaktes danach zu fragen, aber wir wissen durch sein Auftreten und seine bereitwilligen Auskünfte sehr bald, dass er ein gut Deutsch sprechender nepalesischer Hindu ist. Herr Adi ist ebenfalls Absolvent des Goethe-Institutes Kathmandu.

Mein angelerntes und aufgefrischtes Englisch wird deshalb nicht gefordert.

»Wir besuchen erst Boudhanath und dann fahren wir nach Pashupatinath. Ist Ihnen das genehm?«, fragt Herr Adi.

Es ist uns recht, wir steigen in den agentureigenen Kleinbus. Gut ausgeschlafen wirken die vorübergleitenden Bilder der Stadt in ihrer Vielfalt vorerst weniger beunruhigend. Meine Gedanken sind klarer und unbelasteter, sie gehen durch die ersten Tagesereignisse und suchen sich automatisch Denkstoff ohne den gewohnten Termindruck. Ich fühle mich wohl, weil ich nur in einer Richtung vorausdenke: Vier Wochen Zeit für uns selbst und das vor uns liegende Unbekannte ohne die Schranken des Alltags, in dem die Gefühle oft eingeengt sind und das Gleichmaß des Tages oft die Gemütslage erniedrigt.

Für mich war es ein langer Sommer ohne Urlaub, nun ist die Zeit gekommen, nach der ich zusammen mit Martina strebte.

Wir stehen vor der Stupa Bodnath. Oder heißt es Boudhanath? Die Schreibweise von Wörtern weicht in Nepal des Öfteren stark voneinander ab. Die Sprache Nepals ist angefüllt von Begriffen aus dem schier unendlichen Reich der Religionen und Mythologien. Sie stammen aus Indien und Tibet und dem daraus entstandenen Völkergemisch und haben sich über viele Jahrhunderte hinweg entwickelt.

Es gibt eine schier unüberschaubare Anzahl von Synonymen und Pendants, die Religionen und Mythologien durchziehen, miteinander verknüpfen und für nicht wenige Menschen das tägliche Leben verwirrend begleiten. Die daraus entstehenden Schwierigkeiten diese Wortschöpfungen auseinander zu halten, machen es erklärlich, dass es noch problematischer ist, sie richtig zu schreiben. Dass es in Nepal keine Schulpflicht gibt, ist offensichtlich eine weitere Erklärung dafür, weshalb es verhältnismäßig häufig zu Schreibfehlern kommt. Wir finden solche Fehler in nicht geringer Zahl in Prospekten, Broschüren und Landkarten.

So begegnet uns das Wort Bodnath in der Form Boudhanath und in anderen Abwandlungen. Erstere ist jedoch die am häufigsten lesbare Variante.

Immer wieder ist es der fantastische Reichtum an klangvollen Namen von Göttern, Geistern und Dämonen, von Bergen, Flüssen und Tälern, der mich in weltabgewandten Überschwang versetzt. Nüchterne Weltbetrachter mögen mir diese Charaktereigenschaft nachsehen.

Unser Kleinbus hält in einer belebten Straße. Heilige Kühe fressen am Straßenrand vertrocknete Apfelsinenschalen, dürre Blätter und Zeitungsreste. Sie wühlen mit ihren Mäulern und Hufen immer wieder Fressbares an die Oberfläche der Unrathaufen, um die sich sonst niemand kümmert. Die Kühe stehen ruhig, mit selbstverständlicher

Sturheit und »religiös anerzogenem«, nicht angreifbarem Phlegma inmitten des brodelnden Lebens, der stinkenden, rostigen und zerbeulten Autos, die an ihnen und uns vorüberdröhnen.

Sie gehören dazu wie der neben ihnen am Boden hockende Händler, wie der auf Kundschaft wartende Fahrradrikschafahrer oder der verkrüppelte Bettler, der seine schmutzigen, knochigen Hände den Vorübergehenden entgegenstreckt.

Als wir dem Kleinbus entsteigen, werden die Eindrücke für uns wieder dreidimensional, was unsere Augen sehen, können wir nun auch hören und vor allem riechen!

Auf der gegenüberliegenden Straßenseite leuchtet ein Mandala in grellen Farben. Die Gestalter des mystischen Bildes hocken am Straßenrand. Sie sind umringt von Zuschauern. Mehrere Männer streuen mit Pulverfarben, geschickt und mit Hingabe, das große Kreisdiagramm auf die abgesperrte Straßenfläche am Straßenrand. Die Fahrzeuge machen einen Bogen um die Absperrung. Auch die Mandala-Hersteller haben im brausenden Verkehr eine religiöse Sonderstellung.

Das Mandala ist die Symbolsprache der Meditation und sowohl für Buddhisten als auch für Hindus eine wichtige Meditationshilfe, und ich frage mich, wie im Umfeld des lärmenden Straßengeschehens Meditation überhaupt möglich sein kann.

Nach der Auffassung und dem Glauben der Buddhisten und Hindus laufen bei den Mandala-Akteuren selbst tiefgreifende meditative Prozesse ab. Auch die Betrachter werden mit einbezogen in die spirituell-kosmischen Kräfte, die dem Mandala innewohnen. Sie sollen die komplizierten Zusammenhänge der Welt verbildlichen, den Geist von weltlichem Ballast befreien und das Bewusstsein reinigen und schärfen.

Das Mandala ist ein Sinnbild für das Werden und Vergehen im Kosmos, deshalb wird es nicht lange bestehen, weil es als Kunstwerk an sich keine Bedeutung besitzt. Es wird jedoch keine kosmische Kraft sein, die es zerstört. Ich weiß, dass es die menschliche Hand sein wird, die den Besen führt oder es ist der Wind, der durch die Straßen weht.

Herr Adi führt uns durch eine enge Gasse, weg von der Straße hin zur großen Stupa. Wir dürfen das Innere des buddhistischen Heiligtums nicht betreten, wir können aber teilhaben am religiösen Leben, wenn auch nur durch äußere Anschauung. Wir besteigen den Sockel unterhalb der großen Kuppel, umrunden sie nach buddhistischem Vorbild dreimal im Uhrzeigersinn. Buddha blickt mit großen, wachsamen, alles sehenden Augen von der Kuppel in alle vier Himmelsrichtungen. Buddhas Blick ist gütig, Buddhas Blick ist achtsam und mitfühlend. Buddha sieht nicht nur uns, er sieht auch die Mantra murmelnden Lamas, die niederknien oder im Lotossitz vertieft ihre religiösen Zeremonien abhalten.

Herr Adi deutet auf Meditierende, die keine ärmellosen roten Gewänder tragen. »Das Europa-Buddhisten, Christen, die zu Buddhismus konvertiert«, sagt er. »Und sind es immer mehr, die Buddhisten werden«, fügt er noch hinzu.

Pashupatinath

Vor unserem Kleinbus trottet ein Hund. Er wendet den Kopf, als wir ihm zu nahe kommen und weicht ohne Hast und Scheu in einer Schlängellinie an den Fahrbahnrand aus. Ich bemerke die zunehmende Achtsamkeit unseres Fahrers insbesondere Tieren gegenüber. Ich zeige, Herrn Adi zugewandt, auf den Hund, der noch immer in lockerem Lauf eine Art Führungsrolle übernommen hat und den Bus scheinbar ins Nirgendwo leiten will.

Herr Adi sag: »In Nepal sind auch Hunde heilig, wir dürfen nicht verletzen und nicht töten, wir kommen jetzt zu Pashupatinath-Tempel, dort Hindus Tiere viel verehren, gut dass Sie auf Hund zeigen.«

Ich werde grüblerisch: Tiere verehren …, sehr verehrte Damen, sehr geehrte Herren …, Sie haben sich in unserem Unternehmen …, Verdienste erarbeitet …, noch nie … einen solchen Umsatz …, in diesem Jahr, in Zeiten leerer Kassen …, die Aktionäre sind zufriedener denn je …, unsere verehrte …, Verkaufszahlen, … Anerkennung …, Management erfolgreich …, verehrte Damen und Herren … !

Der Kleinbus fährt auf einen holprigen, ungeteerten Parkplatz. Herr Adi öffnet die Schiebetür, sie wuchtet metallisch hart an den Anschlag. Ich werde aus meinen Gedanken gerissen.

Wir betreten die Pashupati Area, für Hindus der heiligste aller Tempelbezirke in Nepal. Pashupati ist der »Herr der Tiere« und deswegen ist dieser Ort auch in besonderem Maße den Tieren gewidmet. Diese bemerkenswerte Anlage ist für jedermann zugänglich, nur der Haupttempel ist für alle Nicht-Hindus ein heiliger Tabubereich.

Es ist später Vormittag, die Sonne ist warm. Wir schlendern über eine alte Steinbrücke, die den Bagmati-Fluss überspannt. Ein sehniger Sadhu mit einem Dreizack und einem kleinen zerbeulten Aluminiumeimer mit Deckel geht an uns vorüber. Hier ist alles anders, sagt mir vorerst mein Gefühl. Auch Herr Adi ist stiller geworden. Wir steigen über Steinstufen einem kleinen Hang zugewandt höher und können nun den ganzen Tempelbereich gegenüber dem wasserarmen, langsam dahinfließenden Bagmati-Fluss überblicken. Wir setzen uns auf die sonnendurchwärmten Platten der Steinterrasse.

Vom Flussufer steigt Rauch auf. Es sind mehrere dunkle Rauchschwaden, die sich vom leichten Wind flussabwärts neigen und sich verbreiternd himmelwärts, heben bis sie in der Höhe verblassen.

Nur langsam wird mir begreiflich, was vor unseren Augen geschieht.

Mit diesem Bewusstsein schleicht sich eine unbeschreibliche Beklemmung in meine vorausgegangene, leichte Gemütsverfassung. Direkt am Flussufer brennen auf quadratischen Steinpodesten große Holzstapel.

Sie brennen in hellen gelben Flammen. Manche sind schon niedergebrannt. Männer schichten neue Stapel. Von einer von Säulen getragenen offenen Tempelhalle dringt lautes Wehklagen zu uns.

Der Leichnam eines Babys wird in ein weißes Tuch gewickelt, mit einer Blumengirlande bedeckt und auf einer Holzbahre aus dem Tempel getragen. Die gelben Blüten der Studentenblumen leuchten in der Vormittagssonne. Die Wehklagenden folgen der Bahre, die Schreie und das Wimmern schwellen an. Die Bahre wird von zwei Männern auf den Steinstufen vor der Tempelhalle abgesetzt und von den Angehörigen umringt. Immer wieder hören wir die weinenden Aufschreie, das Schluchzen, sehen wir die Gesten der Unfassbarkeit der dem verstorbenen Baby Nahestehenden.

Auf den Steinpodesten, den Leichenverbrennungsghats, lodern die Feuer.

An dem kleinen Scheiterhaufen, der für das Baby bestimmt ist, legen Angehörige und Priester letzte Hand an. Sie schieben kleine Strohbündel in die Lücken zwischen den Holzscheiten. Es werden die Luntenschnüre sein, die das Feuer entfachen. Den oberen Abschluss des Holzstapels bildet eine Strohgarbe. Zwei Männer nehmen die Holzbahre wieder auf, tragen sie hinüber, vorbei am Aufgang zur Brücke, zum Gath. Sie umrunden mit dem blumenbedeckten Baby dreimal den Scheiterhaufen, nehmen es behutsam von der Bahre und legen es auf die ausgebreitete Strohgarbe. Die Priester entnehmen dem Feuer des benachbarten Holzstapels die Flammen. Sie entzünden die Strohbündel. Es ist der aufstrebende Rauch, der nochmals das Weinen und Schluchzen der Frauen verstärkt, die die Ghats nicht betreten dürfen und das herzbrechende Ritual aus der Ferne ansehen müssen.

Ein Holzstapel bricht knisternd in sich zusammen. Ein verkohlter Arm wird sichtbar und fällt zusammen mit einem glühenden Scheitholz auf den steinernen Boden.

Martina ist blass geworden. Herr Adi sitzt wortlos in sich gekehrt neben mir.

In der offenen Tempelhalle wird wieder ein Toter auf eine Bambusholzbahre gelegt und mit gelben Blumen beschmückt. Wieder kommen Verwandte hinzu, um ihren Verstorbenen ein letztes Geleit zu geben, und wieder vernehmen wir die klagevollen Gesänge und das Jammergeschrei.

Neben mir klicken Fotoapparate. Auch ich fotografiere, getraue mich aber nicht, das Teleobjektiv mit dem langen Tubus in meine Kamera einzusetzen.

Direkt vor unseren Augen, am diesseitigen Flussufer unterhalb der Terrassen, haben sich ein junger Mann und sein Vater niedergelassen. Sie verspeisen ihr vorbereitetes rituelles Mal zu Ehren der vor einem Jahr verstorbenen Mutter. Sie sitzen mit verschränkten Beinen auf einer runden steinernen Plattform, das Geschirr mit den Speisen um sich herumgestellt. Sie essen mit gleichmütiger Ruhe und scheinbar unberührt vom Geschehen gegenüber.

Auf den Tempeldächern tollen und jagen sich die Rhesusaffen. Sie sind lebendiger Teil der Tempelanlage. Ein Taubenschwarm fliegt über die grauschmutzigen Dächer in den blauen Himmel hinein.

Von einem der Gaths schieben Priester die sterblichen Überreste und die Glutasche eines niedergebrannten Scheiterhaufens in den Fluss.

Daraus bilden sich kleine blassgraue dampfende Inseln aus Asche und zischenden Glutstücken. Sie unterbrechen die sonnenbespiegelte Wasseroberfläche des Bagmati-Flusses und treiben vorbei an den Steinstufen, an denen einige Hindus ihre rituellen Körperwaschungen zelebrieren.

Außerhalb der Tempelanlage verkaufen Straßenhändler Souvenirs, die Kinder der gläubigen Hindus spielen und Sadhus lassen sich für einige Rupien fotografieren. Das Leben geht seinen gewohnten Gang.

Ruhig fließt der Bagmati-Fluss an allem vorüber. Man hat ihm die Studentenblumen vom Körper des toten Babys übergeben. Er fließt vorbei an den Toten, die sich in den Flammen verwandeln. Auch ihre Asche wird er wieder aufnehmen und sie dem heiligen Ganges entgegentreiben.

Wir gehen ergriffen und wortlos die Treppen hinab zum Fluss, über die Steinbrücke, vorbei an der Tempelhalle. Martina ist noch immer bleich im Gesicht. Sie beschleunigt ihre Schritte als uns ein rauchiger Luftstrom umweht. Auch mir ist flau zumute, nicht weil ich den Geruch als widerwärtig empfinde, aber weil ich weiß, dass er von den nahe liegenden Leichenverbrennungen herrührt.

Herr Adi schaut uns prüfend an, als er uns die Bustür öffnet. Mir ist, als würde er das mit fürsorglichem Nachdruck tun, als bedürften wir in diesem Moment einer besonderen Hilfe.

Die Sonne steht im Zenit. Es ist Mittagszeit geworden. Wir fahren zurück in den Stadtteil Lazimpat zum Hotel Tibet.

»Namaste! Dhanyabad, vielen Dank«, wir sind Herrn Adi dankbar, weil er uns in den vergangenen Stunden an Orte geleitete, uns Zusammenhänge erklärte, die uns von unseren Lebensgewohnheiten und Anschauungen weit weg führten.

»Namaste!, haben Sie eine gute Zeit am Annapurna!«, Herr Adi winkt und kehrt in seinen privaten Sonntag zurück.

Im Hotel ist es still. Nur an den Tischen einer sockelerhöhten Pergola im Garten des Hotels sitzen ruhig plaudernd zwei französische Paare. Es ist sonnig warm unter dem Teilschatten der Bäume. Ein Baum mit großen, roten Blüten steht inmitten des grünen Gartens. Es ist ein Weihnachtsstern.

Martina freut sich besonders an diesem prächtigen Gewächs, weil sie bisher nur in Blumentöpfe eingepflanzte Weihnachtssterne kannte.

Die Serviererin in tibetischer Tracht kommt an unseren Tisch und fragt mich ein wenig schüchtern-dezent: »Sir, was möchten Sie trinken und essen?«

Auf der Speisekarte wählen wir Momos, das sind nach tibetischer Art gefertigte Teigtaschen, die eine Fleischfüllung oder Gemüse enthalten.

Martina erklärt »Das sind Raviolis, du kennst sie doch aus Deutschland.«

»Mineralwasser und Momos, bitte«, sage ich zu der Kellnerin.

Sie verneigt sich, sagt leise, »dhanyabad, danke« und huscht in die nahe gelegene Hotelküche.

Wir müssen nicht sehr lange auf die bestellten Momos warten, dennoch schmecken sie handgemacht und frisch.

Herr Kleenlich ist in der Hotelhalle nicht zu sehen. Mehrmals verlasse ich den erholsamen Mittagstisch, um ihn ausfindig zu machen. Er bot sich an, uns das Stadtzentrum von Kathmandu zu zeigen. Er sei schon mehrmals in Kathmandu gewesen, erklärte er uns mit wichtiger Miene. Vormittags wolle er nur noch einige wichtige Einkäufe erledigen, danach hätte er Zeit für uns. Er verabschiedete sich mit »Man sieht sich« und ging seiner Wege.

Man sieht sich nicht, Herr Kleenlich lässt sich nicht blicken.

Martina und ich besteigen ein kleines, rostiges Taxi. Tata steht in großen Aluminiumbuchstaben am zerschundenen Kühlergrill. Tata ist ein indisches Fabrikat, und es ist im nepalesischen Straßenverkehr *die* Fahrzeugmarke.

»Nach Thamel bitte«, deute ich dem Taxifahrer an und wir rumpeln, eingeengt in unsere Sitze, dem Stadtteil mit dem unüberschaubaren Ladengewühl entgegen.

Die Waren der Läden quellen hinaus auf die Bürgersteige, als wollten sie vom unbändigen Kaufwahn mitgerissen werden. Tische und Ablagen mit Postkarten, Büchern und Schmuck stellen sich uns in den Weg, Jacken und Hosen streifen unsere Gesichter, Rucksäcke und Seesäcke baumeln unseren Köpfen entgegen. Menschen rempeln uns an und auf der engen Straße rumort klapprig der Verkehr aus Taxis, dreirädrigen Vehikeln, die sich ebenfalls Taxis nennen und Wolken von stinkenden Abgasen hinter sich herblasen.

Fahrradrikschas quietschen vorüber, warnende Autofahrer hupen hinein in die aufgewühlte Menschenmenge. Martina fasst mich am Arm und ich ziehe sie mit mir, vorbei an Trekkingstöcken, Trinkflaschen, Bergsteigerschuhen, Seilen und Haken. Aus dunklen, engen Ladenräumen ruft es uns entgegen, wenn wir unsere Blicke dorthin wenden: »Looking is free, I make good price for you«. (Schauen Sie, das kostet nichts. Ich mache Ihnen einen guten Preis!)

Unsere Absicht, heute noch Einkäufe zu tätigen, reduziert sich nur noch auf einen Wunsch, darin sind wir uns schnell einig.

Wir betreten, der größten Unruhe abgewandt, in einer schmalen Seitengasse einen kleinen Trekkingladen.

»Haben Sie zwei UV-Sonnenbrillen?«, frage ich den Verkäufer.

Wir erstehen zwei gute und preiswerte Modelle, sind zufrieden und verlassen das Lädchen.

Freundlich bedankt sich der Händler »Namaste! Dhanyabad!«

Wir »chartern« uns eine Fahrradrikscha, die uns zum Durbar Square bringen soll. Wir wissen nicht, wie lange der Rikschafahrer auf dieses sehnlichst erwartete »Geschäft« harren musste, jedenfalls spüre ich eine kaum beschreibliche Art von Vorfreude, die von ihm ausgeht, sich abzumühen, als wenn ihm damit der größte Gewinn seines Lebens bevorstünde.

Das unsichere Gefährt ächzt, als wir uns in den Doppelsitz zwängen, nicht so recht wissen, wohin mit den Beinen und sich der Körper des schmächtigen Leichtgewichtes vor uns aufreckt, in die Pedalen tritt, um uns in Bewegung zu versetzen. In Schlangenlinien umfährt er geübt alle Hindernisse, weicht scharfkantigen Löchern in der Teerdecke und zu weit auf die Straße gestreckten Füßen der Straßenhändler aus. Er muss neu »durchstarten«, wenn nichts mehr vorwärtsgeht oder das Gesetz der Schnelleren und Stärkeren ihn zu geduldigem Halten zwingt. Er beschwert sich nicht, er flucht nicht, und nichts in seinem Gesicht verrät Zorn oder Missmut.

Die Pedalen der Rikscha sind selbstgefertigte Holzklötze, deren Achsen sich in elliptisch abgenutzten Bohrungen bewegen und quietschend schabende Laute von sich geben. Hinzu tönt der rhythmisch quietschende Singsang der glänzend trockenen Antriebskette. Langsam ist die holprige Fahrt durch die Straßen, mehr wunderlich als beschaulich. Wir erreichen den Durbar-Square. Der Rikschafahrer schwitzt und atmet schnell. Wir entlohnen unseren Fahrer mit achtzig Rupien, dem doppelten Betrag, den wir zu Fahrtbeginn aushandelten. Es fällt uns nicht schwer, denn das entspricht etwa einem Euro. Sein Angebot, uns ins Hotel nach Lazimpat zurückzufahren, lehnen wir ab, dafür reicht unsere Zeit nicht mehr aus. Wir wollen nach unserem Rundgang ein Motortaxi benutzen.

Wir lassen uns treiben und gehen ohne vorgeplantes Ziel um die Tempel und Paläste. Wir wissen, dass wir uns im Mittelpunkt der Metropole befinden und es muss uns genügen zu erfahren, dass wir die ehemaligen Residenzgebäude der Malla-Herrscher umrunden und sich irgendwo der Sitz der Kumari befindet, der Kindgöttin, die Garantin für das Königtum ist, ohne in tiefere Einzelheiten einzudringen.

Hier um die mehrstöckigen Paläste und Tempel ist das Leben ausgelassen und manchmal überschießend.

Es sind Menschenströme, die sich am heutigen Sonntag durch die Straßen und Gassen drängen. Ein großer Lastkraftwagen, bis an die hohen Bordwände mit Menschen beladen, schiebt sich durch den unbändigen Trubel aus Buntheit und Geschäftigkeit. Ein Sadhu mit grellrotem Umhang zupft mich am Hemd und zeigt auf Martina, »Foto, Foto!«, hechelt er mich mit rauer Stimme an.

Ich schieße angerempelt und weitergeschoben ein hektisches Foto. Der Sadhu hält seine große langfingrige Hand auf und sagt fordernd: »Einhundert Rupien für das Foto!«. Ich drücke dem »Fotoheiligen« zehn Rupien in die Hand und wir gehen eilig weiter.

An den Rahmen einer Tür ist ein abgetrennter Ziegenkopf genagelt. Die Ziege glotzt uns mit aufgerissenen Augen und entblößtem Gebiss herausfordernd an. Im Halbdunkel der »Fleischerei« liegt ein blutiger Brustkorb auf dem schmuddeligen Boden.

Wir geraten in enge Seitengassen. Dort wird das Treiben so menschendicht und tumultartig, dass wir kaum noch vorwärts kommen und aufpassen müssen, die im Schmutz hockenden »Kleinsthändler« nicht zu treten oder mit den Schuhen ihre »Auslagen« zu zertrampeln. Wir müssen uns vorwärts drängen, um nicht zurückgeschoben zu werden.

Wir sehen mit aufkommender Beklemmung vorerst keinen Ausgang aus dem unablässigen Gewühle. Auch die Zeit ist vergangen.

Am »Horizont« einer Gasse sehe ich, dank meiner Körperlänge, einen Bus vorüberfahren. Wir verfolgen diese Richtung und aufatmend richtet sich unser Blick auf Taxis, die in einer Wartereihe am Rande der Straße stehen. Wir kommen gerade noch rechtzeitig zu unserer Besprechung im Hotel an.

Herr Sukendra Gurubacharya ist der Generalmanager der Agentur Intertours in Kathmandu. Gepflegt, vornehm sitzt er uns am Klubtisch der Hotelhalle gegenüber und breitet seine schriftlichen Unterlagen vor sich aus.

Es ist der Abend der letzten Vorbereitungen und der Vorgefühle auf den morgigen Tag und die kommenden Wochen.

Herr Gurubacharya beginnt mit dem »trek briefing«, der Einsatzbesprechung für unser Zelttrekking. Er entschuldigt sich so gut wie kein Deutsch zu sprechen. Er hat die Karte des Annapurna-Gebietes auseinander gefaltet, dreht sie seitenrichtig in unser Blickfeld und beginnt mit den Erklärungen. Bald merke ich, dass meine Englischkenntnisse gefordert werden. Die Landkarte spricht zu den Worten eine hilfreiche Zeichensprache, weswegen es keine größeren Verständigungsprobleme gibt.

Auch die speziellen Erörterungen zu den möglichen Zwischenfällen in den Bergen hinterlassen keine Unklarheiten, weil diese Informationen für mich keine Neuigkeiten sind und es noch nie meine Art war, mich blauäugig und kenntnisarm in eine Unternehmung zu stürzen, die Respekt und Ehrfurcht erfordert.

Die Ausführungen ziehen sich in die Länge und erinnern mich in ihrer Charakteristik an ein zyklisch wiederkehrendes Pflichtthema aus der Vergangenheit, die »Arbeitsschutzbelehrung im Sozialistischen Betrieb«.

Ich fühle mich müde vom langen, ereignisreichen Tag, gleichwohl versuche ich konzentriert zu bleiben, um Informationen, die eventuell von Belang sein könnten, nicht zu verpassen.

Meine Müdigkeit »plauzt unter den massiven Eichenholztisch«, als der Begriff »Maoisten« wie ein Zündfunke aus einem Satz von Herrn Gurubacharya zu mir herüberspringt. Sofort fällt mir eine Stichelei meines Kollegen Dieter ein. »Lasst euch nicht von den Maoisten wegfangen«, frotzelte er vor unserer Abreise. Der Inhalt des damals locker dahergesagten Satzes arbeitet sich in mir empor und lässt mich beim Generalmanager nachforschen, wie es um deren Bedeutung steht.

Herr Kleenlich hat sich in seinem Sessel zurückfallen lassen. Sein Unterkiefer vollführt absonderlich kauende Bewegungen, die ich nicht auszulegen weiß.

Herr Gurubacharya sagt mit amtlichem Gesichtsausdruck »Maoisten sind kein großes Problem, aber ein kleines Problem sind ›Geldgeschenke‹.«

Geldgeschenke macht man freiwillig, in mir kreiselt die Unklarheit dieser Äußerung und ich bemerke »Ich verstehe das nicht.«

Herr Gurubacharya sucht nach den richtigen Worten »… Schutzgeld, verstehen Sie …«

Nebulös liegt dieser Gesichtspunkt unserer Trekkingreise durch den Himalaja vor uns und wir halten trotzdem weitere Fragen für nicht erforderlich. Ich halte es für unnütz, immer nur bangend vorauszudenken. Ich will noch nicht Erfahrenes nicht zum Erlebten erklären.

Dass sich der Generalmanager für unser Wohlergehen verantwortlich fühlt, ist ersichtlich. Nach einer längeren Pause sagt er abschließend »Morgen kommt die Mannschaft, der Sirdar ist Mingma, der Stellvertreter ist Krishna, der Koch ist Temba Sherpa«, erhebt sich und klemmt sich seine Aktenmappe unter den Arm, drückt uns die Hände und verlässt das Hotel.

Das Restaurant ist bis auf den letzten Tisch besetzt. Am großen Nachbartisch ist lautes Leben. Eine große Gruppe Engländer diskutiert energisch über den morgigen Tag. Everest Base Camp sind die magischen Schlüsselwörter, das ich aus den Gesprächsfetzen herausfiltere. Mir wird schnell klar, dass sich diese Gruppe nach Südosten begibt und in das Everest-Basis-Lager bis fünftausenddreihundert Meter aufsteigen will, während wir uns nach Nordwesten aufmachen, das Annapurna-Massiv umrunden und den höchsten Punkt in fünftausendvierhundert Metern Höhe erreichen. Es ist die Ähnlichkeit und ein gewisser Gleichklang in diesen beiden Touren, die exotische Expeditionsstimmung und erwartungsvolle Spannung im Raum verbreiten.

Wir verlassen das Restaurant, gehen vorbei an der Hotelrezeption, über der das Bild des Dalai Lama mildherzig freudig auf uns herabblickt. Wir ordnen letztmalig unsere Ausrüstung vor dem morgigen Aufbruch.

Wir breiten unsere Schlafsäcke auf unseren Betten aus und kriechen hinein. Es soll eine Generalprobe für sie sein, eine Probe der noch bequemen Art. Das Zimmerfenster ist offen. Auf dem Sims des angrenzenden Hauses gurren, sich plusternd, die Tauben.

Sombar (Montag), den 27. Oktober 2003

KATHMANDU – DUMRE – BESISAHAR

In der Mitte des Frühstücksraumes steht kerzengerade und anmutig eine Serviererin in tibetischer Tracht. »Good morning, Sir«, sie lächelt und zeigt uns mit schlanker Hand einen freien Tisch.

»Sir, tea or coffee?«, fragt uns der heraneilende Kellner.

Er bringt Tee und Kaffee. Wieder bin ich es, der zuerst Beachtung findet, indem er erst mich bedient und auch mir in dieser Reihenfolge das Besteck hinlegt. Ein Seitenblick zu Martina verrät mir keine befremdliche Verwunderung.

Ich schaue zu den anderen Tischen im Restaurant und beobachte die gleiche, für uns ungewöhnliche, Art der Bedienung.

»Zwei Whisky, bitte«, ich wende mich mit diesem Wunsch dem Kellner zu, der mich zweifelnd anschaut, zögert, dann lächelnd fragt »Wirklich? Schon um diese Zeit?«

»Ja, wirklich schon jetzt«, antworte ich und nun lachen wir alle drei.

»Welchen von hier oder ausländischen?«

»Bitte welchen aus Nepal.«

»Zum Wohl!«, der freundliche Kellner stellt uns die Gläser auf den Tisch, wartet bis wir sie erheben und scheint dabei unklare Empfindungen zu entwickeln. Er verzieht ein wenig grinsend sein Gesicht und ist sich scheinbar sicher, dass sich auch uns die Gesichtsmuskeln zu Grimassen verspannen, wenn der Whisky die Gaumen benetzt und unsere Kehlen durchläuft.

Martina und ich trinken beherzt, weil wir mit schelmisch abwartenden Augen beobachtet werden. Der Inhalt der Whiskygläser verschwindet ohne äußerlich bemerkbare Regung in unseren Mägen.

Es bedarf keiner Worte, das Gesicht des Kellners nimmt Stellung: Und das am frühen Morgen, na ihr seid ja Helden!

Das Whiskytrinken, einen Schluck aus der Flasche, erklärten wir schon vor unserer Reise zum täglichen Ritual, weil wir mehrfach von der keimtötenden Wirkung im Magen-Darm-Bereich hörten. Durch Hanni und Helmut wurden wir noch einmal wohlwollend daran erinnert.

Zwei Flaschen Whisky im Taschenrutscherformat, die wir auf dem Münchner Flughafen in letzter Minute erstanden, sind »Rucksackrutscher« geworden.

Sie halten sich in den Seitentaschen unserer Rucksäcke in Bereitschaft für die morgendliche und abendliche Vorsorge gegen die mikroskopisch kleinen Feinde im Verdauungssystem.

Die Hotelhalle füllt sich mit Leben. Die Everestgruppe bricht auf. Die Teilnehmer tragen ihre Rucksäcke, Seesäcke und Trekkingstöcke zum Ausgang.

Wir sitzen allein im Restaurant. Durch die große Glasscheibe, die uns von der Hotelhalle trennt, winkt ein Nepalese, gefolgt von zwei weiteren Männern. Ich werde sonderbar nervös. Ich weiß, nunmehr beginnt das Abenteuer.

Unsere Reise bekommt neue menschliche Bezugspunkte. Drei junge Sherpas treten uns gegenüber. Sie haben die Handflächen zum Namaste-Gruß aneinander gelegt und nennen, sich vor uns verneigend, ihre Namen.

Es sind Mingma Sherpa-Sirdar, Krishna Sherpa, Mingmas Stellvertreter, und Temba Sherpa, der Koch.

Der »Führungsstab« einer Sherpamannschaft besteht immer aus diesen wichtigen Personen, wobei der Koch das Kernstück einer Expedition oder eines Trekkings ist, erörterte uns gestern Herr Gurubacharya lächelnd und zeigte dabei vielsagend in seine Magengegend. Wir könnten uns auch die Namensanhänge Sirdar und Sherpa sparen, denn wir wären für drei Wochen ein Team, und da ginge es sehr freundschaftlich zu. Wir hätten schließlich gemeinsam eine Aufgabe zu erfüllen.

Ich weiß sofort, dass uns das nicht schwer fallen wird, denn diese drei jungen Männer wirken sofort so angenehm aufgeschlossen, dass meine anfängliche Nervosität augenblicklich verfliegt und sich in Zutrauen verwandelt, die mich nur noch an den bevorstehenden Aufbruch denken lässt.

Jeder Umstand, jede Einzelheit, jedes feine Detail nehmen wir genau war. Sie prägen diesen Moment, erzeugen unsere Aufbruchstimmung und diese spezielle Atmosphäre, die uns jetzt umfängt und auf die bevorstehenden Wochen einstimmt.

Wir verladen unsere Ausrüstung gemeinsam mit unseren künftigen, regsamen Begleitern in den Agenturbus. Es sind keine Hartschalenkoffer mit Rollen, sondern Rucksäcke, Seesäcke und Teleskopstöcke. Wir tragen keine wohlabgestimmte modische Kleidung, sondern robuste Hemden, Hosen und Schuhe. Und es ist nicht der vornehm gekleidete Reiseleiter, der uns im Bus freundlichst begrüßt. Es sind unsere künftigen Träger, die im Mittelgang lustig plaudernd auf ihren abgewetzten Rucksäcken und Tragekörben sitzen, sich erheben, unser Gepäck von Mingma, Krishna und Temba entgegennehmen und im hinteren Teil des Busses verstauen.

Wir steigen ein, der Hotelportier salutiert »Namaste!«.

Wir durchfahren die Stadt, halten gelegentlich an, weil weitere Träger in den Bus steigen oder Temba, der Koch, von irgendwoher Säckchen und Kartons besorgt und in den Bus verlädt. Kinder schauen neugierig zu uns herein, wenn wir anhalten. »Pen, Pen …«, betteln sie mit schmutzig ausgestreckten Händen.

Vor uns positionieren die Sherpas ein hohes, stabiles Eisendrahtgestell in dem in mehreren Lagen Eier aufgestapelt sind. Im Bus wird es enger, Mannschaft und Ausrüstung rücken näher zusammen. Das Eisendrahtgestell mit den Eiern schaukelt im Takt der Kurven und Straßenlöcher nach links und rechts.

Aus einem Korb dringt blechernes Scheppern. Die Tür des Busses ist zur Hälfte zurückgeschoben. Von draußen lärmt die Straße. Durch den Spalt fallen Sonnenstrahlen. Sie bilden Streifen und Wölkchen aus Straßenstaub.

Die Besiedlung wird zunehmend dörflicher, die Anstiege und Abfahrten häufiger und der Verkehr erträglicher. Wir haben die Stadtgrenze Kathmandus bereits durchfahren. Temba steigt nicht mehr aus und nicht mehr ein, um die Küchenausrüstung zu vervollständigen.

Die Sherpas, so scheint es, sind vollzählig, sie sitzen ruhig und entspannt Nepali plappernd auf ihren Rucksäcken. Des Öfteren werden die für uns unverständlichen Gespräche temperamentvoller, klingen dann wieder ab oder verstummen ganz. Dann bemerke ich, dass wir aufmerksam betrachtet werden. Ich empfinde das zunächst als ungeniert, aber immer mehr spüre ich auch, dass es selbstverständlich und ohne Argwohn geschieht. Blicke ich dann in ein Sherpagesicht, kommt ein Lächeln zurück.

Mingma und Krishna sitzen in der Nähe des Fahrers. Martina hat sich bequem im Sitz zurückgelehnt. Herr Kleenlich hat seinen Hut in den Nacken geschoben und blickt dösig vor sich hin.

Wir verlassen das Tal von Kathmandu und fahren über grüne Bergrücken. Die größeren Himalaja-Vorberge kündigen sich im steileren Hinauf und Hinab an.

Vorbei an den Fensterscheiben des Busses ziehen Dörfer und Flusstäler und in diese Ausblicke schieben sich die Bilder und Szenen des gestrigen Tages …

Pashupatinath … , wir verließen diese Stätte, in deren Umgebung ungewohnte und bedrückende Ereignisse auf uns einwirkten.

Nie habe ich die zeitgleiche Gegenwart von Leben und Tod so erlebt wie an diesem Ort. In Pashupatinath wurde gestern in farbenfrohem Treiben das »Fest der Brüder und Schwestern» und das »Fest der Tiere« zelebriert, Hochzeiten und Geburten gefeiert, während auf den Scheiterhaufen die Toten verbrannten.

Pashupatinath hat mir die Realität von Leben und Tod begreiflicher gemacht und mich daran erinnert, dass sich das Leben in einem endlosen Kreis fortsetzt.

Ich denke an die Sadhus, denen wir in Pashupatinath begegneten, deren religiöses Ziel es ist, Gott zu verwirklichen und der Welt zu entsagen.

Auch der Sadhu vom Durbar-Square streift mir wieder durch den Sinn, den wir als »Fotoheiligen« mit einer geringen »Abfindungssumme« einfach stehen ließen, weil er für seine Verhältnisse der materiellen Welt zu viel abverlangte. Der Bus biegt in den schottrigen Weg eines Seitentales ein, schaukelt knirschend über eine Bodenwelle und hält an.

»Toilett!«, Mingma verlässt zuerst den Bus, wir und alle Sherpas und Träger hinterher. Unsere Mitinsassen verteilen sich am nahen Wegrand. An Büschen und Bäumen herrscht »springlebendige« Geschäftigkeit.

Martina ist die einzige Frau unter Männern. Mir wird das erste Mal die Aufgabe zuteil, Martina in Nepals freier, aber fremder Natur beim Suchen eines frauengerechten Plätzchens behilflich zu sein, um sie vor den »wilden Tieren« des Bergwaldes zu beschützen.

Die Sherpas steigen zügig in den Bus ein. Es kommt mir vor, als wären sie Soldaten, die ihr Kampffahrzeug besteigen.

Vor uns müht sich ein Tata-Bus die Steigung hinauf und umbläst uns mit dicken schwarzen Rußwolken.

Aus meinem Rucksack, der zwischen meinen Beinen ruht, ziehe ich mein Tagebuch. Der harte Einband ermöglicht mir Einträge in allen Situationen. So liegt es jetzt auf meinen Knien und ich trage stichpunktartig die Ereignisse des gestrigen Tages ein.

… in der Nähe des Durbar-Square gab es eine Begrüßung der seltenen Art. Inmitten der großen Anonymität fremder Menschen, hielt ein Mopedfahrer mit schwarzem Sturzhelm direkt neben uns an.

»Wer ist das?«, frage ich Martina, »ich kenne ihn nicht.«

Unsere Blicke begegnen sich, verharren und verhaken sich fragend ineinander. Das braune Gesicht, vom großen Sturzhelm umrahmt, bleibt uns ein Rätsel.

»Wissen Sie nicht, Hotel Tibet«, feixt uns der Mopedfahrer an. Und nun geht uns ein Licht auf: Es ist der lustige Kellner, mit dem wir einen Tag später, heute beim Frühstück, das »Whisky-Erlebnis« hatten.

Unser Bus beginnt zu holpern, vor uns quellen große, graue Staubwolken auf, sie umhüllen die vorausfahrenden Fahrzeuge. Die Straße biegt scharf bergseitig ein. Felsbrocken und Geröllmassen bilden eine breite konkave Böschung, in die eine behelfsmäßige Straße eingebaggert ist.

Tief unter uns sehen wir zwei Betonfragmente mit ihren zerbröckelnden Enden und ihren zerrissenen Armierungseisen. Sie klaffen Schauder erregend in den gewaltigen Böschungsgraben hinein.

In der Vertikalen neigt sich der Bus schwankend und bedrohlich zur Seite, bevor er wieder zurückschaukelt. Unsere Hände suchen nach Haltepunkten.

»Der Monsun hat eine Lawine ausgelöst«, erklärt uns Mingma und zeigt hinauf zu der Bergflanke, die im Himmelsblau endet. Es war ein Schlammstrom aus Wasser, Fels und Schutt, der sich in der Monsunzeit an dieser Stelle talwärts wälzte, die Betonbrücke unter sich begrub und donnernd mit in die Tiefe riss.

Aus dem Schlammstrom werden staubig graue Geröllhalden, die wir umfahren und schließlich hinter uns lassen. Erleichtert rollen wir wieder auf Asphalt, Dumre ist nicht mehr weit.

Das Flusstal weitet sich. Am Horizont leuchten im Blau des Himmels weiße Bergspitzen: Annapurna, Manaslu, Daulagiri, Machapuchare … In mir wallen verschwommene Stimmungen. Bin ich hier oder nicht? Ist es Wirklichkeit, Traum oder Täuschung?

Ich bin hier! Und es ist Wirklichkeit!

Mein Notizbuch ist mir aus den Händen geglitten. Martina sucht es unter dem Vordersitz und legt es mir wieder in die Hände. Sie schaut mich an. Ich kenne diesen Blick, sie weiß, wie es jetzt um mich steht. Sie kennt die auslösenden Momente für die gesteigerten Pendelausschläge meiner freudvollen Hochgefühle, die ihre Zeit brauchen, den Gleichtakt wieder zu finden.

Wir haben Dumre erreicht.

Wir fahren auf einen Platz, auf dem größere Busse parken.

»Lunch time!«, Mingma öffnet die Tür des Busses. Wir lassen unser Gepäck dort, wo es ist und Mingma führt uns in ein Restaurant. Das Restaurant ist eine budenartige Holzkonstruktion mit klappriger Eingangstür ohne Schloss. Dort wo sich der Schließmechanismus einst befand ist durch eines der Löcher ein dicker Strick gezogen und verknotet. Die freien Enden des Strickes sind aufgedröselt und baumeln gleichgültig herab.

Auf raugescheuerten Holztischen wird uns das nepalesische Nationalgericht dhal bhat, Reis mit Linsen, serviert. Die Sherpas an den

Nachbartischen essen ihre Nationalspeise mit der rechten, der »sauberen Hand«.

Uns hat Temba korrekt europäische Bestecke neben die Teller gelegt.

Wie verhält es sich nun mit der nepalesischen »sauberen Hand«?

Mit der »sauberen Hand« wird gegessen, begrüßt und gewinkt. Im Verborgenen wirkt hilfreich die linke, die »unreine Hand«.

Sieht man zufällig jemanden mit einem kleinen Wassereimer in der Hand in die Büsche verschwinden, so besteht eine hohe Wahrscheinlichkeit, dass sich dort das gesuchte stille Örtchen befindet und die »unreine Hand« in Aktion tritt.

Im Restaurant liegt das stille Örtchen am rückseitigen Hang. Ich erreiche es über eine am unteren Ende angefaulte leiterartige Holztreppe. Die Treppe vollführt leichte wippende Bewegungen. Das stille Örtchen ist ein Bretterverschlag mit breiten Ritzen, durch die das Tageslicht strahlt. Im Toilettenraum finde ich zwei Hauptmerkmale einer nepalesischen Toilette vor: Zielloch und Zielmarkierung.

Die Zielmarkierung besteht aus zwei piktogrammartig mit Farbe aufgemalten Füßen mit unförmig langen Zehen. Ich benutze die Zieleinrichtung, begebe mich vorsichtig in »Anschlagposition« und verkrampfe. Außer dem erleichternden Wasserstrahl geht nichts los. Ich klettere unzufrieden zurück ins Restaurant.

Es ist reger Betrieb im engen Raum, ein Kommen und Gehen. Alles erscheint als Geschäftigkeit, aber bei näherer Betrachtung erkenne ich, dass es ziellos lebhaftes Schwatzen, unbeschwertes Beisammensein ist. Sachte bemerke ich, dass mir dieses Treiben gut tut.

»Sei bitte vorsichtig, die Treppe ist steil und wackelig«, warne ich Martina, als sie mich nach dem Weg zur Toilette fragt.

Sie kommt zurück mit einem Gesichtsausdruck, den ich erwartet habe. Für sie sind Toiletten Orte, von denen unbedingtes Wohlbefinden ausgehen muss.

Wir besteigen einen bereitstehenden großen Überlandbus. Der Agenturbus dreht und fährt zurück nach Kathmandu. Unsere Ausrüstung ist inzwischen auf das Dach des Busses verladen worden und mit zahlreichen anderen Gepäckstücken an der Dachreling verzurrt. Unsere Sachen befinden sich nicht identifizierbar inmitten eines bunten Berges aus Körben, Säcken, Kisten und Kanistern.

Mingma hält mit Organisationseifer Plätze für uns frei, bevor die Sherpas diese in Anspruch nehmen. Wir sind mit unserer Mannschaft nicht allein im Bus. Er füllt sich mit einheimischen Frauen, Männern und Kindern. Zwei junge Burschen schieben ein Drahtgestell mit gackernden Hühnern in den Mittelgang. Neben meinen Sitzplatz setzt sich eine Nepalesin auf ihr geschnürtes Bündel. In den Lautsprechern des Busses plärrt laute, fremdartige Musik.

»Tempelmusik«, nenne ich in meinen Gedanken spontan dieses Getön aus Gesang und dürr klingenden Instrumenten. Dazu stelle ich mir hübsche, geschmeidige Bauchtänzerinnen in bunten Gewändern vor, die Hüften schwingend und verlockend an mir vorübertänzeln.

Der Fahrer setzt den Bus in Bewegung, dass der Motor laut aufheult. Zwei Nepalesen stehen auf den Stufen der offenen Tür. Die äußere Stufe wird für einen dieser Männer zum akrobatischen Hilfsmittel, mit dessen Unterstützung er sich hinauslehnt, den Straßenrand aufmerksam beobachtet und mit dem Fahrer kommuniziert, wenn die Straße zu schmal wird oder sich der überladene Bus Bäumen und Abstürzen bedenklich zuneigt.

Der Haltebügel am Türholm des nicht mehr neuen Busses trägt eine hohe Verantwortung, wenn der »Copilot« mit gestrecktem, rechtem Arm einem gefahrdrohenden Talhang draufgängerisch näher kommt, während der linke Arm dem Fahrer hilfreiche Signale zuwinkt.

Die Fahrt über eine Brücke mit dicken Holzbohlen wird zur heiklen Angelegenheit. Die ausgetrockneten, in sich schiefen Bohlen heben und senken sich, sobald sie von den Rädern des Busses befahren werden und kehren danach in ihre Ausgangsposition zurück. An einer größeren Steigung ruckelt der Bus und bleibt augenblicklich an den ersten Häusern eines Dorfes stehen.

Im Bus wird es still und stiller, die Lautsprecher verstummen, nur die Hühner gackern lauthals in ihrem Gestell. Aus der schrecksekundenartigen Stille keimt erstaunt abwartendes Murmeln. Der Fahrer klappt die mit Kunstleder überzogene Motorhaube auf und zieht aus dem wuchtigen Motorblock einen langen Ölmessstab, den er schwingend in die aufgeheizte Innenluft hält. Rußschwarzes Öl läuft an dem Stab herab und tropft verdampfend auf den heißen Motor. Es riecht nach Fehlersuche und Reparatur.

Der Fahrer lässt den Ölmessstab wieder in das rätselhafte Motorinnere verschwinden, fingert an Kabeln und Leitungen und startet den Motor. Er ächzt in unrunder Drehung, als wolle er sich uns klagevoll mitteilen … ich kann noch nicht …, ich kann noch nicht …, ich kann nicht …

Martina stupst mich am Arm und fragt »Warum denn noch nicht?«

Der Fahrer verlässt den Bus. Sein »Beifahrer« hat inzwischen die Tankklappe an der Außenseite geöffnet und stochert mit einem langen, dürren Stecken in das Tankinnere. Er zieht ihn heraus und sucht nach nassen Spuren, findet keine und stößt kräftiger in die dunkle Hohlung, das Ästchen bleibt staubtrocken.

Die »Wünschelrute« hat die offenbar nicht mehr funktionierende, elektronische Tankanzeige ersetzt und liefert einen »positiven Befund«. Der Tank ist leer!

Der »Beifahrer« trottet zu den ersten Häusern des Dorfes und kehrt grienend mit einem bauchigen Kanister zum Ort des Geschehens zurück. Er hält den Kanister in die Nähe des Tankstutzens. Nichts geschieht, der Stutzen verbirgt sich mehr im Inneren als er von außen zugänglich ist und wehrt sich gegen den Treibstoff. Einer der Umstehenden hat das Problem durchschaut und bringt eilig eine Plastikflasche herbei. Unversehens ist von einem anderen Helfer ein Taschenmesser zur Hand, der den Flaschenboden abtrennt.

Der Flaschenhals taucht in den Tankstutzen ein und lässt den Diesel glucksend ins Innere fließen.

Der Fahrer startet durch. Der Motor dröhnt auf und bekundet seine Freude mit einer großen schwarzen Rußwolke, die er mit Wucht durch das Auspuffrohr stößt.

Alle Plätze im Bus sind wieder eingenommen, das Kassettenradio dudelt erneut frohgelaunte »Tempelmusik«. Die Fahrt geht weiter, als hätte es nie ein ernst zu nehmendes Problem gegeben. Aus dem »Motorhaubenbuckel« dringen eigenartig mahlende Geräusche.

Wir sind wieder in Bewegung. Das unsichere Gefühl, heute überhaupt unser Ziel zu erreichen, verschwindet in die entspannt-lebendige Atmosphäre der uns umgebenden Menschen. Das Wort Pünktlichkeit habe ich bereits verworfen, wie ich ein bedeutungslos gewordenes Fremdwort aus meinem Wortschatz streiche.

Aus meinem Rucksack wühle ich mein kleines Diktiergerät, halte es unauffällig in meinen Händen und nehme die wundersame Geräuschkulisse auf, die den Bus wieder erfüllt. Schnell schalte ich es wieder aus und versenke es im Rucksack, als der Bus das Tempo verringert, obwohl wir eine fast steigungslose Straße in der Nähe eines Dorfes befahren.

Die nach der technischen Zwangspause angeschwollene Lautstärke der Stimmen im Bus flaut deutlich ab. Der Fahrer schaltet die plärrende »Tempelmusik« wieder aus. Die Blicke der Businsassen wenden sich gespannt zu den beiden Frontscheiben des Busses. Der Abstand zum Dorf verringert sich. Wir erkennen aus der Entfernung Uniformierte.

In einer Distanz von etwa zwanzig Metern vor den ersten Häusern des Dorfes kommt der Bus zum Stehen. Drei Soldaten lösen sich aus einer größeren Gruppe mit Gewehren Bewaffneter und steuern in Richtung Bus. Unser Busfahrer steigt aus und geht den drei Soldaten entgegen. Sie kommen gestikulierend zurück. Ein Soldat betritt den Bus und sein ernster, suchender Blick durchstreift den voll besetzten und »voll bestandenen« Bus.

Der Soldat, es ist offensichtlich der befehlshabende Offizier, steht genau neben mir. Sein Blick fällt zu mir herab, als er die Unkontrollierbarkeit der Menschenmasse erkennt und im Gehen begriffen ist. Er stutzt. Sein nachforschender Blick bleibt an mir haften und wird bohrend. »Woher kommen Sie?«, fragt er mich schroff und schenkt Martina ebenfalls einen skeptischen Blick.

»Wir kommen aus Deutschland«, antworte ich und schaue unsicher und erregt zu Martina.

»Was ist der Grund ihres Aufenthaltes?«, fragt der Offizier weiter.

Zunächst verstehe ich das nepalesisch akzentuierte Englisch nicht, erahne durch meine Aufregung hindurch mehr den Inhalt, als ich die Frage verstehe.

»Trekking!«, ist meine kurze bündige Antwort. Offensichtlich habe ich den Sinn seiner Frage erfasst und ihm auch eine befriedigende Antwort erteilt, denn er wendet sich jetzt wieder dem Fahrer zu und scheint Wichtiges mit ihm zu besprechen.

Der Busfahrer ruft über die Köpfe der Mitfahrer Anordnungen hinweg, die der Offizier ihm offensichtlich vorgegeben hat. Er macht der

Menschenmenge Platz, die den Bus zügig verlässt und sich in Richtung Dorf begibt.

Mingma macht uns mit beruhigender Geste klar, dass wir auf unseren Plätzen bleiben können. Das Geschehen um uns herum habe nichts mit uns zu tun, es sei ein rein nepalesisches Problem. Ein Restzweifel setzt sich in mir fest.

Der Offizier und die beiden Soldaten gehen durch den Mittelgang, heben das den Weg versperrende Drahtgestell mit den Hühnern auf einen Sitz, gehen zum Heckteil und beginnen das Businnere zu durchsuchen.

Sie kontrollieren die Freiräume unter den Sitzen, durchwühlen das Gepäcknetz und stecken ihre Hände in die Zwischenräume der Sitzpolster.

Herr Kleenlich, zwei Sitze von uns entfernt, beobachtet wie gebannt die Soldaten. Sein Unterkiefer macht kauend vibrierende Bewegungen. Wie eine Filmhandlung laufen die Ereignisse vor unseren Augen ab. Es ist, als hätten unsichtbare Darsteller in einer undurchsichtigen Handlung die Hauptrolle übernommen und mehrere Regisseure würden gleichzeitig nach der richtigen Besetzung und der besten szenischen Umsetzung suchen.

Ganz automatisch konstruiere ich aus dem erkennbaren Teil der Handlung ein Schlüsselwort und ein Zusammenhang. Maoisten und Bombenanschläge!

Die Uniformierten verlassen grußlos den Bus. Offensichtlich ist für sie alles in Ordnung. Dann kommen auch schon die Passagiere von der Kontrollstelle am Dorfeingang zurück. Was dort im Einzelnen abgelaufen ist, wissen wir nicht.

Mingma, seine Sherpas und Träger verteilen sich zusammen mit den anderen erneut auf den Plätzen.

Der Schlagbaum am Checkpoint hebt sich und gibt uns freie Fahrt.

In einer Stellung aus Sandsäcken stehen vier Soldaten. Die Läufe langer, altertümlicher Gewehre liegen auf dem oberen Rand der »Sandsackburg« und sind mit ihren Mündungen auf die Straße gerichtet.

Ein Maschinengewehr, dessen schwarze Brünierung schon weitgehend abgegriffen ist, die Kugelschutzwesten und die eigentümlichen

Kugelschutzmützen der Soldaten symbolisieren Kriegszustand, obwohl alles friedlich scheint. Die Nepalesin hat wieder auf ihrem Bündel den Platz neben mir eingenommen.

Ich sehe sie unverfänglich an und sie blickt aufgeschlossen zurück. Sie antwortet stumm mit leichtem Kopfnicken. Wieder muss ich mich auf mein Gefühl verlassen. Ich halte es für wahr, dass sie mir einfach nur sagen will, dass alles doch gar nicht so schlimm ist, wir fahren doch alle gemeinsam Bus!

Wir fahren Bus, aber wie lange wird er fahren? Wird die Tankfüllung, die im Grunde genommen nur eine Füllung des Tankgrundes war, an der nächsten Steigung von diesem Schwergewicht verdampft wie der uralt bekannte Tropfen auf den heißen Stein?

Es ist eine glückliche Fügung, am Ortsausgang ist ein »Tankstellchen« in Sicht!

Eine Frau in einem farbenfrohen, langen Kleid und turbanähnlich gewickeltem Kopftuch, einem anmutigen Kopfschmuck, füllt den Tank.

Kann nun kein hemmendes Ereignis, nichts mehr unsere Fahrt verlangsamen?

Wir entdecken nirgendwo ein Ortsschild oder eine Kilometerangabe der Entfernung zwischen den Orten, die wir wie in endlos erscheinender Folge durchfahren. Nur die Berge, der blaue Himmel und Flüsse, die wir über Brücken kreuzen und deren baumbestandene Ufer gemächlich vorüberziehen, sagen uns, dass wir in einer fremden Welt unterwegs sind, in der es keine bestimmbaren Zeitkoordinaten gibt.

Martina schaut versonnen ins Grün des gegenüberliegenden Flussufers, als ich sie frage, ob alles in Ordnung sei.

»Es ist schade, dass die Rhododendronbäume jetzt nicht blühen, aber es ist ja ›kurzer Herbst‹ und wir können uns an den Farben ihrer Blätter erfreuen«, antwortet sie.

Der »kurze Herbst« ist in Nepal die Zeit nach dem Monsun, der Jahreszeit der Winde. Der Monsun bringt prasselnden Regen und taucht die Landschaft nicht in die europäischen Herbstfarben. Es ist ein sattes Grün, das uns umgibt und uns in den Frühling versetzt, in dem uns die Rhododendronbäume aber blütenlos begegnen.

Es ist die Jahreszeit des klaren Wetters und der fernen Sichten. Bald folgt der Winter, wir liegen gut in der Zeit. Der Blick über die Jahreszeiten hinweg entspricht, und das tröstet mich im Moment, dem nepalesischen Zeitverständnis.

Die lange Straße steigt leicht an, der Bus fährt nahezu Schritttempo. Die Männer auf den Türstufen springen ab, laute Unruhe breitet sich aus.

Es ist ein größerer Ort, in dessen Mitte der Bus zum Stehen kommt. Die Straße wird von kleinen Hotels, Lodges und Lädchen gesäumt.

Wir bleiben auf den Sitzen, denn in hektischer Betriebsamkeit drängen die Passagiere an uns vorüber und verlassen den Bus. Mingma ist inmitten der befreit wirkenden Menschenmenge und ruft uns im Vorübergehen zu: »Besisahar!«

Längst haben die Sherpas das Dach des Busses bestiegen, die Verschnürungsseile gelöst und mit dem Abladen der Ausrüstung begonnen. Sie transportieren sie auf eine grüne Wiese, die unser erster Zeltplatz ist. Ungeordnet findet sich das Sammelsurium der noch verpackten Ausrüstung auf dem Rasen ein.

Die Sherpas und Träger beginnen mit Emsigkeit, diesen für uns schwer durchschaubaren Wust zu zerpflücken, in eine brauchbare Ordnung zu bringen, um Zelte aufzustellen und mit den Töpfen und Schüsseln unser Essen zu kochen, zu braten und zu servieren.

Ich bemerke eine Art erste Amtshandlung. Aus einem Leinensack, es wirkt wie »Hokuspokus, hier sind wir!«, ziehen die Sherpas drei Klapphocker, die uns Mingma vor die Füße stellt. Noch spüren wir die Bussitze an unseren verschwitzten Hinterteilen. Hinsetzen, nein, das wollen wir noch nicht.

Unter einer schuppenartigen Überdachung hantieren Temba und drei Sherpas an Körben und Kisten. Das Eiergestell thront stoisch im Abseits.

Auf der Wiese ordnen Mingma und Krishna die Teile der Zeltausrüstung. Martina überwacht mit skeptischem Blick, wie sich die Zeltstangen aufrichten, Zeltplanen straffen und schließlich das erste Zelt ergeben. Für sie ist es die erste Zeltübernachtung im Leben. Auch für mich ist es ungewohnt, die bevorstehende Nacht außerhalb fester Mauern zu verbringen.

Vier größere Zelte entstehen vor unseren Augen. Etwas abseits ist Mingma mit einem Eispickel beschäftigt. Ein »hochalpiner« Eispickel auf grüner Wiese? Dieser Eispickel ist offensichtlich auch dafür geschaffen, in eine Grasnarbe ein Loch zu graben, in diesem Fall eine schüsselgroße Mulde, deren Bedeutung wir erst dann begreifen, als Mingma und Krishna ein kleines Zelt darüber errichten.

Die äußere Form dieses Zeltchens erweckt eine Assoziation aus der Vergangenheit, das »Transformatorenhäuschen« aus politisch und technisch überlebten Zeiten. Auch im Inneren dieses Häuschens wird künftig Spannung sein!

Unter dem Schuppendach bullert und zischt der Kerosinkocher. Auf die hochschlagende Flamme hat Temba einen Aluminiumtopf mit Wasser gesetzt. Krishna und Mingma grätschen die Beine eines grünfarbigen Klapptisches auseinander. Temba bringt uns den Nachmittagstee.

Es ist kühler geworden, als ich mein Tagebuch auf den Klapptisch lege, um die Erlebnisse des Tages zu notieren. Ich will versuchen, das täglich zu tun, um später beim Schreiben und Erzählen anhand der Stichworte meines Tagebuches realistisch auf die vielfältigen Eindrücke und Bilder zurückgreifen zu können.

Es ist heute nur »kürzeste Fassung«, die ich auf wenige weiße Blätter bringe. Ich weiß, dass sich die heutigen Ereignisse ohnehin nicht so leicht aus meinem Gedächtnis verflüchtigen werden. Ich brauche mir selbst nicht zu erklären, warum!

Martina wartet auf meine Mithilfe, unsere künftige Behausung zu beziehen. Die Sherpas haben ihre Arbeiten, die für eine Nacht Sesshaftigkeit notwendig sind, bereits in die richtigen Bahnen gelenkt, denn sie sitzen kartenspielend im Gras, während wir uns in unsere Zelte verkriechen und mit dem Organisieren unseres »Hausrates« beginnen. Eine grundsätzliche Erfahrung nehme ich vorweg: »Organisieren« heißt die täglich wiederkehrende Tätigkeit, die uns ständig neue Überwindung kostet. Aber es ist unumgänglich, in das Zeltleben immer wieder eine Grundordnung zu bringen. Sie ermöglicht es, schlicht und einfach gesagt, abends halbwegs ruhig einzuschlafen und morgens in der Gewissheit aufzuwachen, gut »organisiert« zu haben. Bei am Abend unterlassener »Organisation« laufen wir Gefahr, nach dem Aufwachen nichts, aber auch gar nichts, zu finden, eventuell aufzubrausen und den Tag nicht gerade nervenberuhigt zu beginnen. Dieser Zusammenhang gewinnt in sauerstoffarmen Höhen, wo jeder Handgriff in entscheidenden Phasen zur aufreibenden Schwerarbeit wird, zunehmend an Bedeutung.

Damals, es sind bereits neun Jahre seitdem vergangen, als wir, Gert und ich, den Kilimandscharo bestiegen und das Wort »Organisieren« in den Wortschatz unserer Bergsteiger- und Trekkingsprache einführten. Wir hatten es zu jener Zeit etwas leichter, denn wir übernachteten in Hütten. Dennoch verfolgte uns dieses Problem während des Aufstieges. Wir nahmen es aber nicht zu jeder Zeit auf die tragische Schulter und machten daraus, wenn es die körperliche Verfassung und die Stimmung halbwegs zuließen, unsere aufheiternden Späße.

Heimliches Organisieren, um einen »logistischen Vorsprung« gegenüber dem anderen zu erlangen, brachten wir in Verruf. Es galt als schwächliches Streben. Immer als gut organisiert dazustehen, war dagegen ein Zeichen der Stärke und erhielt den Status, erhaben über den Dingen zu stehen.

Erwischte mich Gert beim »versteckten Organisieren«, kam die Stichelei prompt: »Na, organisierst du wieder?«

»Nein, ich suche nur meinen zweiten Strumpf, eben war er noch da«, konterte ich und wusste, dass ich in der Defensive bin. Auf meine Offensive musste ich warten. Irgendwann kam die Gelegenheit zurückzuschlagen: »Organisierst du etwa schon wieder?«, Gert war überführt.

»Ich organisiere nicht. Kannst du mir vielleicht sagen, wo meine »blaue Gumpe« ist, du weißt schon, meine blaue Zipfelmütze, an der ich so hänge?«, Gert vergrub sich in die Tiefen seines Seesackes.

Martina und ich stehen nun kurz vor unserer »Erstorganisation« in einem Zelt, dessen »Infrastruktur« noch in den Kinderschuhen steckt.

Alle theoretischen Vorüberlegungen nützen so gut wie nichts, wenn man in einem verhältnismäßig engen Zelt zu zweit zwei Rucksäcke und zwei Seesäcke eben so zu organisieren hat, dass das Wort »griffbereit« eine praktikable Bedeutung erlangt. Nur eine Tatsache gibt uns Erleichterung, wir können auf übermäßige Gründlichkeit in jeglicher Hinsicht verzichten.

Herr Kleenlich wuselt und brummelt im Nachbarzelt.

Wir sind zwölf Stunden auf den Beinen, von denen wir die meiste Zeit saßen. Es ist die achtzehnte Stunde, zu der es nun dämmrig wird und kühle Feuchte ins Zelt kriecht. Wir liegen auf unseren ausgebreiteten Schlafsäcken und strecken uns entspannend aus. An den beiden Zeltwänden liegen die Seesäcke, daneben die schon für den morgigen Tag aktualisierten Rucksäcke.

»Hallo, Suprery!«, ruft es vor dem Zelteingang. Wir wissen, das Essen ist fertig. Das Vorsignal kam bereits vom Kerosinkocher aus der »Schuppenküche«, der nun schweigt und uns mit Tembas Zutun warmes Essen bereitete.

Im Verpflegungszelt stehen unsere Hocker aus Stahlrohr und Leinenbezug und der grüne Klapptisch von unserer Teezeit am Nachmittag.

Serviert werden uns von Krishna vorerst Teller, Edelstahlbecher und bedeckelte Alutöpfe. Klappern und Tee-Einschenken »läuten« die Mahlzeit ein.

Unsere Hände fassen gleichzeitig zu den Deckeln der Aluminiumtöpfe. Jeder berichtet dem jeweils anderen Hungrigen über den Inhalt des gerade überprüften Topfes und so wissen wir, wie sich das »Menü« zusammensetzt und in welcher Reihenfolge es jeder zu verspeisen gedenkt.

Es bleibt wenig Platz auf dem Tisch, den die Töpfe fast völlig verstellen.

Es beginnt ein hilfreiches Hinreichen, ein Herreichen »bitte«, »danke«, »bitte«.

Was wir uns an diesem Abend aus den Töpfen auf die Teller löffelten und aßen, wissen wir nicht mehr. Dhal bhat kann es nicht gewesen sein, denn dieses »Gericht von Nationalbedeutung« wurde uns heute Mittag in Dumre serviert.

Auf unserem kleinen Tisch brennen inmitten der Alutöpfe zwei Kerzen. Es ist gemütlich im Zelt. Der Tee hat uns wohltuend gewärmt. Das Essen, soviel weiß ich, hat uns geschmeckt.

Müde kriechen wir in unser Zelt. In den Schlafsäcken ist es behaglich. Martina hat ein Teelicht angezündet und an das Kopfende unserer Schlafsäcke gestellt.

Von der nicht weit entfernten Lodge kommen Gesänge. Auch heute noch feiern die Nepalesen das »Fest der Brüder und Schwestern«.

Die heutige Fahrt mit dem Überlandbus geht uns nicht aus dem Sinn. Wir plaudern schläfrig über die Erlebnisse des Tages.

Wir brauchten für die Fahrt von Dumre nach Besisahar eine Zeit von etwa drei Stunden, für nur siebenunddreißig Kilometer. Auf der Karte lese ich den Namen der Verbindungsstraße, Prithvi-Highway. Martina ist eingeschlafen. Ich lege die Landkarte, die Around-Annapurna-Map, an das Kopfende, schalte die Stirnlampe aus, lösche das Teelicht und ziehe den Verschluss meines Schlafsackes zu.

Mangalbar (Dienstag), den 28. Oktober 2003

Besisahar – Bhulbhule

Der Kerosinkocher »brubbelt« uns wach. Durch die Zeltplane schimmert schwaches Tageslicht.

»Hallo, Hallo, Tea!«, ich öffne die Reißverschlüsse des Zeltes.

»Good morning, Sir. Tea!«, vor dem Zelt reicht uns ein Küchensherpa auf einem runden Tablett zwei Becher heißen Tee.

Die ersten Schlucke sind dem Zähneputzen vorbehalten. Erst dann wärmen uns die heißen Züge aus dem Becher auf, die wir genießen. Es ist spürbar feuchtkalt an diesem Morgen.

Schlafsäcke aufrollen ist die nächste notwendige Betätigung, denn sie sind uns im Weg, wenn wir uns kniend bemühen die »Nachtwäsche« von uns zu streifen.

»Bitte, heißes Wasser«, ein anderer Küchensherpa reicht uns zwei kleine Aluminiumschüsseln mit lauwarmem Wasser durch den Zeltspalt. Martina schaut mich fragend an, ich blicke mit gleicher Miene zurück. Schnell wird uns klar, dass die Schüsseln zum Waschen bestimmt sind, es kann wohl nicht anders sein! Unsere Seesäcke und Rucksäcke sind gepackt. Martina widmet sich im Zeltinneren, im Bereich der »Organisation«, den wichtigen Fragen unserer Bekleidung, während ich mich mehr dem »technisch-organisatorischen« Teil widme und mich auch hier im Außendienst wohlfühle. Ich bugsiere die fertig gepackten Seesäcke und Rucksäcke hinaus vor das Zelt. Die Träger stehen bereit, verschnüren die Einzelstücke zu einer Last und marschieren ohne Verzögerung los.

Das Frühstück ist im Verpflegungszelt vorbereitet. Meinem Tagebuch kann ich entnehmen, dass auf dem Klapptisch Müsli, Weißbrot, Marmelade und Rührei auf uns warteten.

Aufbruch! Wir schwingen die Rucksäcke auf unsere Rücken und steigen in kein Fahrzeug mehr ein. Wir verlassen den Prithvi-Highway. Vor uns liegen dreihundertzwanzig Kilometer Fußmarsch durch den Himalaja.

Aufbrüche der heutigen Art lösen in mir Gefühle der Sorglosigkeit und Erleichterung aus. Ich kenne keine treffendere Sentenz als eine von Reinhold Messner, mit deren Hilfe ich verdeutlichen kann, wie ich mich gegenwärtig fühle. Es ist der Titel eines seiner Bücher: »Die Freiheit, aufzubrechen, wohin ich will!«

Ein Weg biegt von der Hauptstraße ab. Am Ortsausgang von Besisahar wird es dörflich. Ein kleiner Junge hat einen großen Gockelhahn mit seinen Armen umschlungen und trägt ihn an seine Brust gepresst die Dorfstraße entlang.

Eine Schar Kinder kommt auf uns zu. Sie rufen: »Look, look!« (Schauen, schauen!), und zeigen mit gekreisten Zeigefingern und Daumen auf meine Fotokamera. Ein Junge hat bereits nach meiner Kamera gegriffen, bevor ich verstehe, was diese barfüßigen Knirpse von mir wollen. Er dreht den Apparat und hält ihn vor sein Gesicht. Für mich ist das Erklärung genug, ich nehme die Schutzkappe vom Objektiv und lasse den Jungen durch den Sucher schauen. Er richtet den Apparat in alle Richtungen. Als ich den Zoomring drehe, hält er verblüfft inne und kichert.

Die umstehende Schar wird hellwach und ungeduldig. Sie schieben ihren Rivalen zur Seite. Aus der kleinen Warteschlange heraus entsteht ein Drängeln und Schubsen. Immer hängt ein neuer ungeduldiger Kopf am Sucher oder ein anderes Kind zerrt am Trageriemen meiner Kamera.

Die Neugier der kleinen Horde wird beträchtlich angefacht, als ein herbeieilendes Mädchen auch durch den Fotoapparat schauen will, selbstständig den Zoomring in Telestellung bringt und augenblicklich, vor Freude quiekend, von der Kamera zurückweicht. Mingma und Krishna sehen dem Schauspiel belustigt zu. Das amüsante Treiben scheint kein Ende zu nehmen. Wir sind gezwungen es zu beenden, denn wir wollen weiter.

Enten und Gänse watscheln über die Dorfstraße. Eine Glucke scharrt, von ihren piepsenden Kücken umringt, am Rande eines Misthaufens.

Vor einer sonnigen Haustür liegt zusammengerollt ein Hund und schläft.

Unser Weg führt weiter durch eine glitschig-morastige Senke im Schatten von hohen Bäumen. Nur noch wenige Häuser liegen an unserem Weg. An einem einzelnen Bauernhaus bleiben wir stehen. Vor dem Kuhstall sitzt ein Mädchen mit einer wassergefüllten Blechschüssel. Auf dem Schüsselrand balanciert flügelschlagend eine kleine Taube, die immer wieder versucht, plusternd in das Wasser einzutauchen. Das Mädchen schiebt die Taube von der Blechschüssel weg.

Störrisch flattert das Tier zurück. Mit diesem Wechselspiel vor unseren Augen verlassen wir Besisahar.

Das Rauschen des Marsyangdi kommt näher, in das sich das grelle Zirpen der Baumgrillen vermischt. Sie umfliegen uns nicht in Schwärmen.

Die Grillen sitzen in den vom Wind bewegten Blättern und Ästen der Uferbäume und Sträucher. Wir sehen sie nicht, sie kreischen und schrillen in ihren Verstecken in unaufhörlicher, konzertierter Aktion.

Die Rhododendren blühen nicht, aber die Weihnachtssterne stehen in voller, roter Pracht. Martina bleibt stehen und hat ihre Freude daran. Ich weiß, dass diese Blüten für sie gefühlvolle Vorboten für unsere Weihnachtszeit sind. Weihnachten ist für Martina ein Fest, das sie aus tiefster Seele besonders liebt und das wir nach unserer Rückkehr in wenigen Wochen feiern werden. Ein Weihnachtsstern im erdigen Topf wird uns an die Originale erinnern.

Subtropische Landschaft umgibt uns. Die kühle, dunstige Feuchtigkeit des Morgens hat die Sonne zerschmolzen. Über dem Flusstal kreist mit breiten Schwingen ein prächtiger Raubvogel. Peitschenartig wächst der Bambus über die Flussufer. An den Bananenstauden hängen die Blüten wie Pendel stehen gebliebener Zeit.

Vor uns spannt sich das erste Mal eine große Hängebrücke zum anderen Ufer. Diese Brücke ersetzt in mir das mit Vorurteilen behaftete Bild einer Hängebrücke aus pflanzlichen Fasern, halbverfaulten oder fehlenden Stegbrettern, das mir klischeehaft vor den Augen gaukelte und schaukelte und mir bedenkliche Unsicherheit vermittelte.

In Martina muss sich eine ähnliche Vorstellung noch tiefer festgesetzt haben, denn für sie waren Hängebrücken ein verhältnismäßig häufiges Gesprächsthema vor unserer Reise. Sie hat mir ihre konkreten Vorstellungen nie geschildert, ich vermute aber, dass sie unter einer Hängebrücke ein Monstrum verstand, das sich aus den uferseitigen Verankerungen löst oder an anderer Stelle zerreißt, um ihre Benutzer in den reißenden Fluss zu schleudern.

Ich muss an unsere Freunde denken, mit denen wir vor nicht langer Zeit eine Radtour unternahmen und unterwegs auf einer kleinen Hängebrücke turnten, sie »wagemutig« in Schwingung brachten und dabei wussten, dass sie unser absolutes Vertrauen genießt. Bärbel sagte mit schelmischem Gesicht: »Seht, das ist eine sehr gute Übung für Nepal!«

Die Hängebrücke, die wir überschreiten, ist eine Brücke aus Stahltrossen und stabilen Metallstegen. Sie macht einen ähnlich vertrauenswürdigen Eindruck wie die Brücke, auf der wir mit Bärbel und Gunter tollten, mit dem Unterschied, dass sich diese über den tosenden Fluss Marsyangdi spannt und nicht über den winzigen Bach einer Parkanlage.

Die Brücke schwankt und schwingt mit unseren federnden Schritten. Der unter uns schäumende Fluss reißt unsere überlebten Vorstellungen mit sich fort.

Unsere heutige Tour ist überraschend kurz. Wir betrachten sie als auflockerndes Training. Bhulbhule erreichen wir, als die Sonne noch nicht im Zenit steht. Der letzte Tagesabschnitt führt uns über eine weitere Hängebrücke, die zwei Dorfteile miteinander verbindet.

Die Brücke teilt Bhulbhule in zwei Idyllen, an der die Hängebrücke romantische Anteile hat. Oder lebt in den romantisch anmutenden Idyllen für uns nicht sichtbares Leid?

Die Brücke ist jedenfalls Lebensader für die Dorfbewohner, für die Kinder, die johlend und spielend darüber springen, für darüber schlendernde Mütter mit ihren Babys auf dem Arm und die Lastenträger und Maultiere mit buntem trachtenähnlichen Zaumzeug, welche die Bewohner weiter oben in den Bergen mit Lebensnotwendigem versorgen.

Sie wird in Windeseile zum Beobachtungspunkt für viele neugierige Augen, die uns fremde Neuankömmlinge ungeniert betrachten. Die Blicke bohren sich in unsere Gesichter und beobachten, welche Gegenstände unsere Hände aus den Rucksäcken zutage fördern. Alles an uns scheint ihr Interesse zu wecken, nur die Sherpas und die Träger scheinen ihnen alltäglich zu sein. Es ist Mittagszeit geworden, der Zeltaufbau ist routinemäßig beendet und nun ist die Küchenmannschaft geschäftig am Werk. Sie wird uns drei Mitteleuropäer, Martina, Herrn Kleenlich und mich, in den nächsten drei Wochen versorgen. Wir sind die kleinste Trekkinggruppe der Welt!

Temba serviert uns auf einem runden Tablett klappernde Teller und Töpfe, mit deren Besichtigung wir in schon fast eingespielter Manier beginnen. Wir entdecken in den Töpfen Chapati, das Fladenbrot Asiens, Weißkraut und die dicksten Bananen, die ich je gegessen habe. Es sind sehr süße und sehr geschmackvolle Früchte.

Mingma kommt an unseren kleinen Klapptisch und fragt: »Lunch is good?«

»Lunch is good!«, antworte ich, denn das Mittagessen schmeckt uns tatsächlich sehr gut. Es ist die ganze Umgebung, die uns behagt.

Sattgrünes, blühendes Buschwerk trennt unseren Zeltplatz vom Steilhang des Marsyangdis. Der Platz ist eine sonnig-warme Wiese, nur vom Fluss wehen dann und wann kühle Luftzüge zu uns herüber.

Über die Wiese kommt »pfiffelnd« Küchensherpa Mindu. Er schwenkt das runde Tablett unbeschwert in der Luft. Das Tablett ist eine wunderliche »Servierscheibe«, die mit einem Tischtuch überzogen ist. Die vier Enden des Tuches sind an der Unterseite der Scheibe zu einem wulstigen Knoten verflochten. Mindu räumt, lustig herumtänzelnd, den Tisch ab. Wir sind ihm behilflich und räumen ihm Töpfe, Teller, Salz- und Pfefferstreuer, Flaschen mit Chili- und Tomatensoße und die übrigen Kleinteile entgegen. Jedes Geschirrteil, das er von uns entgegennimmt, quittiert er mit einem schalkhaften »Yes!«.

Aus dem »Yes!« wird »Yes, Yes!«, je mehr Geschirrteile er von uns in seine Hände gereicht bekommt.

Ich stimme in das »Yes, Yes!« mit ein und steigere es zum »Yes, yes, yes, yes!« Martina und Mindu klinken sich in den »Yes, yes, yes, yes!« Sprechgesang ein. Die Alberei am Tisch hat ihren Höhepunkt erreicht! Der Küchensherpa nimmt die »Servierscheibe« und klappert mit dem Geschirr und einem gackernden »Yes, Yes!« auf den Lippen in den Küchenschuppen zurück.

Wir beziehen unser Zelt und rollen die Schlafsäcke aus. Zwei Kindergesichter lugen durch den Zeltspalt: »Namaste! Sweetie, sweetie«, betteln die Kinder.

Wir packen unsere Süßigkeiten aus. Sofort zeigen ihre Finger auf einen Beutel mit bunten Gummibärchen. Sie halten die Hände muldenförmig aneinandergelegt auf. Die Bärchen verschwinden im Mund und schon äugen sie wieder nach den bunten Tütchen im Beutel. Von den Bonbons geben wir ihnen zwei und sie scheinen vorerst zufrieden.

Sie bleiben vor dem Zelt hocken. Ihre Aufmerksamkeit richtet sich weiter ins Zeltinnere. Dort entdecken sie Martinas kleinen Klappspiegel, der auf einem Seesack liegt. Martina hält den Spiegel vor ihre Gesichter. Sie schauen hinein, kichern und kichern, drehen und wenden die Köpfe, als wollten sie hinter sich schauen, doch der Spiegel zeigt nur ihr vorderes Bild. Es kann nicht genug sein, der Spiegel wechselt von Hand zu Hand. Das Spiel kommt mir vor wie unersättlicher Wissensdrang nach einer für sie unbekannten Welt.

Wir gehen über die Hängebrücke in das Unterdorf, in die Richtung aus der wir gekommen sind. Es ist der kleinere Teil des Dorfes. Wir schlendern flussaufwärts und erreichen sehr bald die letzten Häuser, die am diesseitigen Dorfende mehr Hütten ähneln. Eine Mutter mit ihrem Baby kommt uns entgegen. Es ist ein sehr kleines Baby, das sie auf dem Arm trägt. Sie kommt mit anderen Frauen des Weges.

Die Gruppe regt mich zum Fotografieren an, ich sage, mehr fragend »Foto?«, die Mutter geht in die Hocke, nimmt das Baby auf den Schoß und blickt, das Foto erwartend, zu mir. Das Baby ist ein Mädchen. Es hat kein Höschen an und auch die Windel fehlt um das kleine »Hinterviertel«. Ich fotografiere, der Säugling ist nicht faul und pullert der Mutter in den Schoß. Das Foto ist fertig, das Baby erleichtert, die Mutter erhebt sich lachend und lässt das Pipiwasser aus der Rockfalte auf den Weg laufen.

Das Oberdorf hat einen mit Steinplatten ausgelegten »Geschäftsweg«. Hier ist es belebter. Wir treffen Mingma, Krishna, Temba und seinen Assistenten Mindu.

Sofort kommt mir das Gaudium vom Mittag in den Sinn und ich kann mir ein »Yes, yes, yes …!« nicht verkneifen. Kaum ausgesprochen, kommt es schnatternd in schnellerer Folge zurück »Yes, yes, yes, yes!« Mingma grinst in die Runde. »Das ist ›Mr. Yesyes‹, ha, ha!«. Er sieht mich an und knufft Mindu in die Seite. Der Sherpa scheint vor Energie zu platzen, wippt quietschvergnügt mit den Knien und singt vor sich hin »Yes, yes, yes, yes …!«

Mingma biegt sich vor Lachen, die Namensverkündung war ein »voller Erfolg« und das Vergnügen in unserer geselligen Runde ist sondergleichen.

Vor einer Lodge spielen einige junge Männer auf einem großen quadratischen Holzbrett ein Spiel, welches mich spontan an Mühle zurückerinnert, das wir in der Kinderzeit spielten, aber seitdem mehr und mehr in Vergessenheit geriet.

Das Brett, auf dem die Männer spielen, ist um ein Mehrfaches größer als das bekannte Mühlebrett und es hat zusätzlich eine Einfassung aus Holzleisten, die als Bande dient. Die Mühlensteine haben hier die Funktion von Pucks, welche die Männer mit einem geschickten Fingerschnipp über die bereits stark zerkratzten Symbole der Brettfläche schießen. Um was es hier geht, weiß ich nicht. Ich habe es nicht erfragt und wir haben es auch im Verlaufe unseres Trekkings nicht wieder beobachten können.

Bald haben wir auch hier das Ende des Dorfes erreicht. Wir treffen unsere vier Sherpas in der Mitte des Ortes wieder, als sie mit einheimischen Mädchen zusammenstehen und unverkennbar flirten.

Auf dem Zeltplatz ist besinnliche Nachmittagsruhe. Mingma, Krishna, Temba und Mr. Yesyes kommen vom Dorf zurück.

Wir trinken unseren Nachmittagstee. Herr Kleenlich kommt über die Hängebrücke und gesellt sich zu uns. Er hat noch einen anderen Dorfausgang weiter oben am Hang entdeckt.

»Dort obe is aber nichts Besonneres !«, weiß er zu berichten.

Über den Zeltplatz segelt ein schwarzes Etwas. Es landet im Grün der Büsche.

Es ist ein Schmetterling, groß wie ein mittleres Ahornblatt, dessen zweigeteilte schwarze Flügel eine faszinierende Zeichnung haben. Es sind feine Linien, an Nadelstreifen erinnernd, die das matte Schwarz der großen Flügel durchziehen und dem Schmetterling majestätischen Stolz verleihen.

Die beiden hinteren Flügel enden in pinselförmigen Fortsätzen, die wie Epauletten die Würde dieses Tieres zusätzlich unterstreichen. Es gelingt mir ein Foto, bevor sich das Prachtexemplar erhebt und mit ruhigem Flügelschlag davongleitet.

Auf der Wiese liegt zusammengerollt ein Hund mit rehbraunem Fell. Von Zeit zu Zeit rollt er sich auf, streckt sich, stolziert über die Wiese und umschnüffelt unsere Zelte.

Unser Abendessen findet nicht im mit Kerzen beleuchteten Zelt statt. Wir sitzen auf Bänken unter einer nach allen Seiten offenen Laube. Glühlampen beleuchten den Brettertisch, auf dem übersichtlich geordnet unsere Teller und Aluminiumtöpfe stehen. Wir genießen den lauen, sommerlichen Abend.

Nach dem Essen gesellen sich einige Sherpas zu uns an den Tisch. Mingma, Temba, Krishna und Mr. Yesyes sind dabei. Wir erfahren die Namen von weiteren Sherpas. Wir haben einen persönlichen Träger, der morgens vor dem Zelt auf seine Last wartet. Sie besteht aus unseren beiden Seesäcken, dem etwas kleineren Seesack von Herrn Kleenlich, die er gemeinsam mit seinem Rucksack verschnürt, das Trageband um die Stirn legt und losmarschiert. Wir wissen seinen Namen noch nicht. Ich kann ihn nicht auf Englisch befragen, denn er versteht es nicht. Nur Mingma spricht recht gut Englisch, Krishna wenig und die übrigen Sherpas verstehen und sprechen kein Wort der Weltsprache.

Vor mir auf dem Tisch liegt mein »Kauderwelsch-Wörterbuch«. Es ist mehr ein Büchlein, mit dem Titel »NEPALI – Wort für Wort«. Es soll mir jetzt helfen, unseren Träger direkt und persönlich nach seinem Namen zu fragen.

Das nepalesische Wort für Name ist naam und damit ist es eine Leichtigkeit, den Sherpa anzuschauen, die Stimme zu heben und zu fragen »naam?«

Das eigentlich Besondere an dieser Frage ist für mich, nicht nur einen Namen schlechthin als Antwort zu erhalten, sondern ihn von dem fremden Menschen zu erfahren, der mir in diesem Moment leibhaftig gegenübersitzt, mich ansieht und beinahe schüchtern antwortet »Thulu.«

Ich habe den Eindruck, die Sherpas erwarten die Fortsetzung des Fragespiels. Auch wir sind geneigt es fortzuführen. Wir erfuhren zwar die vier wichtigsten Namen unserer Begleitmannschaft bereits in Kathmandu von Herrn Gurubacharya, sie aber hier in lebendig stimmlicher Form zu vernehmen, ist unvergleichlich in ihrer menschlichen und kommunikativen Wirkung.

»Naam?«, jetzt sehe ich die beiden Küchensherpas an, die mir bisher nur beim Blankscheuern des Geschirrs auffielen.

»Galey, … Lungpo«, antworten die beiden nacheinander.

Mingma wird jetzt seiner Aufgabe als Sirdar gerecht. Er ist schließlich der Obmann der Küchencrew und der Träger und animiert die übrigen Sherpas ihre Namen zu nennen. Yesyes ist an der Reihe. Schallendes Gelächter setzt ein. Yesyes grient, ist aber jetzt eigentümlich zurückhaltend, was bisher nicht zu seiner Art gehörte. Er sagt seinen Namen leise und deswegen kaum verständlich. Inzwischen hat er mit einem Kugelschreiber seinen Namen auf einen Zettel geschrieben. Die von ihm gekritzelten lateinischen Buchstaben sehen verschnörkelt unbeholfen aus, dennoch kann ich »Mindu« lesen.

Ein Sherpa nach dem anderen sagt uns seinen Namen. Unser Beisammensitzen ist dazu angetan, mehr über sie zu erfahren, den Klang ihrer Stimmen zu hören und in ihre Gesichter zu schauen. Wir sitzen bequem auf Holzbänken, werden von einer elektrischen Glühlampenkette spärlich beleuchtet und die Abendtemperatur ist angenehm mild.

Aus dem eifrigen Geplapper heraus notiere ich die Namen unserer Tischgenossen, die wir bisher meist nur flüchtig sahen und freue mich, dass ich nun Körper und Stimme mit einem Namen verbinden kann und sie somit aus ihrer Anonymität befreit sind.

Ich schreibe in mein Tagebuch: Pantzang, Lobsang, Tenzing, Sangpo und Dorje.

»Alle kommen aus dem Solu-Khumbu«, sagt Mingma. Es sind die echten Sherpas aus dem Solu-Khumbu, dem Mount-Everest-Gebiet.

Sie waren in meiner Jugendzeit im Grunde »nur« Träger bei großen Bergbesteigungen. Hörte ich diesen Begriff, dann sah ich sofort dunkelhäutige, sehnige Männer vor mir, die Tragebänder um den Kopf gelegt hatten und daran unförmig große Lasten mit sich schleppten, ohne recht zu wissen, welche enorme Leistung sich damit verband. Diese Vorstellung hat sich so in mein Bewusstsein eingegraben, dass sie für mich und andere allgemeingültig geworden ist.

Das Wort Sherpa hat aber vom Ursprung her eine andere Bedeutung. Sherpa heißt wörtlich übersetzt »Volk aus dem Osten«, und sie wanderten vor etwa fünfhundert Jahren tatsächlich aus Ost-Tibet in das Gebiet um den höchsten Berg unserer Erde, dem Mount Everest, ein.

Nachdem bekannt wurde, dass sich in der Solu-Khumbu-Region der wahrscheinlich höchste Berg der Erde befindet, haben sich ausländische Expeditionen sehr schnell diesen Giganten ausgewählt, um ihn zu besteigen. Was lag näher, als das dort lebende Volk der Sherpa, welches einen eigenen Dialekt spricht, für die unentbehrlichen Trägerdienste zu gewinnen? Aus dem Wort Sherpa sind im Verlaufe der Zeit Synonyme geworden: ethnische Gruppe, Sprache und Träger zugleich.

Wir nehmen für unsere Trekkingtour, die sich hohen Bergen weitgehend annähern soll, zwölf Sherpas in Anspruch, die sich mit täglicher Knochenarbeit ihren Lohn hart verdienen.

Mingma vertauscht jetzt die Rollen. Nun fragen uns unsere nepalesischen Begleiter nach unseren Namen.

»Gerhard«, sage ich und warte ab. Mingma wiederholt meinen Namen, und wir hören ihn das erste Mal von nepalesischen Stimmbändern, Lippen und Zunge gebildet. »Gercharcht«, drückt er gedehnt aus sich heraus. Er wiederholt sich, indem er zuerst die Lippen wieder in Grundstellung bringt. Dann beginnt er wieder zu pressen, aber die Anstrengung führt zu keinem nennenswerten Erfolg.

Martina ist an der Reihe. Ihr Name macht Mingma keine Probleme. In Martinas Namen scheinen die Vokale und Konsonanten in voller Harmonie für asiatische Stimmbildungsmuskeln angeordnet zu sein.

»Your second name?«, Mingma will nun unseren Nachnamen wissen. Ich weiß, nun kommt es schlimmer.

Ich sage den Namen sehr langsam vor, es ist schon fast ein Buchstabieren, aber ich merke schon während dieser ausgedehnten Formulierungszeit, wie mich der Mut verlässt. Es dauert dann auch nicht lange, bis Mingma jegliche Courage verliert, den Namen Hörselmann noch einmal zu wiederholen, als der erste Versuch ihm fast die Zunge bricht und seine Muskulatur im Mund und Rachenraum kollabiert.

Das Klangbild unseres Namens, das Mingmas Kehle verlässt, überfordert alle meine Fähigkeiten es aus Buchstaben und Worten zu formen und hier in meinem Tagebuch wiederzugeben. Auch die internationale Lautschrift stößt hierbei an unüberwindbare Grenzen!

Hörselmann ist eben kein Name, sondern eine sprachliche Schöpfung, deren Aussprache ein ausgedehntes Training bei einem Spracherzieher erfordert.

Leider kann ich Mingma den vorangegangenen Satz nicht ins Englische übersetzen, weil auch ich hier meine Unzulänglichkeiten erkenne. Könnte ich ihn übersetzen und er ihn verstehen, so bin ich mir sicher, wir würden uns vor Lachen auf die Zeltplatzwiese werfen und heute keinen Schlaf mehr finden.

Das »Kollegium-Linguistikum« beendet seine Arbeit. Wir gehen zu unseren Zelten, die Sherpas in Richtung Küchenunterstand.

Ich verwende nun einen abgedroschenen Satz, und sage einfach: »Und wieder geht ein schöner Tag zu Ende!«

Vom Küchenschuppen her tönt eine lustige Melodie » … resham firiri …«.

Im Zelt ist es warm. Martina schlüpft in ihren Schlafsack. Ich lege mich auf den Schlafsack, streife die Stirnlampe über den Kopf und entfalte die kleinformatige Annapurna-Landkarte. Svanje wird unser nächstes Tagesziel sein.

Die Tour erstreckt sich über die Orte Ngadi und Bahundanda. Die Dörfer sind Hauptorte, die in roter Schrift eingetragen sind. Diese morgige Strecke wird die heutige in ihrer Länge übertreffen. Die Höhenlinien sind auf der Karte nur ungenügend bezeichnet. Ich kann das Tagesprofil nicht abschätzen. Ich ertappe mich beim Vorausplanen und lege die Karte beiseite. Draußen vom Fluss her konzertieren die Baumgrillen. Es ist das dominierende Geräusch, das uns in den Schlaf begleitet.

»Gerhard, …«, Martina zupft an meinem Schlafsack, » … ich müsste mal raus!«

Als Außendienstler öffne ich jetzt nicht meine Autotür, sondern ziehe den Reißverschluss des Innenzeltes nach oben. Hinter der Plane des Außenzeltes vernehme ich ein dumpfes Knurren. Ich mache eine schnelle Kehrtwendung, hole vom Kopfende unserer Schlafsäcke die Pfefferspraydose und öffne langsam das Außenzelt. Ich erkenne den Hund, der am Nachmittag auf dem Zeltplatz schlief und später unsere Zelte schnüffelnd umschlich.

Er liegt zusammengerollt unmittelbar vor dem Schlitz des nur wenig geöffneten Reißverschlusses. Er blinzelt, als ich den Lichtkegel der Stirnlampe auf seinen Kopf richte. Es gibt keinen erwarteten Angriff, regungslos verharrt das rehbraune Tier in seiner ruhevollen Embryolage vor dem Zelteingang. Ich traue mich nicht, ihn mit meinen Hände wegzuschieben. Was würde geschehen, wenn ich seine Ruhe jetzt störte?

Den friedlich erscheinenden Hund mit einem ätzenden Pfefferstrahl zu peinigen, halte ich für tyrannische Quälerei.

Letztendlich bleibt der Hund, wo er ist und wir in unserem Zelt. Aber, was tun? Auch ich müsste mal, aber wohin?

Das helle Reißverschlussgeräusch veranlasst den Hund wieder zu knurren und bestärkt unseren Entschluss, im Zelt nach zwei Auswegen zu suchen, einen für Martina und einen für mich. Diese finden sich schließlich in zwei Tüten aus Plastikfolie. Martina hält eine davon unter sich, die andere halte ich vor meine Körpermitte.

Aber wohin mit dem warmen, flüssigen Inhalt der Tüten, den wir nicht ohne Probleme im Zeltinnern lagern können? Ich schütte ihn in den mit Gras bewachsenen Zwischenraum von Außen- und Innenzelt. Wir denken vorerst nicht an noch größere Probleme und schlafen wieder ein.

Buddhabar (Mittwoch), den 29. Oktober 2003

Bhulbhule – Syanje

Galey bringt uns den early-morning-tea. Der Tee ist Brauch, Ritual und Zweckmäßigkeit zugleich. Er hat im Himalaja bei Trekkingtouren und Expeditionen konventionsartigen Charakter. Er wird um die Stunde der Morgendämmerung von den Sherpas gekocht, in die Zelte gereicht oder auf die Tische von Lodges gestellt, es sei denn, man ist allein unterwegs und hält an europäischen Gepflogenheiten fest.
Wir haben die feste Absicht die Macht unserer Gewohnheiten zu brechen. Der Tee ist für uns in erster Linie sinnvoll, weil er uns von innen heraus wohltuend wärmt und uns auch indirekt sagt, dass der Tag nun beginnt. Dass der Teebecher auch der Becher für das Zähneputzen ist, haben wir bereits akzeptiert und als äußerst praktikabel erkannt.

Die Morgendämmerung ist zur Jahreszeit des kurzen Herbstes etwa gegen sechs Uhr. Der Moment, in dem es heißt, den Reißverschluss des Zeltes zu öffnen, kostet uns anfangs Überwindung.

Wir finden die morgendliche Prozedur aber sehr bald vernünftig und zweckmäßig, weil die noch vor uns liegenen Tagesetappen einen straffen Tagesablauf voraussetzen. Der erste Tagesabschnitt soll uns mit positiver Routine motivieren und nicht in hemmender Lustlosigkeit versacken!

Wir merken sehr bald, dass unsere Sinne frisch sind, sobald wir uns über den Punkt der Trägheit mit kurzer Entschlossenheit hinweggesetzt haben.

»Ready?«, fragt Mingma.

Wir sind fertig und auch Mingma und Krishna haben ihre Rucksäkke schon geschultert. Thulu, der Träger unserer drei Seesäcke, ist schon hangaufwärts unterwegs.

Noch durchstreifen wir subtropische Landschaft in einem großen Flusstal. Manchmal ändern sich die Perspektiven. Von Zeit zu Zeit geben Talbögen, Bäume und Büsche, die unsere Wege und Pfade säumen, Blicke zu entfernten, weißen Berggipfeln frei, aber noch sind es nur Momentaufnahmen.

An der buschfreien Stelle eines Pfades bleibe ich stehen und schaue zurück in Richtung Bhulbhule. Ich sehe am Ende des Taleinschnittes ein größeres Bergmassiv, ganz anders als in Vorwärtsrichtung, in der sich die großen Gipfel noch vor unseren Blicken verbergen.

Mingma bleibt neben uns stehen, schaut ebenfalls zurück und erfasst meinen fragend-staunenden Blick. Er sagt nur ein einziges Wort: »Manaslu«.

Mingma sagt dieses Wort ohne weitere Erläuterung. Ich brauche kein erklärendes Beiwerk. Das Wort ist für mich Klang und Bedeutung zugleich!

Der Manaslu ist ein Berg, der über achttausend Meter in den Himmel ragt und diesem näher scheint als das umgebende Land. Wie gut verstehe ich die einheimischen Bergbewohner, wenn sie ehrfurchtsvoll von den »Thronen der Götter« reden und ihnen religiöse Macht zusprechen. Bergsteiger, Trekker und unheilbare Schwärmgeister wie ich beflügeln die Bezeichnungen dieser Berge und nennen sie fantasieanregend »Achttausender«. Ich bin froh, manchmal ein Phantast zu sein.

Ich fotografiere mit meiner großen Kamera das Bergmassiv, dessen östliche Flanke von einem davor liegenden Berghang geschnitten wird. Der Manaslu ist der erste Achttausender auf unserer Tour, dem wir so nahe kommen. Er ist ein lawinenreicher Gipfel, der im Jahr 1956 erstmalig von einer japanischen Expedition unter der Leitung von Yuko Maki bestiegen worden ist.

Für den Namen Manaslu existieren verschiedene Deutungen. Die einen nennen ihn »Berg des Geistes«, die anderen sprechen vom »Sitz der Seele Gottes«. Ich tendiere zur letztgenannten Umschreibung. Der hinduistische Name jedoch übertrifft mit seiner ihm innewohnenden Mystik alle anderen Benennungsversuche. Mit wunderbaren Vorgefühlen für das noch Kommende setze ich den Weg mit Martina und Mingma fort.

Am jenseitigen Ufer des Marsyangdi windet sich ein Pfad steil durch den Felsen. Auf dem Bergrücken darüber stehen Bäume, die wie Spukgestalten erscheinen. Wir überqueren den Mittelabschnitt eines Wasserfalls an einer flachen Stelle, an der sich der Wasserlauf verbreitert, bevor er erneut in die Tiefe stürzt. Auf großen, abgeschliffenen Steinköpfen balancieren wir über das Wasser, das sich durch die Steinbrocken in viele kleine Bäche zerteilt. Immer steiler und unwegsamer werden die Pfade, die uns Konzentration abfordern und mich an einen wichtigen Grundsatz denken lassen, wie man solche gefahrbergende Passagen vorsichtig begeht oder umgeht.

Berglandschaften sind großartig und werden zugleich verhängnisvoll, wenn man das begeisternde Vorwärts an besagten Stellen nicht unterbricht und der emotionale Überschwang über die unbedingt notwendige Vorsicht siegt.

Innerhalb eines Dorfes steigt der Weg nochmals steil bergan. Es ist deutlich wärmer geworden. Wir schwitzen. Mingmas Stirn ist schweißlos matt. Auf einem besonnten Hügel am Dorfende erwartet uns das »Küchenquartett«.

Yesyes breitet auf der Wiese eine große, blaue Plane aus. Mingma signalisiert uns verschwitzten Europäern, dass der Lunch fertig ist und zeigt auf die blaue Kunststofffläche, auf die wir uns setzen sollen.

Temba bringt ein heiß dampfendes Getränk. Zitronenwasser trinken, auf der Plane ausstrecken und dösen. Andere Einfälle haben wir in den ersten Minuten unserer Mittagsrast nicht.

Lungpo und Galey servieren unser Essen in »unserem Blauen Salon«, der sonnengewärmten blauen Plane im grünen Gras. Die Kerzen eines Blauen Salons sind aus farbigem Wachs, die Kerzen unserer blauen Plane sind die Blumen des kleinen Wiesenhanges. Aus Momos, Bohnensalat und Käse besteht der heutige Lunch, dazu gibt es schwarzen Tee.

Herr Kleenlich kommt noch rechtzeitig zum Mittagessen. Krishna ist mit ihm zurückgeblieben, weil er unserem Lauftempo nicht folgen konnte. Er holt sich seinen Mittagsanteil aus den Töpfen und begibt sich danach in die Waagerechte, dreht sich seufzend auf den Bauch, schläft schnell ein und »sägt einen Schlitz in die blaue Plane«.

»Woher kommt ihr?«, fragt uns ein Junge, der mit anderen Halbwüchsigen vom Dorf her zu uns heraufgestiegen ist.

»Wir kommen aus Deutschland«, antworte ich erstaunt über sein gutes Englisch. »Aah, ein schönes Land«, antwortet er lächelnd. Aus seiner bewertenden Antwort spricht eine gewisse Achtung, die er mit Kopfnicken unterstreicht. Der Satz »Deutschland ist ein schönes Land« ist mir nicht unbekannt. Ich höre ihn in Nepal nicht das erste Mal. Er scheint Flügel zu besitzen, mit denen er sich bis in entlegendste Teile der Welt schwingt. Ich vermeide es an dieser Stelle ihn zu kommentieren, weil ich eine Bewertung nicht bewerten will.

Die braunen Augen der Kinder schauen uns unablässig an. Als ich mich von der blauen Plane erhebe und vor ihnen stehe, streifen die Blicke an mir hoch wie zu den oberen Lagen einer Schaufensterdekoration. Sie sind perplex von der »Länge aus Germany«.

Als sie meine, für sie abnormalen, »höhengeometrischen Abmaße« verarbeitet haben, wandern die Blicke zu Martina, als ein kleiner Junge auf ihr Gesicht zeigt und den anderen etwas zuflüstert. Ich selbst begreife die Absicht nicht, die er damit verfolgt. Martina weiß aber sofort, was der Junge meint. Es sind die Sommersprossen und die Leberflecken auf ihrer hellen Haut. Alle Augen heften sich an Martinas Sommersprossen. Das Mienenspiel in den Gesichtern der Kinder wird nachforschend ernst, als wollten sie ohne Wenn und Aber eine Erklärung für diese Tüpfelchen auf weißer Haut finden.

Aus meinem Rucksack hole ich das kleine Diktiergerät und lenke sie von ihrer Wissbegierde ab. »Sing a song please!«, bitte ich sie und halte es vor ihre Nasen. Sie klatschen in ihre Hände und beginnen zu singen. Ihren improvisierten Gesang begleiten sie mit rhythmisch-geschmeidigem Tänzeln. Immer wieder klatschen sie voller Temperament in die Hände und stimmen ein neues Lied an. Wir sind berührt von der kindlich-anmutigen Darbietung.

Ich spule das Band des Diktiergerätes zurück. Als die Kinder ihre Stimmen wie ein verspätetes Echo aus dem schwarzen Kästchen hören, sind sie verblüfft. Sie rücken immer näher zu mir und dem kleinen Tonwunder. Eine ältere Frau stellt sich zu den Kindern und schaut mich und das Kästchen fassungslos an. Sie schaut zum tönenden Mysterium, verweilt, schwenkt ihren Blick zu mir und dann zu den freudig kichernden Kindern. Dann lacht auch sie, aber es ist ein zweifelndes Lachen, mit einem Hauch Resignation vermischt.

Mingma, Krishna, Temba und Yesyes haben die »fahrende Küche« bereits zusammengepackt und in den dokos, den Tragekörben, verstaut.

Das »Kulturgrüppchen« von Bahundanda zieht wieder Richtung Dorf. Die Kinder kauen die Kaugummis und lutschen die Bonbons, die wir ihnen schenkten. Wir verlassen den kleinen Hügel. Er war für uns voller Sonne und ausgeglichenem Wohlbefinden.

Im Ortskern von Bahundanda haben wir die Möglichkeit, Mineralwasser zu kaufen. Wir füllen den Inhalt der Plastikflaschen in unsere Trinkflaschen um. Die Plastikflaschen finden dankbare Abnehmer. Wieder sind es Kinder, die ihre Hände ausstrecken und sich über die einfachsten Geschenke diebisch freuen. Am Schild eines Bretterbuden-Lädchens steht, in knallig roten Buchstaben, ein Gruß aus meinen beruflichen Sphären. Das Wort Pharmacy wirkt auf mich wie eine Denkschrift.

Die Schildaufschrift steigert sich in seinem erinnernden Effekt zur Ermahnung, als ich in den Regalen einige Medikamentenpackungen entdecke, welche den Aufdruck des pharmazeutischen Unternehmens tragen, bei dem ich als Außendienstmitarbeiter beschäftigt bin. Ich werde den Namen nicht vergessen, aber ich will ihn für vier Wochen in der Hinterstube meines Erinnerungsvermögens verschließen und erst dann wieder aktivieren, wenn ich die Kraft dazu besitze, die Tür wieder zu öffnen. Ich bin sehr optimistisch, sie hier in den Bergen zu finden!

Der Pfad geht steil abwärts, wieder hinab zum Marsyangdi. Wir durchqueren eine tief eingeschnittene Schlucht. In die Felswand am gegenüberliegenden Ufer hat ein Wasserfall in Jahrtausenden eine tiefe Nut eingearbeitet. Er gleitet scheinbar lautlos in diesem glatten Schliff in die Tiefe. Sein Rauschen hat keine Chance unser Ohr zu erreichen. Der brausende Marsyangdi-Fluss lässt sich die akustische Oberherrschaft in seinem Tal nicht nehmen.

Kaum haben wir die Talsohle erreicht, windet sich der Pfad erneut zwischen Felsblöcken in die Höhe. Es ist ein Tag des ständigen ukalo und oralo. Ein Tag des ununterbrochenen Auf und Abs.

Eine Erdrutschmulde versperrt uns den Weg. Mingma sucht einen begehbaren Schlängelpfad durch das lockere Geröll und die Felsbrocken. Ich denke an unsere Träger, die solche Passagen mit schwerer Last und mit Badeschlappen an den Füßen bewältigen müssen.

Ein letzter Abstieg eröffnet uns den Blick auf den Zeltplatz, der in einer kleinen buchtartigen Niederung nahe des Flusses liegt. Wir haben nur noch das Verlangen, uns zu setzen und zu trinken. Das Küchenteam serviert uns Tee, den wir genussvoll schlürfen und der schnell seine kräftigende Wirkung entfaltet.

Die Träger befinden sich noch immer mit ihren Lasten im schwierigen Gelände. Sie sind noch nicht am Berghang zu sehen.

In der Lodge neben dem Zeltplatz herrscht reges Treiben. Französische Trekker verhandeln mit dem Besitzer über eine Übernachtungsmöglichkeit. Unschlüssig stehen sie vor den geöffneten Brettertüren des »Bettenhauses«.

Die Zimmer sind kleine Räume, von deren Wänden der feuchtmuffige Putz in landkartenähnlichen Strukturen abgefallen ist. Diese unansehnlichen Krater, die Wandbretter, die Betten sein sollen und die unangenehme, äußerst stickige Luft der Räume veranlassen die Franzosen weiterzuziehen.

Der Besitzer der Lodge nimmt es nicht tragisch, rückt die Topi auf seinem Kopf zurecht und wendet sich unseren Küchensherpas zu. Er hat ihnen innerhalb der Lodge einen Küchenraum zur Verfügung gestellt. Die Unzufriedenheit der Franzosen ist bereits zur Nebensache geworden, denn er gestikuliert laut lachend mit Temba, Yesyes, Lungpo und Galey.

Tagebuchschreiben ist für mich keine Pflicht. Es ist ein Verlangen nach Mitteilung der besonderen Art. Allein mit meinen Gedanken und der vor mir liegenden weißen Papierfläche verschafft es mir Genugtuung und Sinngehalt. Der unwiderstehliche Drang zu schreiben entspringt meinem Naturell. Ich wehre mich nicht dagegen, weil es mich in wohltuender Harmonie mit meiner Umgebung verbindet. Ich sitze unter einer Überdachung auf einer Holzbank, schreibe und mache mir bewusst, wo ich mich befinde: unweit des Dorfes Syange im Himalaja.

Ich spüre, dass mich jemand anschaut. Es ist Thulu, unser persönlicher Träger, der unverhofft neben mir steht und starr auf mich herabsieht. Seinen Blick kann ich für Momente nicht enträtseln, sein Gesichtsausdruck ist ungewöhnlich ernst. Neben ihm steht die geschnürte Last, die er auf dem heutigen schweren Tagesabschnitt bis in dieses Flusstal geschleppt hat. Langsam wird mir klar, dass er angeschlagen ist. Er sagt kein Wort und sein regloser Blick lässt nicht von mir ab, als erwarte er irgendeine Hilfe im Nachhinein. Wie die Hilfe gerade in diesem Augenblick aussehen könnte, bleibt mir so undurchsichtig wie seine erstarrt innehaltende Mimik. Schließlich kommt mir eine Eingebung zu Hilfe: Aus meinem Rucksack reiche ich Thulu einen Müsliriegel, den er mit kaum merklichem Dankeslächeln in seiner Hosentasche verschwinden lässt. Er entschnürt unsere Seesäcke und geht in die Küche zu seinen Trägerkollegen.

Die Grate der umliegenden Berge haben den Weg der Sonnenstrahlen in das Tal bereits abgeschnitten. Auch der Himmel über uns hat an Leuchtkraft verloren. Die Schatten der Dämmerung ziehen durch das Flusstal. Die Berghänge werden zu düstergrauen Vorhängen, die sich vor unseren Augen zuziehen. Diese Abfolgen sind die Zeichen für unseren Tagesrhythmus in den Bergen. Wir werden mit der Helligkeit und der Dunkelheit des Tages eine Übereinkunft treffen. Immer ist es die Zeit zwischen der achtzehnten und zwanzigsten Stunde des Tages, in der unsere Aktivitäten verkümmern, weil das Licht keine mehr zulässt. Heute hat dieser Grundsatz ein besonderes Gewicht.

Es wird morgen wieder die sechste Stunde des Tages sein, in der wir gemeinsam mit unserer Sherpamannschaft den sonnenerhellten Tag beginnen.

Wir sitzen beim Schein unserer zwei Kerzen im Verpflegungszelt, halten es dort aber nicht lange aus und erkennen, dass in unseren Schlafsäcken der sinnvollere Aufenthaltsort ist. Das Entzünden des Teelichtes am Kopfende des Zeltes wird zur Gewohnheit. Wir schaffen uns damit eine abendliche Oase exotischer Gemütlichkeit.

Der wohldosierte Schluck aus der Whiskyflasche gehört zum täglichen Gesundheitsprogramm. Die Einnahme dieser »achtgliedrigen Unsterblichkeitsessenz« ist fester Bestandteil unseres Abendzeremoniells im Zelt. Wir erhoffen davon, dass es unser Verdauungssystem von überschnellen Reaktionen abhält. Das Strecken der Beine und des Rückens auf der harten, ebenen Isoliermatte tut gut. Unsere Schritte des Tages finden entspannende Ruhe. Weder verkrampften Gedanken noch anstehende Pflichten versetzen mich in Unruhe. Ich trage nur noch eine vergessene Notiz in mein Tagebuch ein und stecke es wieder in den Rucksack. Die Tagesereignisse ziehen noch einmal vorüber. Thulus Verhalten kommt mir wieder in den Sinn, ohne dass ich grüblerisch werde. Ich denke an die vergangene Nacht im Zelt und an den Hund, von dem wir uns den Gang zum Toilettenzelt verwehren ließen. Auch dieser flüchtige Gedanke versetzt mich nicht in beunruhigendes Sinnieren. Der Hund hatte am heutigen Morgen seinen Schlafplatz vor unserem Zelt wieder verlassen. Wir werten es als gutes Omen für die bevorstehende Nacht und versinken in einen festen Schlaf.

Bihibar (Donnerstag), den 30. Oktober 2003

Syanje – Chamje

Die Nacht über ist kalte Feuchtigkeit in unser Zelt gekrochen. Unsere verschwitzten Hemden und Hosen vom gestrigen Tag sind unangenehm klamm. Auch die Wechselkleidung aus den Seesäcken ist alles andere als warm und trocken. Wir ziehen sie mit resoluter Überwindung über. Inzwischen haben wir gelernt, dass uns zögerliches Bangen nur hinderlich ist.

Entschlossenheit bringt uns auch diesmal die Erkenntnis, dass unser zielgerichtetes Anziehen, Schlafsackeinwickeln und Teetrinken schnelle Erwärmung bringt.

Die komfortlosen Gegebenheiten geraten schnell in Vergessenheit, weil uns diese selbst auferlegten Handlungsmaximen und deren Ergebnis das Gefühl einer gewissen Stärke vermitteln. Aus dieser Selbstsicherheit heraus spüren wir allmählich eine aufmunternde Wirkung.

Mögen unsere Grundsätze auf diesem langen Marsch nie ins Wanken geraten. Mir ist bewusst, dass der theoretische Anteil dieser Erkenntnisse noch verhältnismäßig hoch ist. Der Beweis für diesen Theorieanteil wäre schnell erbracht, wenn ich die Last auf meine Schultern packen müsste, die Thulu jetzt mit dem Stirnband auf seinem Rücken zurechtrückt, leicht ins Schwanken gerät, sich aber dann mit dem forschen Schritt eines Trägers in Bewegung setzt.

Ich nehme mir vor, diese »Gesamtverschnürung« aus drei Seesäcken und einem Rucksack bei der nächsten Gelegenheit versuchsweise auf dem Rücken zu balancieren. Wie dieser Versuch ausgehen wird, weiß ich nicht mit hundertprozentiger Sicherheit, ich habe aber schon jetzt einen dringenden Verdacht.

Die an beiden Uferhängen des Marsyangdi liegenden Ortsteile von Syange sind, wie die in Bhulbhule, durch eine Brücke miteinander verbunden. Wir verlassen die feuchte Niederung des Zeltplatzes und überqueren im Schaukelgang die Hängebrücke.

Flussabwärts ist am rechten Uferhang ein kleines Kraftwerk installiert. Stahlrohre fangen das Wasser eines Bergbaches auf und münden in ein kleines massives Häuschen, in dem eine dumpf surrende Turbine arbeitet. Mingma deutet die Drehbewegung des Generators mit den Händen an. Der Pfad an der Uferseite ist in warme Morgensonne getaucht. Das gelborange Sonnenlicht tönt Büsche und Bäume in weiche Farben. Bald verändert der Pfad seine Richtung. Er ist nun abgeschirmt von der Sonne, die unsere trocknungsbedürftige Kleidung beschien. Wir wissen aber, dass die höher steigende Sonne den Einfluss der Flussbögen und Bergrücken auf die Bereiche der Schatten schmälert und die sonnigen Abschnitte verlängert.

Hinter uns vernehmen wir rhythmisches Scheppern. Es nähert sich sehr schnell. Es sind Yesyes und Temba, die im Eiltempo an uns vorüberziehen. Yesyes hat den großen Küchenkorb mit dem Küchengeschirr auf dem Rücken. Der Korb kann durch seine Trägheit den impulsiv hüpfenden Schritten nicht folgen.

Es entsteht eine erhebliche vertikale Disharmonie zwischen der Schnellkraft von Yesyes Beinen und dem Korb, welcher der Erdanziehungskraft unterliegt. Jedenfalls eilen Temba und Yesyes im Klapperrhythmus an uns vorbei. Yesyes feixt im Takt des Küchengeschirrs »Yes, yes, yes, yes, yes …!«

Temba grinst und Mingma vervollständigt die Situationskomik, indem er auf die beiden zeigt und ihnen närrisch hüpfend folgt. Nach wenigen Metern beendet er seinen Begleitlauf, macht kehrt und lässt die beiden hinter der nächsten Biegung des Pfades verschwinden.

Mingma sieht mich an, seine Erwartung ist längst erfüllt, wir lachen schallend und ich schnattere echohaft »Yes, yes, yes …«. Wir sind so angenehm gefangen von diesem stimmungshebenden Possenspiel, dass es mir beim gegenwärtigen Aufschreiben einen ebensolchen Nachklang verschafft. Ich fühle noch heute, wie im Weitergehen das lauthalse Scherzen in eine ruhige, lastlose Heiterkeit übergeht. Beim Schreiben bin ich in die Lage versetzt, diese Augenblicke wieder herbeizurufen und in der Erinnerung auszudehnen.

Unsere Träger haben ihre Lasten auf ein chautaara abgestellt. Das sind Steinpodeste am Wegesrand, die eine »Parkfunktion« für die Traglasten haben und als allgemeine Rastplätze dienen. Durch die Abstellpodeste ist es möglich, das Gepäck kräftesparend abzusetzen und nach der Pause bequemer wieder aufzubuckeln.

Thulu hat sein schweres Lastpaket entschnürt und in seine Einzelstücke zerlegt. Er diskutiert wortreich mit Krishna.

Ich schaue den beiden zu und erkenne, das Thulu sein buchstäblich zu schwerwiegendes Problem lösen will. Krishna hebt prüfend einen Seesack nach dem anderen und trifft eine Entscheidung, die Thulu mit Zufriedenheit akzeptiert. Der schwarz-glänzende Seesack von Herrn Kleenlich wird Thulus Rücken nunmehr entlasten. Krishna übernimmt bis zum heutigen Tagesziel dieses Gepäckstück. Es wird am Abend eine Neuaufteilung der Gesamttraglast unter den Trägern geben. Thulu marschiert erleichtert lächelnd los und ist bald unseren Augen entschwunden. Auch ich fühle mich jetzt unbeschwerter.

Caspar David Friedrich hätte es uns gleichgetan. Er wäre so verzückt an der Waldlichtung stehen geblieben wie wir. Während ich meine Fotokamera auf das vor uns liegende, verträumte Motiv richte, hätte er seine Staffelei in Malstellung gebracht und wäre für Stunden in berauschter Arbeit versunken.

Mingma tritt zu uns und sagt: »Jagat«. Von grünem Astwerk umrahmt liegt der Ausblick auf dieses kleine Dorf im Talgrund vor uns. Die gelborange Morgensonne bescheint diesen idyllischen Talflecken, während wir uns mit kühlem Waldschatten begnügen müssen. Am Ende des Dörfchens windet sich das Tal in einer steilen, dunkel-schattigen Kerbung weiter nach Chamje. Diese Abschattung und das leuchtend satte Grün der Hänge sowie die Blätter der Bäume im Vordergrund bilden das wechselhafte Passepartout der Sonnenoase.

Es ist ein Bild der stillen Reglosigkeit, das sich vor uns ausbreitet. Martina und Mingma stehen schweigend neben mir, kein Windhauch durchstreift das grünbewachsene Tal, kein Laut ist zu hören.

Wir steigen den Steilhang hinab nach Jagat. Gleichmütige, fast geräuschlose Geschäftigkeit empfängt uns. Ein kleines Mädchen hütet am Dorfrand eine kleine Ziegenherde. Drei Frauen stehen zusammen und schwatzen. Die Haustüren der kleinen massiven Steinhäuser stehen offen und geben den Blick ins Innere frei.

Auf den Lehmherden kochen auf halboffenen Feuern die Teekessel und Mittagsmahlzeiten. Kinder spielen auf den gestampften, staubigen Lehmböden der dunklen, schmalen Flurgänge. An einem der Dorfbrunnen wäscht eine junge Nepalesin im kalten Wasser ihr langes, schwarzes Haar.

Wir gehen durch die »Hauptgasse« von Jagat, die mit grob zurechtgehauenen Steinen gepflastert ist. Zwischen den Steinhäusern führen schmale Durchgänge in Hinterhöfe und Gärten. Mingma zweigt in einen solchen Durchschlupf ab.

Wir hören das vertraute Geklapper des Kochgeschirrs. Die blaue Plane ist auf einer Wiese ausgebreitet. Yesyes serviert uns heißes Zitronenwasser.

Die Mittagssonne sticht vom Himmel. Sie trocknet unsere verschwitzten Kleidungsstücke und zieht die Restfeuchte aus dem Inhalt der Rucksäcke, den wir auf der Wiese ausgebreitet haben. Am Rande der Wiese scharrt eine emsige Glucke Nahrung für ihre Kücken aus dem Boden.

Temba und Yesyes zaubern aus der »fahrenden Küche« das Essen auf unsere Teller. Immer wieder staune ich, wie die beiden unter primitivsten Bedingungen ihr Handwerk verstehen. Der ebene Fußboden ist in jeder Zubereitungsphase der Mahlzeiten die Arbeitsfläche, auf der die beiden Gemüse putzen, Suppen kochen und allen Speisen ihre Würzung geben.

Die Zeit der mittäglichen Ruhe bestimmen wir selbst. Sobald wir uns an unseren Rucksäcken zu schaffen machen und den Anschein erwecken, bald aufzubrechen, werden auch Mingma und Krishna aktiv. Unser Wunsch ist ihnen Befehl, sie erheben sich und unsere Blicke geben das Signal der gegenseitigen Zustimmung.

Am Kilimandscharo, so erinnere ich mich, waren diese Situationen anders. Es war Emanuel, der afrikanische Sirdar, der die Pausen einleitete. Er sagte mit sanfter Stimme, aus der wir einen disziplinierenden

Unterton herauszuhören glaubten, die spärlichen Worte: »Ten minutes!«. Wir beeilten uns, um in diesen kurzen Pause zu trinken, zu essen und die verschwitzten Hemden zu wechseln. Emanuel war auch der erste, der sich erhob, in die Runde schaute und mit dem uns immer bedeutungsvoller werdenden spärlichen Stenogramm »Let's go!«, übermittelte, die zehnminütige Pause zu beenden. Angesichts des gewaltigen Kilimandscharo, an dessen Flanken wir uns langsam aufwärts bewegten, kam keiner von uns zu der Meinung, dem Rhythmus der Gipfelbesteigung einen anderen Stempel aufdrücken zu müssen.

Unterwegs treffen wir auf unsere Träger. Sie pausieren mit ihren Lasten. Ich erinnere mich an mein Vorhaben, Thulus Lastpaket probeweise aufzuhucken. Ich beuge meine Knie und lege das Trageband nach der Art der Träger um die Stirn. Schon beim Strecken der Beine spüre ich den zunehmenden Druck auf der Halswirbelsäule. Es gelingt mir, die Last vom Steinpodest abzuheben und einige Schritte damit zu gehen. Die Halsmuskulatur ist nicht so recht in der Lage, mein Ungeschick und die Fehlstellung des Kopfes auszugleichen. Das Gehen versetzt meinen Hals in krampfartiges Zittern. Mein westlich-analytischer Verstand rät mir dringend jeglichen Ehrgeiz zu vergessen. Ich lasse die Last sehr schnell wieder dorthin zurückgleiten, wo sie Thulu mit Leichtigkeit wieder aufnehmen kann. Aus der bisherigen Anschauung wird eine lebensnahe Erfahrung. Noch nie hatte ein Trageband meine Stirn berührt. In meinem bisherigen Leben hatte es dazu auch keine Veranlassung gegeben.

Diese Erfahrungen machen wir klar, dass ich zu der ethnischen Gruppe des »homo industrialis« gehöre, deren körperliche Verfassung verweichlicht und zimperlich ist.

Ich weiß aber auch, dass ich mich im Land der Fußwege befinde, wo uns ständig Menschen begegnen, die darauf angewiesen sind, alle Güter und die Habe ihres beschwerlichen Lebens über nicht geringe Strekken und Höhenunterschiede zu transportieren. Es sind die Träger im wörtlichen Sinne, die täglich unterwegs sind und ihre unverzichtbaren Aufgaben für sich und andere erfüllen.

Und es sind die Frauen, die schwere Körbe mit Dung auf die Terrassenfelder schleppen und dabei lachen und singen. Die Schulkinder, die uns von Zeit zu Zeit begegnen, haben das Band ihrer bunten Tragetaschen um die Stirn gelegt.

In diesen gewebten Stofftaschen befinden sich die schweren Schulhefte und Bücher, von denen sie niemand entlastet. Auch das Auto der Eltern wartet nicht auf sie, um sie zur Schule zu fahren und von dort wieder abzuholen. Alles, aber auch alles, wird hier in den Bergen und Tälern getragen. Hat noch niemand das Rad erfunden? Befahrbare Wege und Straßen sind hier noch nicht angelegt oder gänzlich unmöglich. Die Tradition und der Geist der langsam fließenden, nepalesischen Zeit haben sehr tiefe Wurzeln geschlagen, die ich befreiend empfinde, weil wir aus einer lärmenden und hastigen Welt kommen. Hier auf den Wegen und Pfaden zählt nicht die rasende Schnelligkeit, die Sensation und das Spektakuläre. Und ich denke, dass es gut ist, dass der vermeintliche Fortschritt noch nicht Einzug gehalten hat.

Am Dorfeingang von Chamje entdecke ich ein kleines Bretterhäuschen mit der Aufschrift »Tolite«. Dieses wunderliche optische Signal, es ist unverkennbar, trifft auf eine innere Bereitschaft. Ich betrete das Holzhäuschen und spüre in heimlicher Vorfreude die erlösende Wirkung des stillen Ortes. Auch hier begegnen mir die Hauptmerkmale einer nepalesischen Toilette in abgewandelter Form. Die Zielmarkierung sind zwei in eine Betonfläche eingelassene, geriffelte Porzellanfliesen. Das Zielloch ist diesmal sehr großzügig gestaltet und auch für treffunsichere Dilettanten geeignet. Schon beim Besehen der beckenlosen Unvollkommenheit dieser Klause befallen mich Zweifel am Erfolg meines Aufenthaltes.

Ganz entmutigt bin ich noch nicht, aber schon der Übergang in die Hockstellung birgt Anzeichen in sich, das mir der Erfolg wahrscheinlich versagt bleibt. Dem Bemühen um die Erhaltung des Gleichgewichtes werden durch die Enge des Räumchens und die heruntergelassenen Hosen, die wie Fußfesseln wirken und den notwendigen Ausgleichsschritt blockieren, erhebliche Grenzen gesetzt. Der unweigerlich aufkommende Gedanke in diesem Moment auf einem bequemen Porzellanbecken zu sitzen, vermiest mir endgültig das Verweilen in der Bretterhütte. Ich verschiebe mein Vorhaben in das Abseits unseres Trekkingpfades, sage zu Mingma: »Toilet!«, und verschwinde im grünen Gesträuch.

Der Marsyangdi »steigt« mit uns allmählich höher. Während sein Flussbett einen bequemen, stetigen Weg nimmt, verwehrt er uns diese Möglichkeit und zwingt uns an seine Uferböschungen und Bergflanken. Wir entfernen und nähern uns im Wechsel seinem Rauschen und Tosen.

In eintausendvierhundert Metern Höhe erreichen wir Chamje. Auf einem Terrassenplateau haben unsere Sherpas die Zelte aufgebaut. Die Träger sitzen im Kreis vor dem Küchenschuppen und spielen Karten auf dem Rasen.

Thulu, unser Träger, schaut mit ernster Miene abwechselnd in die Kartensträuße von Tenzing und Sangpo. Dorje hat seinen Arm auf Pantzangs Schulter gelegt.

Sie scheinen freundschaftlich miteinander verbunden zu sein. Diese beiden sind die jüngsten Träger in der Gruppe. Ich schätze ihr Alter auf siebzehn Jahre. Sie haben bubenhafte Gesichter mit frischer, unbesorgter Ausstrahlung.

Yesyes und Temba machen sich am Kerosinkocher zu schaffen. Er scheint nicht zu funktionieren, doch wenig später schlägt die Kocherflamme steil in die Luft. Yesyes zähmt sie mit freudigem Aufschrei und setzt den Wassertopf für unseren Nachmittagstee auf das rostig-schwarze Eisengestell.

Wir sitzen auf unseren Klapphockern am grünen Klapptisch und schlucken den bekömmlichen Tee. Unsere Seesäcke und Rucksäcke liegen vor den Zelten. Sie sind der Hinweis auf eine einzige noch verbleibende Verpflichtung des Tages.

Lungpo und Galey kommen aus Richtung Dorfkern. Sie haben Gemüse eingekauft. Aus Galeys Rundgesicht streift uns ein scheuer Blick mit einem kaum merklichen Lächeln, während Lungpo kaum seine Miene verändert, als wären wir nicht gegenwärtig. Er ist das schweigsamste Küchenteammitglied, der meist in sich gekehrt seine Pflichten erfüllt. Sein äußeres Erkennungszeichen ist das bunte Kopftuch, welches er nach Piratenart um seinen Kopf gebunden hat.

Ein Grüppchen Schulkinder in blauer Einheitskleidung klettert über die Terrassenhänge zu uns empor. Sie stellen sich vor unseren Tisch, schauen uns an und tauschen offensichtlich ihre Eindrücke von uns aus. Das geschieht sehr lebendig im Wechsel mit abwartender Schüchternheit. Sie spüren, dass wir in unserem Aussehen und Wesen für sie unergründlich sind, weil mehr als die Barriere der Sprachverständigung zwischen uns liegt. Es bleibt beim Tuscheln und Kichern. Manchmal zeigt ein Kinderfinger in eine bestimmte Richtung auf ein rätselhaftes Etwas unserer Kleidung oder Ausrüstung, das sie nicht entschlüsseln können und wir nicht wissen, was sie meinen.

Aus dem spontanen Gegenüber entsteht ein »asiatisch-europäischer Spannungsbogen«, dessen Wirkung angenehm ist und der sich so lange aufrecht erhält, bis die Kinder den Zeltplatz verlassen und im Dorf verschwinden.

Wir haben unser Zelt und die anderen Ausrüstungsgegenstände für die kommende Nacht und den morgigen Tag in brauchbare Strukturen gebracht, wir haben gut »organisiert«.

Aus dem Tal ist die Sonne bereits gewichen. Nur weiße Berggipfel und der dunkelblaue Himmel beleuchten den spärlichen Rest des Tages. Es beginnt die sehr knappe Zeit zwischen fortgeschrittenem Nachmittag und der schnellen Dämmerung, der ein fast aktionsloser Kurzabend und eine lange Nacht folgen.

Über einen steilen Weg mit gefährlichen Felsstufen gehen wir hinab in die Dorfmitte. Auch dort ist das Leben des Tages dem Ausklingen nahe.

Eine Herde Maultiere steht abgeschirrt und gleichmütig unter einem Felsüberhang. Er dient den Tieren als nächtlicher Stall.

Auf dem kleinen Dorfplatz spielen noch einige Kinder. Zum ersten Mal sehen wir eine Schaukel, die einem in Europa bekannten Riesenrad in der Grundform ähnlich sieht. An dem rotierenden hölzernen Drehgestell sind vier drehbare Sitzbretter aufgehängt. Am tragenden Teil der Holzkonstruktion haben sich einige größere Dorfjungen hochgehangelt und halten das in Rotation versetzte Gestell in ständiger Bewegung. Die Kinder, die auf den schaukelnden Brettern sitzen, johlen vergnügt, während das gesamte Gebilde knarrende und quietschende Töne von sich gibt. Es ist ein gemeinschaftliches Vergnügen, welches sich da abspielt, und es sind die älteren Geschwister, die die Jüngeren in Form einer Kraftanstrengung mit Spaß versorgen.

Sie greifen immer und immer wieder in die großen Holzspeichen und befördern die Kleinen in kreisenden Bewegungen auf und ab, so wie es die Berge ihnen abfordern, wenn sie sich von einem Ort zum anderen begeben müssen.

Aus dem Spiel wird eines Tages Ernst und jeder ist auf die Hilfe des anderen angewiesen, so wie es für mich die Riesenradschaukel versinnbildlicht. Aus den Mitfahrern auf den Sitzbrettern der Schaukel werden später die »Antreiber«. Sie haben die Übernahme ihrer Pflichten von ihren Vorgängern, ihren Vorbildern, gelernt. So wechseln die Positionen und Pflichten am »Rad des Lebens« der Bergvölker in Nepal.

Kein System von abgeschlossenen Versicherungen, sondern stillschweigende Übereinkünfte greifen in tätiger Hilfe innerhalb der Generationen ineinander und sichern somit das tägliche Leben und Überleben bis ins hilfsbedürftige Alter. Immer wieder entdecke ich tägliche Szenen, die mir verdeutlichen, dass das Schicksal der Menschen eng miteinander verwoben ist. Ergibt sich aus diesem zwangsläufigen Miteinander eine Erklärung für die meist freudige Stimmung der Menschen, die uns auf den Wegen und Pfaden begegnen?

Die Lage von Chamje erinnert mich an eine Felsenbühne, auf der die Darsteller ihre ihnen zugedachten Rollen spielen.

Die Maultiere unter dem Felsvorsprung wirken wie Komparsen, die Kinder auf der Schaukel und die gemächliche Geschäftigkeit auf den ansteigenden Steinstufen lässt das operettenhafte Bild des »Zigeunerbarons« entstehen.

Im düsteren Raum einer Hütte sitzt ein Mann auf dem Lehmboden und dreht mit rhythmischer Leichtigkeit einen Mahlstein aus Granit, als wäre es die schönste Spätnachmittagsbeschäftigung der Welt die Familie mit Mehl zu versorgen. Seine Augen glänzen uns freundlich an. Neben ihm auf dem Boden steht ein Keramikbecher, aus dem er mehrere Schlucke nimmt ohne das Drehen der Steinmühle zu unterbrechen. Ist es chang, das er da während seiner Arbeit trinkt?

Chang, das beliebte Hausgebräu aus Reis, Gerste, Mais, Hirse oder Weizen, das die Nepalesen Bier nennen und das nicht in der Öffentlichkeit serviert wird, haben Handelskarawanen aus Tibet mit über die Pässe nach Nepal gebracht.

Mancher Nepalese trinkt sich von Zeit zu Zeit mit chang selig, habe ich irgendwo gehört oder gelesen. Für das Brauen des Bieres im engen Hauswesen sind die Frauen zuständig. Ob auch sie manchmal Gründe haben in den Rausch von chang zu flüchten oder sind sie stark genug, allen Widrigkeiten des Lebens ohne diese Wirkung zu trotzen? Frauen, so sagt man bei uns, seien das stärkere Geschlecht. Hat sich diese Redewendung auch in Nepal festgesetzt und entspricht sie auch den Tatsachen? Jede Beobachtungsgabe stößt in Nepal an Grenzen!

Der Dorfausgang von Chamje ist abschüssig. Wir kehren um und lassen noch einmal die stimmungsvollen und zugleich beruhigenden Bilder des Dorfinneren an uns vorüberziehen. Ich lasse sie spontan wirken, ohne Bemühen mir sie einprägen zu wollen. Ich tue es auf diesem Rückweg rein intuitiv, so wie ich ein Gemälde im ersten Eindruck betrachte und auf mich wirken lasse.

Mein Bart ist vom harten Kratzbart zum weichen »Viertagebart« herausgewachsen. Das ursprüngliche Vorhaben, ihn abzurasieren, lasse ich fallen. Die notwendige Rasur betrachte ich heute nicht als Not, die ich abwenden müsste. Ich lasse den Bart, wo er ist.

Das Zelt ist unsere Zuflucht, wenn es kalt wird. Vor dem Abendessen wird es Zwischenaufenthaltsort, bis wir mit einem freundlichen »Suprery« in das Essenszelt gerufen werden. Das exotisch ausgesprochene Wort »Suprery« will sich mir nicht selbst erklären, bis mir die heutige Vorsuppe und die Zusammenhangslogik die richtige Übersetzung liefert. Morgen werde ich die aufwärmende Suppe besonders genießen. Die Einladung dazu wird dann wieder lauten: »Soup ready!« (Die Suppe ist fertig!)

Shukrabar (Freitag), den 31. Oktober 2003

Chamje – Timang Besi (Temung)

Meine Fantasie versucht den Lamjung Himal zu überspringen. Hinter diesem knapp siebentausend Meter hohen Bergmassiv verbirgt sich die Annapurna II mit fast achttausend Metern Höhe. Bald vergesse ich das Ansinnen, der stark abfallende Weg über eine Felsrampe erfordert volle Aufmerksamkeit.

Unsere Träger haben diese nicht ungefährliche Geländestelle bereits passiert. Wir treffen sie gegen zehn Uhr am Wegesrand. In einer kleinen Mulde haben sie ein Hordenfeuer entfacht, das inmitten von aufgeschichteten Steinen knistert. Auf dem Feuer steht ein großer Aluminiumtopf aus dem Reisduft entweicht.

Die Träger sind für ihr Essen selbst zuständig. Temba und Yesyes kochen nur für uns und für sich selbst. Alle Nepali, so wie unsere Träger, beginnen gewöhnlich früh und ohne feste Nahrung ihre Tagesarbeit. Erst um die zehnte Stunde des Tages herum essen sie große Mengen dhal bhat. Mit dieser Magenfüllung kommen sie bis zum Abend aus. Nepali essen mit großer Vorliebe mit den Fingern. Sie sind der Meinung, dass es so viel besser schmeckt. Sie benutzen selbstverständlich die rechte, saubere Hand. Ein eingefleischter Linkshänder würde unweigerlich als ein nicht schicklicher Mensch mit schlechten Manieren angesehen. Uns serviert man das Essen allzeit mit einem Besteck und somit kommen wir nicht in die äußerst peinliche Lage, die saubere Hand mit der »Klo-Hand« zu verwechseln.

In der letzten Stunde bewegen wir uns meist im Bereich der Nahsichten. Hangabwärts begleiten uns Büsche und kleine Wälder, die keine Fernsicht zulassen. Nur zuweilen blitzen weiße Bergspitzen in den blauen Horizont. Erst als wir einen großen Talbogen erreichen, weitet sich der Blick auf ein größeres Bergmassiv. Ich schaue auf meine Trekkingkarte und bestimme mit meinem winzigen Kompass die Himmelsrichtung. Das Tal weist leicht in Richtung Nordost. Der Gebirgsstock hat zwei ausgeprägte Gipfel. Sie sind der Kang Guru und der Kuchubhro. Beide Berge gehören nicht zur Annapurna-Gruppe. Sie liegen jenseits des Marsyangdi-Tales.

Der weitere Blick auf die Karte legt mir unmissverständlich nahe, dass wir erst wenige Teiletappen in den Beinen haben und dass der Thorong-La-Pass, der »Schrecken der Annapurna-Umrundung« noch vor uns liegt. Die durchdringende Frische des Tages und meine körperliche Verfassung lassen mich jedoch an einen Satz denken, der vom Urbuddha Siddharta Gautama geprägt worden sein soll: »Der Weg ist das Ziel!«

Deuten sich nicht schon triftige und beweiskräftige Gründe an, den Weg wichtiger zu nehmen als das Ziel zu schätzen? Spüre ich nicht schon nach wenigen Tagen Aufenthalt in den Bergen, trotz oder gerade wegen der körperlichen Belastung, eine befreiende Wirkung und eine mental-psychische Entlastung?

Mich beschweren gegenwärtig keine negativen Gefühle. Ich spüre keinen Terminerfüllungsdruck, mich bedrängen keine Stichtage und ich höre kein Telefonklingeln. Ich muss nicht am Laptop sitzen und das Mailsystem aufwändig nach für mich wichtigen Nachrichten durchforsten.

Es ist das täglich wiederkehrende Gefühl des erneuten Aufbruchs und auch der Freiheit stehen zu bleiben, wann ich will, das die körperlichen Anstrengungen in den Hintergrund treten lässt, aber das Bewusstsein für Wesentliches wach hält.

Vor uns breitet sich eine weite Ebene aus. Die Siedlung in diesem weitläufigen, durch die umliegenden Berge begrenzten, Flachland heißt in doppeldeutigem Sinne Tal. Wir befinden uns wahrhaftig in einem Tal. Tal heißt aber auf Nepali »See«, nach dem auch der Ort benannt ist, der nun vor uns liegt. Kurz und gut, dort, wo wir einen Schritt vor den anderen setzen, hat sich vor langer erdgeschichtlicher Zeit ein See befunden. Er war der Namensgeber für den Ort und verantwortlich für meine kleine, sprachliche Desorientierung.

Eine große farbenfrohe Tafel mit der Aufschrift und unmissverständlichen Grußbotschaft »Welcome to Manang-Distrikt« empfängt uns.

Ungewohnt leichtfüßig gehen wir ohne Aufstiege und Abstiege durch Tal. So wie sich das Landschaftsbild und der Distrikt geändert haben, scheint uns jetzt ein anderer Menschentyp zu begegnen. Die Menschen sehen urwüchsiger und weniger grazil aus. Sie haben breitere Wangenknochen und ihre Ausstrahlung hat etwas Herbes an sich. Auch die Kleidung ist gröber und nicht mehr so farbig wie im südlicheren Marsyangdi-Tal. Es ist die Volksgruppe der Gurung, die ihre angestammte Heimat in Tibet hat.

In der Ortsmitte geleitet uns Mingma in einen »Police-Checkpoint«. Der Raum hat offensichtlich mehrere Funktionen: Er ist auch eine Informationsstelle für Trekker und Bergsteiger. An der Wand hängen farbige Poster, deren Grünanteile bereits verblichen sind.

Nachdem wir unsere Permits von der Kontrolle zurückerhalten haben, betrachte ich die Landschaftsbilder näher. Eine Aufnahme weckt mein aufmerksames Interesse. Das Bild zeigt eine steile, vegetationslose Bergflanke. An ihr kleben in schutzloser Lage steinerne Berghütten. Sie weichen in ihrer Farbe kaum vom wüstenhaften Pastellton ihrer Umgebung ab. Das Bild vermittelt den Eindruck einer leblosen Welt, fernab jeglicher Zivilisation und der Möglichkeit, dieser Ausgesetztheit schnell zu entkommen, wenn entfesselte Kräfte dieser Höhenlage Gesundheit und Leben bedrohen.

Mingma steht plötzlich neben mir und sagt: »That is Thorong Phedi!«

Bis auf ein Wort verstehe ich den Sinn dieses kurzen Satzes. Es ist nicht der Pass selbst, den Mingma meint, aber mir wird in diesem Augenblick klar, dass es sich zumindest um die Umgebung des Thorong La handelt. Heute weiß ich, dass der Begriff Phedi die Nähe eines Passes erklärt und »Passfuß« bedeutet.

Für kurze Zeit sehe ich dieses atemberaubende Bild noch vor mir und kann eine leichte Grübelei darüber nicht verhindern. Thorong Phedi ist der Ausgangspunkt für die Überschreitung des Thorong La. Wir werden dort in viertausendfünfhundert Metern Höhe in unseren Zelten übernachten. Die Nacht in Chamje war kalt und eine sanfte Vorbereitung auf die bevorstehenden Hochregionen.

Ich denke über das Wort »atemberaubend« im wörtlichsten Sinne nach und stelle unwillkürlich einen Bezug zur Besteigung des Kilimandscharo her, der die Erinnerungen und Erfahrungen in mir hochsteigen lässt.

Im großen Garten einer Lodge wird das Mittagessen für uns vorbereitet. Wir sitzen an einem Holztisch und vertreiben uns die Zeit. Herr Kleenlich ist im Dorf verschwunden. Martina ordnet ihren Rucksackinhalt. Ich schreibe Sätze auf die sonnenbeschienenen blendend-weißen Tagebuchseiten. Unter dem Tisch schläft zusammengerollt ein junger Hund. Wenn sich ein Bein unter dem Tisch bewegt, blinzelt er zu uns auf.

Gebetsmühlen, Gebetsfahnen und Manimauern sind wichtige Merkmale der nepalesischen Religion und Kultur. Wir begegneten ihnen in Kathmandu in der Umgebung der großen Stupa von Bodnath.

Die Wirkung dieser wichtigen Symbole im Gebirge, so wie ich sie zum ersten Mal hier in der Nähe von Tal verspüre, ist eine ungleich stärkere. Diese spirituellen Wahrzeichen sind Rüstzeug und fester Bestandteil des Buddhismus, der Erhabenheit der landschaftlichen Größe des Himalaja und der mächtigen Berge, die für die Menschen Aufenthaltsorte der Götter sind.

Wieder entsteht aus vorgeprägten inneren Bildern, die ich mit nach Nepal nahm, ein Zustand, in der sich eine nicht näher erklärbare, eigene Spiritualität mit einer fassbaren Wirklichkeit untrennbar verwebt.

So gehen wir angesichts der wunderbaren Landschaft des Tales und der aufragenden Berge an einer Manimauer vorüber, in der sich kolonnadenartig Gebetszylinder aufreihen. Wir drehen die kupfernen Gebetsmühlen im Uhrzeigersinn, so wie es auch die Einheimischen nie versäumen zu tun, um ihre Gebete in den unendlich blauen Himmel zu schicken.

Der Gebetszylinder wird auch Mani Khorlo genannt. Er ist überall in den buddhistischen Gebirgsregionen und auch in den Klöstern im Kathmandu-Tal zu finden und in unglaublicher Vielzahl weit verbreitet. Dieses in der buddhistischen Religion und Philosophie nicht zu entbehrende spirituelle Hilfsinstrument benutzen sowohl die Bergvölker, die Mönche in den Klöstern als auch religiöse Laien, wie wir Europäer es sind. Wir drehen jeden einzelnen Gebetszylinder und gliedern uns damit, wenn auch ohne tieferes Verstehen und Fühlen, in das buddhistische Ritual ein.

Wir setzen mit diesen Drehungen Mantras in Kraft, von denen die tiefreligiösen Bergvölker glauben, dass sie die Welt mit Segen erfüllen.

Mantra heißt »Werkzeug zum meditativen Denken« oder »Instrument des Geistes«. Sie können einfache Silben bis hin zu religiösen Texten enthalten.

In die meisten Gebetsmühlen ist das am häufigsten rezitierte Mantra eingraviert oder in kunstvoller Handwerksarbeit in den Zylindermantel eingetrieben. Es lautet in Sanskrit »Om mani padme hum«. Mingma murmelt mir die tibetische Version des Mantras vor: »Om mani peme hung.« Diese ältesten und bedeutendsten religiösen Silben des tibetischen Buddhismus sind stark spirituell behaftet und lauten übersetzt: »Om, Juwel im Lotos, Hum«.

Dieses auf den ersten Blick leicht erfassbare Mantra erschließt sich für mich immer weniger, je tiefer ich in die komplexe, buddhistische Religion einzudringen versuche. Ich finde keine umfassende Erklärung und bleibe in einer sehr stark vereinfachten Darstellungsversion stekken.

Teile ich das Mantra in einen religiösen und einen weltlichen Anteil, so wird mir das Verständnis zumindest etwas erleichtert. Dennoch glaube ich, dass der Buddhismus eine solche Unterteilung nicht zulässt. Ich unterteile aus Gründen der Hilflosigkeit gegenüber dem für mich unfassbaren Ganzen. Das Juwel wird dem Erleuchtungsgeist des Menschen gleichgesetzt, der im Lotos des menschlichen Bewusstseins erzeugt werden soll. Diese Erleuchtung hat nichts mit einer Lichterfahrung zu tun. Erleuchtung oder Erwachen ist ein Zustand, in dem sich der betreffende Mensch in einen Zustand der Leere, die er selbst ist, versetzt und in dem er innehält. Nur in diesem Zustand sei es ihm möglich, das wahre Wesen aller Dinge im Zusammenhang zu begreifen.

Ich erfahre weiter und das ohne tiefgreifendes Verständnis, dass diese Leere keine nichtige Leerheit ist, sondern eine Verfassung des Geistes, in der das Undenkbare, Unwahrnehmbare, Unfühlbare und Unendliche jenseits von Sein und Nichtsein diese Leere erfüllt.

Höchstes spirituelles Ziel eines jeden Buddhisten ist das Nirvana, die Auflösung des Ichs, durch einen rechten Lebensweg, dem Karma, und das Heraustreten aus dem Kreislauf der Wiedergeburten, dem Samsara.

Das Drehen der Gebetsmühle ist eine Möglichkeit, den Weg zur Erleuchtung und zum Nirvana zu erleichtern. Eine weitere wichtige Methode ist die Meditation. Beide spirituellen Handlungen sind wiederum Bindeglieder zum weltlichen Anteil, so sehe ich es aus meinem gegenwärtigen Wissen heraus. Sie sollen helfen, negative Gedanken und Neigungen zu überwinden und falschem Tun vorzubeugen. Achtsamkeit, Aufmerksamkeit und Mitgefühl gegenüber allen Lebewesen stehen dabei im Vordergrund des buddhistischen Verständnisses und der Handlungsmaximen eines Buddhisten.

Wir gehen durch die stille, aggressionslose Ebene. Jeden Schritt spüre ich bewusst. Ich bin hier und nirgendwo sonst mit meinen Gedanken. Von mir ist alles Belastende abgefallen. Ich sehe die Schönheiten dieser wundervollen Umgebung und finde das Leben in diesen Augenblicken großartig und schön.

Ich kann die wichtigen Grundelemente und Werte des Buddhismus Achtsamkeit, Aufmerksamkeit und Mitgefühl in ihrer Tiefe erfassen, während sich die spirituelle Seite der Erleuchtung und des Nirvana im Dunkel der Unerklärbarkeit verbirgt. Mir bleibt allein der Vergleich mit allem Erfahrbaren und Einsehbaren auf unserer Welt. Er hilft mir in dieser grandiosen Aura der sichtbaren Natur nicht weiter, er scheint offenbar das Gegenteil zu bewirken. Wie kann es das höchste Ziel sein, in ein mystisches Nirvana zu gelangen und aus dem Zyklus der Wiedergeburten herauszutreten, um von allem Leid befreit zu werden? Ist das Leben nach buddhistischer Lehre nur Leid, um daraus Erlösung zu finden? Spricht die Lehre des Buddhismus nicht selbst von hohen Inkarnationen, die der Menschheit bei der Lösung ihrer Weltprobleme behilflich sein können? Ich denke dabei unweigerlich an den Dalai Lama, der in der Welt hoch angesehen ist und zweifellos seine Kraft für buddhistische Werte einsetzt, die zutiefst menschenwürdigen Charakter haben und von vielen Menschen ersehnt sind.

Mingma geht neben mir im Gleichtakt unserer Schritte. Ich versuche in Gedanken englische Sätze zu formulieren, um sein Selbstverständnis in diesen religiösen Fragen zu erfahren. Mingma spürt meine Nachdenklichkeit, schaut mich an und sein Lächeln erscheint mir ebenso hilflos wie mein fragender innerer Zustand. Ich sehe mich letztendlich nicht in der Lage, Fragen solch umfassender Bedeutung zu formulieren. Ich weiß, dass Mingma Buddhist ist und gebe mich deswegen mit seinem lächelnden Gesicht und seinen bisherigen Freundlichkeiten, die er uns in aller Natürlichkeit entgegenbringt, zufrieden.

Das weite Tal verengt sich zur schmalen und wilden Schlucht. Der Marsyangdi braust über rundgeschliffene Felsbrocken. Der, momentan in einer verhältnismäßig schmalen Felskerbe gebändigte, Fluss ermöglicht uns den Aufstieg direkt an seinem nicht überfluteten, breiten Ufer. Nur mit einiger Phantasie ist seine Gewalt in den Monsunzeiten zu erahnen, die alles Bewegliche mit sich reißt.

Lange dauert der Marsch an den kalten und frisch riechenden Wassern des Flusses nicht an. Eine Felswand versperrt uns den Weg.

Wir steigen an einer Bergflanke hinauf zu einem namenlosen Streudorf. Eine Maultierkarawane kommt uns entgegen. Wir bleiben stehen und lassen die gelassen trottenden Tiere an uns vorüberziehen.

Die zahlreichen kleinen Hufe wirbeln feinen Staub auf, der uns in die Nasen zieht. Krishna hat sein Mundtuch bis unter die Augenpartie gezogen. Die Maultiere scheinen sich in ihr Schicksal ergeben zu haben. Sie laufen widerspruchslos in gemeinsamer Eintracht mit ihrer Last dem Tagesziel entgegen. Nur manchmal verlangsamt sich das Tempo der Karawane. Von Zeit zu Zeit entstehen Abstände zwischen den Tieren, die von den Maultierführern nicht geduldet werden. Mit Pfiffen, lauten kurzen Schreien, dem Hüh und dem Hott in Deutschland ähnlich, versuchen sie die Tiere zur Raison zu bringen. Es gibt grobe Rappelköpfe unter den Maultierhirten, die mit derben Fußtritten und Peitschenhieben eine Art Nachhilfeunterricht für begriffsstutzige Maultiere geben. Steinwürfe ergänzen das teilweise harte Kommandosystem und dienen zusätzlich als Mittel zur Aufrechterhaltung von »Zucht und Ordnung« innerhalb der, im Grunde genommen friedlichen, »Maultiersklaven«, die ihren Antreibern bedingungslos dienen.

Immer wieder können wir diese täglich wiederkehrende, grobe »Normalität« in der Behandlung der Packtiere beobachten, und sie bleibt für mich unverständlich.

Ist sie eine Besonderheit einiger Mitglieder dieser Berufsgruppe, die sich von den meisten anderen Menschen der Bergdörfer abhebt und die ihre schlechten Umgangsformen mit Tieren im unkritischen Selbstverständnis an ihre jungen Begleiter und Nachfolger weitergeben?

Martina spricht von Imponiergehabe, das sich in dieser Art Machtausübung gegenüber den Tieren äußert. Mancher Maultierführer betrachtet sein treu ergebenes Tier offenbar als Werkzeug. Auch in Nepal ist der Alltag widersprüchlich, und es scheinen einige wenige Menschen zu sein, die sich von den ansonsten sanftmütigen und tierliebenden Nepalesen unterscheiden.

Am Ende des Dorfes erweckt eine Menschenansammlung unsere Aufmerksamkeit. Gestikulierende und eifrig diskutierende Dorfbewohner und Träger stehen um einen Holztisch herum, auf dem ein Pappkarton steht. Er trägt in ungeschickt gemalten Buchstaben die Aufschrift »Donationbox«. In den grob ausgefransten Schlitz im Deckel des Kartons stecken die Umstehenden alte, abgenutzte Rupienscheine. Mingma und Krishna greifen in ihre Hosentaschen und befüttern den Schlitz des Kartons ebenfalls mit einer Spende.

Ernste Gesichter in der Menschengruppe und verkohlte Balken auf einer steinernen Grundmauer am angrenzenden Berghang verraten uns den traurigen Grund für die solidarische Zusammenkunft.

Mingma sagt: »Big kerosene-fire in this bhatti!«

Ein explodierter Kerosinkocher hatte einen großen Brand in dieser Herberge entfacht und den Besitzern ihr weniges Hab und Gut genommen. In den schwarzen Ascheresten liegen unbrauchbare abstrakte Blechknäuel, die ehemals Schüsseln und Töpfe der Küche waren.

In Dharapani ist es bereits dämmrig. Es ist kalt geworden. Die kaltweißen Spitzen der Just Hills stoßen in den dunkelblauen Himmel. Temung, das Ziel des zu Ende gehenden Tages ist noch um Kilometer entfernt. Unsere Schritte sind matter geworden. Mingma ist mit Herrn Kleenlich zurückgeblieben. Krishna hat jetzt die Führungsrolle übernommen.

Auf dem Holzgerüst eines Schildes an einer Lodge sitzt ein kleines Kätzchen. Es schaut uns mit aufmerksamen Augen hinterher. Ob es am Abend, wenn es kalt wird, in das Haus flüchten darf, frage ich mich und denke an unsere eigene Geborgenheit, die sich in den dunklen Abend verschieben wird.

In steilen Serpentinen steigen wir langsam, aber ohne Pause, aufwärts in einen dunklen Kiefernwald. Meine innere Einstellung richte ich auf den Weg und das Gehen und nicht auf das zwanghafte Erwarten und Nahen des Zieles. Ich bleibe auf diese Weise gesammelt ruhig und genieße ganz bewusst meine besondere Nähe zu dem zu überwindenden Anstieg, auch wenn mich die Anstrengung zermürbt. Diese Widersprüchlichkeit in mir selbst verschmilzt am erreichten Ziel zu einer untrennbaren Einheit und ist für mich Genugtuung in reinster Form.

So ist es auch heute. Die Serpentinen vollführen eine Kehrtwendung nach der anderen und ich weiß, nur das Weltall ist unendlich. Der Wald lichtet sich vom Dunkel ins Halbdunkel. Plötzlich haben wir die Höhe von Temung erreicht.

Die Häuser des Dorfes wirken wie graue Schatten. In den Fenstern flackern die schwachen Lichter von Kerzen. Eine hell erleuchtete Hütte und Blechgeklapper sind Hinweise darauf, dass sich dort unsere Küchenmannschaft befindet.

Temba empfängt uns mit heißem Tee. Unsere Träger mit den Zelten und der übrigen Ausrüstung sind noch unterwegs. Auch Mingma ist mit Herrn Kleenlich noch nicht im fahlen Licht des Dorfplatzes auszumachen.

Temba geht mit uns zu einem Holzhaus am Rande des Dorfplatzes. Die Wände und das Gebälk im Inneren des Hauses haben noch die helle Farbe von ungealtertem Holz. Aus der Küche kommt ein freundliches »Namaste!«.

Eine junge Nepalesin sitzt mit ihrem Baby auf dem Arm auf einem bunten Läufer vor dem knisternden Feuer eines halboffenen Lehmofens. Das Baby wendet den Blick zu uns herüber. Seine braunen Augen glänzen im wechselnden Schein der Flammen. Wir sind einbezogen in die gemütliche häusliche Atmosphäre.

Unsere abendliche Unterhaltung besteht nur aus unserem eigenen Gespräch und dem Knacken der Holzscheite. Die junge Frau hat das Baby auf den Läufer gelegt und macht sich im Halbdunkel der Küche zu schaffen.

Die Tür geht auf. Mingma betritt zusammen mit Herrn Kleenlich den Raum. Auf dem Dorfplatz ist es finster geworden. Kein Geräusch von draußen deutet die erwartete Ankunft unserer Träger an. So wie die schnell hereingebrochene Nacht die Hütten des Dorfes umhüllt, so hüllt sich auch Mingma in Schweigen. Mit ungewöhnlich nachdenklichem Gesicht verlässt er schnell unsere Runde.

Herr Kleenlich ist auf seinem Hocker kraftlos im Kutschersitz zusammengesackt und ist schnarchend in einen Kurzschlaf versunken. Erst als Temba und Yesyes klappernd das Abendessen auftafeln, richtet er sich auf und greift nach dem erstbesten Topfdeckel und fragt: »Was gibt 's denn zu esse?«.

Temba hat die Topfguckergeste und die Frage in einen für ihn verständlichen Zusammenhang gebracht, denn er lacht und öffnet einen weiteren Topf, aus dem es wohlriechend dampft. Hähnchenkeulenduft steigt in unsere Nasen. Während wir essen, öffnet sich die Tür und Mingma kommt an den Tisch. Seine Miene hat sich aufgehellt und er fragt: »Khaanaa raamro?« (Ist das Essen gut?)

»Dhaanyaabaad!«, Danke, antworte ich auf Nepali und sage Mingma damit schlicht und einfach, dass es uns gut schmeckt.

Das dhaanyaabaad bringt ein zufriedenes Schmunzeln auf sein Gesicht und ich weiß, dass es nicht nur die eigentliche Bejahung seiner Frage ist, die ihn erfreut, sondern auch das nepalesische Danke, welches ihm Wertschätzung entgegenbringt.

Das macht es für mich weiterhin zum Anliegen, immer dann Nepaliworte zu lernen, auszusprechen oder in englische Sätze einzubauen, wenn es mir die Gelegenheiten und die Kraft erlauben.

Draußen auf dem Dorfplatz pendelt unruhig der Schein einer Taschenlampe. Eifriges Stimmendurcheinander sagt uns unmissverständlich, dass die Träger und damit auch unsere Ausrüstung eingetroffen sind. Gerade jetzt stellt sich mir wieder die Frage, welchen Erschwernissen unsere Träger unterwegs ausgesetzt sein mochten. Besonders das letzte Teilstück war schwierig, aber wir konnten es noch im Dämmerlicht bewältigen. Die Taschenlampe, die im Dunkeln hin- und herschwenkt, ist die einzige elektrische Lichtquelle in der gesamten Mannschaft. Kerzen habe ich bisher nur in windgeschützten Lebensbereichen als stationäre Leuchthilfen gesehen. In meinen gedanklichen »Sorgenkreis« dringen die unbesorgten Stimmen der Träger auf dem Dorfplatz. Es ist eine besondere Art der Feierabendstimmung, die sich hier wie eine Darbietung offenbart und in die sich kleine Sologesänge und Pfeifen mischen. Sie wirken wie eine unverhoffte Ermunterung auf unsere eigene Stimmung, die in unbequemen, komfortlosen und pessimistisch anmutenden Situationen wie diser schnell eintrübt. Wir wissen, dass es keine warme Dusche mehr gibt und kein Kulturprogramm, das wir aus weichen Sesseln heraus genießen könnten und das den Tag beschließt. Wir müssen verschwitzt und vom Marsch entkräftet in unsere kalten Zelte kriechen, die Schlafsäkke für die Nacht vorbereiten und die Ruck- und Seesäcke für den kommenden Tag in grundsätzliche Ordnung bringen.

Die unbewusste »Offensive« der Sherpas, Yesyes ist aus dem fröhlichen Einklang der Träger herauszuhören, entfacht wie ein »Licht aus der Dunkelheit« ihre unbestreitbare Wirkungskraft.

Seelisch aufgewärmt gehen wir in der Finsternis der noch frühen Nacht zu den Zelten.

Wir fallen in einen tiefen Schlaf. Um Mitternacht werde ich munter. Das Zifferndisplay meiner Uhr, welches ich mit einem Knopfdruck beleuchten kann, zeigt Null Uhr und dreißig Minuten. Auch Martina wird wach.

Wir fassen den gemeinsamen Beschluss, unsere warmen Schlafsäcke schnell zu verlassen. Je entschlossener wir das tun, desto früher können wir das Zurückkriechen in die Geborgenheit genießen. Kälte schlägt uns durch den sich öffnenden Reißverschlussschlitz entgegen, die Nacht ist mondlos und sternenklar. Auf einem Haufen mit Holzspänen liegt zusammengekauert ein Hund. Er rührt sich nicht von der Stelle, als wir ihn mit unseren Stirnlampen anleuchten. Martina benutzt das Toilettenzelt, ich die Gegend in der Nähe eines Zaunes.

Vom jenseitigen Ende des Platzes dringt leises Geläut von Maultierglocken. Die restliche Nacht ist von weiteren Geräuschen zerstückelt, die mich immer wieder wach werden lassen. Sie erscheinen mir nicht laut und vordergründig lästig, lassen aber auch keinen ununterbrochenen Schlaf zu, sie verschaffen mir plagende Alpträume … Blutegel haben sich in meinen Fingern festgebissen. Ich versuche sie mit heftig schleudernden Bewegungen von meinen Händen zu lösen. Es gelingt mir nicht. Von der Zeltplane baumeln weitere dunkle, wurmige Leiber, die sich auf mich herabfallen lassen und sich schmerzhaft in meiner Haut verbeißen.

Draußen vor dem Zelt sind Stimmen …, kommandoharte Wortfetzen wirbeln durch die Nacht …, kalter Schweiß treibt auf meine Stirn …, …Maoisten!, schießt mir der Schrecken in den Kopf … der Ziegenkopf vom Durbar-Square in Kathmandu bleckt seine Zähne und meckert mir einen merkwürdig unverständlichen Werbeslogan auf Nepali entgegen, … im nächsten Moment wird sein Meckern religiös sanft, ein meckerndes Mantra soll mich vom unüberlegten Kauf des blutigen Brustkorbes, der immer noch in der dunklen Nische des schmutzigen Ladens liegt, abhalten …., mein Gewissen quält mich, so wie der tote Blick des Ziegenkopfes, der mich in unterschiedliche Welten ziehen will …, der Werbeslogan traktiert mich und lässt mich nach meinen Rupien in der Hosentasche greifen, während mich das murmelnde Mantra zu überzeugen versucht, in eine spirituelle und friedliche Welt zu wechseln und dem materiellen Erdkreis zu entsagen …

… Die bange Wahl zwischen dem lauten Diesseits der überfüllten Märkte und den für mich gegenstandslos spirituellen Sphären scheint mich zu zerreißen …, mein Herzschlag ist schnell und heftig, … ich werde wach.

Ich schalte meine Stirnlampe ein. Martinas Atem ist ruhig und friedlich. Die Blutegel sind von meinen Händen verschwunden. Die lauten Kommandoworte von Maoisten sind verstummt und der glotzende Ziegenkopf befindet sich weit weg in Kathmandu. Die schreckliche Traumfolge ist vorüber. Vor dem Zelt schaben die Hufe von Maultieren im sandigen Geröll.

Sanibar (Samstag), den 01. November 2003

Timang Besi (Temung) – Chame

Timang Besi liegt auf einer Höhe von zweitausenddreihundert Metern. Wir erleben hier eine feuchtkalte Dämmerung im Zelt und verlassen unsere Schlafsäcke erst, als sich Galey mit dem early-morning-tea meldet. Noch immer geistern die Traumbilder der Nacht in mir herum. Dabei sahen wir bisher keinen einzigen Blutegel! Nur in der Monsunzeit können diese Tiere zum lästigen Problem werden. Auch die Konfrontation mit Maoisten gab es bisher nur im Kauderwelsch meiner Traumfolge. Der Ziegenkopf vom Durbar-Square verwandelt sich jetzt am hellen Morgen von einer gespenstigen Fratze zum ernsthaften Philosophen.

»The trip tomorrow is easy«, so kündigte uns Mingma gestern abend den heutigen Tagesabschnitt an. Diese Aussicht klang wie eine Entschuldigung für den harten Tag, den er uns »aufgebürdet« hatte.

Die Route wendet sich seit Bagarchhap stark nach Nordwesten. Bald erreichen wir das verträumte Dorf Thanchok. Mingma und Krishna weichen vom festgelegten Plan ab, hier die Zelte aufzuschlagen. Chame soll letztendlich unser Tagesziel sein, so zeigt mir Mingma seine Absicht auf der Karte.

Wir plappern unterwegs Englisch und bröckchenweise Nepali. Es sind oft Nichtigkeiten, die wir austauschen, aber auch Sinnhaftes und

Humorvolles fließt in der Gemeinsamkeit des Weges in unsere Gespräche ein.

Mingma ist einundzwanzig Jahre alt. Er stammt aus dem Solu-Khumbu, aus der Nähe des Mount Everest. Er wuchs in einem dreitausendfünfhundert Meter hoch gelegenen Dorf auf. Seine drei Schwestern leben noch dort. Sein älterer Bruder, er zeigt mir voller Stolz ein Bild von ihm, ist seit Jahren Bergführer und hat bereits mit einer Expedition den Annapurna I bestiegen.

Mingma spricht mit großer Lebendigkeit und ist zugleich zurückhaltend, wenn er bemerkt, dass auch ich etwas zu berichten weiß oder eine Frage an ihn in Reserve halte. Oft entstehen größere Gesprächspausen, die wir nicht gezwungenermaßen ausfüllen. Wir gehen nebeneinander und lassen unseren Gedanken ihren eigenen Raum.

Eine Maultierkarawane kündigt sich mit einer Staubwolke und schnellem Getrappel an. Der Maultierführer hat sein übliches Kommandosystem, das Rufen und Pfeifen, durch ein wunderliches Signalgerät ergänzt. Es ist eine große durchsichtige Plastikflasche, in der sich ein Stein befindet. Er schwenkt sie temperamentvoll mit hoch erhobenem Arm in der Luft. Der Stein schlägt geräuschvoll und eindringlich gegen die Wandung der Flasche. Die Tiere der Karawane folgen der nepalesischen »Hillebille« offensichtlich sehr reaktionsfreudig und im Stillen hoffe ich, dass »Innovationen« dieser Art schmerzhafte Züchtigungen ersetzen.

Vor den ersten Häusern von Chame werden wir an einem Kontrollposten der nepalesischen Armee aufgehalten. Ein zuvorkommender Offizier kontrolliert unsere Permits mit wohlwollender Geste. Seine weißen Zähne blitzen im Braun seines charmanten Gesichtes. Wir fühlen uns in Chame willkommen. Der Weg führt in sanfter Steigung bis zum Dorfeingang. Das Dorf erinnert mich wegen seinen kleinen Geschäfte an Bahundanda.

Drei Hunde liegen in »Reih und Glied« am Rande der Dorfstraße auf dem sonnenerwärmten Pflaster. Sie haben ihre Beine entspannt von sich gestreckt und schlafen in die Mittagszeit hinein. Sie rühren sich nicht von der Stelle, als ich näher trete, nur das träge Blinzeln der Augen verrät mir einen gewissen inneren Bereitschaftszustand, der vermutlich die Angriffsbereitschaft für Notfälle sicherstellt.

Ich erinnere mich an den Hund, der vor Tagen in nächtlichen Stunden unser Zelt »bewachte«. Wäre dort dieser Notfall eingetreten, wenn ich versucht hätte, den Hund von seinem Schlafplatz wegzuschieben? Auch wenn in Nepal die Hunde wenig bellen und nur in Ausnahmefällen an der Kette liegen, handle ich in vordergründig friedlich erscheinenden Situationen nach dem uralten Grundsatz aus unseren Breiten: Man soll keine schlafenden Hunde wecken, auch keine nepalesischen.

Am anderen Dorfende liegt der Zeltplatz von Chame. Eine sattgrüne Wiese ist umrahmt von aufgeschichteten Holzscheiten. Die überraschende Kürze der Wegstrecke und der idyllische Wiesenzeltplatz lassen uns fühlen, dass der heutige Tag mehr Ruhetag als Marschtag ist. Martina findet sehr schnell heraus, dass auch ein Waschtag angebracht ist. Unsere schmutzigen Hosen profitieren vom bevorstehenden freien Nachmittag. Am Brunnen neben dem Zeltplatz sind sie ohne die Gründlichkeit einer Waschmaschine schnell gewaschen.

Die Holzstapel der Wiese bekommen von uns die Funktion von Wäscheleinen. Dort trocknen unsere Hosen und die übrigen Ausrüstungstextilien, die wir aus den durchfeuchteten Rucksäcken und Seesäcken ziehen. Auf unserem grünen Klapptisch breite ich die Fotoausrüstung, die Stirnlampen, Batterien und andere Utensilien aus, um sie der trocknenden Wärme auszusetzen. Ich finde auf dem kleinen Tisch noch Platz für mein Tagebuch und beginne die Erlebnisse des gestrigen Tages, an dem ich keine Zeit fand, meine Gedankengänge auf die Tagebuchseiten zu bringen, niederzuschreiben. Schnell fließen die Sätze auf das weiße Papier. Ich schreibe immer dann befreiend zügig, wenn ein Stau an Durchlebtem und Durchdachtem entstanden ist.

Thulu, der Träger unserer Ausrüstung, und Dorje kommen über die Wiese und steuern geradewegs auf meinen »Schreibtisch« zu. Sie stehen wortlos neben mir und mustern die auf dem Tisch liegenden Gegenstände, besonders das Fotozubehör. Sie werden zielgerichtet neugierig, als ich mein kurz unterbrochenes Schreiben fortsetze.

In flotter Folge schreibe ich ein Blatt voll und blättere auf die nächste Seite. Noch immer stehen die beiden neben mir am Tisch, murmeln für mich unverständliches Nepali und kichern verhalten. Ich bemerke wie Thulu auf meine schreibende Hand zeigt und sich offenbar über die für ihn ungewohnte Schreibgeschwindigkeit wundert.

Ich drücke Thulu den Kugelschreiber in die Hand und deute auf einen Zettel, der auf dem Tisch liegt. Thulu ist überrascht und verlegen zugleich. Er setzt den Kugelschreiber zögernd an und malt in bedächtigen Zügen Schriftzeichen auf das Papier, die ich nicht lesen kann, aber die mir mitteilen, dass es die in Nepal gebräuchliche Devanagari-Schrift ist, in der Sanskrit, Nepali und Hindi geschrieben werden. Sie erscheint mir schon vom Anblick her kompliziert.

Der Kugelschreiber ist wieder in meiner Hand und ich versuche nach einer Satzvorlage aus dem Nepaliwörterbüchlein einige Schriftzeichen zu kopieren. Ich komme ins Stocken und merke, dass man diese Schrift nicht locker-flockig schreiben kann, sondern malen muss. Sie erinnert mich an die chinesische Bilderschrift, die vielleicht ein mehrfaches an Problemen in ihren komplizierten Bildern versteckt.

Thulu und Dorje lachen vergnügt und ich bin beruhigt und zufrieden, weil ich mich in den Augen unserer Begleiter nicht mehr als Schreibwunder fühlen muss.

Um den Tisch ist es belebter geworden. Fast alle Träger und Sherpas stehen im Halbkreis um ihn herum. Das technische Durcheinander der Fotoausrüstung, Objektive, Filter und Filme scheint alle zu interessieren. Insbesondere das lange Teleobjektiv steht im Brennpunkt östlich-technischen Interesses.

Bestimmte Abläufe haben einen hohen Grad an Selbstverständlichkeit, die ich nicht umgehen kann und auch nicht will. So ist es auch in diesem Moment, der für die Sherpas und Träger immer spannender wird, je mehr sie merken, dass ihr neugieriges Naturell schrittweise in der Erkundung von Dingen Befriedigung findet, die sie nicht oder nur wenig kennen.

Der selbstverständliche Ablauf besteht gegenwärtig darin, dass ich das Objektiv mit der langen Brennweite in die Kamera einraste und sie Mingma in die Hand drücke. Er schaut hindurch, während ich den Tubus verschiebe und ihm sein anfokussiertes Ziel näher bringe. Für ihn ist dieses Erlebnis nichts absolut Neues. Die Augen der meisten Träger richten sich jedoch begierig auf dieses magisch-mystische Gerät, welches ihnen Entferntes in greifbare Nähe rückt.

Ist nicht für streng gläubige Buddhisten und religiöse Menschen alles fern Entrückte und Unerklärbare an sich mit spiritueller Kraft besetzt, wie die eisigen Berggipfel, die »Throne der Götter«? Und kommt eine Annäherung an diese heiligen Stätten oder gar deren Betreten einer Entweihung gleich?

Ist die Fotokamera, die von Hand zu Hand geht, im Moment des Benutzens für die Betrachter überhaupt ein technisches Gerät, oder wird sie zum spirituellen Hilfsmittel wie der Gebetszylinder oder die Gebetskette?

Die Fragezeichen hinter meinen Sätzen häufen sich, je weniger es mir gelingt, in die Seelen der Menschen zu schauen, mit denen wir schon tagelang durch die Vorberge des Himalaja wandern. Wegen meiner Unwissenheit versuche ich mir die Dinge durch Spekulationen zu erschließen. Doch bevor ich mich in Wirrnisse versteige, gehe ich wieder dazu über zu berichten, was weiter geschehen ist.

Zusammen mit Martina laufe ich durch Chame. Wir geben uns der entspannten Beschaulichkeit hin, und ich vergesse vorerst mein Tagebuch. Wie eine innere Uhr wird sich das Bedürfnis zu schreiben wieder melden, um mit mir in einen Dialog zu treten.

Ein Trupp Soldaten kommt in schwerfälligem Trab harter Stiefelsohlen auf uns zu. Er wird von dem Offizier, der uns an der Kontrollstelle abfertigte, angeführt.

Das weitläufige Panoramabild, welches sich bei unserer Ankunft in aller Klarheit vor uns ausbreitete, hat sich in der Ferne mit einem Wolkenschleier verhangen. Nur zeitweise zerreißt der Wolkenvorhang und gibt einen gewaltigen Gebirgsstock frei. Es ist das Manaslu-Himal, das sich in den Namensgeber und die beiden siebentausend Meter hohen Gipfel, den Ngadi Chuli und den Himal Chuli unterteilt. Am südlichen Ende begrenzt der Baudha das gigantische Felsmassiv und lässt seine Flanke in die Tiefe stürzen. Diese Dreiergruppe dominiert den großartigen Anblick dieses fast einheitlich erscheinenden Felsklotzes, der uns seine westliche Wand mit seinen Hängegletschern präsentiert. Die Einzelgipfel sind nur bei längerer Betrachtung zu unterscheiden.

Der Manaslu begrenzt mit seiner Felspyramide den nördlichen Ausläufer der Gebirgskette und hebt sich deutlich vom Einerlei seiner benachbarten Siebentausender ab, als wolle er trotz ihrer Massigkeit nichts mit seinen »Untergebenen« zu tun haben.

Sehr schnell schieben sich dichte Wolken aus tieferen Regionen an den Bergflanken empor,und je öfter ich die Kamera in Aufnahmeposition bringe, desto rascher ist der Zug der aufsteigenden Wolken.

Wir gehen zurück durchs Dorf, vorbei an den noch immer schlafenden Hunden. Unser Nachmittagstee steht auf unserem grünen Tisch. Die Tischdecke ist mit Kerzenwachs und mit Fettpunkten befleckt. Sie stören uns nicht. Die Sonne scheint in ihrer unendlichen Güte auf uns herab.

Der morgen vor uns liegende Aufstieg, den wir am heutigen Abend in Richtung Pisang erkunden, führt über eine Hängebrücke, danach steigt er leicht bergauf und führt durch einen prachtvollen, weißen Tor-Stupa. Um den heiligen Kultbau ist ein Brettergerüst errichtet, auf dem ein geschickter Maler die goldene Reliefschrift mit einer neuen, glanzvollen Schicht überzieht. Wir scheinen ihn bei seiner Arbeit durch unsere beobachtende Anwesenheit nicht zu stören. Er ist vertieft und wendet den Blick nicht von seiner Arbeit ab.

Wir kehren um und gehen wieder hinunter zum Fluss, über die Hängebrücke zurück zu unseren Zelten. Noch ist es warm. Wir setzen uns auf die ausgebreitete blaue Plane. Martina blinzelt in die Sonne.

Aus der Seitentasche meiner Hose ziehe ich das kleine Kauderwelsch-Wörterbuch und überfliege die nepalesischen Vokabeln flüchtig. An bestimmten Worten bleibe ich hängen, weil ich sie interessant und manchmal auch lustig finde. Es sind Worte, die uns schon in lebendiger Form während unserer täglichen Wanderungen begegneten. Auf diese Weise lerne ich sie zwanglos durch die gleichzeitige bildhafte Vorstellung und dadurch, dass ich Martina wie beiläufig nach Übersetzungen frage. Ich erwarte auf diese Vokabelabfrage keine Antwort. Sie dient nur dem Zweck, dass ich sie selbst aussprechen und sie Martina mitteilen will.

»Was heißt Hund?«, frage ich Martina.

Kukur, ist die Antwort, die uns das Wörterbuch gibt.

»Was heißt Junge?«

Junge heißt keta.

»Was heißt Mädchen?«

Mädchen heißt keti.

»Wie heißt das Wort für Kinder?«

Nun wird Nepali lernen logisch wie das System eines Kinderbaukastens. Die Antwort lautet: ketaketi.

Wir fahren in der »Nepali-Lernkonferenz« in entspannt-spielerischer Form fort. Mingma und Krishna kommen aus dem Dorf, bleiben in einigem Abstand neben der blauen Plane stehen und mustern uns und das Wörterbuch, das sie ungemein zu interessieren scheint, mit verstohlenen Blicken.

»Sit down please«, wende ich mich an Mingma. Zögernd hocken sich die beiden auf unsere blaue Plane nieder. Ich blättere im Wörterbuch nach einem geeigneten Fragesatz, um die beiden, die jetzt betont dezent neben uns kauern, in unsere »Nachmittagsfortbildung« einzubeziehen. Die gesuchte Frage ändere ich zur Feststellung um, die ihren absichtsvollen Effekt nicht verfehlt: »Nepal raamro chhaa!«

Mingma und Krishna schmunzeln zufrieden und ruckeln vergnügt in ihrer Hockstellung hin und her. Ich habe ihren emotionalen Nerv getroffen und sie spüren die Wirkung dieses Satzes, den ich nicht nur stupide abgelesen, sondern ihn mit ehrlicher Betonung ausgesprochen habe: Nepal ist schön!

Mingma und Krishna hören diese Worte, und ich entdecke sogar etwas Stolz in ihren Gesichtern. Die beiden verharren weiter in ihrer stoischen Hocke, während ich mit Hilfe des Wörterbuchs weitere Vokabeln ausprobiere.

Immer wieder versetzt mich die scheinbar bequeme Art der Hockstellung in fragendes Erstaunen. Für uns Europäer ist der kuschelweiche Sessel eine Art Krönung des Sitzens. In Nepal aber wird in allen möglichen Situationen gehockt oder im Lotossitz verweilt, zu dem jetzt auch Mingma und Krishna übergegangen sind.

Krishna lächelt und spricht Martina an: »Hallo Didi, wie geht ’s?«

Wir verstehen im Fragesatz das Wort Didi nicht, das Vokabelbüchlein mit seinen guten Erklärungen hilft uns jedoch sofort. Mit Didi kann jede Frau angesprochen werden, wenn es besonders höflich wirken soll. Das Wort schafft zutrauliche Nähe, denn es bedeutet Schwester. Krishna bekommt die Antwort und ein Lächeln von Martina zurück: »Sehr gut!«

Die Dialoge zwischen uns werden dank dem sprachverbindenden Wörterbuch immer lebendiger. Sie locken Yesyes, Lungpo, Pantzang,

Temba und Sangpo über die Zeltplatzwiese zu uns heran. Aus den anfänglichen Zuschauern machen wir zunehmend Teilnehmer unseres humorvollen Sprachkurses »Nepali unter dem blauen Himmel von Chame«.

Aus den Seiten des Kauderwelschbüchleins lese ich spontan aneinander gereihte Sätze, die meist Fragen sind und die ich an die Umstehenden richte. Sie erheitern die jugendlichen Sherpas und Träger besonders dann, wenn sie aus jeglichem Zusammenhang heraus formuliert sind und überraschend unterschiedliche Themen und Inhalte berühren. Manchmal gebe ich einen bunt zusammengewürfelten Mix aus Nepali und Englisch von mir, den meist nur Mingma versteht. Die Träger schauen dann verdutzt in die Runde und das ist für Martina und mich besonders belustigend.

»Mingma, tell me please, charpi kaha chha?«, Mingma, sage mir bitte, wo ist die Toilette?, ist eine solche Frage, die unsinnig erscheinen muss, weil das Toilettenzelt seit Stunden unübersehbar auf dem Zeltplatz steht.

»Utze-Restaurant kaha chha?«, Wo ist das Utze-Restaurant?, frage ich unseren Koch Temba. Schlagfertig zeigt Mingma zum Küchenschuppen, weil Temba die Frage nicht versteht.

»Khana kati rupia parchha?«, Wie teuer ist das Essen?, und ich deute ebenfalls zum Schuppen. Die Antwort darauf ist nur ein Feixen und Kichern.

Während ich nach neuen Fragen blättere, tritt gespannte Ruhe ein. Habe ich den Fragesatz mit europäisch-thüringischem Akzent untermalt nicht ganz mühelos formuliert, macht sich lautes Lachen befreiend Luft.

Yesyes sprudelt über, als ich ihm gegenüber die folgende Bitte äußere: »Oh, dhai, paisa linnus!«, Hallo Ober, bitte zahlen!

In einer Zusatzzeile lese ich die wörtliche Übersetzung des geflügelten Wortes der nepalesischen Gastronomie: Oh, älterer Bruder, Geld nimm!

Diese sprachliche Kapriole, die sachte Dämmerung und das Thema Gastronomie kündigen den Abschluss unserer heiteren Runde an. Temba und Yesyes streben dem »Utze-Restaurant« zu und zünden den Brenner des Kerosinkochers. Der rundgesichtige Galey trägt den Klapptisch in das olivgrüne Speisezelt. Krishna und Mingma falten die blaue Plane zur nächtlichen Ruhepause zusammen. Von der Straße her vernehmen wir das Schwatzen der Dorffrauen. Ein silbriger Mond ist in den frühabendlichen Himmel gestiegen.

Aitabar (Sonntag), den 02. November 2003

CHAME – PISANG

»Schau, Gerhard, ist das nicht wie Weihnachten!«, sagt Martina, als wir durch das alte Holzhaus gehen, das den Zeltplatz von der Dorfstraße trennt. Um den Lehmofen herum sitzen ein halbes Dutzend Einheimische, darunter offensichtlich nicht nur die Hausbewohner, sondern auch die Nachbarschaft. Ein kleiner Junge streckt seine Händchen in die Nähe der wärmenden Quelle. Die Gesichter der angeregt plaudernden Menschen, die gemeinsam den Tag beginnen, werden vom Feuer in einen Schein aus orangefarbenen Tönen umflackert.

Der Ofen strahlt uns mit seinen lodernden Flammen an. Wir nehmen im Vorübergehen ein Stückchen Feierlichkeit in uns auf und einen Wärmehauch an unseren Jackenärmeln mit hinaus in den kalten Tag.

Das weiche Licht des Morgens streicht über die weißen Berggipfel und erweckt einen falschen Eindruck von Nähe.

Ich rufe mir die Bilder des Kilimandscharo zurück in Erinnerung, dessen Hauptgipfel, der Kibo, wie ein unverrückbarer Fixpunkt das Landschaftsbild in lang anhaltender Starrheit beherrschte. Nur sehr langsam rückte er näher, so dass sich der Aufstieg zäh hinzog.

Ich denke an den Thorong La, den Pass, der noch in täuschender, entlegener Ferne liegt und dessen »kartographisches Näherrücken« anzeigt, dass die Überquerung nur noch eine Frage von Tagen ist. Das Räderwerk der Zeit wird die Entfernung dorthin in unerbittlicher Drehung zermahlen. Ich will versuchen, die Stunde, den Tag, den Augenblick und das Gefühl immer wieder festzuhalten.

Nur unsere Pocketmap, die kleine handliche Landkarte, nennt uns die heutigen Dörfer, die wir durchqueren. Nur wenige Orte sind »vor Ort« näher bezeichnet. Es sind meist Hauptorte wie Manang, Jomosom oder Humde, die in Form von bunten Schildern ihre Namen nennen.

Bevor wir heute Lower Pisang erreichen, werden wir Thaleku, Bhratang und Dhukure Pokhari durchqueren. In Dhukure Pokhari überschreiten wir die Höhenmarke von dreitausend Metern.

Solche Zäsuren sind immer Höhepunkte im doppelten Sinn. Auch die Spannung nimmt mit der Höhe zu. Ihre Intensität steigt in noch steilerer Kurve, wenn sich vor die Tausend eine Vier oder gar eine Fünf positioniert.

Der Aufstieg nach Pisang bringt uns den Wechsel in die Hochtäler des Manangdistriktes. Wir verlassen das regenreichere Gebiet der Himalaja-Vorberge. Das Klima wird trockener, weil die Gebirgsmassive des Lamjung Himal und des Annapurna II beziehungsweise Annapurna IV den Monsun derart abschwächen, dass nur noch kanalisierte, thermische Winde durch das Marsyangdi-Tal aufwärts wehen, die wir schon spüren. Sie dürren das Land aus und lassen die Pflanzen spärlicher wachsen.

Auch unsere Haut wird trockener und die Höhenstrahlung der Sonne wird intensiver. Unsere UV-Brillen sitzen jetzt häufiger auf unseren schon geröteten Nasen.

Aus den kleinen Häusern in Thaleku dringt beißender Rauch, den der Wind in der Höhe verwirbelt. Wie ätzend muss dieser Qualm wohl in den engen Räumen auf die Schleimhäute der Atemwege wirken, wenn wir ihn schon durch die vorüberwehenden Schwaden als unangenehm empfinden.

Die Feuer in den Lehmöfen vertreiben die Kälte der Nacht aus den Hütten und Häusern und garen die Mahlzeiten. Sie werden in den Nachmittagsstunden verglimmen und sich zum kalten Abend hin wieder entfachen. Nur manche Häuser sind mit einem behelfsmäßigen Rohrabzug ausgestattet, der die Bewohner von den allerschlimmsten Wirkungen des Rauches bewahrt.

Wie dieser technische Mindestfortschritt in diese Behausungen gelangt ist, kann ich nur mit vager Vermutung sagen. Vielleicht ist es hier, in den einsamen Bergdörfern, der verborgene Wunsch einiger

Menschen, sich aus dem Stillstand der Tradition und der Schicksalsergebenheit zu lösen. Offenbar entwickelt sich bei manchen Menschen daraus ein Wille, ihr Leben in kleinen Schritten selbst zu formen, auch wenn es nur ein rostiges Ofenrohr ist, welches auf dem Rücken eines Trägers oder Maultieres zu ihnen gelangt. Zusammen mit ihrem tiefen Glauben wird es ihre harte Alltäglichkeit erträglicher machen.

Der Weg ist von einem Stupa überbaut. Wir durchgehen ihn wie ein Eingangsportal in eine andere Welt. Wir nähern uns unverkennbar dem Verbreitungsgebiet tibetischer Religion und Kultur. Stupas, tibetisch Chörten genannt, sehen wir immer häufiger. Gebetsmühlen, Gebetsfahnen und Manisteine sind nicht selten die religiösen und gestalterischen Elemente der Chörten. Gebetsfahnen flattern ständig im Wind, Gebetsmühlen werden häufig von Händen in »betende Drehung« versetzt und die Innschriften der Manisteine von den Buddhisten mit Hingabe gelesen.

Chörten sind Orte mit großer spiritueller Kraft für die Menschen, die hier in diesem Gebirge leben. Auch ich könnte mir diese Bauwerke zumindest in ihrem äußeren Erscheinungsbild aus dieser Region nicht wegdenken. Sie kommen mir vor wie Altare vor den »Thronen der Götter«.

Ich gebe mich damit zufrieden, dass sie zum Landschaftsbild des »religiösen Gebirges Himalaja« gehören, dessen Berge steil und hoch in den Himmel ragen. Sie verdeutlichen mir, dass ihre spirituelle Ausstrahlung den Menschen hier die seelische Kraft verleiht, die sie zum Leben benötigen und zwar schon lange bevor sie westliche Erkunder zum reinen Bergsteigen nutzten und sportlicher Eifer oder auch Ruhmsucht für sich in den Vordergrund stellten. Ich will nicht verhehlen, dass ich selbst erst über »bergsteigerische Literatur« und das Bewundern der großen Leistungen am Berg zu tiefsinnigeren Sichtweisen gekommen bin. Ich bin relativ schnell zu der Erkenntnis gelangt, dass es für mich klare Grenzen gibt, die ich nicht überschreiten werde. Für mich hat der Gedanke, einen Achttausender zu besteigen oder mir am Kurzseil dorthin helfen zu lassen, keine ernsthafte Chance auf Verwirklichung.

Desto mehr bewundere ich Reinhold Messner oder Hans Kammerlander, die großartig an den höchsten Bergen des Himalaja agierten, den Gipfeln ehrfürchtigen Respekt entgegenbrachten und die Philosophie der »Eroberung des Nutzlosen« weiterentwickelten. Sie waren, ohne es damals zu ahnen oder gar zu provozieren, wohl Auslöser für die gleichzeitig einsetzende Kommerzialisierung und Vermarktung der Bergsteigerei, die besonders an den höchsten Gipfeln der Erde ihren unsinnigen »Siegeszug« gefeiert haben.

Inzwischen haben die Unternehmungen an diesen Bergen industrielle Ausmaße angenommen, die von Ethikern unter den echten Bergsteigern heftig, aber ohne sichtlichen Effekt, kritisiert werden.

Einmal im Leben die Achttausender sehen, ihnen möglichst nahe zu kommen, das war schon lange Zeit mein Wunsch, der zu Absichten und letztendlich zu Taten heranreifte, ohne mich von vornherein einem unkalkulierbaren Risiko und einer damit verbundenen Lebensgefahr auszusetzen. Dennoch kann ich die Philosophen unter den Bergsteigern verstehen, wenn sie in ihrem Tun einen Sinn im vermeintlichen Unsinn erkennen.

Neben mir geht Martina und ich bin froh eine Partnerin zu haben, die mit mir zusammen begreift und erfühlt, wie erhaben uns die Natur dieser Berge und Täler mit ihrer Stille und wunderbaren Besinnlichkeit, ohne Ablenkung durch Unwesentliches, umgibt. Ohne Zweifel ist es auch der sportliche Reiz, der unser Ego anstachelt, um mit eigener Kraft die Tagesziele zu erreichen und letztendlich die Umrundung des Annapurna-Massivs nicht einfach touristisch abzuhaken. Vielmehr soll sie zum wirklichen Erlebnis mit allen Höhen und Tiefen werden. Wir sind, und das fühlen wir, mittendrin.

Über einem Seitenbach steht ein Chörten. Er ist aus groben Steinen errichtet und in seinem Inneren dreht sich gemächlich eine große Gebetsmühle. Ihre Achse wird von einem Wasserrad getrieben. An einem Holzpfahl auf dem Chörten weht eine weiße Fahne im Wind. Ihr Knattern mischt sich mit dem Platschen der wasserumspülten Bretter des Antriebsrades.

Neben uns geht ein Mensch aus einem anderen Kulturkreis. Er wird uns durch seine tägliche Anwesenheit vertrauter, auch wenn wir noch zu wenig voneinander wissen. Oft sind es nur Gesten und die Mimik in unseren Gesichtern, die uns kleine Brücken für ein gefühlsmäßiges Verständnis im gemeinsamen Erleben der Tage sind. Mir scheint,

Mingmas tägliches Lachen ist eine stabile Brücke. Die Wege und Pfade, die Berge, Höhen und Täler, die wir gemeinsam begehen, werden für uns zum Medium, das uns das Denken und Fühlen des Anderen vermittelt. In diesen Augenblicken bedarf es keiner Worte.

In das Schweigen schleicht sich von Zeit zu Zeit die Neugier, mehr von dem Anderen zu erfahren oder der Wunsch, alle sprachlichen Hürden zu überwinden, um sich locker plaudernd einfach nur mitzuteilen. Mingma ist »sprachbegrenzt«, ich bin »sprachbegrenzt« und so reduziert sich unsere Verständigung meist auf die greifbaren und oberflächlichen Dinge und Zusammenhänge.

Mingma fragt mich nach dem höchsten Berg in Europa und ob ich ihn schon bestiegen hätte. Ich kann seine Frage nur mit einem Nein beantworten. Wir erfahren von ihm, dass er noch nie den Versuch unternommen habe, den Gipfel eines Achttausenders zu erreichen. Er wolle sich vorerst mit der Führung großer Trekkingtouren begnügen und es vielleicht später einmal seinem Bruder gleichtun und den Annapurna I in Angriff nehmen.

Mingma zeigt auf einen kegelförmigen Berg mit abgerundeter Schneekuppe und sagt: »That is the Pisang-Peak. It is an easy mountain.«

Vor uns liegt der Pisang mit einer Höhe von wenig über sechstausend Metern, und er ist ohne große Probleme zu besteigen. Mingma sagt uns diese knappen Fakten mit wichtiger Miene und weil wir die meisten Hinweise von ihm gewöhnlich auf uns selbst beziehen, entsteht zumindest für mich der Eindruck, als wolle er so bald wie möglich mit uns aufbrechen, um dieses »Sechstausenderchen« noch in den verbleibenden Nachmittagsstunden zu besteigen.

Hat Mingma meinen Eindruck mit den Pisanggipfel-Attributen »leicht« und »sechstausend« in erreichbare Nähe gerückt? Ich hänge diesem Gedanken nicht mehr lange nach, weil er nur durch eine kurzzeitige Regung ausgelöst wurde und keiner selbstkritischen Prüfung Stand halten würde. Tausende von Höhenmetern liegen noch vor uns und ein Abweichen vom Tagesprogramm würde unsere Leistungsfähigkeit gefährden und die Beschaulichkeit zerstören.

Dhukure Pokhari ist das denkwürdige Dorf, in dessen Nähe wir bereits die verdünnte Luft in über dreitausend Metern Höhe atmen, ohne dass wir es bei unserem Gleichmaß der Schritte bemerkt haben.

Wir queren nochmals über eine Hängebrücke den Marsyangdi und nähern uns am linken Flussufer Lower Pisang. Ich glaube mich zu erinnern, dass westlich von diesem Ortsteil, in einem Talschluss, ein hoheitsvoller Chörten auf einem vorgelagerten, wuchtigen Hügel über dem Tal thronend wachte und uns mit würdevoller Ausstrahlung in Pisang begrüßte. Warum ich den Auslöser meiner Kamera nicht betätigte, um ein Foto aus dieser Position zu schießen, ist mir nicht plausibel. So bleibt mir nur eine verklärte Vorstellung von diesem Teil der Landschaft und die Hoffnung auf Entdeckung dieses Bildes von einem weniger nachlässigen Fotografen, der es in einem Bildband veröffentlicht hat.

Entlang einer Manimauer mit dutzenden von Gebetszylindern und flatternden Gebetswimpeln betreten wir einen Flecken Erde, der uns eindringlich fremdartig empfängt, wo uns Unvertrautes besonders im Äußerlichen der Menschen begegnet. Dunkelhäutige, derb-raue Gesichter suggerieren uns eine große Distanz zu unserer eigenen Kultur.

Frauen und Männer mit zerzausten, schwarzen Haaren oder zottelig-grauen Haarschöpfen mit verfilzten Strähnen, erinnern mich an Bilder von Tibetern. Ihre unvermittelte, lebensgegenwärtige und starke Aura ist in ihrer Wirkung ungleich stärker und lässt für eine gewisse Zeit ein leichtes Unbehagen aufkommen. Auch die Kinder gleichen in ihrem charakteristischen Äußeren ihren älteren »Stammesmitgliedern«. Ihre Kleider und Gesichter sind ungewaschen, fleckig, als kämen sie soeben aus einem schwarzen, staubigen Kohlenkeller.

Eine Horde dieser Kinder kommt uns entgegengestürmt. Sie kreischen im Chor: »Pen, pen, sweetie, sweetie …«

Wir gehen mit straffem Schritt weiter, ohne sie sonderlich zu beachten und um sie abzuschütteln. Wir sind staubverklebt und verschwitzt und nicht in der Stimmung unsere Rucksäcke zu öffnen, um die Plagegeister mit Bonbons und Kugelschreibern zu befriedigen.

Wir wissen, dass Temba und Yesyes Tee für uns gekocht haben. Das scheint das Rabaukengrüppchen in keiner Weise zu interessieren. Es fasst unseren schnellen Gang als boshafte Ignoranz auf. Die Kinder greifen mit ihren Händen in den Straßenschmutz, bewerfen uns mit der Mischung aus Staub und kleinen Steinen. Sie lassen erst dann von uns ab, als wir uns umdrehen, auf sie zugehen und heftig mit dem Zeigefinger drohen.

Der Zeltplatz ist eine »steinerne Wiese«, die mit Strohresten und mehreren Kuhfladen bedeckt ist. Einige schwarze Kühe tummeln sich innerhalb der Umzäunung. Sie stören sich nicht an uns und »zerschnurpsen« das dürre Stroh in Seelenruhe in ihren mahlenden Mäulern.

Während wir unseren Tee schlürfen, verwandeln unsere beiden Sherpas Mingma und Krishna die Kuhtummelfläche in einen Zeltplatz. Sie befreien die vorgesehenen Zeltstandflächen von den gröbsten Steinbrocken und den trockendürren Dungtellern. Die Kühe schiebt Mingma mit gutem Zureden und Klopfen auf die Hinterteile hinaus auf die Dorfstraße.

Durch Lower Pisang verläuft die Haupttrekkingroute. Das Dorf hat alle bescheidenen Möglichkeiten für Übernachtungen. Mein kleiner, in Englisch abgefasster Faltprospekt über Pisang, welcher mir in Kathmandu in die Hände fiel, weist einen europäisch angeglichenen Standard aus. Der Blick in die finsteren und rauchigen Lodges verrät uns die Realität der typisch nepalesischen Umsetzung in der Herstellung der Gerichte auf Lehmherden und Kerosinkochern.

Upper Pisang liegt an einem steilen Hang auf der gegenüberliegenden Seite des Marsyangdi-Rivers. Martina ist überrascht, als Mingma in die Richtung des abgelegenen Dorfteils zeigt und uns vorschlägt zur Gompa, dem Kloster inmitten von Upper Pisang, aufzusteigen. Nur ich erkenne die kurze Regung des stummen Widerspruchs in ihrem Gesicht, die sich schnell glättet.

Ich schätze die Höhendistanz bis zum Kloster auf gute dreihundert Meter. Mit der vorangegangenen Ruhepause und ohne Rucksäcke kommen wir wieder in einem gewohnt lockeren Schritt aufwärts.

Wir gewinnen schnell an Höhe, die Perspektive ändert sich mit jedem Höhenmeter, Lower Pisang wird mehr und mehr zum unteren Dorfteil. Auch der Chörten-Hügel im Talschluss verkleinert sich bis zur Modellgröße.

Die Häuser von Upper Pisang sind in der bewährten Flachdachbauweise regenarmer Bergregionen errichtet. Ihr Farbton unterscheidet sich kaum vom Graubraun des pflanzenarmen Steilhanges, aus dem sie scheinbar herauswachsen. Nur das Kloster belebt durch seine leuchtenden Farben das Gewirr aus kubusförmigen Behausungen und Ställen.

Wir stehen mit Mingma vor der Urgen Thenchho Chholing Gompa, die sich im Bau befindet. Ob es sich um einen Neubau oder eine Rekonstruktion handelt, ist mir nicht gegenwärtig. Ich nahm die Schönheit dieses Bauwerkes wahr, ohne an eine solche Frage zu denken. Seine rotbraunen und gelben Farbtöne haften noch heute in ihrer Frische und Kraft sehr lebendig in meinem Gedächtnis.

Das Eingangsportal des Klosters ist unverschlossen. Behutsam öffnet Mingma den Halbflügel des Portals und betritt als Erster das Innere. Er geht, ohne uns zu beachten, so als wäre er mit sich selbst allein, auf die zentrale Buddhastatue zu. Er kniet sich in rascher Folge drei Mal vor dem prachtvollen Buddha nieder. Wir erleben augenblicklich mit einer gewissen feierlichen Distanz zum ersten Mal die rituellen Niederwerfungen eines leibhaftigen Buddhisten. Ich empfinde sie gefühlsmäßig als Unterwürfigkeit, weiß aber zugleich, dass sie Ehrenbezeigungen gegenüber der Lehre Buddhas sind und Stolz und Egoismus bekämpfen sollen.

Mingma kehrt in unsere Gegenwart zurück und wird wieder »weltlich«. Er betrachtet mit uns die Gestaltung des Klosters und scheint mit ihr und seiner Religion in Einklang zu sein. Er beklopft vorsichtig mit gewinkeltem Zeigefinger in sichtlicher Zufriedenheit allerlei Ornamente und die schlanke Hand des Urbuddhas Siddhartha Gautama, mit dem Beinamen Shakyamuni, der mit dieser sanft gestreckten Hand die Erdberührungsgeste vollführt, während die linke Hand in der Meditationsgeste in seinem Schoß ruht.

Der Innenraum der Gompa wirkt auf mich wie eine farbenprächtige Collage aus Wandmalereien, Buddhastatuen und Thangkas. Der Innenraum besticht durch Ausmalungen in farblicher Vielfalt und Leichtigkeit, die für mich eine eher vordergründige als ernst-religiöse Lebensfreude vermitteln.

Wieder ist es die Umgebung, in deren Ausstrahlungskraft der Wunsch aufkeimt, in das höhere Bewusstsein eines Buddhisten aufzusteigen, um mit dem meinigen in einen regen Gedankenaustausch zu treten.

Aus meiner Anoraktasche ziehe ich das kleine bunte Faltblättchen, das wichtige Information über Pisang enthält. Auch ein kurzgefasster Abschnitt über das Kloster ist darin enthalten. Den Titel des Blattes beziehe ich auf meinen nicht erfüllbaren Wunsch im vorangegangenen Absatz und zeige ihn Mingma. Er lächelt als er die Überschrift liest: Pisang – The Gateway to Heaven.

Weiß er vielleicht, weshalb ich ihm den vielversprechenden Satz zeige? Ist es nicht gerade die Bedeutung dieses Ortes, an dem wir uns gegenwärtig befinden, die für ihn mit den denkspruchartigen Worten zu einem Ganzen verschmilzt? Pisang – Das Tor zum Himmel!

Wir bleiben vor einem Thangka stehen, einem religiösen Rollbild, in dessen Mitte die Hauptfigur, ein Buddha, thront. Er ist umgeben von wohlwollenden Göttern, die durch ihr eigenes positives Wirken den richtigen Weg zur Erleuchtung und zum Nirvana aufzeigen und unterstützen.

Wir verlassen den Dukhang, den Versammlungsraum des Klosters. Ich wende mich noch einmal um. Buddhas asiatische, ein wenig zusammengekniffene Augen geleiten uns hinaus auf die sonnige Freitreppe. Ich bin innerlich ruhig geworden, eine wunschlose Harmonie breitet sich in mir aus. Wie in einem Bündnis zu Dritt gehen wir in aller Stille die wenigen Stufen hinab auf unseren Pfad in Richtung Lower Pisang. Ich sehe Mingma nun mit anderen Augen. Er ist für mich durch den Aufenthalt im Kloster zu einem gläubigen buddhistischen Begleiter geworden.

Auch die wenigen Menschen, denen wir begegnen, erscheinen mir nicht mehr so finster und fremdartig. Sie grüßen mit gewinnendem »Namaste!« und ich glaube in ihren Augen den inneren Schein ihrer friedvollen Religion wahrzunehmen.

Namaste, das tausendfach gesprochene Wort, entwickelt sich zu seiner inhaltsreicheren Bedeutung: Gegrüßt und geachtet sei Gott in dir!

»That's the Annapurna II«, unterbricht Mingma unvermittelt unser Schweigen und zeigt über das Marsyangdi-Tal hinweg zu einer gewaltigen, blendend-weißen Bergflanke. Dieser Satz reißt mich aus meiner Versunkenheit, ich bleibe stehen und bin ergriffen von diesem Anblick. Hoch schlagen die Wogen meiner Begeisterung. Sie verwebt sich mit all meinen bisherigen Erlebnissen, besonders mit den unmittelbar zurückliegenden Empfindungen im Kloster. Ich werde von der Unfassbarkeit hier zu sein, hier im Himalaja, vom Wahrwerden der Träume von diesem Gebirge, überwältigt. Hinter mir das buddhistische Kloster mit seiner beeindruckenden Aura, vor mir der höchste

Siebentausender des Königreichs Nepal, das ist zu viel für mich! Mir schießen Tränen in die Augen. Ich bleibe stehen und fühle mich umgeben von endloser Freiheit. Ich spüre keinen disziplinierenden Drang, meine Empfindungen zu unterdrücken. Ich lasse sie über das weite Tal hinübertreiben zum Annapurna-Gipfel, der sich vor dem Betreten der Gompa in einer Wolkenwand vor uns verbarg, sich nun aber in aller Ergebenheit und strahlender, weißer Würde über uns erhebt. In mir raunen die Anfangszeilen eines Gedichtes von Friedrich Schiller:

Mich hält kein Band, mich fesselt keine Schranke,
Frei schwing' ich mich durch alle Räume fort.
Mein unermesslich Reich ist der Gedanke
Und mein geflügelt Werkzeug ist das Wort …

(Huldigung der Künste)

So verbinden sich die ersten beiden Zeilen in mir zu einem kraftvollen Erinnern an diese Augenblicke, während mir die folgenden hilfreich sind, sie in »redende Blätter« zu verwandeln und zu bewahren.

Martina ist mit Mingma weiter bergab gegangen. Ich war für einige gedehnte, ich-bezogene Minuten allein. Martina achtet sie und sie weiß, dass ich mich gegen diese absonderliche Wesensart kaum wehren kann und will. Ich vertraue sie meinem Tagebuch und gleichzeitig den Lesern an, die sich entschlossen haben, zumindest bis zu dieser Passage meinem Erzählen zu folgen. Ich laufe damit Gefahr, meine tiefer liegenden Charakterzüge zu offenbaren. Ich nehme vorschnelle Urteile in Kauf und schreibe unverdrossen weiter.

Am Rande von Upper Pisang habe ich meine Begleiter, Martina und Mingma, eingeholt. Mingma schaut mich forschend an. Ob er meine Ergriffenheit oben am Kloster bemerkte?

Drei Träger kommen uns entgegen. Auf ihren Rücken und an Tragebändern befestigt schleppen sie Balken ungewöhnlicher Länge und Wuchtigkeit in Richtung Kloster. Als uns der erste Träger bemerkt, beginnt er die schwerfällige Balkenlast von der Querrichtung in die Richtung des Weges umzuschwenken, um uns ungehindert vorübergehen zu lassen. Wir signalisieren ihm unsere weitaus mühelosere Nachgiebigkeit und machen ihm den Weg frei, indem wir schnell zur Seite treten und auch die anderen Träger passieren lassen. Wir schauen den kleinen, drahtigen Männern nach und sind nicht nur über ihre Zähigkeit und Ausdauer erstaunt. Ihr mühevolles Ziel wird Schritt für Schritt die Gompa oben am Hang sein. Wir schlendern unbelastet hinab nach Lower Pisang. In meinen Gedanken nehme ich diese bewundernswerten Altruisten ein Stück mit talwärts.

Fast in jedem Dorf gibt es eine Wasserstelle, ein Brunnen, dessen Wasser nicht aus der Tiefe der Erde strömt. Es sind dünne, flexible, nicht sehr tief eingegrabene Plastikrohre, die meist an einem Wasserhahn enden, der in einem pfostenartigen Steinsockel eingelassen ist. Gespeist werden die daumendicken Rohre von einem nahe gelegenen Bergbach, der sich in der Trockenzeit zu einem Rinnsal zurückbilden kann und das Wasser nur noch spärlich durch die Leitungen fließen lässt. In diesen Zeiten wird das Wassertragen mit Krügen und Kanistern zur Selbstverständlichkeit. In höheren Regionen kann diese lebenswichtige Tätigkeit mit längeren Märschen verbunden sein.

Wir sehen sprudelnde Wasserstellen, an denen sich meist Frauen mit ihrer Wäsche beschäftigen, sich selbst oder ihre Sprösslinge der »kalten Körperpflege« unterziehen. Sie scheinen auch Treffpunkte für ausgelassene Schwätzereien und Dorfgemunkel zu sein. Das äußere Erscheinungsbild der zwanglosen und häufig zufälligen Zusammenkünfte der Frauen erinnert mich ein wenig an frühere Tage in unseren Dörfern.

Das Geschehen um den Brunnen herum umfängt uns wohlwollend, so wie das gemächliche Leben der kleinen Dorfplätze und verwinkelten Gässchen.

Ein alter Mann sitzt auf einem Stein vor seiner Hütte. In seinen Schoß stützt er eine langstielige Gebetsmühle, deren Zylinder er mit »religiöser Geschicktheit« in gleichförmiger Bewegung hält. Sein dunkles Hemd ist ausgefranst, die Hose hat notdürftig gestopfte Löcher. Er nuschelt uns ein kaum verständliches »Namaste!« entgegen. Sein faltenzerfurchtes, bartstoppeliges Gesicht erhellt sich zu einem gütlichen, zahnlosen Lächeln. Es sind die Augen des alten Mannes, die durch die ihn umgebenden ärmlichen Verhältnisse hindurchstrahlen.

Wie in einem musikalischen Rondo wiederholen sich täglich diese und ähnliche, für diese Menschen offenbar charakteristischen, Beobachtungen. So auch jetzt, als wir an dem alten Mann mit dem wettergegerbten Gesicht vorübergehen. Es ist die Widersprüchlichkeit im Erscheinen dieser vordergründig rauen und urigen Menschen, die einerseits in großer materieller Armut leben und auf der anderen Seite eine menschliche Wärme entwickeln und kaum in ihrer Stimmung getrübt sind. In welchem wahren Seelenzustand befinden sie sich? Ist es ein Zustand der inneren Zufriedenheit oder ist es Schicksalsergebenheit, die sie geduldig verharren lässt?

Martina sagt: »Ich glaube, sie sind zufrieden und sie ergeben sich in ihr Los, weil sie schon lange Zeit so leben und nichts anderes kennen.«

Wollen diese Menschen Veränderung oder gar westlichen Fortschritt, so wie wir ihn verstehen und als Maßstab voraussetzen?

Martina und ich haben westliche UV-Brillen auf unsere Nasen gesetzt, um uns vor der schädlichen Höhenstrahlung zu schützen. Vielleicht tragen wir noch eine zweite Brille, die wir hinter unseren Augen in uns selbst tragen, die aber keine Schutzfunktion vor der nachteiligen Strahlung der Voreingenommenheit hat, sondern eher Überheblichkeit in unser Denken hineinfiltriert?

Wir kommen aus der »Moderne« und treffen auf die »Vormoderne«, die uns hier in Pisang augenscheinlich wird. Sie ist uns in ihrer Einfachheit und Ursprünglichkeit aus westlicher, reizüberfluteter Sicht und Ausgangsposition vorerst willkommen. Wären wir auch in der Lage, sie für längere Zeit zu ertragen? Oder kämen wir schnell an einen Endpunkt, weil uns das eingeschlossene Leben in den Bergen zu hart, eintönig und langweilig würde? Kämen wir nicht in einen ähnlich kritischen Zustand, in dem wir uns eben aus dieser westlichen Ausgangsposition heraus über unsere eigene lärmende und bürokratische Welt mit einem gewissen Recht beklagen?

Der Gelugpa-Buddhismus, dem Buddhismus der »Gelbmützen«, dem der weltweit geachtete Dalai Lama angehört, verfolgt einen so genannten mittleren Weg.

Mittlere Wege, so scheint mir, sind bessere Wege.

Wer aber ist bereit, wohl durchdachte und maßvolle mittlere Wege, die zwischen den Autobahnen der »Moderne« und den Pfaden der »Vormoderne« verlaufen, mit einsichtiger Konsequenz zu gehen?

Die Fragezeichen in meinen Sätzen summieren sich, und am Ende des letzten Fragesatzes setze ich ein »Unlösbarkeitszeichen«!

Ich betrachte es als Aufforderung, mich aus dem Labyrinth meiner hilflosen Betrachtungen zu befreien. Ich wende mich wieder dem bloßen Erzählen zu, bei dem ich mich merklich heimischer fühle und nicht in Konflikte gerate.

Unsere Zelte stehen ein wenig verlassen auf dem umgatterten Platz am Rande von Upper Pisang. Die Träger haben sich im Dorf verstreut. Was sie dort treiben wissen wir nicht. Auch wir schlendern wieder zurück zu den Häusern und durchqueren Pisang in die Richtung unseres morgigen Aufbruchs. Mingma verschwindet im dunklen Flur einer Lodge.

In der Nähe des Flussufers treffen wir auf ein klosterähnliches Bauwerk. Es ist durch eine massive Holztür verschlossen, an der wir vergeblich rütteln, um sie zu öffnen. Ein Dorfbewohner bemerkt unsere Neugier und unsere Bemühungen in das Innere der »Kapelle« zu blikken. Mit seiner Hand greift er durch eine unscheinbare Öffnung am oberen Türende und betätigt einen geheimen Mechanismus. Die Holztür öffnet sich mit einem Knarren.

Eine große Gebetsmühle von mindestens einem Meter Durchmesser und einer Höhe von zweieinhalb Metern füllt den Raum aus. Es ist gerade so viel Platz in dieser heiligen Räumlichkeit, dass wir um den Zylinder herumgehen können.

Die Trommel erinnert mich wegen ihrer bunten Bemalung und beachtlichen Größe spontan an ein Kinderkarussell. Am unteren Ende des Zylinders befindet sich ein Griffrohr, mit dessen Hilfe wir die Gebetsmühle in träge Bewegung versetzen. Der Dorfbewohner schaut uns verschmitzt zu. Wir überqueren nochmals an diesem Tag eine Hängebrücke und schlagen den Weg in Richtung Mringchho-See ein, ohne die Absicht, ihn zu erreichen.

Auf einer Anhöhe mit faszinierendem Ausblick auf die Berggruppe des Annapurna II und Annapurna IV bleiben wir stehen. Die Schneefelder der Bergkämme reflektieren das Licht der Spätnachmittagssonne in unsere Augen.

Der Gangapurna versperrt den Blick zum Annapurna I. Sein Gipfelaufbau liegt in direkter Linie zwischen unserer Position und dem rangersten Annapurna, der sich als einziger Berg des gesamten Gebirgsstocks »Achttausender« nennen lassen darf, auch wenn der Annapurna

II mit nur sechzig Metern weniger nur knapp an der Titelvergabe vorüberschrammt.

Ein wenig ungerecht finde ich diese gnadenlose Diskriminierung in nüchternen Zahlen schon, akzeptiere aber dennoch die Tatsache, dass eine Rangfolge die gewisse Ordnung im Sinne der »Gebirgsstatistiker« herstellt und die »Bergethiker« nicht aus dem Gleichgewicht wirft.

Immerhin kann sich, wie schon erwähnt, der Annapurna II mit dem Zusatztitel »Höchster Siebentausender Nepals« getröstet fühlen, und wenn ich bedenke, dass sich die fundamentale Gewichtung der Annapurnas I bis IV sich in ihrer feierlichen Übersetzung wieder findet, verbinden sich die Eifersüchteleien untereinander zu einer großartigen Gemeinsamkeit. Sie bilden zusammen den bedeutungsvollen Götterthron, den die Einheimischen mit der »Göttin der Ernte« besetzen.

Die Göttin Annapurna verteilt ihre wohltätige Macht auf vier einzelne »Wohnbereiche«, in der Erwartung, dass die Menschen sie wohlwollend stimmen und sie ihnen eine reiche Ernte beschert. Das sind die Wunschträume und Hoffnungen der Bergvölker, die in diesen vertrockneten Landstrichen leben.

Sie tun wahrhaftig alles, um die Gunst ihrer zahlreichen »Hilfsgötter« zu erwerben. Sie steigern die Wirksamkeit ihrer Gebete mit der Hilfe von Gebetsmühlen und mantrabedruckten farbigen Wimpeln, um die Götter so wohlgesonnen als irgend möglich zu stimmen.

Sie versehen die Annapurna mit anderen Namensvarianten, und mir kommt es vor, als wollten sie allein schon mit dieser Maßnahme ihre verbesserungswürdigen Lebensverhältnisse auf einen Stand heben wollen, der vom Sattwerden bis zum verschwenderischen Wohlstand reicht. Sie nennen sie auch »Ernährerin«, die »Essensreiche« oder »Göttin des Überflusses.«

Die Ernährerin befindet sich mit der Göttin der Ernte auf einem Niveau, die Essensreiche distanziert sich vom Wirklichen, und die Göttin des Überflusses scheint ihr stark gebündeltes Kraftfeld mit Zielgenauigkeit nur in die Regionen des Überflusses der Erde zu strahlen.

Vom Tal weht eine kühle Brise herauf, die uns an die Rückkehr nach Pisang ermahnt. Vorbei an den Chörten, die wir bei unserem Aufstieg kaum beachteten, jetzt aber wahrnehmen und an ihren Gebetszylindern drehen, gehen wir ohne Hast abwärts. Wir gehen schweigend, die lautlose, unbeteiligte Landschaft vor uns, jeder versunken in seine eigenen Betrachtungen und Gedanken. So wie sich die wenigen Wolken am Himmel verflüchtigt haben und ein reines Blau hinterlassen, so klar und unbelastet ist mein Kopf, auch wenn sich von Zeit zu Zeit das Spiel der Gedanken in Ernsthaftigkeit verfängt. Ich streife sie ohne Kraftaufwand von mir ab.

Am steinigen Flussufer spielen Kinder. Sie bespritzen sich mit dem eiskalten Wasser, das die Steine umspült. Sie stehen barfüßig auf den rundgeschliffenen Gesteinsbrocken und johlen über jeden gelungenen Angriff. Schon der Anblick dieses nasskalten Spieles lässt mich erschaudern.

Die einsetzende Dämmerung bringt zusätzliche Kälte in das Flusstal, welche die Kinder nicht davon abzuhalten scheint, mit den Händen in die wirbelnde Flut zu greifen und mit höchster Freude ihre Spielgegner mit allen Möglichkeiten ihres kindlichen Geschicks und Gleichgewichtsvermögens wirkungsvoll einzuwässern. In spritzsicherem Abstand stehen einige größere Kinder, die ihre deutlich jüngeren Geschwister im Huckepack auf dem Rücken tragen. Sie sind nur halb beteiligt an diesem nicht ungefährlichen Spiel. Sie haben nebenbei ihre Familienpflichten zu erfüllen. Sie tragen sie, wie mir scheint, ohne sichtliche Trübung ihres Spaßes am reinen Zuschauen und Anfeuern der kindlichen Kampfparteien.

Pisang versinkt in abendlicher Stimmung. Vor dem Eingang einer Lodge sind Maultiere angebunden. Sie haben ihr heutiges »Tragewerk« vollbracht. Die Tiere stehen mit stoischer Gleichgültigkeit vor dem Querbalken, an dem sie die Nacht verbringen müssen. Keine Regung ihrer Körper verrät die Anstrengungen des Tages oder die Furcht vor den morgigen Bürden, die ihnen in immer wiederkehrender, täglicher Folge auf den Rücken gebunden werden. Oder spüren sie aus täglicher Erfahrung heraus, was ihnen am folgenden Tag bevorsteht? Wir als Menschen und »Krönung der Schöpfung« sprechen den Tieren ein höheres Bewusstsein ab.

Über die steinige Dorfstraße tippelt mit zierlichen Schrittchen ein Kleinkind, das vielleicht ein gutes Jahr alt sein mochte. Als es uns bemerkt, bleibt es stehen und schaut an uns hoch. Die großen braunen

Augen mustern uns aufmerksam. Martina beugt sich zu dem kleinen Knopf hinab und bindet die lose baumelnden Bänder der roten Wollmütze zu einer Schleife zusammen. Auch in mir bildet sich routinemäßig ein Fürsorgereflex. Ich gehe vor dem Kindchen in die Hocke, und frage es gedankenlos die Standardfrage für solche Situationen: »Du bist ja ganz allein, wo ist denn deine Mama?« Martina lacht und ich weiß, weshalb sie lacht. »Ich weiß, ich habe mich vertan, ich habe vergessen, dass das Kindchen kein deutsch versteht!«

Die Mutter kommt eilig über die Dorfstraße, nimmt ihr Kind in die Arme, schaut uns an und nickt. Auch ein flüchtiges Lächeln vergisst sie nicht, bevor sie sich von uns abwendet und im niedrigen Eingang ihres Häuschens verschwindet. Für uns und die Dorfbewohner beginnt die Zeit des kurzwährenden Abends.

In den Küchen der Häuser flackert das diffuse Licht der Kerzen und Lehmöfen. Die Küche wird jeden Morgen und allabendlich zum gesellschaftlichen Zentrum des Hauses. Um die wärmende Feuerstelle scharen sich die Mütter und die Väter mit ihren Kindern. Es geht heiter und lebendig zu in diesen spärlich beleuchteten vier Wänden und immer habe ich den Eindruck, dass sich dort auch Gäste aufhalten, die nicht unmittelbar zur Familie gehören. Vielleicht sitzen dort Maultiertreiber, Sherpas oder Verwandte auf der Durchreise, um die neuesten Nachrichten von Mund zu Mund auszutauschen. Modernere Nachrichtensysteme sind rar in dieser rauen, abgeschiedenen Bergwelt.

Möglicherweise erzählt man sich in diesen geselligen Runden Geschichten und Begebenheiten aus vergangenen Tagen oder man lacht über ähnliche Witze, wie wir sie uns gegenseitig vortragen.

Die Zusammenkünfte, wie wir sie des Öfteren im Vorübergehen beobachteten und in unseren Zelten noch nachklingen hörten, dauern nicht bis in den späten Abend hinein. Bald werden die Feuer der Öfen kleiner. Die Mütter wickeln ihre Kinder in wollige Decken und Tücher und verharren noch eine geraume Zeit, bis auch sie sich in einen Winkel ihrer kleinen Berghäuser zurückziehen.

Wir liegen in unseren Schlafsäcken. Die Stimmen vom Dorf her verstummen. Nur das Scharren der Kühe und Ziegen nach Fressbarem dringt von Zeit zu Zeit in unser Zelt.

Sombar (Montag), den 03. November 2003

Pisang – Braga

Die Nacht ist sternenklar und frostig. In den Morgenstunden klagt Martina über die Kälte, die in ihren Schlafsack eindringt. Sie überwindet sich, öffnet schnell den Reißverschluss ihres Schlafsackes und zieht sich zusätzlich eine wärmere Hose und ihre Fleecejacke über die Funktionswäsche.

»Huhuu, huu ist das kalt!«, hechelt sie vor sich hin und ist wieder im Schlafsack verschwunden. Nur einen Sehschlitz lässt sie frei. Sie sieht zu mir herüber. Ich kenne den Ausdruck ihrer Augen. Aus ihnen spricht mehr Freude als Verdruss. Sie hat ein Problem für sich selbst gelöst. Sie umgibt sich mit selbst geschaffener Wärme.

In zwei Stunden wird die Sonne über dem Marsyangdi-Tal aufsteigen. Noch einmal verfallen wir in einen tiefen Schlaf. Manchmal erwache ich, weil ich in meinem Schlafsack zur Seite rolle und ein Stein durch die Isoliermatte drückt. Meine Rippenbögen schmerzen, dennoch schlafe ich wieder ein.

In dieser Zeit plagen mich Problematisierungsträume unterschiedlichster Art. Aus den Tiefen meines gut fünfzigjährigen Unterbewusstseins transferieren sich sonderbare Gebilde in das Traumgeschehen und ballen sich zu schwer lösbaren Problemknäueln zusammen.

Ein Traum, der zyklisch wiederkehrt, der sich aber seit Langem nicht mehr eingeschlichen hatte, ist ein Prüfungsalbtraum. Noch zu absolvierende Wiederholungsprüfungen, deren Termine immer wiederkehren und scheinbar, wie in einer Endlosschleife, niemals abarbeitbar sind, obwohl ich büffele und mich immer und immer wieder vor dem Prüfungsausschuss einfinde.

Diesmal werde ich von diesem Traum, der zusätzliche Schwierigkeiten für mich bereithält, im wahrsten Sinne des Wortes malträtiert.

Der wackelige Holzstuhl, auf dem ich während der Prüfung sitze, steht mit seinen Beinen in gefährlicher Nähe eines abschüssigen Geröllhanges. Seine hangseitigen, stelzenartig dünnen Beine vergraben sich bei der geringsten unruhigen Bewegung mehr und mehr in das lose

Gestein. Ich komme in eine schwindelnde Schieflage. Ich versuche den Stuhl in eine stabile Position zu bringen, während die Prüfungsfragen auf mich einhämmern. Kaum habe ich mich wieder auf das unsichere Gestühl niedergesetzt, arbeiten sich die Beine erneut in das abrutschende Geröll. Der Stuhl neigt sich der steilen Böschung zu, knirschend gibt der Steinschutt nach. Die Prüfungsfragen hämmern. Hoch über mir auf einer unantastbaren Felsplatte sitzen die Mitglieder der Prüfungskommission auf klobigen Sesseln an einem monströsen Eichentisch.

Die Prüfungsfragen werden immer schwieriger. Sie schallen zu mir herab und verstärken sich durch ein mehrfaches Echo. Der Vorsitzende der Prüfungskommission, ein bissiger Studienrat, gerät in Wut, springt von seinem Sessel hoch und schreit mir gestelztes Akademiedeutsch entgegen. Sein Monokel fällt aus seinem vor Zorn geröteten Gesicht. Es schwebt wie eine Feder zu mir herab und landet lautlos vor mir auf einem Stein ohne zu zerspringen.

Ich will das Monokel aufheben, es gleitet mir jedoch aus den zittrigen Händen. Eine meckernde Ziegenherde kommt vorüber. Die erste Ziege beleckt die gläserne Scheibe, nimmt sie ins Maul und zermalmt sie genüsslich. Der Studienrat brüllt in überschäumender Wut. Die Ziegenherde stürzt den Hang hinab. In meinen Ohren klingt der Widerhall unverständlicher Prüfungsfragen. Der Stuhl sackt mit einem Ruck in das Geröll und kippt dem Abgrund entgegen. Mein Herz klopft, ich bin hellwach. Meine Stirn ist schweißnass!

Ich versuche die hartnäckige Erinnerung an den Alptraum abzuschütteln und ihn durch die umgebende Realität zu ersetzen. Langsam finde ich in die wirkliche kleine Welt innerhalb unserer Zeltwände zurück.

Kleine Eiskristalle glitzern auf einem kreisförmigen Fleck der Zeltplane des Innenzeltes. Das Öffnen der Schlafsäcke kostet Überwindung. Wir wenden erneut unsere erprobte Hau-Ruck-Methode an, die aber erst dann spürbare Wirkung bringt, wenn wir den Wechsel von der »Nachtwäsche« zur Marschausrüstung vollzogen haben. Aber die Genugtuung der Selbstüberwindung belächelt den schwachen Geist des Zögerns.

Aus den Häusern dringen die allmorgendlichen Rauchfahnen der entzündeten Herdfeuer. In der Nacht sind sie erloschen. Das Feuerholz ist knapp in den Bergen des Himalaja. Lässt die unumgängliche

Sparsamkeit die Menschen frieren, wenn die nächtlichen Morgenstunden eisige Kälte bringen und die dürftige Bauweise der Häuser und Berghütten sie nur ungenügend schützt? Woher nehmen sie die Antikräfte zu den Härten des Lebens? Ergeben sich solche Fragen nur aus der Sichtweise unserer eigenen, verwöhnten Wehleidigkeit heraus?

Das äußere Bild der Lebensweise, ich meine damit das Verhalten der Menschen, verrät keinerlei Bedrückung. So ist es auch an diesem Morgen. Vom Dorf her dringen geschäftige Stimmen. Sie erreichen uns wie Anfeuerungsrufe, wie eine Aufforderung den Tag nicht verschlafen und träge zu beginnen. Solche extrovertierten Klangszenen kennen wir im täglichen Umgang mit unseren Sherpas und Trägern, die sie offen hörbar zur Lösung ihrer Probleme und Untermalung ihrer Arbeit benötigen. Ich muss eingestehen, dass das Stimmenwirrwarr, das vor unseren Zelten einsetzt, sobald die Sonne mit dem ersten Schimmer am östlichen Horizont ihren Aufgang ankündigt, dazu beiträgt unsere Bequemlichkeit auf andere Zeiten zu verschieben.

Die Maultiere vor der Lodge werden beladen. Wenig später ziehen die Tiere am Zeltplatz vorüber. Sie trotten mit Säcken und Kanistern auf ihren Rücken hinab zum nächsten Versorgungspunkt. Wie lang und beschwerlich ihre heutige Wegstrecke sein wird, wissen wir nicht. Die Packtiere entschwinden hinter der ersten Pfadkrümmung. Staubwolken verblassen im stahlblauen Himmel.

Thulu übernimmt unsere beiden Seesäcke und marschiert in Richtung Braga. Mingma und Krishna bauen die Zelte ab. Yesyes bringt uns das Frühstück an den grünen Klapptisch, den wir dann besonders mögen, wenn er uns unter luftigem Himmel und sonniger Wärme mit Essgenuss und Kraft versorgt.

Kinder kommen vom Dorf her. Sie umstellen unseren Tisch. Sie mustern die Gegenstände auf dem Tisch. Das Geschirr und die verbliebenen Reste unserer Mahlzeit verbreiten schnell Langeweile auf ihren spitzbübischen Gesichtern. Wir kennen aus Erfahrung ihr Bestreben, den bevorzugten Objekten ihrer Begierde nachzuspüren. Sie wissen wo sie sich versteckt halten. Ihre Augen gieren zu unseren Rucksäcken und schwenken zu uns zurück, um das Wohlwollen in unserem Verhalten zu ergründen. Ihr Vorrat an Geduld hält sich jedoch in knappen zeitlichen Grenzen.

Noch bevor wir uns bewusst werden, dass wir nicht um einen besänftigenden Obolus herumkommen, beginnt ein »Einstimmer« mit der Äußerung der eindeutigen Vorstellungen der erwarteten Gaben: »Pen, Pen, Sweetie!« Es fängt für uns das übliche Prozedere der »Preisverleihung« an eine »Hochverdiente Bonbonbrigade« und einen »Zirkel schreibender Kinder«. Wir, als Preisverleiher, sind beruhigt. Die Preisempfänger trollen sich Bonbonpapier raschelnd und Kugelschreiber schwenkend ins Dorf zurück. Preisverleihungen, so wissen wir, sprechen sich wie Lauffeuer herum und fördern bestimmte Neigungen.

Heute bleiben sie aus. Unsere Reserven an weiteren Auszeichnungen für »standhafte Unnachgiebigkeit« sind für die kommenden Tage gesichert.

Mingma und Krishna stehen bereit für den Aufbruch nach Braga. Vor uns liegt eine Distanz mit geringem Höhenunterschied. Über das Profil sagt meine kleine Karte wenig aus. Ich benutze sie meist nur um die Lage der Berge zu erkunden, die sich vor uns erheben oder hinter die Namen der teils verdeckten, großen Massive zu kommen, die den Horizont unüberschaubar ausfüllen.

Nach anfänglichem Auf und Ab eröffnet sich vor uns ein weites Tal. Tief hat sich der Marsyangdi in die Talebene eingeschnitten. Von einer Anhöhe aus sehen wir die riesige, sich schlängelnde Kerbe. Vom Fluss selbst ist nichts zu sehen. Nur das entfernte, dumpfe Rauschen dringt zu uns herauf.

Unser Weg ist von Nadelbäumen gesäumt. Martinas aufmerksamer Blick findet heraus, dass es Tränenkiefern und Hemlocktannen sind. Sie kennt sich in diesem Metier aus, was ich von mir nicht behaupten kann, aber ich kann die Freude an diesen schönen Bäumen mit ihr teilen. Sie sind für mich ein wunderbarer Teil pflanzlichen Lebens, auch wenn in mir ein unausgereifter Botaniker steckt, dem der Feinsinn für Unterscheidungsmerkmale von Nadeln, Blättern und Baumrinden fehlt. Ich bleibe auch nicht unbedingt gern stehen, um die Strukturen von Gräsern und Kräutern zu analysieren, Blätter und Halme zwischen meinem Daumen und Zeigefinger zu zerreiben, daran zu riechen und sie anderen unter die Nase zu halten, um sie zu fragen wie sie die Pflanzensäfte geruchlich einordnen, ob sie den Geruch angenehm oder abscheulich finden.

Immer wieder bin ich erstaunt, dass Pflanzen wachsen, indem sie der Erde Stoffe entziehen, aus denen sie Formen, Farben und Düfte bilden und daraus ihren besonderen Wuchs entstehen lassen. Die Pflanzen in ihrer ganzheitlichen Form sind es, die mich im Innersten oft unbewusst oder nebenher in Zusammenklang mit der umgebenden Landschaft erfreuen.

Das unterschiedliche Grün der herrlichen Bäume gehört zum Spiel der Farben, wie das gegensätzliche, arktische Weiß der Gipfelkuppe des Pisang-Peak.

Die Farben malen nicht nur den Kontrast für unsere Augen, sie entscheiden in diesem Gebirge auch zwischen Leben und tödlicher Unfruchtbarkeit. Das Leben mutvoller Gewächse versucht sich weiter hinauf auf die pastellfarbenen Berghänge, bis es sich als grünbrauner Schleier in der Höhe verliert.

Das Tal wird breiter und ebener. Unter dem groben Profil unserer Wanderschuhe knirscht der Schottersand. Jeder Schritt bläst kleine Wölkchen unter den Sohlen hervor. Sie bestäuben das Leder unserer Schuhe und gleichen es der Landschaft an.

Gleich ist auch unsere Schrittrichtung geblieben, die wir seit Tagen miteinander gehen.

In dieser Talebene sind sie mehr ein unbesorgtes Gleiten mit geringem Aufwand unserer Kräfte an der Seite unseres Sirdars Mingma.

Mir wird in der großzügigen Weite bewusst, dass wir weit entfernt von zu Hause sind. Es ist nur ein kurzer Hauch einer Anwandlung, der mich umweht, aber gleichzeitig losbindet von allen Verpflichtungen. Im Nacken sitzt mir kein »analytisches Muss« der Zeiteinteilung, welches mich häufig durch den Tag begleitet, um meinen dienstlichen und privaten Tagesablauf zu ordnen und zu verwalten.

Das ständige Muss verwandelt sich zuweilen zum entfesselten Kobold, der mich drangsaliert, vermeintlich vernachlässigte Pflichten endlich zu erfüllen. Hat sich der Kobold in sein eigenes Reich zurückgezogen oder sich zu weiteren Opfern seiner Machenschaften begeben, kommen mir Zweifel an ihrer Dringlichkeit, sie in unterbrechungsloser, zermürbender Hast blind abzuarbeiten.

Hilft mir der weite Himmelshorizont, der sich vor mir erhebt, künftig den Pflichten des Tages Wichtigkeiten zuzuordnen?

Ich hoffe, dass er mir beisteht ihn zu bewahren, damit sich das heimatliche Blickfeld nur noch zeitweilig auf bedeutungsleere Blickpunkte verengt!

Ich bemerke während des Schreibens, dass sich mein Tagebuch in den vorangegangenen Absätzen zum »dramaturgischen Spiegel« entwickelt. Wenn ich ihn auf die endgültige Größe gebracht habe, will ich Katja, den Eltern, Friedi, Bärbel und Gunter, Irina und Gert, Michael, Dieter und anderen Lesern Blicke hinein gewähren. Ich denke und hoffe, er wird groß genug sein und wenig blinde Stellen aufweisen und Gelegenheit für eigene Seitenblicke und Reflektionen bieten.

Mingma ahnt nichts vom Gang meiner frei zirkulierenden Gedanken, die sich ohne eigene oder äußere Veranlassung einstellen und philosophische »Forschung« und geistige Auflockerungsübungen betreiben. Er geht einen Schritt voraus und pfeift die eingängige und vertraute Melodie »Resham phiriri …«

Der Refrain dieses Liedes verbreitet Leichtigkeit und Frohsinn. Wir hören ihn täglich von jemandem gesungen, gepfiffen oder gesummt. Martina kann die Melodie dieses beliebten Nepalisongs aus dem Stehgreif singen, was mir bis heute nicht gelingt. Die Aktivierung meines musikalischen Gedächtnisses für eigene Darbietungen führt meist zu klanglichen Missbildungen. Ich weiche dem musikalischen Teil des Songs aus, betätige mich vorzugsweise als Texter und versuche hinter die Übersetzung des Refrains zu kommen, weil mir der »Geschmack der Wörter« genießerisch auf der Zunge zergeht. Ich vergesse das ernsthafte Bemühen um die Umwandlung der Liedzeile in eine verständliche deutsche Form im Ursprungsland sehr bald und freue mich, wenn die Melodie von Martina gesummt oder von Mingma gepfiffen wird.

Es gab eine so genannte Zeit danach, wir waren seit Wochen von unserer Reise nach Deutschland zurückgekehrt, als ich mich zu einer Weiterbildung in Darmstadt aufhielt. Der Zufall führte Regie und ließ mir eine Begegnung zufallen, die mich unter anderen an Resham phiriri erinnerte. Die Freude war groß, als sich eine zierliche Platznachbarin am abendlichen Restauranttisch als nepalesische Ärztin zu erkennen gab. Das Thema Nepal fasste am Tisch temperamentvoll Fuß und bot mir die Gelegenheit zurückzublenden. Eine Auffrischung hatte ich an diesem Abend keineswegs nötig, ich befand mich noch im Zustand frischester Erinnerung! Für meine mitgebrachten Vorstellungen aus Nepal waren die Ergänzungen und Verdeutlichungen von Dr. Sarita B. ein wertvoller Anteil. Vielen Dank! Ich grüße Sie mit: Resham phiriri … Wehende Seide im Wind !

Ich bedrucke in meiner Phantasie seidige Wimpel mit Grüßen und Wunschbotschaften an Mingma, Krishna, Temba, Yesyes und alle anderen Sherpas, die uns für Wochen begleiteten und lasse sie in die hohen Lüfte des Jetstreams aufsteigen, der sie erfasst und in das Land der höchsten Berge treibt. Mögen sie in den Tälern des Solu-Khumbu oder in Kathmandu niedergehen und an uns erinnern.

Plötzlich heulen Flugzeugmotoren auf. Eine Staubwolke erhebt sich in die Luft. Die Propellermaschine, die sich von der Landepiste gelöst hat, zieht dröhnend über unsere Köpfe hinweg. Bald ist sie unserem Gesichtsfeld entschwunden. Sie wird nach Kathmandu oder Pokhara fliegen, eventuell Kranke, Bergunfallopfer oder Trekker dorthin transportieren.

Der »Flughafen« von Humde (oder Ongre) ist der einzige Geländepunkt im Marsyangdital und im östlichen Annapurnagebiet in einem großen Umkreis, von dem aus die »Neuzeit« ohne nennenswerte Verzögerung zu erreichen ist. Wer das Flugzeug benutzen will, muss unter entsprechenden Umständen weite Berg- und Talstrecken über Tage hinweg zu Fuß gehen oder im schlimmsten Fall einer Krankheit auf dem Rücken eines Packtieres oder Trägers dorthin getragen werden. Bald werden wir die Flugpiste hinter uns lassen. Möge uns die exotische Art der Beförderung zu diesen Fluchtpunkten erspart bleiben.

Am Dorfausgang von Humde, ich glaube mich ohne einen Tagebucheintrag richtig daran zu erinnern, müssen wir an einem polizeilichen Checkpoint unsere Permits aus den Rucksäcken herauskramen. An dieser Kontrollstelle ist auffällig, dass ein Polizeibeamter auf dem Flachdach des Postenhauses auf sein Gewehr gestützt die Umgebung beobachtet und insbesondere in die Richtung der Flugpiste späht. Seine Aufmerksamkeit erregende Präsenz und die Nähe und strategische Bedeutung einer Flugbahn machen mir die verborgene Existenz der monarchiefeindlichen Maoisten erneut bewusst.

Unweit von Humde leuchtet ein weiß getünchter Chörten. Er steht auf einer Anhöhe wie ein polarisierendes Friedenssymbol als ausgleichende Kraft zur unterschwelligen und schwer abschätzbaren Gefahr im Königreich.

Die Sonne und die momentane Stille des Windes machen an diesem Vormittag unseren Weg zu einem ungewöhnlich trockenen, warmen Streifen. Wir spüren den Sonnenüberschuss durch unsere Hüte hindurch und zwischen Rucksack und Rückenpartie rinnen mir die Schweißtropfen. Erstaunlich ist die Leistung der Träger. Sie scheinen selbst bei diesen Wetterverhältnissen kaum zu schwitzen. Auch die Stirn von Mingma ist trocken und matt, während uns der Schweiß aus den Poren perlt.

Krishna und Herr Kleenlich folgen uns mit größerem Abstand. Sie sind noch nicht zu sehen. Das ist der tägliche Ablauf. Martina, Mingma und ich gehen unser eingespieltes, gemeinsames Tempo, während Krishna unseren dritten Begleiter umsorgt und sich seinem Gehrhythmus anpasst. Es entstehen auf Grund dieser Ungleichheit keine Rivalitäten oder gar Misslaunen untereinander. Wir finden uns zu den Pausen meist wieder zusammen und liegen nach den Mahlzeiten ausgestreckt auf der blauen Plane.

Braga liegt in einer buchtartigen Berghöhlung. Steil bricht die Felswand hinter dem Dorf ab. Sie wirkt wie eine Hintergrundkulisse, vor der sich die Flachdachhäuser aneinander drängen. Über den Häusern ragen die Gebetsfahnenstangen auf wie die Masten von Segelschiffen. Die hoch aufragende Steilflucht wirkt einerseits wie ein beschützender Hafen und andererseits zugleich bedrohlich. Ich kann mir vorstellen, dass sie in den Zeiten starker Thermik die Winde von den Häusern abhält, aber ebenso zum vernichtenden Felssturz werden kann.

Aus einem Seitenweg kommt heftiges Hufgetrappel. Es ist eine Herde Rinder, die unseren Weg in preschendem Galopp kreuzt. Unter ihren massigen Körpern und dem zottig herunterhängenden Fell zieht sie in einem Sog Staubwolken hinter sich her. Sowie sich die Staubfahne verzieht, wird mir klar, dass uns in diesem Moment die ersten Yaks in Natura über den steinigen Weg gelaufen sind. Es ist ein erregender Moment, als diese Tiere den ansteigenden Hang hinaufjagen, unvermittelt stehen bleiben und auf uns herabschauen. Yaks üben eine starke Symbolkraft auf mich aus, weil sie der Innbegriff für unwegsames, einsames Hochgebirge sind. Sie gehören zum Himalaja wie der Buddhismus mit seinen tiefgläubigen Menschen.

Zu Hause, als die Idee für diese Reise in mir Gestalt annahm und ich auch Martina davon begeisterte, verwendete ich des Öfteren den Namen Yak und verniedlichte ihn, weil mir das freudebereitende Spiel mit Worten und deren Neuschöpfungen von irgendjemandem meiner Vorfahren in die Wiege gelegt wurde. Selbst wenn die Ausdrücke, die häufig kapriolenhaft entstehen, ebenso kindisch sind und wirken, kann und will ich mich nicht gegen Eigenarten wehren, die mich schlichtweg ergötzen und daraus einen Sinn für mich erwachsen lassen. Kurz und gut, aus Yak mache ich die Form des Kleinen und Zierlichen, nämlich die Sonderform »Yäkel«, in der Mehrzahl sind es die »Yäkels«.

Yaks sind große, wuchtige Tiere, die heute dennoch mit einer kaum vermuteten Behändigkeit an uns vorüberhetzten und auf Bergpfaden und Pässen eine außergewöhnliche Geschicklichkeit und Ausdauer entwickeln. Sie werden im Himalaja und Tibet vom Menschen sehr geschätzt, weil sie nicht nur schwere Lasten durch schwierigstes Gelände tragen, sondern auch in anderer Hinsicht Lebenshilfen sind. Sie geben Milch, deren Fettgehalt doppelt so hoch wie der europäischer Kühe ist. Aus ihr entsteht energiereiche Butter und Käse.

Nichts wird in den kargen Hochlagen verschwendet. Getrockneter Yakdung ist ein wichtiges Brennmaterial. Der Yak ist ein Freund des Menschen. Hat er nicht schon deswegen den Namen »Yäkel« verdient?

Ich beende meine wundersamen Betrachtungen und wende mich wieder dem Fortgang der »Handlung« zu. Unser heutiger Zeltplatz befindet sich in nächster Nähe des Marsyangdi-Ufers. Unser Mittagstisch, die blaue Plane ist ausgebreitet. Klapptisch und Hocker stehen noch verschnürt inmitten von Körben, Kisten und Säcken. Von einem Holzstapel am Rande des Zeltplatzes hole ich kurze Balkenstücke und schichte sie zu Ersatzstühlen übereinander. Yesyes bringt den Tee, der das tägliche Mittagessen einleitet. Krishna ist mit Herrn Kleenlich noch unterwegs. Die Sonne bestrahlt den Teekessel und hält ihn für die Nachzügler warm.

Fremde Träger, Trekker und eine Maultierkarawane ziehen wie an einer Perlenschnur aufgereiht an der Umzäunung des Zeltplatzes vorüber. Krishna und Herr Kleenlich spielen »Einzelperlen«, haben ihre konzentrierten Geradeausblicke in die Kette »eingefädelt« und werden im Ensemble der benachbarten »Perlen« am Zeltplatz vorübergezogen ohne uns eines Blickes zu würdigen. Der Zeltplatz ist ihrer Aufmerksamkeit entgangen. Mingmas scharfer Blick hat unsere beiden vorbeitrottenden Gruppenmitglieder in der Gemeinschaft der Vorüberziehenden entdeckt. Er holt Krishna und Herrn Kleenlich aus der »Perlenkette« heraus. Sie »rollen« die sanfte Böschung des Zeltplatzes hinab, kommen auf der blauen Plane zum »Liegen« und verwandeln sich zusammen mit uns, Mingma, Yesyes, Temba und den Trägern zu Kichererbsen.

Alle sind wieder beisammen. Aus dem Gekicher wird mittäglicher Frohsinn. Herr Kleenlich hat sich nach dem Essen auf der blauen Plane ausgestreckt und beginnt nach kurzer Zeit zu schnarchen. Mingma tänzelt unruhig um das »Planenquadrat« herum und schaut ratlos zu Herrn Kleenlich nieder.

Herr Kleenlich scheint sich für Mingma in diesem Moment zum unantastbaren Sahib, Herr, zu entwickeln, denn er schaut auf den Schlafenden herab und ist sich nicht schlüssig, soll ich oder soll ich nicht, soll ich ihn wecken oder soll ich ihn auf seinem Ruheplatz liegen lassen? Mingma deutete schon am Vormittag an, zum nahen Kloster aufzusteigen.

Der Weg zur Kargyü-Gompa würde sich lohnen und er betont: »Das ist ein sehr schönes Kloster, der Weg dorthin ist leicht.«

Herr Kleenlich hat sich während des Schlafes auf den Bauch gedreht und rührt sich nicht mehr vom Fleck. Er hat seinen zerknautschten Hut in den Nacken geschoben und beabsichtigt offenbar seinen gewohnheitsmäßigen Kurzschlaf auf einen »Hirtenmittag« auszudehnen. Dennoch bücke ich mich zu ihm hinab, weil Mingma immer noch wie die Katze um den heißen Brei schleicht und sich nicht traut, seinen Anvertrauten aus dem Schlaf zu reißen.

Vorsichtig stupse ich Herrn Kleenlich an der Schulter. Er fährt hoch, reißt die Augen auf und stöhnt schlaftrunken: »Hää?«

Auf meine Frage, ob er mit zum Kloster gehen wolle, antwortet er brummig und routinemäßig mit der englischen Verneinungssilbe: »No!!«

Zusammen mit Mingma und Yesyes brechen wir zur Kargyü-Gompa auf, während sich Herr Kleenlich ächzend auf die andere Seite wälzt.

Der Pfad zum Kloster schlängelt sich in moderater Steigung hinauf zu einer Anhöhe. Wir umrunden das Klostergebäude und finden den beinahe versteckten Eingang in einer Mauernische. Das Scherengitter vor der Holzpforte ist zugezogen und durch ein Schloss gesichert. Mingma verschwindet für kurze Zeit und kehrt zusammen mit einem jungen Nepalesen mit auffallend tibetischen Gesichtszügen zurück. Er ist der Chowkildar, der Schlüsselverantwortliche des Klosters. Er entfernt das Vorhängeschloss und weist uns den Weg ins düstere Innere des heiligen Ortes.

Yesyes und Mingma ziehen vor dem Hauptraum, dem Dukhang, ihre Schuhe aus. Wir ahmen diese Handlung nach, halten uns aber bei den folgenden Ritualen hilflos und dezent zurück. Die beiden werfen sich vor der großen Buddhastatue dreimal nieder. Sie berühren dabei mit der Stirn den Boden, richten sich wieder auf und leiten damit einen neuen Zyklus der Niederwerfungen ein. Beide vollziehen die Gesten ihrer buddhistischen Konvention mit äußerster Konzentration. Yesyes vollzieht diese »niedergradigen« Verneigungen, seinem oft überschießenden Temperament entsprechend, beinahe militärisch zakkig und mit solch strengen Gesichtszügen, als verweile er in einer jenseitigen Welt.

Mingma und Yesyes wenden sich nach ihrem hochkonzentrierten Zeremoniell wieder unseren »Erscheinungen« zu. Das Gesicht von Yesyes lockert sich auf, er ist wieder der, der er immer war, locker, leicht und voller froher Ausstrahlung. Mingma lächelt freudig entspannt. Wir gehen würdevoll durch den großen Versammlungsraum. Der sanftmütig weiche Blick der Buddhafigur schaut auf uns alle hernieder. An den Wänden hängen wertvolle Thangkas. Auf Podesten und Sockeln ruhen in sich selbst gekehrt weitere wesenhafte Buddhas mit spezifischer Bedeutung.

Wie in einer Ahnenreihe zeugen sie davon, dass es einen Urbuddha gegeben hat, viele seinem Weg folgten und dass es in der Zeit danach Menschen gab, die zur Erleuchtung gelangt sind. Weitere werden auf bestimmten Wegen und unter Zuhilfenahme der Meditation und anderer Mittel zu dieser für mich unbegreiflichen Daseinsform gelangen.

Im Kloster umfing uns angenehme Kühle. Wir bemerken das erst, als wir hinaus in die Sonne treten. Die Augen schmerzen von der Helligkeit des Tageslichts und des reflektierten Lichts der blendend-weißen Bergkette des Annapurna III, Gangapurna, Tilicho, Tarke Kang und Khangsar Kang. Der Annapurna II hat seinen »Sichtwinkel« um einige Grad nach Südosten verschoben. Das ist ein untrügliches Zeichen, dass wir uns in nordwestliche Richtung bewegen und die Passüberschreitung nicht mehr in allzu großer Ferne liegt. Der Blick auf die Karte sagt aus, dass sich die zurückgelegte Flanke fast unmerklich vergrößert hat. In nördlicher Richtung baut sich der sechstausender Chulu-Gebirgsstock auf. In Thorong Phedi wird er sich, wie der Annapurna II in südöstlicher Richtung entfernen, um sich uns nach der Überquerung des Thorong La nie wieder zu zeigen. Zum Ende unserer Rundtour wird sich erneut die Sicht zum Annapurna II eröffnen, vorausgesetzt ich deute die Kartenperspektive richtig.

Neben der kleinen Kamera, die ständig an einer langen Kordel um meinen Hals in Bereitschaftsstellung baumelt, habe ich an diesem Nachmittag auch die große mitgenommen. Sie ist eingepackt in die umfunktionierte Kapuze meiner Daunenjacke. Sie hängt im heimatlichen Schrank, weil ich sie als unzweckmäßig erachtete. Die abgetrennte Daunenkapuze soll der großen Kamera als Temperaturpuffer sowohl bei Kälte als auch bei intensiven Sonnentemperaturen dienen. Martina hat sie nach meinen Wünschen zu einem eigentümlich aufgebauschten, lilafarbenen Daunensäckchen vernäht.

Yesyes erkennt dieses Fabrikat offenbar nicht als »artgerechte« Umhüllung eines Fotoapparates an. Er grinst in die Richtung der Pseudofototasche. Ich spüre, dass er etwas im Schilde führt. In der Absicht, das Panorama der vor uns liegenden Bergkette zu fotografieren, entferne ich die vorerst überflüssige »Kapuze« von der Kamera. Yesyes greift enthemmt zu dem lilafarbenen Daunensäckchen, streift es über seinen Kopf und macht sie zur Dalai-Lama-Mütze. Er schwingt sich mit der neuen Kopfbedeckung auf einen nahe liegenden Steinsockel und ruft zu uns herab: »Dalai Lama, Dalai Lama … «

Mingma springt in die urplötzlich entstandene Szene hinein und hat seine eigene Rolle eben so schnell darin gefunden. Er hat die Positur eines Bittstellers eingenommen, legt die Hände in Brusthöhe zur

Verehrungsgeste zusammen, tänzelt und dienert vor Yesyes, dem selbst ernannten Dalai Lama, herum. Das Gesicht des Dalai Lama verfinstert sich, Blicke unnachgiebiger Strenge treffen den Bittsteller, der unaufhörlich dienert und versucht den Dalai Lama zu erweichen, dessen Miene jedoch bitterernst bleibt. Der Bittsteller greift zu neuen Möglichkeiten, den Dalai Lama milde zu stimmen. Er beginnt zu katzbuckeln und schmeichelt: »Om mani peme Hung.« Nun scheint sich der Dalai Lama seiner ursprünglichen Rolle, Menschenfreundlichkeit zu verbreiten, bewusst zu werden. Sein Gesicht blüht zu einem breiten Grinsen auf. Er legt seine Hände auf den Kopf des Bittstellers. Aus dem schallt es erleichtert heraus: »Dalai Lama, Dalai Lama, du bist wundervoll!«

Mingma und Yesyes freuen sich wie die Kinder. Yesyes springt vom Sockel. Beide haben sich wieder und, vielleicht ohne es zu ahnen, ein Stückchen Herz in uns erobert und sich in unser Gedächtnis eingegraben. Yesyes, diesen humorvollen Menschen, werden wir ab dem heutigen Tag Mindu nennen, bei dem Namen, den ihm seine Eltern gaben.

Der Nachmittag ist verflossen. Wir gehen zum Zeltlager zurück. Es gibt Tee, Kekse und einen Rest spärlicher Tagessonne. Wir nutzen sie aus und gehen zum Marsyangdi-Ufer. Der Gang zum fließenden Wasser verlangt uns geschicktes Balancieren über bucklige Flusssteine ab. Ein Sturz zwischen die Steine wäre verhängnisvoll, die Flugpiste von Humde aber noch nahe.

Wir hängen unsere Füße in das kalte Wasser, lassen sie umspülen und gönnen ihnen kneippsche Reize und Reinigung vom staubigen Schweiß. Auch die übrigen Körperteile hätten solche grundlegenden Effekte verdient. Aber! Uns fehlt der Mut bis zum Hals in das »fließende Thermalbad« Marsyangdi einzutauchen und wir haben Bedenken vor den Folgen der Ganzkörperreizung. Deshalb müssen die »Schlüsselstellen« der mittleren Körperregionen geduldig bis zum morgigen Tagesanbruch verharren. Die kleinen Aluminiumschüsseln mit zwei Händen voll warmem Wasser werden um diese Zeit im Zelt vor uns stehen.

Das sind Momente der »entsagenden Waschungen«, die wir kniend vor unseren Schüsseln verbringen. Während der Askese lobpreisen wir »heilige«, weiß geflieste Badezimmer und durchwärmte Frühstücksräume.

Meine Neigung in satirische Betrachtungen abzugleiten, soll Situationen verdeutlichen und nicht dazu dienen unsere Befindlichkeiten und Stimmungen im kleinlichsten Detail wiederzugeben. Das können sie auch nicht. Unsere Großstimmungslage ist gut, geringfügige Schwankungen vorbehalten.

Dramatische Ereignisse sind nicht ausgeschlossen, aber höchst unerwünscht. Geflieste Badezimmer und warme Frühstücksräume vermissen wir nicht wirklich. Unser Humor hat bisher eine unerschütterliche Vormachtstellung. Die vier vorangegangen Zeilen haben keinen ironischen Anteil!

Auf dem Rückweg vom Fluss zum Dorf treffen wir auf Kinder in Schulkleidung. Sie kommen aus Richtung Manang. Der Hauptort der Region liegt unweit entfernt. Der Höhenunterschied zu Braga beträgt etwa zweihundert Meter. Mingma braucht uns nicht zu sagen, dass es ein »easy Tag« sein wird.

In der beginnenden Dämmerung wandern wir zum anderen Ende des Dorfes. Auf einer Hängebrücke macht sich ein Junge zu schaffen. Er hat ein Spannseil umfasst, zieht sich daran hoch und stellt seine Füße, wie auf Sprossen einer Strickleiter, in die Drahtschlingen des Sicherheitsgeflechtes. Er wippt auf und ab und bringt die Brücke in ihre übliche Wellenbewegung. Die Brücke wehrt sich zuweilen gegen den fremden Takt und schlägt unerwartet nach oben zurück. Geschieht das, wenn das waghalsige Bürschchen nach unten will, wird das Stahlseil zum schnellenden Katapult. Der Junge gleicht die Gegenwehr der Brücke mit Geschrei und weiteren Versuchen aus, sie wieder seinem Willen gefügig zu machen. Uns wird schwummerig beim Anblick des bedenklichen Spielplatzes über der schäumenden Flut des Marsyangdi.

Der Radius unserer täglichen Aktivitäten verringert sich nach dem abendlichen Essen zusehends, bis nur noch ein Punkt bleibt: Es ist das Schlüpfen in die Öffnung des Schlafsacks. Wir nehmen unseren Whiskyschluck. Er verrinnt als flüssige, kleine Wärmflasche im Magen.

Mein Tagebuch liegt bis morgen unbeachtet in der Nische der technischen Utensilien im hinterletzten Eck des Zeltes. Von draußen rauschen die unaufhaltsamen Wasser des Marsyangdi. Martina hat unser Teelicht angezündet. Es haucht seinen müden Schein an die Zeltdecke.

Mangalbar (Dienstag), den 04. November 2003

Braga – Manang

Wenn ich am Anfang unseres Bergtrekkings die Karte studierte, war der Ort Manang für mich sehr weit oben in den Bergen. Er ist in der Tat ein Punkt mit der Bedeutung einer Ausgangsbasis für die Überschreitung des Thorong La.

Er ist schon aus der Kartenbetrachtung heraus, Höhenlage und Entfernung zum Pass scheinen optimal, ein geeigneter Aufenthaltsort für eine Akklimatisationspause. Es wird ein wichtiger Tag sein, um die Gedanken zu sammeln und die körperlichen Kräfte zu stärken. Im Grunde genommen könnten wir den heutigen Tag schon zum Ruhetag deklarieren, denn nach Manang besteht quasi Sichtkontakt. Blaue, langgestreckte Häuserdächer heben sich kontrastreich von den eher samtweichen Farben der Berghänge ab und machen sie aus der Ferne zu markanten Zeichen des Distrikthauptortes. Der Weg nach Manang ist fast eben und so kurz, dass sich nichts von ihm eingeprägt hat.

Unweit des eigentlichen Ortseingangs von Nyeshang, das ist der traditionelle Name von Manang, spannt sich ein stilisierter Tor-Chörten über den Weg. Er wirkt schmucklos geradlinig. Seine beinah monumentalen Säulen und seine Traverse tragen wenige religiöse Accessoires. Seine dominierende Wirkung ist weltlicher Natur.

WELCOME TO MANANG, dieser vertikale Willkommensgruß, steht in großen roten Lettern an der linken Säule des Chörten. Noch einmal geht es steiler aufwärts. Direkt vor uns liegt Manang. Vorerst wirkt der Ort sehr dörflich. Je weiter wir gehen, desto großzügiger wird die Bauweise der Häuser, der Weg wird zur Straße und verbreitert sich schließlich zum weitläufigen Anger. Er ist von einer Reihe massiver Steinhäuser gesäumt. An manchen Häusern hängen buschige Trophäen, so wie wir sie schon in Braga sahen. Es sind Yak-Schwänze, mit denen der stärker gewordene Wind sein wildes Spiel treibt. Vom äußeren Anschein her hängen diese schwarzen Wedel dort wie Hirschgeweihe an deutschen Jagdhütten und in Jägerklausen. Hier haben sie gleich mehrere tiefere Bedeutungen: An den Häusern stehen sie im

Dienste der Abwehr von bösen Geistern und Dämonen. In Mustang werden sie als Zeichen der Freundschaft verschenkt. Neben diesem mystischen und symbolhaften Sinn wird der Yak-Schwanz auch als Bestandteil des Zaumzeuges der Maultiere oder als praktischer Fliegen- und Staubwedel benutzt.

Unser Zeltplatz liegt in der Ortsmitte. Eine Gebetsmühlen-Kolonnade trennt ihn vom Dorfplatz. Die Zelte liegen noch verpackt in ihren blauen Hüllen am Rande des staubigen, steinübersäten Karrees.

Die Sonne steht noch nicht im Zenit. Die ungewöhnlich zeitige Ankunftszeit ohne nennenswerte Belastung treibt einen kurzen Anflug von Langeweile vor sich her. Wir sind durch die abrupte Stagnation unserer täglichen Bewegung »überfordert«. Die innere Uhr des Schwunges will insbesondere in mir weiterticken. Martina hat ihre Uhr bereits auf »Langsamgang« eingestellt, wobei ich noch versuche, das entscheidende Rädchen im Räderwerk zu finden. Die Feder meines »Zeitraffers« dehnt sich durch die warme Sonne aus und entspannt sich. Die »Unruhe« dreht sich nun im ruhigen Takt hin und her.

Wir werfen unsere klammen Kleidungsstücke, die zu schmutzigen Felduniformen geworden sind, weil wir sie im »täglichen Kampf um strategische Höhen« tragen, über die umliegenden Büsche. Die »ausgestreckten« Hosenbeine und Ärmel der Hemden und die in Astgabeln aufgespießten Schuhe machen sie zu gespenstigen Heckenschützen. Mingma und Mindu können sich ein Grinsen nicht verkneifen.

Auf dem grünen Klapptisch habe ich meinen »westlich-technischen Unrat« ausgebreitet, um ihn zu hegen und zu pflegen. Unterkühlte Batterien brauchen Wärme zur Auffrischung ihrer Leistung, Stirnlampen haben aus dem gleichen Grund eine »Generalüberholung« nötig. Aus der Elektronik der Fotoapparate soll die Sonne die Feuchtigkeit herauslecken, damit sie keine Kriechstrecken verursacht und feinste Ströme nicht fehlleitet.

Der Staub auf den optischen Linsen der Objektive muss wieder dorthin geblasen werden, wo er hingehört, damit er deren Gewinde nicht »verknirscht« und Fotos nicht »verunschärft«. Teleskopstöcke benötigen einen Sicherheitscheck, damit sie sich beim Bergabgehen nicht ruckartig verkleinern und den ahnungslosen Abstützer zum bedauernswerten Abstürzer werden lassen …

Einige Träger haben sich am grünen Klapptisch eingefunden. Sie blicken auf das unübersichtliche Sammelsurium herab, schauen eine Weile meinen Handgriffen zu, besinnen sich nach kurzer Zeit und kehren zu ihren Karten spielenden Kameraden zurück. Sie singen und pfeifen im Spiel, während ich ein wenig irritiert und verkrampft meine »Verwaltungsarbeit« zu Ende bringe.

Seit wir in Nepals Bergen durch die Dörfer streifen, erscheine ich mir selbst als Technokrat gegenüber unseren Sherpas und den verschiedenen Bergvölkern, denen wir begegnen, obwohl sich die Ausrüstung für unsere vierwöchige Rundtour in nur zwei Rucksäcken und zwei Seesäcken befindet. Trotzdem stößt der reduzierte, aber dennoch vielfältige, Inhalt und die Beschäftigung damit auf den harten Gegensatz des Einfachen und Elementaren, das uns täglich umgibt.

Aus dem wolkenlosen blauen Himmel strahlt die Sonne wärmer und wärmer auf uns herab. Die Berggipfel wollen das Stahlblau durchstoßen, doch sie stehen unbeweglich in gewaltiger Höhe und kapitulieren schließlich vor ihrer eigenen Endlichkeit und der Unendlichkeit des dennoch begrenzten Blaus.

Es ist windstill geworden. Wir verspüren die Wirkkraft der Sonne auf unserer Haut. Einige Träger waschen sich an einer Wasserleitung ihre schwarzen Haarschöpfe. Sie halten ihre Köpfe unter das fließende, kalte Wasser, welches ein aufgepflockter Wasserhahn in den Staub des Zeltplatzes ergießt. Das Rinnsal des Wasserstrahls durchquert als dunkle Ader den Staub des Zeltplatzes und endet jäh versickernd in einer felsigen Erdspalte. Ich beobachte das Treiben vor dem Wasser speienden Hahn und befühle die filzspröden Schmutzhaare auf meinem Kopf. Das Bild der Haare waschenden Träger vor meinen Augen dringt in meine zur Ruhe gekommene Gedankenwelt und trifft sich mit dem Tastsinn meiner rechten Hand. Aus beiden Sinneseindrücken entspringt ein vernünftiger Gedanke und die wohltuende Vorstellung, dass ich mit dem Kamm ohne Zwicken und Zwacken meine Haare wieder ordnend durchfahren kann und sich das zeitweilige Jucken auf der Kopfhaut mit Wasser verspülen lässt.

Mingma veranlasst, dass Galey einen großen Aluminiumtopf mit Kaltwasser auf den Kerosinkocher stellt und Wasser für die Kopfwäsche wärmt.

Die Wassergüsse über dem Kopf lösen den griesligen Staub. Martina erkennt ebenfalls die Gunst der gebotenen »Wellness-Oase«. Ich lasse das Wasser sparsam über ihren Kopf schwappen. Unser Haar trocknet im Nu und glänzt in der brennenden Sonne wie Seide. Wir sitzen am grünen Klapptisch beim Lunch. Wir fühlen uns gut, weil eine seit einer Woche benachteiligte Körperregion nun die sauberste ist.

»Wir gehen zur Gompa auf diesen Hügel«, Mingma zeigt zu einer Anhöhe auf der östlichen Talseite und deutet an, dass sich dort ein Kloster befindet, das er mit uns besichtigen will. Wir marschieren in zügigem Schritt durch Manang. Die aufkommende Nachmittagsträgheit ist während des Aufstieges schnell verflogen. Die Türen des Klosters sind verschlossen. Mingma ist ratlos. Er zuckt mit den Schultern und sagt bedauernd: »Niemand ist hier.«

Mingma klopft noch einmal an die große Holztür des Haupteinganges. Es bleibt bei der Feststellung. Niemand lässt uns ein. Das Portal ist fest verschlossen und es scheint auch keinen verborgenen Entriegelungsmechanismus ohne Schlüssel zu geben. Mingma besieht die Tür von oben nach unten und rüttelt vergeblich am klobigen Knauf.

Mingma geht mit uns einen anderen Weg zurück. Wir durchqueren eine sanfte Talmulde, in der sich ein Seitengebirgsbach talwärts schlängelt. Schon aus der Ferne erkennen wir drei kleine Steinhäuser, die brückenartig über den Bach gebaut sind. Im Näherkommen mischen sich unter das Rauschen des Bachwassers rumorende Geräusche. Sie kommen aus dem Innern der Steinhäuser. Mahlsteine reiben aufeinander. Im Halbdunkel ist der Müller damit beschäftigt, kleine Mengen Getreide in den trichterförmigen Vorratsschacht zu schütten und noch kleinere Portionen Mehl in einen Sack zu schaufeln. Er muss ständig die Zufuhr an Getreide und die Ausbeute an Mehl kontrollieren. Behände flitzt er in dem kleinen Raum zwischen dem Blechtrichter und dem Mehlauslauf hin und her. Er beachtet uns nicht. Bald verlässt er das Mühlenhäuschen, um in der benachbarten Mühle die gleichen Tätigkeiten zu verrichten. Die Wasserräder in den drei Mühlen drehen ununterbrochen die Mahlsteine. Sie fordern dem Müller geduldige Emsigkeit ab.

»There is another Gompa from Manang!«, Mingma zeigt zu einer felsigen Steilwand und erklärt uns, dass sich dort hoch oben ein weiteres Kloster befindet und das wir morgen Vormittag dort hinaufsteigen würden. Die Felswand erhebt sich fast senkrecht, so suggeriert es uns die momentane Perspektive, aus dem Hochtal von Manang. Kein Pfad und keine Möglichkeit eines Aufstieges ist in diesem schroffen Felslabyrinth erkennbar. Martina blickt mit kritischer Miene hinauf zu der exponierten Höhe. Inmitten einer Felsnische ist ein grauer Mauerstreifen auszumachen, der höchstwahrscheinlich zum Kloster gehört. Martina sagt nichts. Ich weiß, was sie sagen würde, fordere ihren Kommentar aber nicht absichtlich heraus. Ich weiß auch, was sie stumm in sich hineinsagt. Inzwischen ist es ihr aus Erfahrung zum Selbstverständnis geworden, erst die konkrete Situation abzuwarten, bevor sie von der Unmöglichkeit einer Problemüberwindung spricht.

Ich schaue schon jetzt dem morgigen Tag mit angespannter Erwartung und Abenteuerlust entgegen. Wir trennen uns von Mingma, der sich in Richtung Zeltplatz abwendet, während wir in nördlicher Richtung durch Manang schlendern. Zahlreiche Geschäfte umgeben den breiten Dorfanger, der auch Durchgangsweg nach Letdar ist.

Wir betreten so manchen Laden, um uns ein Bild vom Angebot zu machen. Wir kaufen neue Batterien für unsere Stirnlampen. Ich probiere einen breitkrempigen Hut, der mich besser vor der starken Sonnenstrahlung schützen soll. Wir befinden, dass er diesen Zweck erfüllt und er mir einigermaßen gut steht, obwohl ich mir schon immer eingestanden habe, dass ich keinen »Hutkopf« habe. Ich beurteile mich in einem winzigen Spiegel und stelle mir gleichzeitig vor, dass auf meinem Kopf ein fichtennadelfarbener Hut mit Gamsbart sitzen würde. Schon das herbeigerufene Fantasiegebilde zaubert eine Grimasse in das kleine Spiegelbild hinein. Wäre der Spiegel mannshoch und befände sich dieser Teil der bayerischen Nationaltracht wirklich auf meinem Kopf, gäbe es den ersten »Hauptmann-von-Köpenick-Effekt« in der langen Geschichte Nepals. Die neben mir stehende Nepalesin ahnt nichts von meinen komischen Assoziationen. Sie fasst mein »Fratzeln« als meine eigene Wohlgefälligkeit auf und scheint sich sicher zu sein, dass ein unbändiger Kaufwunsch in mir aufgeblüht ist.

Sie hat recht behalten. Der Hut bleibt auf meinem Kopf. Ich kaufe bei ihr noch Zigaretten für die Träger und Sherpas und Rasierklingen für stromlose Zeiten, in denen mein Rasierapparat stumm bleiben muss. Die Verkäuferin ist zufrieden und geleitet uns hinaus vor die Ladentür.

Auf einem umzäunten, stoppeligen Feldstück steht in stoischer Ruhe ein Yak. Sein Besitzer hat ihm einen Ring durch die Nüstern gezogen. An ihm befindet sich das Leitseil, an dem er festgebunden ist. Von Zeit zu Zeit beugt der Yak seinen mächtigen Nacken zu Boden, schnalzt mit der Zunge und nimmt dabei mit äußerst geschickten Bewegungen dürre Halme auf, die in seinem gemächlich mahlenden Maul verschwinden. Sein Fell hat eine ungewöhnliche Farbe. Es scheint, als hätte jemand seine Originalfarbe, Yaks haben meist ein schwarzes Fell, in zwei Arbeitsgängen retuschiert, indem er kakaofarbenes Pulver über das struppige Fell gestreut und anschließend in das Fell eingerieben hätte. Ich muss noch eine Weile an das große, stolze Tier denken.

Auf dem Zeltplatz tummeln sich die Sherpas. Mingma und Krishna sitzen auf einem Stein in der Spätnachmittagssonne. Sie sehen den neuen Hut auf meinem Kopf und grinsen. Das Grinsen verwandelt sich in wahre Freude, als ich Mingma meinen Hut aus Deutschland aufsetze und ihm zu verstehen gebe, dass er ihm gut steht und er ihn als Geschenk betrachten könne. Ich drücke ihm noch die Zigarettenschachteln mit der Bemerkung »for all of you« in die Hand und meine damit die Sherpamannschaft.

Wir streifen an diesem späten Nachmittag durch Manang, schlendern über den breiten Anger des Hauptortes und verlieren uns in engen Gassen mit hohen fensterlosen Mauern, die den Innenhöfen der Häuser abgewandt sind. Hinter diesen Steinfassaden muss sich wohl das kärgliche Leben ihrer Bewohner abspielen, denke ich beim Anblick dieser Mauern. Bald werden dort die Kerzen angezündet, die Lehmöfen angefacht und es beginnt die Zeit der geselligen, gut gelaunten Abende.

Die Sonne steht tief. Wir gehen durch die kalten, länger werdenden Hausschatten. Sie kühlen sich mehr und mehr ab und werden bald zu Frostigkeit. Nach dem Ortsende von Manang fällt der Weg in schwachem Gefälle zum Tal des Marsyangdi ab. Der Ort erhebt sich als Silhouette vor der weißen Bergflanke des Annapurna II. Auch am Massiv des zweithöchsten Annapurna-Gipfels vollziehen sich merkliche Veränderungen. Die Gipfelpyramide verwandelt sich von gelbem Licht zu einem rosafarbenen Schein. Die unteren Flanken werden mehr und mehr in eine kalt-bläuliche Färbung getaucht, bis auch sie die letzten

Gipfelregionen erreicht. Je weiter die Sonne sinkt, desto deutlicher spüren wir die herankriechende Kälte. Unsere Blicke schweifen über abgeerntete, ödgraue Felder, die die Felsterrasse, auf der Manang liegt, umgeben. So wie das Licht aus der Landschaft weicht, so wüst und staubig kommt sie uns jetzt vor. Yaks, Maultiere und Ziegen fressen die noch verbleibenden Stoppeln von den Feldern ab, die nun im kurzen Herbst zum Ödland geworden sind. Jedes dürre Blättchen, jeder noch so unscheinbare Halm wird von den Tieren verwertet.

Aus Manangs kleinen Läden leuchtet gelbes Glühlampenlicht, aus mancher Türöffnung schwaches Kerzenlicht. Wir betreten einen etwas größeren Laden mit einem »Tausend-kleine-Dinge-Sortiment«. Von der Batterie bis zur Wollmütze scheint hier alles vorrätig zu sein. Mein Blick fällt auf mehrere Tablettenplister, die mit einem Gummiring zusammengehalten werden und in einem Wust anderer Utensilien ein scheinbar unbeachtetes Dasein fristen. Nach näherer Betrachtung lasse auch ich sie interesselos liegen. Was ich da in den Händen halte, ist das Mittel, das in der Höhenmedizin zur Vorbeugung der Höhenkrankheit eingesetzt wird. Martina und ich haben den bisherigen Aufstieg sehr gut verkraftet. Wir haben nicht die Absicht ein solches Mittel zur Unterstützung der Höhenverträglichkeit einzunehmen, auch dann nicht, wenn sich leichte Vorzeichen der Höhenkrankheit zeigen sollten. Wir befinden uns momentan in einer Zone von dreitausendfünfhundert Höhenmetern. Wir verspüren noch keine Leistungseinschränkung, weder Kopfschmerzen noch Übelkeit. Die Überquerung des Passes rückt näher, unsere seelische Anspannung steigt, der Optimismus und die Neugier auf noch Bevorstehendes hat von uns Besitz ergriffen.

Aus Mingmas und Krishnas Zelt dringen Mädchenstimmen. Es ist ein lustiges Geschwätz und Gekicher, das Abendstimmung verbreitet und unseren Optimismus verstärkt, uns den ansonsten erlebnislosen, langen Abend untermalt und uns vorgaukelt, es könne noch zu außergewöhnlichen Ereignissen und Überraschungen kommen.

Tagsüber nahm ich mir vor, mich in der nahe liegenden Lodge zu rasieren, nachdem mir Mingma erzählte, dass der Strom gegen achtzehn Uhr eingeschaltet würde. Ich erkenne aber sehr bald die momentane Unwichtigkeit meines Äußeren und habe meinen Bart alsbald vergessen.

Nebenan tuscheln und lachen Mingma und Krishna noch immer mit den Sherpani, wir vernehmen ein »Hich« und ein »Hach«, doch bald wird es still. Ob die Mädchen das Zelt verlassen haben, erfahren wir nicht.

An den Kopfenden unserer Schlafsäcke brennt das Teelicht. Der Schein meiner Stirnlampe überfliegt meine kleine Annapurna-Regionalkarte. Ich umkreise mit dem Rotstift markierend unseren nächsten Zielpunkt: Letdar (4200 m). Dazwischen liegt der morgige Akklimatisationstag.

Die Nacht ist kalt und windstill. Ich öffne erst den Reißverschluss des Innenzeltes, dann mit mehr Überwindung den des Überzeltes. Erst jetzt spüre ich die eiskalte Nacht, die mir durch die Glieder fährt. Es ist totenstill. Ich stolpere über den steinigen Zeltplatz zu den gespenstig wirkenden Büschen, dorthin wo ich die Umrisse unseres »Transformatorenhäuschens« erkennen kann. Der Himmel ist tuscheschwarz. Ich empfinde ihn heute Nacht schwärzer wie nie zuvor und die Sterne leuchtender und in deutlicheren Helligkeitsabstufungen als in den vorangegangen Nächten. Ich überwinde mein Frösteln und erlebe für Augenblicke in der stillen Einsamkeit ungestört dieses Himmelsbild so beeindruckend und auf unerklärliche Weise Kraft spendend.

Ich liege wieder in meinem Schlafsack und habe das nächtliche Bild in mir aufgenommen. Martina schläft ruhig. Sie hat mein Verlassen des Zeltes nicht bemerkt. So klar wie draußen der nächtliche Himmel, so klar kommen mir nun die Gedanken. Sie hindern mich nicht daran weiterzuschlafen, sie sind ganz einfach da und ich lasse sie zu. Das Bild des Klosters Kargüyu in Braga erscheint vor meinen Augen. Es beginnt mit Mingma und Yesyes zu leben. Die Szenen überlagern sich und wechseln vom Innenraum des Klosters hinaus in den Sonnenschein des strahlenden Tages und wieder zurück in die feierliche Umgebung der erhabenen Buddhafiguren. Ich sehe das spontane Dalai Lama-Spiel wieder vor mir und sehe auch die Niederwerfungen von Mingma und Mindu aus ehrfurchtsvollem Abstand. So wie die Räume wechseln, so verändern sich auch die Szenen, aus Ernsthaftigkeit wird spaßige Lebenslust in ausgewogenem Wechsel.

Beide Lebenshaltungen, buddhistische Religiosität und Humor scheinen mir so nahe beieinander zu liegen wie das Lachen und Weinen eines Kindes. Ich will das in dieser Nacht Sinnierte nicht vergessen und morgen aufschreiben.

Buddhabar (Mittwoch), den 05. November 2003

Akklimatisationstag in Manang

»Heilsam ist der rechte Gebrauch der Widerwärtigkeiten«
William Shakespeare

Die Geräusche einer fahrenden Wagenkolonne wecken mich aus dem Schlaf. Fast im gleichen Augenblick meines Erwachens wird mir die Ungewöhnlichkeit dieser Rollgeräusche bewusst. Wir sahen seit Beshisahar kein einziges Gefährt, das auch nur die Andeutung eines Rades besaß. Ich lausche angestrengt hinaus in den dämmernden Morgen. Ich öffne das Zelt, weil ich zum »Trafohäuschen« muss. Das vermeintliche Rollen offenbart sich als Drehgeräusch der Gebetsmühlen in der Manimauer, die den Zeltplatz vom Dorfanger trennt.

Die meisten Dorfbewohner und so manche Trägerkolonnen sind um diese Zeit schon auf den Beinen. Ihr Arbeitstag beginnt mit religiösen Handlungen. Man sagt den Manangpas, den Bewohnern von Manang, eine ausgeprägte Geschäftstüchtigkeit nach. Angesichts der Tatsache, dass Manang der Hauptort des Distriktes ist, kann ich mich darüber nicht wundern. Auch hier hat ein wichtiges marktwirtschaftliches Prinzip Einzug gehalten, wenn im Vergleich zu mitteleuropäischen Verhältnissen auch in stark abgeminderter Form: Das Gesetz von Nachfrage und Angebot. Der Bergsteiger und Tourist fragt nach, die Manangpas bieten an. Wenn bald der harte Winter in Manang einziehen wird, zehren seine Bewohner von den Einkünften der Trekkingjahreszeiten.

Hoch über dem nordöstlichen Flussufer des Marsyangdi liegt die Thaken Guba. So lese ich diesen Begriff auf einem handbekritzelten, hölzernen Hinweisschild mitten in Manang. Dieses Werbeschild, so betrachte ich jedenfalls diese Mischung aus verstümmeltem Nepali und Englisch soll den Manangbesucher dorthin leiten, wo man sich wohlfühlen kann. Ich übersetze Thaken Guba in eine Redewendung, die mich an das europäische »Wellness« erinnert: »Wohlfühlkloster«.

Mingma deutete diesen Besuch am gestrigen Tag schon an. Das Kloster liegt schätzungsweise dreihundert Höhenmeter über Manang. Der Aufstieg auf steilen Serpentinen ist eine mühsame Kraxelei durch Felsnischen und geröllige Pfade. Die Sonne sengt bereits sehr intensiv vom wolkenlosen Himmel. An diesem Steilhang wird uns erneut bewusst, auf welche Temperaturunterschiede wir uns zwischen Tag und Nacht einstellen müssen.

Wir gewinnen an Höhe. Tief unter uns liegt Manang und der sich schlängelnde Marsyangdi. Türkisfarben leuchtet ein Gletschersee, der vom Khangsar Khola gespeist wird. Zwei gewaltige Moränenwälle umgeben den See, dessen Abfluss sich mit dem Tharsang Khola vereint und den Marsyangdi bildet. Der aus Norden kommende Tharsang Khola markiert unseren Weitermarsch zum Thorong La-Pass respektive nach Thorong Phedi.

Wir erreichen ein Felspodest, den kleinen Vorplatz des Klosters, von dem uns eine weite Sicht in alle Richtungen möglich ist. Der Blick in nordwestliche Richtung zum Thorong La wird jedoch nicht transparenter. Wir betreten zusammen mit Mingma das Kloster, später einen kleinen teppichbehangenen Raum. Unsere Schuhe haben wir davor ausgezogen und laufen mit bestrumpften Füßen über den verstaubten, klebrigen Fußboden. In Wandnischen brennen Butterlampen mit gelbschwachem Schein. Einige Dochte sind in der flüssigen Butter bereits »ertrunken«.

Ein alter Mönch empfängt uns, hinter einem kleinen altarartigen Schränkchen kniend, mit freundlichen Gesten. Er setzt seine rote Mütze auf und beginnt mit einer Segnungsprozedur. Wir knien zu dritt vor dem Altarschränkchen. Der Mönch murmelt Mantras und blickt uns dabei fest und freundlich ins Gesicht. Aus dem Silbenvielerlei kann ich nur zwei für mich verständliche Silben heraushören: »... Thorong La ...«

Mir wird klar, dass der Mönch für das Gelingen unserer Passüberschreitung eine Zeremonie durchführt. Er fährt mit der religiösen Prozedur fort, indem er aus einer kleinen pfauenfederbesetzten Messingkanne eine gelbliche Flüssigkeit in unsere rechten Hände gießt. Mingma ist als erster an der Reihe. Auf diese Weise erfahren wir den ordnungsgemäßen Fortgang der Zeremonie. Ich schlürfe die gelbe Flüssigkeit aus meinem Handteller und streiche mit der noch nassen Hand über meine zerzausten Haare.

Ich beobachte, dass Martina nur wenige Tropfen dieser mysteriösen Tinktur aus ihrer Hand saugt und den Hauptanteil in ihr Haar verstreicht.

Mit einem tibetischen Schriftbündel, eingefasst und zusammengebunden in zwei Holzdeckel, erhält der jeweils Gesegnete einen sanften Klaps an die Stirn. Diese Berührung mit der heiligen Schrift soll unseren Verstand für alle bevorstehenden Ereignisse schärfen. Jeder von uns bekommt einen farbigen Faden um den Hals gebunden, den der Mönch vorher mit ernster Miene an seine gespitzten Lippen geführt und bedeutungsvoll Luft darüber geblasen hat. Damit ist das Ritual beendet.

Mingma gibt uns zu verstehen, dass wir einen finanziellen Obolus zu entrichten haben. Ich reiche dem Mönch einen Fünfhundert-Rupien-Schein. Er zieht aus dem Miniaturaltar eine abgenutzte Blechkassette hervor und gibt mir zweihundertfünfzig Rupien zurück. Sein Gesicht strahlt zufrieden. Unerwartet erscheint eine Frau, offensichtlich deutlich jünger als der Lama, und serviert uns in drei formschönen Zinntassen Tee.

Wir verlassen die enge Klause und betreten das kleine Plateau vor dem Kloster. Vor uns, vom Marsyangdi-Tal getrennt, türmen sich die Bergflanken des Annapurnamassivs auf. Für uns beginnt der nicht ungefährliche Abstieg auf steilen Geröllpfaden. Wir blicken zum Kloster zurück. Der Lama steht mit seiner »Haushälterin« auf dem Felsaltan über dem Klostergebäude. Beide winken zu uns herab. Der Lama hat seine rote Mütze vom Kopf genommen als hätte er vorerst dienstfrei. Er blickt prüfend hangabwärts, als wolle er Neuankömmlinge ausmachen. Wir steigen weiter abwärts und begegnen einem jungen Ehepaar. »Hi!« rufen sie uns entgegen. Es sind Amerikaner, an denen wir uns auf einem engen, stark hangseitigen Pfadabschnitt vorüberschieben müssen.

»Der Mönch wartet auf Sie!«, rufe ich den beiden nach. Beide lachen ohne zu antworten. Von oben blickt nur noch der Lama über die Brüstung seiner Einsiedelei oder ist das Kloster eine »Zweisiedelei«?

Die Sonne brennt heiß vom tiefblauen Himmel. Mingma zieht es jetzt vor, seinen Hut aus Deutschland aufzusetzen. Er zeigt seine Freude über den neuen Ausrüstungsgegenstand, indem er sich zu uns herumdreht und den Hut auf seinem Kopf betont lange in die richtige Position ruckelt. Dabei strahlt sein Gesicht freudig. Mingma geht meist in einer gewissen Entfernung auf dem Abwärtspfad voraus. Dabei gibt der beige Hut seine gegenwärtige Position an, wenn er hinter einem Felsvorsprung verschwindet und weiter unten wieder in unser Sichtfeld kommt.

Wir erreichen auf einem Umweg die weniger steilen Hänge der Felder, die Manang umgeben. Diese Nutzflächen sind von Steinmauern umgeben, die verhindern, dass die rauen Winde die ohnehin dünne Humusschicht verwehen. Während der Zeit des Fruchtwachstums schützen die Mauern außerdem die Felder vor den Nutztieren.

Es ist windig geworden. An langen Bambusstangen flattern zahlreiche Gebetsfahnen über den Häusern. Sie tragen familiäre Bittschriften, die der Wind in die Weite des Himmels tragen soll. Die Menschen in den Bergdörfern haben allen Grund, die Hilfe guter Götter und Geister in Anspruch zu nehmen. Sie bitten um eine gute Ernte … und um das schlichte Überleben.

Gebetsfahnen haben in Nepal und Tibet eine zutiefst religiöse Bedeutung, die wir Mitteleuropäer kaum verstehen. Ich sehe die wehenden Gebetsfahnen, ich nehme mit meinen Augen die Gebetsmühle in der Hand der alten Frau wahr, die am Wegrand sitzt, aber meine Gedanken und Gefühle werden dabei nicht klarer und schärfer. Ich habe verschwommene Vorstellungen von dem, was uns täglich begegnet. Kann ich mich deswegen auf meine Augen verlassen? Ich kenne im Detail den Sinn und den Zweck einer Solarzelle auf einem deutschen Dach. Gebetsfahnen auf deutschen Dächern, eine Absurdität? Wo bliebe dabei der ökonomische Nutzen dieser Fahnen oder beim Drehen von Gebetsmühlen und Murmeln von Mantras?

Religiöse Verdienste stehen zumindest noch in den einsamen Bergdörfern im Vordergrund allen Strebens. Sie sind die Kraftspender für den harten Alltag.

In Kathmandu hat sich das Blatt bereits in einem gewissen Grad gewendet. Finanziell-technische und religiös-spirituelle Grundhaltungen über das Leben stehen sich gegenüber. Oder nur äußerlich und mit westlicher »Hilfe«?

Ich erinnere mich an Herrn Adis Worte, dass es vor fünfzig Jahren in der Hauptstadt noch kein einziges Auto gab und dass auch noch keine Bettler im staubigen Schmutz der Straße saßen, um ihr Leben zu erhalten. Arm und reich hatte sich zu jener Zeit noch nicht so drastisch polarisiert.

Seit der Rückkehr nach Manang hat sich der Wind verstärkt. Windböen fegen über den Zeltplatz und verwandeln ihn in eine Staubwüste.

Unsere Sherpas sitzen im Kreis, sie rauchen die »Marlboro«, die wir ihnen geschenkt haben und spielen Karten. Wir sind vom Wind und dem aufgewirbelten Staub genervt, während unsere Begleitcrew offenbar scherzend Karten spielt.

Wir wissen nicht so recht, worüber sie sich unterhalten und aus welchen Gründen sie kichern, wenn uns ihre Blicke streifen. Bemerken sie vielleicht, dass wir mit der überraschenden Wetterwende unsere Probleme haben?

Die Staubböen toben immer unsanfter über den Zeltplatz. Sandkörner setzen sich in unsere Augen. Wir verkriechen uns in das Zelt. Der Wind zerrt an der Zeltplane, feinster brauner Staub setzt sich auf unsere Ausrüstung, obwohl ich die Reißverschlüsse beider Zeltplanen sorgfältig zugezogen habe. Martina hat sich in ihren Schlafsack verkrochen und ist eingeschlafen.

Ich bin außerstande jetzt Schlaf zu finden, obwohl es momentan das Beste wäre, den herabrieselnden Staub und den an den Zeltplanen zerrenden Wind zu verschlafen. Stattdessen mache ich mein Tagebuch zum Tummelplatz meiner aufgewühlten Gedanken. Der feine, braune Staub setzt sich auf die weißen Blätter meines Tagebuches, so dass ich ihn nach jeder geschriebenen Zeile wegblasen muss.

Meine beiden Fotokameras verpacke ich zusätzlich in Plastikbeutel, um den eindringlichen Staub von der empfindlichen Technik abzuhalten. Der Kobold der schlechten Laune hat sich endgültig in mir festgesetzt und kommuniziert bereits mit den Referaten »Westliche Analytik« und »Perfektionismus«. Die gegenwärtige Lagebesprechung kommt zu dem Ergebnis: Hier ist in absehbarer Zeit nichts zu machen – Problem aussitzen oder doch verschlafen?

Ich lege mein Tagebuch beiseite, strecke mich in meinem Schlafsack aus und höre auf den Wind und nicht mehr in mich hinein. Ich versuche den Kobold zur Gleichgültigkeit zu erziehen – der Sturm um das Zelt flaut ab.

Aus der scheinbaren Ignoranz der Sherpas unseren Problemen gegenüber, ist schnell Hilfsbereitschaft geworden. Wie aus einem Bereitschaftszustand heraus sind Mingma, Krishna und Mindu in der Nähe unseres Zeltes, als hätten sie eine bestimmte Art von Vorahnung, was unsere Wünsche und Bedürfnisse betrifft. Sie machen nicht viele Worte, sie sind zur Stelle und räumen mit uns gemeinsam das durchstaubte Zelt. Sie knacken in uns den letzten Rest von Misslaune. Sie wenden das Zelt um neunzig Grad und befestigen die Verankerungen mit Sorgfalt im felsigen Boden. In mir kippt die Stimmung, ich bewundere diese drei Burschen. Gleichzeitig verspüre ich einen Anflug von Scham über die Unfähigkeit, eine unbequeme Situation gut zu ertragen.

Martina und ich sind wieder bester Laune, unsere Sherpas haben ihre Heiterkeit und Leichtigkeit auf uns übertragen, unser Zelt und die Ausrüstung sind gereinigt und wohlgeordnet als sei nichts vorgefallen.

Wir schlendern in der beginnenden Dämmerung durch Manang. Wir nehmen diesmal den Weg zurück in Richtung Braga. Uns begegnen Frauen mit ihren Dokos, den Tragekörben, auf dem Rücken. Sie kehren von den Feldern zurück. Niemand scheint ihnen die schwere Arbeit abzunehmen. Den Frauen fällt nicht nur diese schwere Aufgabe zu, ihr Wirkungsbereich verbreitert sich in universelle Richtungen. Neben der Feldarbeit warten in den Häusern und Hütten die Kindererziehung und der übrige Haushalt. Die Männer sind meist als Träger und Händler unterwegs oder finden Arbeit in den wenigen großen Städten Nepals. Manche Männer, so sagt man, verfallen dem Glücksspiel oder der Trunksucht.

Der Weg wird abschüssig und steinig. Der Wind hat sich gelegt. In die Stille hinein rauscht der Marsyangdi-Khola. Wenige helle Sterne blinken über dem Bergmassiv der Annapurna im Südwesten und der

Chulu-Gebirgskette im Norden. Wir blicken zurück nach Braga im Südosten, in die Wegrichtung, aus der wir am vorgestrigen Tag kamen. Die Lichter dieses Bergdorfes leuchten schwach in die aufkommende Dämmerung, die Kälte mit sich bringt.

Das heutige Abendessen zaubert eine Überraschung in unsere Alu-Blechtöpfe. Temba und Mindu haben uns Yak-Steaks zubereitet. Diesen Wunsch äußerte ich irgendwann in den vergangenen Tagen. Mingma hatte ihn nicht vergessen.

Er kommt persönlich ins Zelt und wünscht uns guten Appetit. Das Yak-Steak ist eher eine Frikadelle aus dunkelbraunem, faserigem Fleisch. Es ist fettarm zubereitet und ähnelt im Geschmack unserem Rindfleisch.

Am Ende des Zeltplatzes ist reges Leben. Ich verlasse noch einmal unser Zelt und gehe in Richtung Dorfanger, vorbei an der Manimauer mit den Gebetsmühlen. Noch immer sind Träger in der Dunkelheit unterwegs. In der Lodge am Rande des Dorfangers schaue ich durch ein erleuchtetes Fenster. Mingma und Mindu sitzen in lautstarker Runde mit anderen Sherpas zusammen.

Bihibar (Donnerstag), den 06. November 2003

Manang – Letdar

Das Räuspern und Spucken der Sherpas und Träger weckt uns aus dem Schlaf. Der Kerosinkocher ist zu diesem allmorgendlichen Kehllautkonzert das begleitende Instrument. Wir warten nicht erst die Einladung zum early-morning-tea ab.

Ein leichter Vorsprung in der morgendlichen Prozedur des Tagesbeginns kann nicht schaden, so ist unser gemeinsames, stummes Einverständnis. Bevor der Tee vor unserem Zelt steht, sind wir bereits angezogen und mit dem Wickeln unserer Schlafsäcke beschäftigt.

Ist unsere heutige Handlungsweise Intuition, weil ein erneuter Aufbruch von besonderer Qualität bevorsteht? Wir werden die Viertausendmetergrenze überschreiten und in viertausendzweihundert Metern Höhe übernachten. Wird uns diese Höhe zusetzen oder werden wir sie gut verkraften? Die Grübelei darüber ersticken wir in entschlossenem Handeln, was den Aufbruch nach Letdar bedeutet.

Aus der Erfahrung des gestrigen Tages habe ich meinen Willen mit mehr Gelassenheit und Selbstdisziplin versorgt, die ich aufrecht erhalten will. Zusammen mit einer französischen Trekkergruppe verlassen wir Manang. Sie bleibt nach kurzer Zeit hinter uns zurück.

Die Bergregionen oberhalb von Manang werden öder. Nur Berberitzen- und Wacholderbüsche beleben die Kargheit der Bergrücken. Aber die Farben! Der Blick zurück auf Manang ist in der Frische und der Klarheit des Morgens und der Sinne eine fantastische Lichtmalerei. Die Erdfarben variieren von hellem Ocker bis zum dunkelsten Braun. Durch das Tal schlängelt sich der Marsyangdi, der im fernen Morgendunst verblasst. Der Gipfel des Gangapurna hebt sich in grellem Weiß vom kobaltblauen Himmel ab.

Der Pfad steigt steil aufwärts. Unter uns fließt der Tharsang Khola. Hier fließen die Wasser nicht mehr so gewaltig und tosend.

Das Steigen ist mühsam und schweißtreibend. Mingma geht mit gleichmäßigen Schritten in Vorausposition. Wir haben uns weit vom Flussbett des Tharsang Khola entfernt. Er ist in einer tiefen Talschlucht unseren Blicken entschwunden. Es ist still um uns herum. Nur das Knirschen des Gerölls unter unseren Schuhsohlen ist das begleitende Geräusch von uns drei Berggängern, die sich aufwärts bewegen. In dieser Abgeschiedenheit fernab von allem lärmenden Tumult wird mir erneut bewusst, dass wir weit weg von zu Hause sind und uns im Bannkreis des höchsten Gebirges dieser Erde und anderer Religionen befinden: Vor uns setzt Mingma seine bedachten Schritte bergan. Ihm folgen zwei Anvertraute aus einem westlichen Kulturkreis, die ihre Wurzeln in anderen Anschauungen und Lebensgewohnheiten haben.

Wenige kleine Steinhäuser bilden das Dorf Gunsang. Auf einer chautaara erkennen wir unsere beiden Seesäcke inmitten aufgereihter Körbe und verschnürter Ausrüstungsbündel. Etwas im Abseits kochen unsere Träger ihre erste Mahlzeit des Tages. In einem großen, verrußten Topf kocht dhaal bhaat, Reis mit Linsen. Unsere Träger essen heute dhaal bhaat, morgen dhaal bhaat und übermorgen wieder. Diese

Kraftspeise scheint bei den Nepalesen mehr als nur Essenseinnahme zu sein, es ist tägliches Ritual in endloser Folge!

Verhindert der Status eines Rituals das Aufkommen von Einseitigkeit und reizloser Monotonie? Auch ich muss ein Loblied auf dhaal bhaat singen: Es liegt nicht im Magen. Es ruht ohne Blähungen als »stilles Kraftpaket« in unserer Verdauungszentrale und liefert kontinuierliche Energie, besonders in Zeiten hoher und ausdauernder Belastungen.

Auf der Dachplattform einer Lodge machen wir eine Rast. Trotz strahlendem Sonnenschein ist es kalt und wir kommen ohne unsere Anoraks nicht mehr aus. Die Franzosen treffen ein. Sie haben unseren Vorsprung aufgeholt. Der silberweiße Gipfel des Tarke Kang, Glacier Dome, blendet und treibt mir Tränen in die Augen. Die UV-Brille erweist sich als unverzichtbar.

Aus einem Seitental dröhnt lautes Donnern, ein Zeichen einer sich lösenden Lawine oder ein Gletscherabbruch? Der Widerhall verebbt und es ist wieder still. Ich beobachte die uns gegenüberliegenden Schneehänge mit Aufmerksamkeit.

Sie bleiben unverändert und starr. Meine Blicke gleiten weiter, als wollten sie die Naturerscheinung des Lawinenabgangs aus sicherer Distanz herbeirufen.

Die Landschaft wird gigantischer, je höher wir steigen. Die Berge wachsen zu monumentalen Schneeriesen. Allmählich wird uns das Ausmaß des Annapurnagebirgsmassivs bewusst. Wir bleiben jetzt öfters stehen und schauen zurück. Den langen Talbogen, in dem der Marsyangdi verläuft, haben wir verlassen und folgen seit Stunden dem Ufer des Tharsang Khola bis wir morgen Thorong Phedi erreichen werden. Bis dahin haben wir eine vergleichsweise kurze Wegstrecke zurückzulegen, die aber durch ihr Höhenprofil das Defizit an Schwierigkeiten wettmachen wird.

Als wir in Gunsang aufbrechen, treffen Krishna und Herr Kleenlich ein. Langsam ist ihr Schritttempo. Herr Kleenlich wirkt angeschlagen und abwesend. Es kommt zu einer kurzen Unterhaltung, während der wir bemerken, dass unser Trekkingpartner eine eigenartige Reaktionsschwäche zeigt. Er ist bemüht, seinen Zustand zu verbergen, was ihm nicht recht gelingt, weil ihm schon das Öffnen des Rucksackes, bei einer nicht zu überhörenden Kurzatmigkeit, äußerste Konzentration und Mühe abverlangt.

Unsere Träger nehmen ihre Lasten von dem steinernen Rastplatzpodest und setzen sich in Bewegung. Hinter dem nächsten Felsvorsprung sind sie verschwunden, ohne dass wir sie an diesem Tag noch einmal zu Gesicht bekommen. Auch Herrn Kleenlich und Krishna treffen wir erst in Letdar wieder.

Im ständigen Auf und Ab nähern wir uns Yak Kharka, was soviel wie Yak-Sommerdorf bedeutet. Ein Sommerdorf in über viertausend Metern Höhe! Wir durchschreiten einen belebten Ort, zumindest eine etwas größere Ansammlung von Häusern. Ein Nepalese kommt freudig winkend auf uns zu und begrüßt Mingma. Auch Mingma scheint über die Begegnung erfreut zu sein. Ein kurzer, dienstlich wirkender Wortwechsel verschafft uns eine Pause.

»Er ist ein Trekkingführer von Kathmandu in den Annapurna-Bergen«, erklärt uns Mingma. Die Trekkingführer scheinen sich meist zu kennen. Die Art der Begrüßungen lässt jedenfalls diesen Schluss zu.

Kleine weiße Wolken haben sich am Himmel gebildet. Schnell ziehen sie über uns hinweg. Wir marschieren schweigend. Die Auf- und Abstiege stecken uns in den Beinen. Ich hänge meinen Gedanken nach, denke noch einmal an den alten Mönch im Mananger Kloster. Einer weiteren Vorstellung folgend, sehe ich seine dunkelrote Mütze vor mir, die mir sagt, dass er zur gleichnamigen buddhistischen Sekte der Rotmützen gehört. Diese Sekte ist vom Zölibat befreit, während die Mitglieder der Gelbmützen zu einem ehelosen Leben verpflichtet sind. Die religiösen Ziele, die Erleuchtung und das Nirvana, vereinen die beiden buddhistischen Schulen.

Wir dringen in eine großartige Landschaft vor und, als wenn es so sein müsste, bevorzugen wir ein langsames Tempo, um der Seele Gelegenheit zu geben, die Eindrücke Schritt für Schritt zu verarbeiten. Jede Pfadbiegung verändert die Perspektive, jeder Höhenmeter bringt uns Letdar und der Schneegrenze näher. Die Sichtrichtung nach Norden stößt sich an einer großen Bergflanke. Der Eindruck, dem Talschluss und dem Thorong La näher zu kommen verstärkt sich intuitiv. Unerwartet tauchen hinter einer Wegbiegung eine Hand voll Häuser auf. Mingma blickt über seine Schulter zurück: »Letdar!«

Die Häuser sind Steinhütten mit wenigen kleinen Fenstern, vor denen sich einige Frauen nach unserer Ankunft versammeln. Sie tuscheln und lächeln uns scheu an. Sie mustern uns abschätzend mit einer fremdartig vorsichtigen Neugier. Wir setzen uns auf eine verwitterte Bretterbank. Nach kurzer Zeit entsteht in mir der Eindruck, dass die Frauen insbesondere mich eingehend betrachten. Ist ihnen meine Körperlänge und der große breitkrempige Hut auf meinem Kopf ein exotischer Anblick?

Ich komme mir wie ein Gutsbesitzer mit Krösus-Allüren vor. Alles an mir, besonders meine Körpergröße, erscheint mir wie Überheblichkeit. Die Blicke der Frauen bleiben an meiner Kamera mit dem großen »Objektivauge« haften. Was mag das für ein fremdartiges Wohlstandsgebilde sein, was da vor meiner Brust hängt und welchen Nutzen trägt es in sich? Nach geraumer Zeit habe ich das Gefühl mit lauter Wohlstandsattributen behangen zu sein, die mich als Menschen mit üppigstem Lebensstil charakterisieren, oder hat es für mich nur den Anschein? Gaukeln mir meine Sinne in viertausendzweihundert Metern Höhe nach einem zermürbenden Tagesmarsch Überempfindsamkeit vor?

Mingma und der rundgesichtige Galey bauen unsere Zelte an der Rückseite des Hauses auf. Wir sind unbemerkt in Gesellschaft eines rüpelhaft aussehenden Bubens mit wirr zerzaustem Haarschopf. Über den Ohren enden die drahtig-schwarzen Haare, als hätte sie ihm jemand mit einer Sichel oder einem Buschmesser gestutzt. Dieser absonderliche Haarwulst auf dem Kopf gibt dem Jungen ein Aussehen von fremder Wildheit. Ich drücke ihm ein Bonbon in die Hand. Daraufhin stellt er sich freiwillig für ein Foto in Positur. Mingma sieht dem zufälligen »Fotoshooting« zu, grinst und ruft uns zu: »He has an Yak-Haircut!«

Aus uns bricht eine Lachsalve hervor, obwohl wir vom Aufstieg nach Letdar zerschunden auf das Beziehen unseres Zeltes warten. Der Junge schaut mit verdutztem Gesicht und ungläubigen, braunen Augen in die Runde, weil auch die Träger diesen Ulk verstanden haben und ihn mit Gelächter unterstützen.

Das robuste Bürschchen mit dem Yak-Haarschnitt nimmt den für ihn zweifelhaften Beifall nicht weiter tragisch. Er lacht mit und ich gebe ihm noch ein Bonbon. Er trollt sich, wir kriechen abgeschlafft in das Zelt.

Die Seesäcke sind klamm. Im Zelt ist es kalt, die Dämmerung und zusätzliche Kälte von draußen zieht in das Zelt. Vor uns steht die »Organisation« unserer Rucksäcke und Seesäcke. Ich spüre den anwachsenden Widerwillen gegenüber diesen notwendigen Aufgaben. Auch in Martina sträubt sich die Handlungskraft, die Seesäcke zu öffnen, um im engen, frostigen Halbdunkel des Zeltes eine brauchbare Mindestordnung für eine lang andauernde Nacht zu schaffen.

»Ich habe nicht die allergeringste Vorstellung, was ich jetzt tun soll«, murmelt sie vor sich hin. Ich weiß, dass diese Bemerkung eine Art Auftakt ist, sich über die provisorischsten Kleiderschränke dieser Welt herzumachen, um die »Wäschefächer« zu sortieren. Ich befehle mir, meinen Beitrag zu leisten. Ich entferne die Schlösser von den Seesäcken und sorge dafür, dass sie zusammen mit den beiden Schlüsseln im Durcheinander des Zeltes nicht verloren gehen. Ich bin der »Zeltmeister für die Globalorganisation«. Ich transportiere und rücke die Seesäcke und Rucksäcke. Ich bin der Zeltöffner und Wiederverschließer und der Begleiter hinaus in die kalte dunkle Nacht, doch heute ist alles anders!

Momentan bin ich offenbar nicht vollständig in der Lage, meinen mir zugedachten Arbeitsbereich auszufüllen. Ich bin urplötzlich sehr geschwächt und niedergedrückt. Ich beginne zu frieren und fühle mich im wahrsten Sinne des Wortes frostig. In meinem Kopf hämmern ohne Vorankündigung Kopfschmerzen, fast gleichzeitig wird mir übel. Ich ziehe meine Fleecejacke über meinen Pullover und die Fleecehose über meine Unterhose. Noch bevor ich in den Schlafsack krieche, befällt mich ein unangehmer Schüttelfrost. Ich streife meine Mütze über die Ohren und ziehe meine Handschuhe an. Meine Füße und Hände fühlen sich an wie keulenartige Eisklumpen. Ich kauere mich zusammen und falle in einen flachen Halbschlaf. Ich spüre dabei immer deutlicher wie meine Hände und Füße den Zustand von schmerzhafter Vereisung annehmen. Gleichzeitig sackt meine angeschlagene Stimmung in ein widerwärtiges Tief. Wirft der Thorong La-Pass seine düsteren Schatten voraus? Wird für mich der Aufstieg zum Pass zur ernsthaften Prüfung?, durchfährt es mich. Bin ich überhaupt noch in der Lage, den morgigen Aufstieg nach Thorong Phedi in Angriff zu nehmen?

Ich schlafe ein, wache tief durchatmend auf, die Kopfschmerzen klopfen an meinen Schläfen. Ich atme willentlich tief durch, schlafe ein und erwache als spürte ich die Sauerstoffknappheit. Ich denke an den Aufenthalt in der Kibohütte an der Einstiegsflanke des Kilimandscharo, wo es mir ähnlich erging.

Gegenwart und Vergangenheit verschmelzen in bedrückendem Dämmerschlaf. Werde ich in dieser Abgeschiedenheit ernsthaft höhenkrank? Bin ich gezwungen, nach einem wichtigen höhenmedizinischen Grundsatz zu handeln, bei einer Verschlechterung meines Zustandes in tiefere Regionen abzusteigen? So wie meine Kopfschmerzen pochen, so arbeiten meine Gedanken, von denen Martina, die neben mir mit ordnender Hand wuselt, nichts ahnt.

Ich werde wach, als hätte ich lange geschlafen. Ich drücke auf die Beleuchtungstaste meiner Armbanduhr. Es ist zweiundzwanzig Uhr. Ich kann es nicht glauben! Ich fühle mich durchwärmt, meine Kopfschmerzen sind verschwunden, die Übelkeit hat sich scheinbar im Zelt verflüchtigt. Ich schaue hinüber zu Martina. Ihr Atem geht gleichmäßig und tief.

Shukrabar (Freitag), den 07. November 2003

Letdar – Thorong Phedi

Das Licht meiner Stirnlampe hat sich von der tiefen Temperatur der Nacht in einen diffusen Gelbton verdunkelt. Ich muss, ob ich will oder nicht, die Geborgenheit meines Schlafsackes verlassen. Schneidende Kälte schlägt mir entgegen. Sie macht mir nur wenig aus, weil mein Stimmungsaufschwung durch die rasche Besserung meiner Vorsymptome der akuten Höhenkrankheit so beruhigend ist. Ich sehe den prächtigen Sternenhimmel über mir, den ich sogar ein wenig genieße. Mir ist zumute, als hätte ich einen nicht näher beschreibbaren Sieg errungen.

Bis zu unserem Aufbruch nach Thorong Phedi sind es noch drei Stunden. Ich habe mich längst aus der Abstumpfung meiner Willenskraft befreit. Ein tiefer anhaltender Brummton weckt uns. Vor dem Zelt stampfen und scharren die Hufe von Kühen oder sind es gar Yaks, meine persönlichen Wappentiere? Ich öffne die Zeltreißverschlüsse und sehe einige schwarze Kühe, die friedlich um unser Zelt vagabundieren und die wenigen dürren Blätter und Stoppelhalme in ihren Mäulern zerkauen. Wieder brummt eine der Kühe. Diesmal klingt es als eine direkte Begrüßung in den frühen Morgen hinein. Ich erkläre das tiefe Brummen zum »Ton des Tages«.

Der bisher schwerste Tagesabschnitt liegt hinter uns. Ich fühle mich wieder ausgesprochen gut. Die Nacht brachte uns einen langen Erholungsschlaf. Nach dem Frühstück setzen wir uns auf die Bretterbank vor der Steinhütte. Von dem Dorfjungen mit dem Yak-Haarschnitt ist weit und breit nichts zu sehen.

Die alte, verwitterte Brettertür der unseren Zelten benachbarten Hütte öffnet sich knarrend. Durch den Türspalt schaut eine ältere Frau und verlässt schließlich den halbdunklen Raum. Sie lässt die Tür halboffen. Auf einem flachen Brettergestell liegt, eingehüllt in alte schmuddelige Decken, eine jüngere Nepalesin. Nur ihr Kopf schaut aus dem Deckenhaufen hervor. Uns bietet sich ein trostloser Anblick. An den offenbar feuchten Wänden fehlen große Stücke Putz. Keine Lampe erhellt den Raum. Kein Feuer brennt, weil der Raum keinen Ofen besitzt. Die junge Frau wickelt sich aus den Decken, sieht zu uns herüber und lächelt. Sie verlässt in ihren Tageskleidern ihr Nachtlager, geht zum nahen Brunnen und wäscht im eiskalten Wasser Gesicht und Arme. Sie kommt zurück und wieder streift uns ein lächelnder Blick. Sie verschwindet erneut im düsteren Raum.

Stille umgibt uns auf dem Anstieg nach Thorong Phedi. Wieder bricht sich in mir eine Eigenschaft bahn, deren Wesensart ich gut kenne. Ich sehe vieles, was mich umgibt und was ich erlebe. Ich nehme es in mir auf, manchmal gedankenlos, manchmal gleichgültig, ohne Wertschätzung und Urteilsvermögen.

Oft sind es kaum wahrgenommene Augenblicke, die erst später Beachtung finden. Die Berge umgeben uns wie ein akustisches Vakuum, das meine Gedanken beflügelt. Filmgleich ziehen die morgendlichen Bilder an mir vorüber. Ich denke an die junge Nepalesin, die uns anlächelte. Ich frage mich jetzt, wie es die ärmlichen und harten Lebensumstände zulassen, uns mit freundlichsten Gesten zu begegnen. Die äußere Welt, in der diese Menschen, wie die Frau im feucht-finsteren Verschlag ihrer Elendsbehausung, leben, ist nicht das in ihrer Vorstellung existierende Shangri La, kein sagenhaftes Wunderland, kein mystischer Ort der vollkommenen Glückseligkeit, von dem hauptsächlich westliche Menschen träumen und hier in den Bergen vermuten. Es gibt für mich nur eine Erklärung: Sie tragen dieses Shangri La in ihrem Inneren, in ihrer Seele!

Mingma legt einen Stein auf ein Steinmännchen am Rande des Pfades, ein Dank an die hilfreichen Götter, die uns bisher wohlgesonnen waren. Seit wann gibt es die Tradition dieser Steinmännchen und Steinhaufen, tibetisch Lhatse genannt? Über die Passwege ziehen seit Jahrhunderten Yak- und Maultierkarawanen. Sie transportieren das »weiße Gold« Tibets über den Himalaja. Es ist das Salz aus den Seen der Hochebenen, das die Nomaden nach Nepal transportieren und dafür im Tauschhandel Getreide erhalten. Besonders in der Vergangenheit waren die Karawanen unter schweren Bedingungen monatelang unterwegs. Die Steinhaufen, so wird berichtet, sollen die »zornvollen Götter« von Untaten gegenüber den Salzkarawanen und anderen Passüberquerern, so wie wir es sind, abhalten. Nach dem Glauben der Tibeter sind die Passübergänge von Geistern besiedelt. Auch wir legen einen Stein auf das Steinmännchen, um sie milde und hilfreich zu stimmen.

Die letzten Kilometer nach Thorong Phedi sind Steilanstiege über Serpentinen, groben Steinschotter und abschüssige Felshänge. Die Steilwände des Talschlusses umgeben uns. Es sind die unteren Felssockel des Purkhung, aus dessen Gebirgsstock der Kona Khola entspringt.

Martinas Schritte hangaufwärts wirken müde. Krishna, der uns in den vergangenen zwei Stunden in der Führungsposition begleitet, muss häufig auf uns warten, weil Martina ihr eigenes Tempo geht. Er steht an den Serpentinenenden, hält inne und schaut geduldig auf uns herab. Ihm ist nicht die Spur einer Schwäche anzusehen. Wir schieben uns höher, der Pfad ist steil, wir gewinnen merklich an Höhe. Mingma ist mit Herrn Kleenlich zurückgeblieben. Sie sind in dem Labyrinth aus Felsvorsprüngen und Geröllhängen nicht zu orten. Hoch oben, wo der Weg in eine flachere Region übergeht, erkenne ich ein torähnliches Holzgerüst. Es hebt sich in dunklen Umrissen gegen den blauen Himmel ab. Auf einem Plateau, welches die Bergflanke unterbricht, liegt mit einem Dutzend Steinhäusern Thorong Phedi, das Dorf am Fuß des Passes.

Schließlich gehen wir durch die stilisierte Eingangspforte. Auf einer terrassenartigen Anhöhe steht in Warteposition unsere gesamte Ausrüstung. Unser grüner Klapptisch mit den drei Hockern signalisieren uns die Ankunft. Mindu bringt uns Tee und Kekse. Martina lässt sich mit einem Seufzer auf ihren Hocker fallen. Sie schaut bergwärts, wo sich die Serpentinen weit nach oben winden und sagt mit matter Stimme resigniert: »Das werde ich wohl nicht schaffen.« Sie schiebt ihren Hut in die Stirn als solle die Krempe sie vor weiteren schockierenden Anblicken bewahren. Ich kommentiere ihren Tiefpunkt nicht. Sie würde ohnehin jedes gute Zureden und alle Beschwichtigungen als Besserwisserei und Kontraposition auffassen. Wir umklammern unsere Edelstahlbecher, die unsere Hände wärmen, trinken den heißen Tee und essen schweigend unsere Kekse. Mit jedem Schluck der warmen Flüssigkeit kommt eine wohlige Geborgenheit und Zufriedenheit. Ich ziehe mein Tagebuch aus dem Rucksack und schreibe mit kalter Hand Sätze hinein. Nach wenigen Zeilen kühlt der Kugelschreiber aus. Nur erhöhter Druck auf das Papier lässt noch soviel Tinte fließen, dass ich später mit Mühe das Geschriebene entziffern kann.

Martina erhebt sich unerwartet von ihrem Hocker und wie ganz nebenbei sagt sie zu mir: »Während du hier schreibst, werde ich die Serpentinen weiter nach oben gehen.«

In diesem Moment weiß ich, dass sich in ihr eine entscheidende Wandlung vollzogen hat. Sie braucht den äußerlichen Aufbau von Willensstärke nicht mehr. Sie hat sich selbst aus ihrer Lethargie befreit. Allmählich steigt sie nach oben. Ihr roter Anorak zeigt mir ihre Position an. Nach etwa einhundertfünfzig Höhenmetern kehrt sie um und kommt zu unserem Lagerplatz zurück. »Ich denke, dass ich den Aufstieg zum Pass doch schaffen werde«, ist ihre Rückkehrbotschaft. Sie stimmt mich im tiefsten Inneren froh.

Mein Kugelschreiber ist nicht mehr in der Lage meinem Schreibdrang nachzugeben. Die Schreibflüssigkeit ist in der Mine erstarrt. Meine Hände sind so durchfroren, dass auch sie keine wärmenden

Impulse mehr auf mein unverzichtbares Schreibwerkzeug übertragen können.

Wir beziehen unser Zelt. Mir geht es ausgesprochen gut. Die Probleme des gestrigen Abends schweifen nur kurze Zeit durch meinen Kopf, sie haben sich zumindest für heute in Mühelosigkeit verwandelt. Ich verspüre von Minute zu Minute das Verlangen ebenfalls weiter nach oben zu steigen.

Martina ist diesem Ansinnen gegenüber nicht abgeneigt, ein weiteres Anzeichen für ihre gewachsene innere Kraft. Sie geht den Aufstieg zum zweiten Mal, diesmal noch höher. Die Neugier treibt uns bis zu einem markanten Punkt, dorthin wo die letzte Pfadkehre hinter einem Felsrücken verschwindet. Die Spannung löst sich nach Erreichen der Felswand nicht. Der Ausblick in Richtung Pass erweist sich nicht als Überblick, sondern als Kopie der Sicht vom Zeltplatz aus. Die Windungen des Pfades verlieren sich weiter in der Unübersichtlichkeit von Hängen und Felspassagen.

Auf dem Rückweg eröffnen sich weite Aussichten auf eine große Zahl von Berggipfeln, auf Grate und Flanken. Das Spätnachmittagslicht zeigt sie in beeindruckender Räumlichkeit. Wir befinden uns in einer Höhe von etwa viertausendsiebenhundert Metern. Unsere beachtliche Höhe bringt uns das Empfinden von Ebenbürtigkeit mit den uns umgebenden Bergen. Wir sind weitab von jeglicher Zivilisation. Ich fühle diesen Zustand als Ausgesetztsein, als unendliches Ungestörtsein und inneren Frieden.

Nichts treibt uns. Nur die schwach einsetzende Dämmerung mahnt uns, langsam und bedächtig abzusteigen. Die winzigen Zelte auf dem kleinen Plateau werden allmählich größer. Neben unseren blauen Zelten stehen inzwischen drei gelbe professionelle Expeditionszelte mit der typischen Kuppelform. Unsere französischen Nachbarn räumen ihre Zelte ein. Das Sherpatrüppchen geht ihren Auftraggebern wortstark zur Hand. Auch die Franzosen sind nicht wortkarg. Alle lachen und zu jedem Handgriff scheinen witzige und lustige Kommentare hin und her und durcheinanderzufliegen. Uns umgibt ein Gickern und Gackern bei dem so ganz nebenbei auch gearbeitet wird. Die Kunst liegt offenbar in der erregten Plauderei, die bei den Arbeiten wie ein Schmierstoff alle menschlichen Reibungsverluste aufzuheben scheint.

Wir sind am heutigen Tag zum zweiten Mal deutlich höher gestiegen als die bevorstehende Übernachtungshöhe. Wir haben die Aufenthaltszeit, möglicherweise unbewusst, in größerer Höhe hinausgezögert und damit den Akklimatisationseffekt verstärkt.

Schon in der Übergangsphase von der Dämmerung zur sternklaren Nacht wird es empfindlich kalt. Nur im Schlafsack erwärmen sich Hände und Füße. Ich wechsele in unseren Stirnlampen die Batterien. Die Fotokameras nehme ich mit in den Schlafsack. Aus unserer Whiskyflasche nehmen wir heute zwei reichliche Schlucke, das Gefühl von behaglicher Wärme soll wenigstens aus unserem Inneren kommen. Dazu flackert unser Teelicht, doch die Zeltplane verstrahlt schon jetzt bissige Kälte. Ich nehme meine Pocket map around Annapurna in meine klammen Hände wie ein Gebetsbuch, das mir Orientierung gibt.

Ich entfalte den »Viertelquadratmeter Papier« und stelle nur eine Übersichtsbetrachtung an, eine Art Bilanz über Vergangenes und Bevorstehendes. Der Thorong La ist der Scheitelpunkt unseres Trekkings, ein Höhepunkt im Sinne des Wortes, ein Wendepunkt hin zum Tal des Kali Gandaki.

Ich fühle mich nicht beunruhigt, eher gelassen mit einer inneren Festigkeit, die mir in den vergangenen Tagen zugeflossen ist, die jedoch vielleicht wieder ins Wanken geraten kann. Die Sherpas der Franzosen singen und pfeifen »Resham phiriri ….«

Mingma zupft am Außenreißverschluss unseres Zeltes. In seinen Händen hält er zwei Gummiwärmflaschen, die er uns ins Zelt reicht.

»Die Nacht ist kalt und das hier ist gut«, er zeigt auf die beiden Stoffbeutel, die die Wärmflaschen umhüllen. Seine Geste wirkt fürsorglich und rührend. Wir fühlen uns bemuttert und stecken die Gummiflaschen unter die Fußenden der Schlafsäcke. Kerosingeruch verbreitet sich im Zelt. Er geht von den Stoffbeutelumhüllungen der Wärmflaschen aus. Eine Flasche beginnt leise ihr Wasser auf die Isoliermatten zu »verglucksen«. Die Leckstelle in der Nähe des Verschlusses ist nicht zu reparieren, deswegen stelle ich die Flasche senkrecht und wärme meine Hände daran. Die Wärme tut gut, sie wirkt wie ein Anschub für die weitere Körpererwärmung. Nur der Kerosingeruch trübt ein wenig die behagliche Gesellschaft mit den Wärmespendern.

Götter und Geister in Nepal und Tibet mögen nur Wohlgerüche, nur dann sind sie dem Menschen gut gesonnen. Deshalb werden bei Pujas, den religiösen Ritualen, Wacholderzweige verbrannt. Ob die Dünste von Kerosin zu den Wohlgerüchen zählen, bezweifle ich. Ich glaube, dass die Geister vom Thorong La zumindest »halbzornvoll« und ablehnend darauf reagieren würden.

Täglich begegnen uns kleine Pannen, Halbheiten und Missgeschicke, mit denen wir gelernt haben zu leben und humorvoll damit umzugehen. Aus allen Improvisationen lesen wir, so auch heute Abend, die guten Absichten heraus. Das Bild, ich nenne es schlicht »Mingma mit Wärmflaschen«, wird mir nie aus meinem Gedächtnis verloren gehen.

Ich schaue vor dem Einschlafen auf meine Uhr. Es ist wenige Minuten vor einundzwanzig Uhr. Ein schwacher Wind streicht um das Zelt. Die Planen heben und senken sich in kleinen Wellen. Ich döse vor mich hin. Aus dumpfer Ferne höre ich schwaches, hohles Grollen. Verwirrt lausche ich in die Nacht Lawinenabgänge, ...Maoisten, der Yeti kommt ... schlitzt das Zelt auf, ... Maoisten umstellen unser Zelt, ...Stille, ...

Martinas lauter, etwas röchelnder Atem holt mich aus dem Halbschlaf in die Gegenwart zurück. Ich atme tief durch, mein erwachtes Bewusstsein beruhigt mich nach kurzer Zeit. Draußen vor dem Zelt ist alles ruhig. An den Schultern und Hüften ist mir kalt. Ich liege auf der Seite, der Schlafsack zeigt seine Schwachstellen in punkto Wärmeisolation. Ich will das Zelt nicht verlassen.

Der Druck in meiner Blase ist stärker, gibt mir den entscheidenden Anstoß. Schnell fahre ich in meine Schuhe und öffne möglichst geräuschlos das Zelt. Ich weiß nicht wie kalt es ist, ich kann es nicht in Grad ausdrücken nur mit Worten: bitterkalt. Ich stolpere mehr als ich gehe, entferne mich nur wenig vom Zelt, das »Transformatorenhäuschen« ist mir zu entlegen, der Druck fast schmerzend, aber er lässt schnell und befreiend nach.

Sanibar (Samstag), den 08. November 2003

Thorong Phedi – Thorong La - Muktinath

Führt der Weg zu deinem Haus durch
tiefe Schluchten oder hohe Pässe, so
besuchen dich nur die schlimmsten
Feinde oder die besten Freunde

Tibetisches Sprichwort

Die Ziffern meiner Armbanduhr zeigen zwei Uhr und dreißig Minuten. Vor unserem Zelt ist tumultartiges Treiben. Die Sherpas der französischen Gruppe sind schon in voller Aktion. Wir haben noch eine halbe Stunde Zeit. An Schlaf kann ich nicht mehr denken. Ich strecke mich im Schlafsack aus, fühle mich untätig und mit dem Nichtstun kommt unruhige Grübelei in mir auf. Weit über uns thront in meinem Geiste der Pass, meine Unruhe steigert sich. Martina schläft tief, ich will sie nicht wecken und zügle meine Ungeduld. Ich kenne diesen schwer zu bändigenden Gegenspieler in mir, der erst dann zur Ruhe kommt, wenn er seine Aufgabe entschlossen anpacken kann. Nur im Tätigsein verscheuche ich den hemmenden Zwiespalt, im Tun wächst mir Vertrauen und Selbstsicherheit zu. Ich lausche der Geschäftigkeit, die in der kalten Nacht frohgelaunt klingt, dem Pfeifen und unverständlichen Silbensingsang der Sherpas und Träger. Ich höre die Stimmen von Mindu und Galey.

In einem muffig-feuchten Raum einer Hütte ist unsere Frühmahlzeit bereitet. Wir frühstücken, umgeben von rußig schwarzen Wänden. In den Spalten der aufgeschichteten Mauersteine flackert das schwache Licht von Kerzenstummeln. Der Lehmboden ist feucht-glitschig und wellig. Der Schein einer Taschenlampe fuchtelt unruhig durch die niedrige Tür. Er verbreitet zusammen mit dem Hin- und Herlaufen der Sherpas nervöse Aufbruchstimmung.

Vier Uhr: Abmarsch in der Dunkelheit. Mingma geht voran, es folgen Martina und Herr Kleenlich. Hinter ihm belauere ich im Licht meiner Stirnlampe seine unsicheren und bedachtsamen Schritte.

Krishna folgt mir in geringem Abstand. Auf den Serpentinen über uns bewegen sich pendelnd die Stirnlampen der Franzosen. Schemenhaft erkenne ich unsere Träger, die sich in der Dunkelheit die Serpentinen aufwärts bewegen.

Wortlos setzen wir Schritt vor Schritt. Geröllsteine knirschen, geben nach und kommen ins Rollen. Die Stahlspitzen unserer Teleskopstöcke setzen metallisch hart auf Felsplatten auf. Der Lichtkegel meiner nach unten geneigten Stirnlampe durchdringt kleine aufwirbelnde Staubwolken wie Bodennebel.

Eine Dreiergruppe überholt uns keuchend. Einen Augenblick lang blitzt in mir der Ehrgeiz auf, ihnen zu folgen. Schnell kehre ich zu meinem konsolidierten und bewährten Tempo zurück. Es stimmt mit dem von Mingma vorgegebenen Grundtempo überein, das regelmäßig wie ein Metronom ist.

Emanuel, unser damaliger Führer am Kilimandscharo, gab die Marschanweisung »pole pole« an uns weiter, die langsam, langsam lautete. Auf Nepali heißt diese grundsätzliche Weisheit am Berg pistaare, pistaare!

Die Konzentration auf den gleichmäßigen Aufstieg, und nur auf den Aufstieg, erzeugt für mich ein psychisches Phänomen der besonderen Art, welches heute wieder in deutlicher Form seine Bestätigung findet: Wir erreichen plötzlich eine Lodge in viertausendachthundert Metern Höhe, früher als es mich mein Zeitgefühl während des Aufstiegs erwarten ließ, wohl auch deswegen, weil ich mir dieses Zwischenziel nicht jagend und hetzend herbeisehnte. Wir rasten an der Steinmauer vor der Unterkunft, deren Namen ich mir nicht merkte. Auch in meinen Tagebuchseiten finde ich keinen Eintrag über sie.

Wir haben die Höhe des Montblanc, des höchsten Alpengipfels erreicht und werden sie bald deutlich überschreiten.

Der Pfad verliert an Steigung und verläuft nun nach Nordosten. Wir erreichen eine Gebirgsregion mit langen, geschwungenen Bergflanken, die wir einsehen können. Mit dem Gewinn an Höhe heben wir uns gleichzeitig aus der Dämmerung heraus. Es weht ein durchdringender, kalter Wind, der uns die Kapuzen über die Wollmützen zwingt.

Das Wetter auf dem Pass unterliegt keinen absolut starren Regeln. Auch in der monsunfreien Jahreszeit ist es denkbar, dass ausgiebige Schneemengen fallen und eine Überquerung unmöglich machen oder gar zur bedrohlichen Gefahr werden lassen, wenn man in einsamer Abgeschiedenheit in den Schneemassen festsitzt.

Von dieser Bedrohung scheinen wir weit entfernt zu sein. Keine Wolke zieht über uns hinweg. Der Horizont in der Ferne ist milchig-trüb. Nur die nächstliegenden Berge zeigen scharfe Umrisse. Der Wind kommt in Stößen, er verlangsamt unseren Schritt und verstärkt den steigenden Widerstand, den uns der Anstieg und der reduzierte Sauerstoffgehalt der Luft entgegensetzen. Manchmal scheint mir, als hätten mir Geisterhände eine Bleischürze umgebunden, die meine ohnehin schwerfälligen Schritte zusätzlich hemmten. Sie wird schwerer und schwerer und erzwingt kurze Pausen.

In einer Maultierstation machen wir eine etwas längere Rast. Ich bin mir sicher, dass wir die Fünftausendmetergrenze überschritten haben. Ich verspüre eine leichte Übelkeit, wenn Schwaden von Kerosingeruch von der Küche der Station durch den Hüttenraum ziehen.

Die Anstiege werden jetzt langgezogener und in ihrer Steigung unspektakulär. Aus den Pfaden sind Wege geworden. Sie führen durch trostlos graue Schutthalden, in deren Mulden Schnee- und Eisreste liegen. Wo die Passhöhe liegt, ist in der Welligkeit, der sich perspektivisch überschneidenden Geländeflanken, schwer auszumachen. Haben wir eine Anhöhe erreicht, schwingt sich die nächste lang gestreckte Geländewelle vor uns weiter nach oben und täuscht uns das Ziel am Ende der Erhebung vor.

Die Luft ist klar und rein und dennoch atmen wir schwer, als wäre sie von großer Zähigkeit. In der Vergangenheit, als höhenmedizinische Zusammenhänge noch wenig bekannt waren, sprach man in abergläubiger Weise von »giftiger Luft«, weil die Auswirkungen auf Körper und Geist eine Reihe von negativen Erscheinungen, ja sogar den Tod mit sich brachten, die man nur mit »Gift« erklären konnte.

Wer, wie wir momentan, mit den Auswirkungen des geringen Sauerstoffgehalts, insbesondere der Leistungseinschränkung, zu tun hat, ist von der erwähnten Charakterisierung nicht weit entfernt. Wenn sich die Unverträglichkeit des geringen Sauerstoffpartialdruckes weiter steigert und sich Übelkeit, Kopfschmerzen und Erbrechen einstellen, so muss man zu dem Entschluss kommen, die Luft in großen Höhen kann nur »giftig« sein. Die Statistiken unterstützen diese Feststellung in deutlichster Weise. In den Bergen sind mehr Menschen an den Folgen der Bergkrankheit gestorben als durch Lawinen, Steinschläge, Erfrierungen und Stürme.

Heute ist die Höhenmedizin ein fast eigenständiges Fachgebiet, und ich möchte die individuelle Verträglichkeit oder Unverträglichkeit des geringen Sauerstoffgehaltes der Atemluft als eine besondere »physiologische Disziplin« bezeichnen. Alle Gesetze des »Meereshöhenniveaus« sind wesentlich außer Kraft gesetzt. Während ich Martina unter gewohnten Sauerstoffbedingungen davonlaufe oder sie mühelos mit dem Fahrrad überhole, scheinen sich in über fünftausend Metern Höhe die Rollen zu vertauschen.

Das Verlangen häufiger stehen zu bleiben ist bei mir ausgeprägter, vielleicht auch deswegen, weil ich der Einteilung der Kräfte eine hohe Priorität einräume.

Meine Gedanken kreisen um das Wort Sauerstoff und die Passhöhe, die irgendwo hoch oben liegt. Momentan kann ich nicht einfach gedankenlos steigen, weil mir der Sauerstoffmangel zusetzt. Ich weiß, dass der Gehalt an Sauerstoff inzwischen stark gesunken ist und nur fünfzig Prozent des Wertes in Meereshöhe beträgt. Gleichzeitig ist mir bewusst, dass wir bisher von den unheilvollen Stadien der Bergkrankheit nichts spürten und die Aussichten, den Thorong La ohne einschneidende Zwischenfälle zu erreichen, sehr erfolgversprechend sind. Der Aufstieg wird immer strapaziöser, aber nicht qualvoll. Die beiden Passberge Khatung Kang und Yakawakang bilden deutlich ein »Riesen-V«. Dazwischen liegt der Pass!

Maultiere überholen uns. Einige Trekker haben es vorgezogen, den Pass auf dem Rücken eines Maultieres zu erreichen. Manche sitzen in zusammengekauerter Haltung, vorn übergebeugt und blass auf den schaukelnden Körpern der Tiere. Die Maultiere schnauben ungewöhnlich laut unter ihrer Last, stärker als in unteren, sauerstoffreicheren Regionen.

Die Konturen des Annapurna I sind jetzt deutlicher geworden. Er liegt als krönende Spitze im Zentralmassiv, die Distanz dorthin ist beträchtlich. Die geringste topografische Entfernung zum Gipfel werden wir im Kali Gandaki-Tal in der Höhe des Dorfes Ghasa erreichen.

Wir gelangen in die Höhe eines großen, blendenden Schneefeldes am Steilabbruch der Nordostflanke des Khatung Kang. Mingma zeigt in diese Richtung. Auf der weißen Schneefläche sind drei schwarze Punkte zu erkennen, die sich in ihren Abständen zueinander verändern.

»Dort sind Bergsteiger«, erklärt uns Mingma während einer kurzen Verschnaufspause. Die Dreierseilschaft gewinnt an Höhe, während wir an der weißen Schneewand vorüberbewegen. Die charakteristische Form des Gipfelbereiches des Khatung Kang erinnert mich an das Breithorn im schweizerischen Kanton Wallis.

Der Weg hat sich zur schwach ansteigenden Schotterfläche verbreitert, sie wird nach wenigen hundert Metern vollkommen eben. Der Blick weitet sich nach Norden. Jetzt wissen wir, dass das kein vorgetäuschter Pass ist. Das ist der Thorong La! Anschein und Wirklichkeit fallen für uns zusammen!

Wir gehen ruhig und mit aufkommender Feierlichkeit bis zu einem mit bunten Gebetsfahnen und Glücksschärpen geschmückten Steinhügel.

Schnell wird aus der würdevollen Stimmung hemmungslose Erregung und tiefe Freude. Martina und ich fallen uns um den Hals. Die Großartigkeit des Augenblickes durchströmt uns.

Ich komme mir vor wie auf einer Bühne, denn wir sind nicht allein. Vor dem farbenfrohen Steinhügel versammeln sich andere Gruppen von Passbesteigern wie vor einer Theaterkulisse, die vom schroffen Felssockel des Yakawakang und der grandiosen Aussicht zu den Bergen des Trans-Himalajas in Tibet gebildet wird. Dort drüben liegt Tibet, das für mich geheimnisvolle Land. Ich sehe es nicht als Provinz Chinas, weil die Chinesen dieses kulturreiche, buddhistische und friedliche Land unrechtmäßig und grausam in Besitz nahmen. Sie zerstörten Hunderte von Klöstern, ermordeten und folterten eine große Zahl von Tibetern und nahmen das Land in der Zeit der »Kulturrevolution« in Besitz. Nur das Wichtigste im Herzen der Tibeter konnten die Chinesen nicht auslöschen: Den Glauben an die buddhistischen Überlieferungen und den Glauben an ihren Dalai Lama, den sie in ihr Land zurücksehnen und dessen Bild auch in den buddhistischen Klöstern Nepals, wie wir es in einer Vielzahl gesehen haben, einen festen Platz hat.

Vor meinen Augen erscheinen in der Vorstellung die Wildgänse und Kraniche aus Heinrich Harrers »Wiedersehen mit Tibet«: »… Sie überfliegen die Berghänge Tibets. Ihr Flügelschlag klingt wie Lha Gye lo – die Götter werden siegen!«

Immer wieder gleitet mein Blick über die braunen Bergkämme des Transhimalajas wie damals über die Landkarte in meiner Grundschulzeit. Mit Martina bin ich diesem Land näher gekommen als je zuvor. Ich verspüre eine tiefe Zufriedenheit und auch ein wenig Traurigkeit.

Die Zeit ist verstrichen. In mein Tagebuch schreibe ich nüchtern, Ankunft auf dem Thorong La: Neun Uhr. Abmarsch nach Muktinath: Neun Uhr dreißig. Mingma mahnt uns sanft zum Aufbruch.

In einem weitgeschwungenen Bogen fällt der Weg ab in Richtung Muktinath. Wir haben die größte Herausforderung unserer Rundtour gut und ohne akute Bergkrankheit bestanden. Die realen Gefahren des lebensbedrohlichen Lungen- und Hirnödems haben sich von uns fern gehalten. Diese Einlagerung von Wasser im Gewebe von Lunge und Gehirn kann sich je nach Ausprägung leistungsmindernd oder lebensgefährlich auswirken.

Ein mir bekannter Kardiologe ist am Forschungsprojekt »Silberpyramide« im Everestgebiet beteiligt. Ziel dieses Projektes ist die Vervollkommnung des Wissens um die physiologischen Vorgänge bei längerem Aufenthalt in größeren Höhen. Neuere Forschungen lassen die Vermutung zu, dass auch Wassereinlagerungen in der Herzmuskulatur möglich sind, die zumindest eine Leistungsminderung der Herz-Kreislauf-Funktion verursachen können. Bernd K. und seine Mitarbeiter haben an Probanden mit der echokardiografischen Methode die Wanddicke des Herzmuskels gemessen und Messergebnisse erhalten, die diese Annahme erhärten. Eine abschließende Beurteilung der gefundenen Daten ist noch nicht möglich. Sie befinden sich noch in der Auswertungsphase.

Unsere Träger sind seit dem Aufstieg in der Dunkelheit der Steilstufe des Passes nicht mehr zu sehen. Sie haben ihn in einem uns nicht vorstellbaren Tempo mit schweren Lasten überschritten, was nur mit einer außerordentlichen Höhentauglichkeit zu erklären ist, die wiederum mit einer erblich bedingten Anpassung zusammenhängen kann. Die Sherpas leben seit vielen Jahrhunderten in Höhen von dreitausend bis viertausend Metern. In dieser Zeit konnte sich ihr Erbgut anpassen. In der Höhenphysiologie sind eine Anzahl gleichartiger Mechanismen bekannt, die bei Europäern und Sherpas übereinstimmen. Nur ein noch nicht erforschter, zusätzlich begünstigender Mechanismus, der die Abgabe von Sauerstoff an die Funktionsgewebe des menschlichen Organismus erleichtert, kann die Erklärung für die ausgesprochene Leistungsfähigkeit sein, die uns die Sherpas tagtäglich in beeindruckender Zähigkeit vorführen. Sie sind für mich trotz dieses angeborenen Vorteils das absolute Gegenteil von Wichtigtuern und Belanglosschwätzern.

Der Abwärtsweg wird ruppiger, leicht ins Rutschen und Rollen kommendes Geröll erschwert den Abstieg und fordert uns eine andere Art von Konzentration und vorausschauender Aufmerksamkeit ab.

Die großartige Landschaft, in der wir absteigen, lenkt unsere Umsicht, die wir den wenigen Metern vor unseren Füßen widmen müssen, des Öfteren ab. Samtfarbige, wuchtige Bergrücken und Taleinkerbungen tun sich vor uns auf. In den Pastellfarben der gewaltigen Hänge fehlt die Farbe Grün, desto variationsreicher sind die Schattierungen im unendlichen Wechsel des Lichtes. Wir tauchen ein in eine wüstenhafte Einsamkeit und Stille.

Mit jedem abwärts gerichteten Schritt erwarten wir kräftigende Erholung vom Sauerstoffdefizit des Thorong La. Sehr bald erkennen wir den Trugschluss einer schnellen Regeneration. Endlos schlängeln sich die Pfade in die Tiefe der Landschaft abwärts. So weit unsere Blicke reichen, sehen wir den hellen Streifen des Pfades, der in verwirrenden Talstufen verschwindet und erneut sichtbar wird, wenn wir einen plateauartigen Gebirgssockel erreichen, der uns den deprimierenden Weiterverlauf zur kommenden Zwischenstufe offenbart. Muktinath scheint vor uns eher zurückzuweichen, als sich uns anzunähern. Wir bewegen uns in einem »montänen Rondo« kräftezehrend abwärts. In der Ferne sehen wir eine Gestalt in unsere Richtung aufsteigen. Sie kommt schnell näher und bald erkennen wir Mindu, der uns entgegeneilt. Aus seinem Rucksack zieht er eine überdimensionale Thermosflasche mit einem ebensolchen Korken.

Wir hocken uns auf den steinigen Boden und rasten. Der heiße Tee und die temperamentvolle Anwesenheit Mindus erfrischen uns. Er wechselt mit Mingma einige Sätze, packt die Teeflasche wieder in seinen Rucksack und setzt den Aufstieg in Richtung Pass fort. Wir wissen, dass er Krishna und Herrn Kleenlich entgegengeht, um die beiden ebenfalls mit Tee zu versorgen.

Weiter! Unsere Konzentration richtet sich nicht mehr nur auf den Steinschutt des Pfades, sondern auch auf unsere abgeschlaffte Körperhaltung und Kondititon, die zum zusätzlichen, unsicheren Begleiter wird. Bewusst wandle ich Schlaffheit in Straffheit, um Stürzen vorzubeugen. Ich fordere mir mehr Willensstärke ab.

Wir dürfen nicht abstürzen, fernab von Kommunikation, schneller Hilfe und Rückwegen. Die health posts, medizinische Hilfsstationen, sind nur spärlich und großflächig im Gebirge verteilt, rufe ich mir und Martina ins Bewusstsein.

Wir kennen schon gar nicht die Leistungsfähigkeit dieser Stationen und versuchen die Inanspruchnahme nicht herauszufordern. Erste Häuser sind in einem Talgrund zu sehen. Sie verschwinden eben so schnell wieder, wie sie sich zeigten. Wir durchqueren eine tiefe Schlucht, die in einem ausgetrockneten Flussbett endet. Martina ist von diesem Anblick deprimiert.

Wir steigen das steile Ufer hinab und durchqueren das Flussbett auf großen, abgeschliffenen Steinen. Den Anstieg am gegenüberliegenden Ufer überwinden wir schnell und in intuitiver Erwartung einer übersichtlichen Geländeerhöhung. Muktinath, der Ort der Erlösung für Buddhisten, Hindus, und mit Erblicken der Einfriedungsmauer, die das Heiligtum umgibt, auch für uns!

Wir spüren die wärmenden Sonnenstrahlen, als wir durch die Pforte den Ort betreten. Über uns sind Schnüre mit Gebetsfahnen gespannt. Sie wehen wie ein Beet bewegter, bunter Blumen in einem Frühlingsgarten. Ein winziger Bach plätschert zwischen den Bäumen durch den grünen Wiesenhang. Wir gehen vorüber an den einhundertacht Wasser speienden Kuhköpfen. Pilger durchschreiten das Wasser Strahl für Strahl, um sich vom negativen Karma zu reinigen. Ich greife in einen Wasserstrahl und erschaudere allein bei dem Gedanken, unter diesen bissig-kalten Wassern hindurchzuwandeln.

Alles um uns herum ist friedlich, wir kommen selbst zur Ruhe, obwohl wir unsere Erschöpfung spüren. Wir betreten die Gompa des heiligen Feuers mit der Ewigen Flamme, bewacht von den Bodhisattvas der Weisheit Manjushri und des unendlichen Mitgefühls Avalokiteshvara. Die Ewige Flamme, die in einem Schrein blaues Licht von sich gibt, weil sie aus einer Erdspalte von austretendem Erdgas gespeist wird, brennt seit Menschengedenken und hat sowohl für Buddhisten als auch für Hindus eine große spirituelle Bedeutung.

Der Raum ist bunt ausgeschmückt, mit Gegenständen unterschiedlichster Art versehen. Glücksschärpen, Gebetsfahnen und wellige, vergilbte Fotos liegen in loser Folge auf Schreinen und Emporen und bieten uns ein verwirrendes Bild religiöser Beigaben. Sie erscheinen uns als undurchdringliches, esoterisches Sammelsurium, in dem wir nur schwer Zusammenhänge erkennen können. Wieder tut sich vor uns eine Kluft von Unkenntnis auf. Ich tröste mich damit, dass die reine Lehre des Buddhismus sich auf durchschaubarere Grundsätze reduziert und mit der Tatsache, dass die Unübersichtlichkeit der spirituellen Hilfsmittel bei uns zwar Konfusion hervorruft, aber den Pilgern beider Glaubensrichtungen feste Orientierung gibt.

Unschätzbar ist die wohl wertvollste Tradition dieses Ortes, nämlich dass sich hier zwei Religionen – mit der unsrigen sind es drei – ohne Zwist und Streit begegnen, während sich die religiösen Eiferer anderer Glaubensgemeinschaften heimtückisch und grausam bekämpfen.

Auf einem Hocker sitzend blinzelt die ältere Frau in die Sonne. Sie winkt und lacht uns entgegen: »Namaste! From?«, fragt sie uns.

Bevor ich antworte, sagt Mingma: »They come from Germany!«

Sie ist sichtlich erfreut, dass wir aus Deutschland kommen, scheint damit aber noch nicht zufrieden: »Do you have foto from german people?«

Ich weiß mit dieser Frage nichts anzufangen. Mingma erklärt uns: »She collects photos from Germany.« (Sie sammelt Fotos von Deutschen.) Wir zucken mit den Schultern. Die einzigen Bilder, die sich im

Rucksack befinden, sind die Fotos von unserer Tochter Katja und unserer Enkelin Elise. Diese Fotos sind unsere einzige Verbindung nach Hause. Wir verschweigen ihre Existenz mit ein wenig Bedauern. Ich glaube zu wissen, dass diese nette Frau nicht einfach Fotos sammelt. Ich denke, sie sammelt deutsche und andere fremdländische Gesichter.

An einem Checkpoint mitten in Muktinath müssen wir unsere Permits vorlegen. Der Polizeiposten sitzt an einem klapprigen Holztisch und beäugt unsere Papiere mit kritischem Blick. Er findet keine Besonderheiten und winkt uns wortlos von seinem »Büro« weg in Richtung Dorfplatz.

Durch den dunklen Flur einer Lodge gelangen wir auf unseren heutigen Zeltplatz, der sich als schmutzige Bleibe offenbart. Er liegt auf einer kleinen Anhöhe, von der aus wir den Hinterhof einer anderen Lodge überblicken.

Alte, leere Flaschen liegen achtlos herum, vermengt mit Plastikmüll und Strohresten. Ein Hund streunt über den Zeltplatz und verschwindet in der Lodge, aus der das Geklapper unserer, das Essen zubereitenden Küchencrew zu uns dringt. Unsere Zelte sind aufgebaut, Staub wirbelt über den Platz. Wir sind kaputt und wünschen uns eine warme und saubere Zuflucht herbei, die weit und breit nicht zu finden ist. Wir fühlen uns als schmuddelige Nomaden. Die Welt erscheint uns unharmonisch und trostlos.

Wir verkriechen uns in unser Zelt, mit dem Bild der Träger vor Augen, die unter einem offenen Schuppen Karten spielen, neben sich eine Schale Reis und ein primitives Dach über dem Kopf, eine Art nepalesischer Reichtum, der uns in diesem Moment nicht genügt.

Für Herrn Kleenlich muss die Überquerung des Passes ein qualvoller Marsch gewesen sein. Er trifft in der Dunkelheit zusammen mit Krishna Stunden nach unserer Ankunft ein. Wir hören ihn, wie er seufzend in sein Zelt kriecht und es an diesem Abend nicht mehr verlässt.

Die heutigen Ereignisse vermischen sich in mir mit den Erwartungen des kommenden Marschtages nach Kagbeni. Mit diesen zweifelnden Gefühlen, körperlich ausgelaugt, schlafe ich schnell ein.

Aitabar (Sonntag), den 09. November 2003

Muktinath – Kagbeni

In den Steinwüsten der Gebirge gibt es einen seltsamen Pfad. Auf ihm kann man den Wirbel des Lebens eintauschen gegen Glückseligkeit ohne Grenzen.

Milarepa, 11. Jahrhundert

Vor mir stehen in stoischer Ruhe vier Yaks. Sie wenden mir die Köpfe zu und scheinen in ihrer Haltung zu gefrieren. Langsam nähere ich mich ihnen. Die Yaks lösen sich urplötzlich aus ihrer Erstarrung und verfallen in einen rasenden Galopp. Ich ergreife die Flucht. Die Yaks jagen hinter mir her. Sie drohen mich einzuholen. Eines der gewaltigen Hörner hat sich bereits an meiner Anorakkapuze verhakt … Ich schrecke hoch, als die warnende Stimme von Mingma hinter mir erschallt …

Einer der Alpträume dieser Nacht, der Traum von den Yaks, den manchmal reizbaren Wesen, hat mich geweckt. Die Verfolgungsjagd findet ein jähes Ende. Die wutschnaubenden Tiere haben sich in harmlose »Fransensofas« verwandelt, die in sich ruhend auf einer kargen Wiese grasen. Langsam finde ich in die wirkliche Welt des Zeltinnern zurück.

Um unser Zelt ertönt das Glockengeläut von Maultieren. Mingma steht vor unserem Zelt: »Hello Sir! Hello! Early-morning-tea, please.«

Über allem Grau des gestrigen Spätnachmittags ist eine leuchtende Sonne aufgegangen. Sie überstrahlt Muktinath, unseren Zeltplatz, den Hof der Herberge und im Glas der herumliegenden Flaschen scheint sie unsere ausgeruhte Stimmung zu spiegeln. Der Hund vom gestrigen Nachmittag trottet friedlich über den Hof.

Das rege Aufbruchsgeplapper der Träger klingt nach einem fröhlichen Tagesauftakt. Unsere Sherpas und Träger tragen an diesem Morgen das rote Tika-Zeichen, das mystische dritte Auge, auf ihrer Stirn. Es ist das Symbol des Göttlichen und wird von Hindus zu bestimmten

Die Mandala-Akteure in Bodnath

Die Totenverbrennungsghats in Pashupinath

Im Zentrum von Kathmandu – Martina an der Seite eines Sadhu

Maultierkarawane aus Richtung Bhulbhule im Maryangdital

Unsere kartenspielenden Träger vor dem Küchenschuppen in Chamje; Temba und Mindu versuchen, den Kerosinkocher in Gang zu setzen.

Die Mutter mit ihrem Baby in Bhulbhule

Wassergetriebene Gebetsmühle im Marsyangdital

Sehr eng ist in Nepal die Bindung zwischen Mensch und Tier

Unser »Küchenquartett« beim morgendlichen Aufbruch

Stupa im Marsyangdital

Zwei Schulknaben in der Unterrichtspause

Ankunft in Pisang – Martina vor einer Manimauer mit zahlreichen Gebetsmühlen und Gebetsfahnen

Martina und Mingma vor dem Kloster in Pisang

Letdar – der Junge mit dem »Yak-Haarschnitt«

Wir haben den höchsten Punkt unserer Hochgebirgstour in 5000 m Hohe erreicht – den Thorong La!

Wir sind in einer gewaltigen Bergwelt unterwegs – Rast während des kräftezehrenden Abstiegs nach Muktinath

Yaks weiden auf einer »Wiese« in der Nähe von Muktinath

Dörfliches Leben in Kagbeni

Lastenträger im Tal des Kali Gandaki

Martina und Mingma – Gehpausen sind im Himalaya oftmals dringend notwendig

Auf dem Marsch nach Tukuche weht uns der Wind heftig entgegen – Wolken und Staub verdunkeln das weite Tal des Kali Gandaki

Frostiger Abend in Tukuche – Tashi verweilte mit seiner kleinen Schwester lange in unserer Nähe

Novizen während der Lesung religiöser Texte im Kloster Jangschup Choeling Monastry in Pokhara

Anlässen und Feierlichkeiten mit einer roten Paste aufgetragen. Dass unsere Sherpas und Träger dieses Zeichen tragen, ist für uns eine Überraschung. Sie sind Buddhisten und nutzen einen hinduistischen Brauch, um einem Anlass Feierlichkeit und Göttlichkeit zu verleihen, den wir nicht kennen und den ich bei Mingma auch nicht erfrage.

Ich spekuliere: Hat das Tika-Zeichen an der Stirn eines Buddhisten etwas mit der Überschreitung des Thorong La oder mit dem Heiligtum Muktinath zu tun, das bereits im dritten Jahrhundert vor unserer Zeitrechnung in hinduistischen Schriften erstmals erwähnt wurde und demzufolge hinduistischen Ursprungs ist und die Buddhisten diese Tatsache nicht nur anerkennen, sondern ihr sogar in höchstem Maße huldigen?

Locker und vergnügt ist der Aufbruch in Muktinath. Wir schauen zurück, hinauf in Richtung Thorong La, der sich im Irgendwo zwischen dem Yakawakang und Khatung Kang unseren Blicken entzieht.

Von Muktinath führt der Weg vorbei an Jharkot, einem Dorf auf einem Felsplateau, das einer Festung ähnelt. Auf dem äußersten Felssporn steht unverkennbar mit seinen rotbraunen Mauern das Kloster von Jharkot.

Die Luft wird milder. An den Berghängen vermehrt sich die Farbenvielfalt. Grüne Flächentupfer unterbrechen das dominierende Ocker. Auf den Feldern sind weit verstreut einzelne Bauern beschäftigt. Unmittelbar am Wegrand pflügen zwei Bauern mit einem mittelalterlichen Pflug, der von einem Zopkio, einer Kreuzung zwischen Yak und Kuh, über den steinübersäten Acker gezogen wird. Die beiden Bauern pfeifen und plaudern während der Pflug holpernd versucht in den harten Boden einzudringen.

Hinter uns scheppert der Küchenkorb. Mindu, die »flitzende Küche«, überholt uns mit schnellem Schritt. Wie ein ausgelassenes Fohlen springt er bergab. Temba folgt ihm, wie immer mit schalkhaftem Gesicht. Beide zusammen werden zum lustigen Gespann. Temba kann Mindus Tempo wahrscheinlich nur deshalb folgen, weil er die weitaus geringere Last trägt. Bald sind beide hinter der nächsten Bodensenke unseren Blicken entschwunden.

Mit unserem Abstieg hebt sich die Horizontlinie der nördlichen Ausläufer des Dhaulagiri mit dem Dhampus Peak und dem Tukuche Peak.

Das wuchtige Massiv des Dhaulagiri, ich kenne es von Fotos, wirkt aus dem gegenwärtigen Blickwinkel eher unscheinbar, weil die Entfernung bis zu seinem Gipfel nicht unbeträchtlich ist. Der Dhaulagiri wird der dritte Achttausender sein, in dessen Nähe wir gelangen. Erst auf dem Ghorepani-Pass wird uns das Panorama mit seiner Ostwand in seinen Bann ziehen.

Rechts unten im Tal, in Nordrichtung, fließt der Dzong Khola, der am Westausläufer des Yakawakang als Gletscherbach entspringt. Er mündet bei Kagbeni in den Kali Gandaki. Hohe Felswände säumen das gegenüberliegende Flussufer.

Große höhlenartige Löcher durchsetzen in auffälliger Regelmäßigkeit die senkrecht abschießende Felsformation. Die Geschichte berichtet von Höhlenbehausungen aus ewig vergangenen Zeiten. Leblos klaffen die Löcher aus dem Fels. Wir befinden uns auf dem Pilgerweg von Pokhara nach Muktinath.

Uns begegnen Sadhus in roten Roben, die gemächlich Muktinath, dem Ziel ihrer beschwerlichen Pilgerreise, entgegensteigen. Das Wort Sadhu ist Name und Verpflichtung zugleich, denn es bedeutet zum Ziel gelangen. Ist nicht ein Teil von uns auch ein Sadhu, der Teil, der ein Ziel erreichen will?

Wir sind keine Asketen, wie diese hinduistischen Wandermönche aus Indien, die nur mit einem Aluminiumeimerchen oder einem Stoffbeutel ausgerüstet sind, in dem sie ihre Habseligkeiten mit sich tragen. Auf dem Kopf tragen sie den Stupa, den Haarknoten, das namensgebende Vorbild für den heiligen Reliquienschrein, der uns täglich in unterschiedlichsten Gestaltungsvarianten begegnet, ohne von der Grundform stark abzuweichen.

Die Sadhus heben ihre rechte Hand zum Gruß. Der auf dem Kopf aufragende Haarknoten betont die spindeldürre Körperlänge der Mönche. Die zu diesem exotischen Dutt geknebelten Haare können, so sagt man, bis zu drei Meter lang werden. Die Schüler der Sadhus stehen ihrem Meister hilfreich zur Seite, wenn es gilt den Haarknoten zu Strähnen zu entwirren, um sie einer notwendigen Pflege zu unterziehen.

Der Abstieg nach Kagbeni ist eine Wanderung durch den Sommer, obwohl wir eintausend Höhenmeter mit unseren Beinen auszubremsen haben.

Kagbeni liegt in der Talsohle des Kali Gandaki in zweitausendachthundert Metern Höhe. Vor uns tut sich eine riesige Talmulde auf. Am Gegenufer des Kali Gandaki erhebt sich ein samtbrauner, rundgeschwungener Bergrücken als beeindruckende Hintergrundkulisse und verleiht dem Dorf eine »eingebettete Geborgenheit«. Kagbeni liegt im Sonnenschein.

Mingma zeigt nach Norden. Aus seinen bruchstückhaften englischen Sätzen entnehme ich, dass in dieser Richtung das Königreich Mustang liegt und dass es bis zur Hauptstadt Lo Mantang drei Tagesmärsche sind.

Mustang ist ein autonomes Fürstentum Nepals. Um dieses Gebiet zu betreten, benötigt man ein zusätzliches Permit von den nepalesischen Behörden, weil es aus politischer Sicht zu Nepal gehört. Der König von Mustang hat den Status eines lokalen Fürsten ohne weitreichende politische Befugnisse. Er kann Ratschläge geben oder bei der Schlichtung von Streitigkeiten mitwirken, ohne den Ausgang in wesentlichen Punkte bestimmen zu können, wenn es um globale Entscheidungen geht. Ich halte in meinem Tagebuch den Namen des Königs von Mustang deswegen fest, weil in mir das Hingezogensein zu klangvollen Worten und Namen immer wieder auflebt: Jigme Dorje Trandul, Hindu-Name: Balba Bista.

In einem Lädchen am Dorfanger von Manang hielt ich ein postkartengroßes Bild des Königs mit seiner Frau, in den Händen. Ich legte es ohne besondere Beachtung wieder in das Holzregal zurück. Schemenhaft sehe ich das exotische Bild noch vor mir. Der Name des Königs und die Fremdartigkeit des Bildes bilden bis heute einen sonderbaren Einklang für mich.

Auf einem schmalen steinigen Weg betreten wir das Dorf Kagbeni. Es ist der erste größere Ort seit dem Aufbruch in Manang. Regsame Lebendigkeit ist der erste Eindruck, der uns empfängt. Am Ende einer schmalen Gasse versperrt uns ein großer schwarzer Yak den Weg. Ein kleiner Junge zieht an einem Seil und versucht den Yak von der Stelle zu bewegen. Erst als sich das Seil strafft und der Nasenring im Flotzmaul des Tieres seine Wirkung zeigt, setzt sich der massige Körper in Bewegung und hält wieder inne, als sich der Zug des Seiles verringert.

Die Sonne steht im »Mittagszenit«. Unser Schwung lässt nach und stellt sich auf eine Ankunft und einen langen Nachmittag in eigener

Regie und Gestaltung ein. Der Weg zum Lagerplatz ist ungewöhnlich. Mingma schleust uns durch enge Gassen in die Dorfmitte. An einem Kreuzungspunkt, wo sich die Häuser am dichtesten drängen, diesmal sind es wirklich recht stattliche Wohnstätten, besteigen wir eine Holztreppe. Sie führt über eine Empore in einen scheunenähnlichen Raum. In einer halbdunklen Nische brodelt der Kerosinkocher. Temba und Mindu hocken am Boden und putzen Gemüse. Durch eine weitere Tür gelangen wir auf einen mit Mauern umgebenen Hof. Nach dem Lunch wartet nur noch die Pflicht auf uns, die Zeltwirtschaft für die kommende Nacht in Bereitschaftszustand zu bringen. Vor uns liegen die Nachmittagsstunden. Unsere Träger sonnen sich vor der Scheunenwand. Sie befinden sich offenbar im ersten Stadium der Ankunft, dem »ruhigen Verweilen«. Kagbeni wirkt mittelalterlich romantisch. Wir vagabundieren durch enge, gepflasterte Gassen, die häufig ansteigen und in Stufen übergehen.

In der »Hauptgasse« pulsiert das Leben. Ich habe bisher noch keinen solchen Ort erlebt, wo Menschen und Tiere so eng beieinander leben. Maultier- und Yakkarawanen ziehen durch das Dorf. Hunde liegen schlafend an Häuserwänden und Hauseingängen. Eine Vielzahl von Kälbchen laufen scheinbar ziellos in alle Richtungen. Die meisten von ihnen tragen noch ihre blutverkrusteten Nabelschnüre. In Gärten und Höfen schnattern Enten und Gänse, gackern und schwätzeln Hühner. In Pferchen meckern Ziegen.

Auf einem Steinpodest vor einem Haus kauert eine alte, magere Frau. Mit der rechten knochigen Hand dreht sie eine Gebetsmühle. In der linken Hand hält sie die Aksamala, den Rosenkranz, und lässt ihn durch die Finger gleiten. Wie in Trance murmelt sie in ununterbrochener, monotoner Folge unverständliche Silben. Ich blicke in ihr runzliges, kleines Gesicht. Sie bemerkt uns nicht. Wie groß ist ihre religiöse Welt, in die sie sich, so bin ich mir gewiss, zurückgezogen hat? Wie alt mag sie sein? Wieviel Leben glimmt noch in ihr oder brennt in ihr noch eine Flamme?

Ihr kleiner, zusammengeschrumpfter Körper hockt auf der harten Steinplatte, die Augen ihres sonnengegerbten Gesichts sind nur halb geöffnet, während sie unentwegt die Gebetsmühle dreht, die Kette Perle für Perle mit dem Daumen durch die Hand gleiten lässt. Sie murmelt in unendlicher Folge ihre Mantras. Sind es vielleicht ihre ureigensten heiligen Silben, ihre religiösen »Kraftfelder«, die ihr Lebenskraft geben? Hält sie diese starke Kraft ab, einer langen Krankheit zu verfallen? Mehrmals blicke ich zu der alten Frau zurück und muss unweigerlich an meine Besuche in einem Seniorenheim denken, in dem mir in bedrückender Weise schwache, »blasse Bettlägerigkeit« begegnete.

Mein Malerfreund Herbert Mehnert, den ich in diesem Seniorenheim regelmäßig besuchte, ist seit zwei Jahren nicht mehr am Leben. Er ist dieser Bettlägerigkeit durch einen bemerkenswerten Willen entgangen. In vielen Gesprächen habe ich diesen bewundernswerten Menschen kennen gelernt, dessen Lebensmaxime es war, fortan tätig zu sein, so lange keine akute, ihn niederzwingende Krankheit das mit Macht verhinderte. Seine Kraft schöpfte er daraus, dass er ständig gemalt hat, keine Ölbilder mehr, dafür Aquarelle als kleinere Auftragswerke des Pflegepersonals. Noch heute hängen seine Bilder in den Räumen und Gängen des Heimes.

Solange es in Nepal hell ist und die Temperaturen noch erträglich sind, für die Völker des Himalaja liegen diese »Kältegrade« in Bereichen, die für Europäer als unerträglich einzustufen sind, findet das Leben im Freien statt. Auch die Art und Weise wie dieses Leben gelebt wird und die Arbeiten verrichtet werden, erscheinen mitteleuropäischen Augen unbequem und hin und wieder sinnlos, weil wir keinen Fortschrittswillen erkennen können und sich die Menschen in einen trägen Schicksalsfluss ergeben haben, in dem sie sich scheinbar und ohne weitergehende Ansprüche glücklich fühlen. Ein »Fleischer« zerschneidet in der typischen Hockstellung verharrend an einem »Messer«, welches auf einem Brett montiert ist, Fleischteile eines Rindes. Ungewöhnlich daran ist, dass er keinen Tisch benutzt und kein Messer wie wir es kennen verwendet, sondern ein stationäres, zu einem Messer geschliffenes Metallstück, welches fest auf dem Boden steht und darauf wartet, dass sich ihm die »bewegenden Teile« in Form von Rippenstücken und Fleischkeulen nähern. Mit äußerstem Geschick trennt der Mann die Knochen vom Fleisch und sortiert sie in einem Halbkreis um sich herum auf bereits (un)ansehnlich angewachsene Stapel.

Mitten durch Kagbeni fließt der Dzong Khola, übersetzt Festungsfluss. Kagbeni ist ein größeres Dorf, aber dennoch überschaubar, in dem wir keine Festung entdecken können. Ist sie in vergangenen Zeiten geschliffen worden und wer musste sich vor wem in Festungsmauern schützen?

Das größte Gebäude in Kagbeni ist der weithin sichtbare, rotbraune Kubus des Gompa an exponierter Stelle. Wir überqueren den Dzong Khola auf einer wuchtigen Steinplatte und nähern uns dem Klostergebäude.

Flussaufwärts spielen Kinder auf den buckligen Rücken der Flusssteine. Zwei junge Mädchen waschen sich ihre langen, schwarzen Haare im strömenden, kaltenWasser. Sie schlagen mit einem dünnen Stecken auf die Haarsträhnen, die sie vornübergebeugt von ihren Köpfen wegziehen. Sie entfernen damit das triefende Wasser aus ihren Haaren – ein Fön der besonderen Art.

Das Alter des Mönches, der uns mit freundlichem Anjalimudra, den vor der Brust zusammengelegten Händen, willkommen heißt, ist schwer bestimmbar. Immer wieder begegnen wir Menschen in Nepal, deren Wesen und Aussehen uns zeitlos erscheinen. So ergeht es uns auch in diesem Moment, als uns der Mönch gegenübertritt. Er fragt uns in gutem Englisch, ob wir die Kultur des Landes gut fänden und schlägt gleichzeitig die Brücke nach Deutschland mit der Bemerkung, dass der Dalai Lama im vorigen Jahr München besucht hätte.

Sofort fällt mir Heinrich Harrers neunzigster Geburtstag ein, den er im vergangangenen Jahr feierte. Einer seiner prominentesten Geburtstagsgäste war der Dalai Lama und das aus gutem Grund. Heinrich Harrer war mehrere Jahre der persönliche Lehrer des damaligen jungen »Gottkönigs« in der tibetischen Hauptstadt Lhasa. Das ist jedoch eine lange, beeindruckende Geschichte für sich. Ich will nur noch erwähnen, das im Geburtstagsjahr Heinrich Harrers eine wichtige Tagung in Österreich, die »Kalachakra für den Weltfrieden, Graz 2002«, stattgefunden hat, bei der der Dalai Lama eine großartige Rolle gespielt hat. Er hat sich dort für die Verständigung der Religionen untereinander ausgesprochen und ihre Rolle für die Bewahrung des Weltfriedens bekräftigt.

Der Mönch führt uns in das Zentrum des Klosters, den Dukhang, mit einer zentralen Buddhafigur. Mir fällt der Name des Urbuddhas ein und sage spontan seinen Namen »Gautama-Buddha.« Der Mönch hat große, hellwache Augen und als er meine Bemerkung vernimmt, strahlen sie vor Freude. Er hebt seinen rechten Arm in die Waagerechte, legt die Finger zu einer lockeren Faust zusammen und streckt den Daumen, leicht mit dem Arm schwingend, nach oben. Er hat seine Freude in eine westliche Geste übersetzt.

Aus einem Schrein holt der Mönch ein großes Schriftbündel, das mit zwei Holzdeckblättern eingefasst ist. Sorgsam entschnürt er die Heilige Schrift und zeigt sie uns stolz. Diese Schrift sei siebenhundertundfünfzig Jahre alt, erklärt er uns. Das Beeindruckenste an den langen, querformatigen Blättern ist der schwarze Schriftuntergrund. Auf dem schwarzen Papier sind mit silberfarbener Tinte in akkuraten Zeilen für uns unlesbare Texte offenbar mit geschicktester Hand niedergeschrieben und für die Nachwelt erhalten.

Der Mönch schlägt für uns eine Handtrommel und bläst auf einer Muschel. Ich bitte ihn auf einem Randong, dem Alphorn des Himalajas, zu blasen. Bedauernd zuckt er die Schultern und zeigt auf einen verzierten Stützpfeiler. Dort sind zwei der Langhörner, teleskopartig auf einen Meter verkürzt, mit mehreren Tüchern fest mit dem Pfeiler verknotet. Für ihn ist das kein Gund für ein schlechtes Gewissen oder unterlassene Hilfsbereitschaft. Er hält beide Hände fest an seinen Mund gepresst und lässt das Ersatzrandong aus voller Lunge ertönen.

Uns umgeben schlichte, elementare Erlebnisse, die uns zutiefst beruhigen, wieder scheint alles Aufwühlende unendlich weit weg. Der Mönch erzählt uns ohne die geringste Spur von Belehrung und Aufdringlichkeit von den Vorzügen der buddhistischen Philosophie.

Er schaut uns mit festem Blick an und sagt als eine Art Fazit: »Buddhismus is easy: I help you, you help me.« Das Moralprinzip der gegenseitigen menschlichen Hilfe ist uns nicht unbekannt, die intensive Ausstrahlung des Mönchs unterstreicht es jedoch bedeutungsvoll. Er verlässt den Raum mit der Bitte nicht zu fotografieren und es besser auf dem Dach des Klosters zu tun. Wir steigen hinauf. Ein fantastischer Rundblick eröffnet sich in beide Richtungen des Kali Gandaki-Tales. Im Süden erheben sich die Gebirgsmassive des Dhaulagiri und des Nilgiri zu beiden Seiten des Flussufers und im Norden die Berge von Mustang und der Trans-Himalaja-Kette. Dahinter verbergen sich die Weiten der Tibetischen Hochebene. Wir blicken flussaufwärts vorbei an den stilisierten Chörten und den wehenden Gebetsfahnen auf der Mauerbegrenzung des Klosterdaches. Das Bild wirkt so mächtig auf mich. Dort hinter den Bergen liegt Tibet!

Dieses Zentrum des Himmels
Diese Seele der Erde
Dieses Herz der Welt
Umgeben von schneebedeckten Bergen
Das Ursprungsland aller Flüsse
Wo die Gipfel hoch sind und das Land rein
Ein Land so gut
Wo Männer als Weise und Heilige geboren werden
Und nach guten Gesetzen handeln

Poetische Zeilen aus dem 9. Jahrhundert v. Chr.

Von Südwesten weht ein kräftiger Wind. Er kommt aus der Richtung, in die wir morgen flussabwärts marschieren werden. Wir folgen den Wassern des Kali Gandaki, der in den Ganges fließt. Wir werden uns gegen die starken Winde stemmen müssen, die aus der Gangesebene aufwärts wehen.

Die beiden Elemente Wasser und Luft begegnen sich im Umkehrsinn: Die Gebetsfahnen auf dem Dach des Klosters, die tibetischen »Windpferde«, knattern heftig im Wind. Hier sind die fünf Elemente in den Farben der Gebetsfahnen vereint, so wie sie uns jeden Tag umgeben: Gelb für die Erde, Weiß für das Wasser, Grün für die Luft, Rot für das Feuer und Blau für den unendlichen Raum.

Sombar (Montag), den 10. November 2003

Kagbeni – Tukuche

Wo ist der Wind, wenn er nicht weht?
Tibetisches Sprichwort

Träge schwingt die Hängebrücke in ihrem eigenen Takt unter unseren Füßen. Die Berge verschwimmen in milchigem Morgendunst. Noch liegt das Flussbett des Kali Gandaki im kalten Schatten der Bergflanken und es weht kein Wind. Wir atmen die frische, klare Morgenluft. Mingma, Krishna, Temba und Mindu sind bei uns. Wir gehen ein Stück des Weges gemeinsam. Von Zeit zu Zeit wende ich mich zurück. Nur langsam werden die Häuser Kagbenis kleiner. Deutlich hebt sich das Rotbraun des Klosters von den übrigen Häusern ab. Zum ersten Male spüre ich so etwas wie Abschiedsstimmung.

Wir sind in die Rückwärtsflanke unseres Trekkings nach Südwesten eingebogen. Die bestimmende Tendenz der nächsten Tage ist der Abstieg, mit alternierenden Höhenunterschieden gespickt.

Wir befinden uns in der tiefsten Schlucht der Erde, einem gigantischen Windkanal, der sich von der heißen Tiefebene des Ganges bis in das kühle tibetische Hochland erstreckt. Der gewaltige Temperaturausgleich beginnt mit der Erwärmung der Gangesebene und endet mit dem Einbruch der Dunkelheit.

In der Höhe des Dorfes Ghasa, welches in einer Höhe von etwa zweitausend Metern liegt, erreicht die Schlucht ihre größten Ausmaße, wenn man bedenkt, dass sich dort die beiden Achttausender Annapurna I und der Dhaulagiri in ihrer Mächtigkeit direkt gegenüberstehen.

Vor uns breitet sich das Schotterbett des Kali Gandaki aus. Die Monsunfluten des gewaltigen Flusses haben es eingeebnet. Der Fluss vor uns ist kein einheitliches Ganzes. Er besteht aus einem Geflecht von Wasseradern und begehbaren Pfaden, die die Schotterfläche durchziehen. Wir folgen der deutlichen, graubraunen Schlängellinie. Einem

Pfad, den die Füße von Trekkern, die Hufe von Maultieren und Yaks weitgehend geglättet haben. Wir kommen in zügigem Tempo vorwärts, jedoch ist die vor uns liegende Distanz beträchtlich. Ungewohnt, beinahe befreiend ist die geringe Belastung unserer langen Schritte geradeaus. Noch ist es mehr ein Schweben der Beine und des Blickes durch die breite, weitläufige Flussebene. In der Entfernung verengt sich der Talgrund und zwängt sich in die aufragenden Bergflanken.

Wir spüren das Gefälle des Flusses nicht, nur das strömende Wasser zeigt uns den permanenten Abwärtstrend an. Aus der Entfernung erscheinen uns die einzelnen Wasseradern, auf die sich der große Fluss reduziert hat, wie Rinnsale, die sich im Näherkommen als kräftig strömende Bergbäche erweisen und auf schmalen, provisorischen Holzbrücken von uns überquert werden müssen. Oft bestehen diese Brükken aus Balken und sind teilweise schwankende und wackelige Notstege, auf denen wir, das rauschende Wasser unter uns, an das andere Ufer gelangen. Wir geraten zuweilen in Situationen, in denen uns einer der Teilwasserläufe den Weitermarsch derart versperrt, dass wir gezwungen sind, Schuhe und Strümpfe auszuziehen, um durch das schmerzend-kalte, knietiefe Wasser zu waten. Unsere Wege sind des Öfteren an tiefen und schnell strömenden Flusspassagen abgeriegelt. Sie zwingen uns zu zeitfressenden Auf- und Abstiegen an den Uferböschungen.

Von den Pfaden der Uferhänge aus gesehen, erscheinen mir die Wasserläufe als überdimensionale Umgehungskreisläufe, wie sie sich der menschliche Organismus schafft, um den Blutkreislauf aufrecht zu erhalten.

Der Monsun wird dem Fluss seine volle Lebenskraft zurückgeben. Er wird die von nepalesischen Händen errichteten Brücken und Stege aus Holz mit sich reißen und es werden die gleichen fleißigen Hände wieder sein, die sie nach dem abschwellende Monsun erneut aufbauen. Der Kali Gandaki erscheint mir wie ein Gleichnis im großen Werden und Vergehen auf dieser Welt.

Ein Maultierreiter kommt uns entgegen. Bevor er uns erreicht, schmettert er lauthals: »Gamani? Gamani?«

Ich glaube zu wissen, was er meint und rufe zurück: »Yes, Germany!«

Als er auf unserer Höhe ist, verlangsamt er sein Tempo, grinst uns breit an und fragt im klarsten Deutsch: »Wie geht es?«

Ohne eine Antwort abzuwarten, gibt er seinem Maultier einen kräftigen Klaps auf das Hinterteil und entfernt sich in schnellem Galopp.

Jomosom am Kali Gandaki hat ähnliche Bedeutung wie Humde am Marsyangdifluss, zumindest was die Flugpisten beider Orte betrifft. Von beiden Dörfern aus ist es möglich, geeignetes Flugwetter vorausgesetzt, schnell die Bergregionen zu verlassen und nach Pokhara auszufliegen. Ich denke an den am Nachmittag einsetzenden Wind, der in Böen talaufwärts bläst und vor Jomosom nicht haltmachen wird. Er wird den Staub des Flugfeldes aufwirbeln, Starts und Landungen unmöglich machen.

Aus der Ferne hören wir den dumpf brummenden Widerhall der startenden und landenden Propellermaschinen. Wir haben den Flusslauf verlassen. Auf einem breiten Weg nähern wir uns Jomosom. Die Vegetation verändert allmählich ihr äußeres Bild. Kieferngehölze von kleinem Wuchs säumen den Wegrand.

Nach einer langgeschwungenen Wegbiegung tauchen die ersten Häuser von Jomosom auf. Eine Gruppe von Touristen hat sich in der Nähe des Kali Gandaki versammelt und wendet ihre Aufmerksamkeit dem diesseitigen Flussufer zu. Sehr schnell erkenne ich, was sich auf den Flusssteinen abspielt. Um einen großen blutigen Brustkorb herum sind mehrere Männer beschäftigt, diesen mit Äxten zu zerlegen. Es ist ohne Zweifel der eines Yaks. Die Männer schlagen in die große Höhlung der Rippenbögen, Knochen splittern.

In unmittelbarer Nähe des fließenden Wassers spülen weitere Helfer Därme und andere Hohlorgane der Eingeweide aus. Ein Tourist stellt sich auffällig mit seiner Spiegelreflexkamera in Aufnahmeposition, stellt das »blutige Motiv« offenbar einen Moment zu lange scharf, denn einer der Schlachter wird auf ihn merksam. Er schwenkt abwehrend die Arme und ruft mit harter Stimme: »No, no!«

Der Tourist verharrt in seiner Fotostellung. Der Schlachter nimmt einen Stein und wirft ihn warnend vor die Füße des Touristen, der jäh seine Kamera sinken lässt und in seinem Designerrucksack in Sicherheit bringt.

Wir entfernen uns von der Freiluftschlachtung. Mingma ist ohne lange stehen zu bleiben weitergegangen. Er wartet vor einem Verkaufsstand auf uns. Wie mag er innerlich auf das eben erlebte Szenario reagiert haben? Er ist Buddhist. Jeder Buddhist kennt die Grundzüge seiner »philosophischen Religion«, die auch beinhalten, kein fühlendes Wesen zu töten. Wer tötete am Flussufer den Yak? Gehören diese öffentlichen Schlachtungen zu den Schattenseiten und Empfindungen eines Buddhisten in Nepal?

Hinter den letzten Satz habe ich nicht nur ein Fragezeichen gesetzt, sondern erneut ein »Unlösbarkeitszeichen«, weil mir die Frage des Tötens das Widersprüchliche in diesem Land erneut vor Augen führt.

Jomosom ist Verwaltungssitz der Region und beherbergt eine Garnison der nepalesischen Armee. Durch den langgestreckten Ort führt eine breite Straße, an der einige Kasernen liegen. Ich erkenne sie an den vorgelagerten Posten.

Ständig ziehen Maultierkarawanen an uns vorüber. In der Straßenmitte liegt ein schlafender Hund in der Mittagssonne. Er lässt sich von den trappelnden Hufen der Maultiere nicht stören. Die Packtiere wiederum umgehen mit gelassener Vorsicht die zeitweilig lebendig werdende »Verkehrsinsel«.

Temba und Mindu mieten sich in die Küche eines kleinen Hotels ein. Sie tragen den Küchenkorb hinein, kochen und brutzeln mit eigenem Geschirr. Wir sitzen seit vielen Tagen wieder auf soliden Stühlen, die mit freundlich hellblauer Farbe bemalt sind. Aus einem Lautsprecher dudelt »Tempelmusik«. In der Küche klappert und plappert es. An der Wand hängt ein vergilbtes Poster einer Dieter Glogowski-Dia-Show. Durch den kleinen Gastraum zieht ein kühlender Luftstrom. Das Mittagessen, das uns Temba serviert, ist reichlich. »Bequeme Müdigkeit« schleicht sich nach dem Essen in meine Glieder. Dagegen habe ich ein wirksames Mittel. Ich verlasse den Mittagstisch und begebe mich auf die belebte Dorfstraße.

Ein kleines Mädchen kreuzt meinen Weg, ein zierliches Püppchen, zu dem ich mich bücke und nach ihrem Namen frage. Sie antwortet mir mit zarter, aber deutlicher Stimme: »Mamosell.«

Ich reiche ihr zwei Bonbons und schon ist sie in einer Gasse verschwunden. Neben der Durchgangsstraße, durch Verwaltungsgebäude von ihr getrennt, befindet sich die Flugpiste. Sie gehört zu den Inlandsflugbahnen, die nicht länger als dreihundert Meter sind und STOL – Short Take Off and Landing – genannt werden. Wir sehen das beeindruckende Landemanöver einer zweimotorigen Maschine. Plötzlich taucht sie in den Bergflanken auf, verliert schnell an Höhe und setzt wenig später von einer Staubwolke umhüllt auf der Sandpiste auf. Ihre Motoren heulen auf und schon kommt sie zum Stehen.

Ich weiß, dass es in Lukla am Rande des Solu-Khumbu auch eine STOL gibt, auf der man landet, wenn man Lukla als Ausgangspunkt gewählt hat, um ins Everest-Basislager aufzusteigen.

Die Straße fällt leicht ab, als wir Jomosom mit trägem Schritt verlassen. Mindu und Temba hopsen mit ihren Küchenkörben an uns vorüber. Mindu lässt, wie immer, sein schnatterndes »Yes, yes« aus sich heraus. Tembas Grinsen dazu wirkt wie stiller Beifall.

Das Flussbett verengt sich zur Talschlucht. Wir spüren einen zunehmenden Luftstrom, der uns in Schüben entgegenbläst. Während wir die einzelnen Wasserläufe geschickt umgehen können, entwickelt sich der Wind zum Hauptelement, das uns Widerstand entgegensetzt. Die Felswände kühlen den heftigen Luftzug ab. Über uns ziehen hohe Wolken.

Eine enge Durchbruchstelle, an der sich die einzelnen Wasserläufe vereinigt haben und über eine Felsstufe tosend abwärts stürzen, verwehrt uns den Weitermarsch. Mingma ist ratlos. Er findet einen unscheinbaren Pfad hinter einem Felsvorsprung, über den wir das »Wehr« umgehen. Unter uns donnert die eingezwängte, schäumende Wassergewalt. Sie bringt mich in Wallung.

Meine Gedanken wandern zurück nach Kagbeni, wo der Kali Gandaki mit scheinbarer Schwäche abwärts fließt. Meine Fantasie schwingt sich hinauf nach Tibet, wo sich die Bäche beleben. Ich höre die sanft murmelnden Klänge aus Smetanas »Moldau«. Dann kommt der Monsun! Die Bäche schwellen an, sie ergießen sich ineinander und wälzen sich talwärts, vereinigen sich im monumentalen Klang der »Moldau« zum Strom. Ruhig fließt der Kali Gandaki dahin, begleitet vom »Andante molto mosso« aus Beethovens »Pastorale«. Im »Allegro« von Gewitter und Sturm aus den Bergen steigert sich die Dramatik, schwillt ab im erlösenden »Allegretto« des fünften Satzes. Im Zusammenrücken der Bergflanken strömt der Kali Gandaki im unaufhaltsamen »Allegro con brio« Beethovens »Feurig Strömender« talwärts. Er erreicht unsere Talenge mit zerstörerischer Wucht. Das Schicksal Beethovens »Fünfter«

klopft an die Pforte! Herauf zu uns tönt eine Sinfonie aus Fels, Wasser und Wind!

Haben die Einwohner von Marpha überhaupt eine Ahnung davon, dass sie vielleicht im schönsten Ort rund um die Annapurna leben? Auf kunstvoll behauenen Steinplatten gehen wir durch das langgestreckte große Dorf. Sorgfältig getünchte Häuser mit geschnitzten Balkonen und Haustüren umgeben uns. Auffällig ist die Sauberkeit der Gassen und der kleinen Lodges. Ohne auf Unebenheiten des Weges achten zu müssen, flanieren wir abwärts. Es ist ein kurzes Zwischenspiel der Bequemlichkeit.

Wir begegnen einer Frau mit einem randvoll gefüllten Korb leuchtender Äpfel. Aus einer Nebengasse kommen eilig einige Dorffrauen. Sie verfolgen die Frau lachend, greifen in den Apfelkorb hinein und ergattern sich einige Äpfel.

Sie beißen betont gierig hinein. Sie machen noch einige lustige Bemerkungen, setzen sich auf einen Mauervorsprung und verzehren schmatzend ihre Beute. Die Apfelfrau stellt ihren schweren Korb auf die Mauer, greift sich ebenfalls einen ihrer knackigen Früchte, lacht aufgeheitert und setzt sich zu den anderen. Am Dorfende, nahe einer Baumplantage, verschwindet Krishna hinter der schweren Holztür einer Grundstücksmauer. Er kommt mit mehreren besonders großen Äpfeln zurück, die er uns in die Hände drückt.

Als wir wieder in Flussnähe kommen, ist uns, als hätten wir mit Marpha eine schützende Nische verlassen. Wieder sind wir dem Wind ausgesetzt, der stärker geworden ist. Wir ziehen die Reißverschlüsse unserer Anoraks bis ans Kinn. Mingma zieht seinen Hut fest auf seinen Kopf.

Der Wind bäumt sich vor uns auf. Er wirbelt uns Wolken und Säulen aus staubigen Sandkörnern entgegen. Die Luft in der Ferne ist diesig. Die Bergflanken hüllen sich in das verschwommene Grau des Staubnebels.

Langgestreckte Wegkrümmungen, der Wind und unsere nachlassende Kondition hemmen das Vorwärtskommen. Hartnäckig dehnt sich die Zeit. Hin und wieder reißt die dicke Wolkendecke auf. Sonnenstrahlen dringen mit geisterhaften Strahlen durch den Staubschleier. Der ebene Weg und die gleichförmige Wiederholung der Wegbiegungen zermürben und unterhöhlen die Willenskraft. Wir marschieren schweigend. Jeder hängt seinen Gedanken nach. Martina durchbricht das Schweigen: »Will das denn gar kein Ende nehmen?« – Schweigen. Wir gehen weiter gegen den Wind, den Staub und den Sand! Wüste? Nein, wir sind nicht in der wirklich lebensbedrohenden Wüste. Wir sind nicht ausgesetzt und von unausweichlichen Gefahren umgeben. Wir haben keinen Hunger, auch keinen schmachtenden Durst, nur dieser Staub, dieser Sand, der Wind und ein wenig Schwäche, die uns befällt. Ich denke an Reinhold Messner: Der Sturheit der Wüste kann ich nur meine eigene entgegensetzen! Mein Kopf wird klar, ich fühle mich stärker.

Eine Schar Kinder umringt uns. Sie schauen uns neugierig und verstohlen an. Sie zupfen an unseren Rucksäcken. Als ich meinen Rucksack öffne, beginnen die kleinen Frechdachse zu johlen: »Sweety, Sweety, … Pen, Pen, Pen …«

Ich verteile Bonbons und einige Kugelschreiber in die um mich herumfuchtelnden Hände. Die Bonbons verschwinden umgehend in den Mündern, das Papier landet ganz nebenbei im Staub der Straße.

Auf der Terrasse einer Lodge bekommen wir unseren Ankunftstee serviert, während die Kinder, von unserer Gegenwart angeregt, ihre Späße machen. Aus der Lodge kommt ein mittelwüchsiger Junge. Auf dem Rücken trägt er ein Kleinkind. Er geht schnurstracks auf uns zu, stellt sich neben mich und fragt in klarem Englisch: »Wie geht es?«

Er schaut mich dabei mit wachen, klugen Augen an. Für einen Augenblick fühle ich mich begutachtet. Findet er etwa, dass ich abgekämpft aussehe?

»Danke, mir geht es gut«, gebe ich ihm zur Antwort.

Uns geht es wirklich nicht schlecht, schließlich trinken wir unseren rituellen Tee, essen unsere Kekse, sind von seiner aufgeweckten Anwesenheit und den ausgelassenen Tollereien der Kinder so abgelenkt, dass wir die Strapazen des langen Marsches schnell vergessen.

»Naam?«, frage ich den Jungen.

»Mein Name ist Tashi«, antwortet er mit etwas erregter Stimme und beginnt leise vor sich hin zu singen. Er beobachtet uns bei unserem Ankunfstpicknick, ohne Aufdringlichkeit. Er ist einfach nur da.

Als ich das Diktiergerät aus der Seitentasche des Rucksacks hervorhole, wird er aufmerksam.

»Bitte singe ein Lied, Tashi«, ich halte dem Jungen das schwarze Kästchen vor den Mund. Er hebt die Stimme zu einem hohen Anfangston und beginnt zu singen. Ich spule das Band zurück und lasse das Playback erklingen. Nun ist auch die Aufmerksamkeit der anderen Kinder geweckt. Unsere bisherige Erfahrung wiederholt sich: Abergläubiges Staunen. Die kleine Kassette mit Tashis Stimme werde ich sorgsam in meinem kleinen »Himalaja-Archiv« verwahren.

Mit seinem Schwesterchen im Huckepack folgt uns Tashi zum Zeltplatz. Zwischendurch muss er stehen bleiben, um die kleine Schwester auf seinem Rücken in die richtige Trageposition zu ruckeln. Wir merken ihm keinen Unmut an, er tut das mit der größten Selbstverständlichkeit und ausdauernder Geduld. Schnell hat er uns wieder eingeholt und freut sich, wieder an unserer Seite zu sein. Es ist schon fast dunkel. Das Schwesterchen auf Tashis Rücken ist inzwischen eingeschlafen. Sie hat ihre kleinen Arme fest um den Hals ihres großen Bruders geschlungen. Ihr Kopf mit den schwarzen, zerzausten Haaren liegt auf Tashis Schulter. Die Füße der Kleinen sind nackt. Ich fasse sie an, sie sind warm.

Vor mir erscheint ein Bild aus vergangener Zeit. Das Bild ist ein Foto, das ich an der Wand eines Treppenaufganges in einem christlichen Kindergarten betrachtete. Es hinterließ in mir einen symbolträchtigen, dauerhaften Eindruck. Neben uns steht Tashi als lebendiges Abbild des Fotos im verglasten Rahmen. Nur die Rollen auf dem damaligen Bild und der gegenwärtigen Wirklichkeit sind vertauscht. Unter dem Bild stand der folgende Text: Auf steinigem, holprigem Wege begegnet einem Europäer ein Mädchen, das schwer beladen ihren Weg geht. Der Mann sagt bedauernd und voller Mitleid zu ihr: »Du trägst aber eine schwere Last.«

Daraufhin schaut ihn das Mädchen verwundert an und antwortet: »Ich trage doch keine Last, ich trage meinen Bruder!«

Wir sitzen im Speisezelt und trinken Tee. Temba öffnet das Zelt und schiebt das vertraute, runde Tablett auf den grünen Klapptisch. Er schaut in die Runde. Sein Blick bleibt fragend an mir haften. Ich kann seinen Blick nicht enträtseln und bin nicht in der Lage ihn zu fragen, weil er kein Englisch spricht und ich dem Nepali nur ungenügend gewachsen bin.

Seine Frageabsicht, die ich mir vielleicht nur einbilde, wird für mich schnell und unbewusst zur bedeutungslosen Nebensache.

Tembas Gesichtsausdruck und die unergründliche Tiefe seiner Augen versinken in eine Fremdartigkeit, die mich seltsam durchdringt. In diesen Augenblicken, mit all ihrer unerklärbaren Emotionalität, scheinen alle europäischen Fragezeichen über die asiatische Mentalität, die ich in meinen bisherigen Aufzeichnungen setzte, zu einem mystischen, unauflösbaren Ganzen zu verschmelzen.

In unseren Dinnertöpfen finden wir Nudeln und Momos mit Käsesauce. Zum Nachtisch gibt es Apfelkompott und Griesbrei.

Unsere Zelte stehen in Tukuche verloren auf dem weitläufigen Dorfanger. Das »Transformatorenhäuschen« steht im äußersten Winkel des Platzes. Von der Größe und Ebenheit her ist es der bisher ungewöhnlichste Zeltplatz.

Auch in anderer Hinsicht scheint es fragliche Besonderheiten zu geben, die von Mingma und Krishna ausgehen, aber von ihnen nicht ausgesprochen werden. Nur die Verhaltensweisen unserer beiden Sherpas lassen nicht näher beschreibbare Vermutungen und Verdachtsmomente aufkommen, die uns beunruhigen.

Krishna nimmt unsere Teleskopstöcke, die wir bisher immer zwischen dem Innen- und Außenzelt verstauten, mit in das Sirdarzelt und geht noch lange mit eingeschalteter Taschenlampe in Zeltnähe auf und ab. Ich krame aus dem Seesack die Pfefferspraydose und lege sie griffbereit.

Martina steckt bis zum Haarschopf im Schlafsack. Ich lösche das Teelicht und horche in die dunkle Nacht. Aus dem Sirdarzelt nebenan dringen die vertrauten Stimmen von Mingma und Krishna.

Mangalbar (Dienstag), den 11. November 2003

Tukuche – Ghasa

Wieder fühlte ich das zufriedene Glück,
mit den Menschen unterwegs zu sein, deren
Gedanken und Handlungen, auch wenn
sie einer fremden Kultur entsprangen,
mich in wunschlose Harmonie hüllten.

Herbert Tichy: Land der namenlosen Berge

Lang anhaltende Basstöne wecken mich. Angespannt lausche ich und bin hellwach. Die Töne werden lauter, schwellen zu einem fremdartigen Klangbild an, und je länger ich angestrengt horche, desto unirdischer klingen sie. Sind es Töne aus einer anderen Welt, kosmischer Widerhall aus unendlichen Räumen, Musik aus den Tiefen des Universums?

Nur langsam begreife ich diese mystisch schallende Täuschung, ohne dass sie an tiefer Wirkung verliert. Sie hat ihren Ursprung auf dem Dach des nahe liegenden Klosters, von dem aus die Mönche ihre Randongs, die buddhistischen Langhörner, blasen. Ihr tief beeindrukkender Klang bricht sich an den unteren Bergflanken des Tukuche Peak und Nilgiri. Sie verleihen ihm außergewöhnliche Ferne und das Empfinden von Unendlichkeit. Für die Mönche ist er der Beginn des Tages und der Rituale.

Es ist fünf Uhr dreißig. Die Nacht ist ohne Zwischenfälle vorübergegangen. Noch ist es dämmrig. Ich schalte meine Stirnlampe ein und hole das gestern versäumte Tagebuchschreiben nach. Ich notiere kurze Stichworte: Mutter heute Geburtstag – versuchen bei nächster Gelegenheit anzurufen – Zeitverschiebung beachten – Grüße an alle – uns geht es gut.

Tashi steht vor unserem Zelt. Dabei ist sein zweites Ich, dass er auch an diesem frühen Morgen auf seinem Rücken trägt. Weiß er, dass wir bald aufbrechen und uns nie wiedersehen werden? Er ist eben wieder in unserer Nähe, beobachtet, wie Mingma und Krishna die Zelte verpacken und die Träger ihre Lasten zusammenstellen und verzurren.

Tashis kleine Schwester schaut mit wenig bewegter Miene zu. Erst als ich sie an den Fußsohlen krabbele, huscht über ihren Mund ein winziges Lächeln.

Wir biegen in den Hauptweg von Tukuche nach Ghasa ein. Tashi geht in die entgegengesetzte Richtung. Bald verlieren wir ihn und sein Schwesterchen aus den Augen.

Der mit dicken Wolken vollgestopfte Himmel, der uns am gestrigen Nachmittag begleitete, hat sich heute zu einem azurblauen Gewölbe gewandelt. Mingma kommentiert die Wetteränderung mit: »Wir haben eine klare Sicht.« Die frische und reine Morgenluft wird zum wirksamen Klarzeichner für die weißen Endpunkte der umliegenden Sechstausender.

Über uns erhebt sich der Dreiergipfel des Nilgiri. Die Bergspitzen erscheinen unbeteiligt weit weg, entfernt von allem Leben im Tal, das wir mit ausgeschlafenen Sinnen durchschreiten. Unterwegs begegnen uns drei Amerikaner. Sie sind in Dhampus aufgebrochen. Sie hätten die Absicht, die Annapurna in der Gegenrichtung zu umrunden, erklärt mir einer der träge wirkenden Aspiranten für den Thorong La.

In Kalopani suchen wir einen der wenigen »Kommunikationsstützpunkte«, um nach Deutschland zu telefonieren. Der Stützpunkt besteht aus einer Holzbaracke, in der eine freundliche Dame sitzt. Sie hat ein rotes Tika-Zeichen auf der Stirn. Sie öffnet die Klappe einer Holzschatulle, in der sich der Telefonapparat befindet. Wir reichen ihr die Telefonnummer, die sie offensichtlich mit einer langen zusätzlichen Zahlenreihe ergänzt. Sie greift in die Löcher der Wählscheibe und beginnt die langwierige Prozedur des Wählvorganges. Nach unserer Zeitverschiebungsberechnung ist es jetzt, in der nepalesischen Tagesmitte, in Deutschland die Zeit, in der die meisten Bundesbürger ihr Bett verlassen. Wir hoffen, dass auch unsere Mutter ihre Bettdecke bereits zurückgegeschlagen hat, um sich ihren Geburtstagsvorbereitungen zu widmen.

Das scheint jedoch nicht die einzige Voraussetzung zu sein, damit eine Verbindung von Asien nach Europa aus Anlass eines deutschen Geburtstages zustande kommt. Die Telefondame wählt, sie wählt ein zweites Mal … ein drittes Mal. Immer, wenn sie meint, eine »Gegenstimme« gehört zu haben, reicht sie uns den Telefonhörer hinaus auf die Straße. Meist vernehmen wir, untermalt von Knistern und Rauschen, nur unser eigenes hohl klingendes Echo. Die Drehungen der Wählscheibe summieren sich beträchtlich. Der Zeigefinger an der Hand der Telefondame zeigt, soviel ich erkennen kann, noch keine krankhaften Veränderungen. Auch der Status ihrer Nerventätigkeit zeigt noch keine Auffälligkeiten. Sie bleibt geduldig und wählt unermüdlich weiter. Es kommt zur letzten, geheimnisumwitterten Übertragung, an der mehrere Stimmen gleichzeitig beteiligt sind, die freudig erregt durcheinander schnattern, aber weder für unsere Mutter noch für uns einen brauchbaren Informationsgehalt besitzen. Geburtstagsgrüße hin (sie gingen ja gar nicht hin!), Geburtstagsgrüße her, die Telefondame schließt mit einem »Sorry« die hölzerne »Multimedia-Schatulle«.

Mingma hat auf der gegenüberliegenden Straßenseite geduldig auf uns gewartet. Er zuckt die Achseln: »Kommunikation ist ein Problem in den Bergen« und nachdenklich fügt er hinzu: »Maoist a big problem.«

Die Helligkeit und die windlose Wärme der Mittagssonne umschmeichelt uns. Ein Grüppchen junger, hübscher Nepalesinnen geht scherzend vorüber. Sie machen einige witzelnde Bemerkungen, die offenbar Mingma gelten. Er schaut den Mädchen nicht unberührt nach.

»Look, look, schau, schau!«, scherze ich.

Mingma lacht: »Look, look!« und ergänzt auf Nepali: »Hedda, hedda…!«

»Guck, guck!«, werfe ich ein.

Mingma wiederholt: »Guuck, guuck!«

Die Mädchen kichern belustigt zu uns zurück. Auf der sonnigen Hofterrasse einer Lodge machen wir Rast. Temba hat heute ein besonderes Mittagsgericht gekocht. Auf unseren Tellern liegen kunstvoll geformte, gebackene Nudelknäuel, eine Art Endlosspagettis mit ungewöhnlicher Würzung. Zum Nachtisch gibt es Schokoladenpudding.

Wir packen unsere Rucksäcke aus, verstreuen den klammen Inhalt auf Tische und Stühle und überlassen der Sonnenstrahlung den Hauptanteil der Arbeit. Wir erweitern die »Putz- und Flickstunde«. Mindu holt aus der Lodge einen von mir gewünschten Spiegel. Der Blick hinein überrascht mich nicht, dennoch: der Bart muss ab. Herr Kleenlich schwänzelt um den Spiegel herum, blickt über meine Schulter hinein und erkennt sein mattes Spiegelbild. Er holt seinen Rasierpinsel und seine Rasiercreme. Er seift sich ein und brummt dabei vor sich hin. Er erzählt uns, halb im Selbstgespräch, wie er zu der Super-Rasiercreme gekommen sei, mit der er sich jetzt einseife. Er hätte schon viele Marken miteinander verglichen und sei schließlich zu der Auffassung gelangt, dass es keinen besseren Rasierschaum gäbe, als den gerade von ihm verwendeten. Den letztendlichen Ausschlag zu dieser unumstößlichen Entscheidung hätte ein Verkäufer gegeben. Dieser hätte den Tubenverschluss der von ihm favorisierten Rasiercreme geöffnet, einen Cremestrang in seinen Mund gedrückt, genüsslich darauf herumgekaut und ihn letztendlich sogar verschluckt!

Der Pflanzenwuchs in Richtung Ghasa wird üppiger. Dichtes Buschwerk verdeckt an manchen Pfadpassagen den Blick zum nahen Flusslauf. Wir vermissen das Zirpen der Baumgrillen, das sich am Marsyangdi mit den rauschenden Wassern vermischte.

Ein gewaltiger Erdrutsch an der gegenüberliegenden Bergflanke hat mit seinen Fels- und Geröllmassen den Flusslauf eng an das diesseitige Ufer gedrängt. Wie eine große Wunde klafft die nach innen gewölbte Böschung in ihrer hellen Gesteinsfärbung zu uns herüber.

Die An- und Abstiege werden, je näher wir Ghasa kommen, häufiger. Es sind die immer wiederkehrenden Binsenweisheiten des Himalaja, dass einem steilen Bergauf meist ein ebenso steiles Bergab folgt und das wir fast auf jedem »Schritt und Felstritt« einer Maultierkarawane begegnen. Das Stehen bleiben auf der hangabgewandten Seite und das Warten, bis die Tiere vorübergezogen sind, ist immer wieder entspannendes Verweilen.

Die Maultiere scheinen traumwandelnd und sicher ihres Weges zu ziehen. Gehen die geschickten Vierbeiner über Felsstufen oder Steintreppen, fällt mir immer wieder ein putziges Detail bei der Hangabwärtsbewegung auf. Bevor der Huf des vorgestreckten Hinterbeines auf die kommende Stufe aufsetzt, ist das vierte und letzte Bein offenbar für einen »Sicherheitsgriff« zuständig. Das Hufgelenk knickt nach hinten ab und verharrt so lange auf der letzten Felsstufe, bis das erste Hinterbein festen Tritt auf der vorangegangen Stufe hat. Der Bewegungsablauf wirkt so vornehm und grazil, als würde eine feine Diva mit Stöckelschuhen eine Freitreppe hinabwandeln. Weitere Gemeinsamkeiten sind mir nicht aufgefallen.

Am Wegrand stehen zwei Flip-Flops. Im dichten Laubwerk der Bäume raschelt es. Irgendjemand bewegt die Zweige. Mingma bleibt stehen und sucht breit lächelnd meinen Blickkontakt, den er so lange stabilisiert, bis auch ich grinse, obwohl ich nicht genau weiß warum.

»Monkeys, there are Monkeys«, kichert Mingma. Meine Blicke versuchen das Dickicht zu durchdringen, ich kann aber keine Affen entdecken. Dann fällt mein Blick wieder auf die Badelatschen am Rande des Weges und mir kommt die Erleuchtung: Affen tragen keine Badeschlappen! Mingma ruft unverständliches Nepali in die Bäume hinein. Die Blätter und Äste rascheln stärker. Ein schwarzer Haarschopf und ein sehniger, braungebrannter Körper kommen zum Vorschein. Ein Mann klemmt ein Bündel frischer Baumtriebe unter seinen Arm, schlüpft in seine Flip-Flops und ist bald hinter einer Bodenwelle unseren Augen entschwunden.

Ghasa ist ein Dorf, das sich an den steinigen Ufern eines Bergbaches, unweit des Haupttales, entlangstreckt. Der Dorfweg ist leicht abschüssig und glitschig. Der Himmel hat sich mit Wolken bezogen. Ein kurzer Schauer geht nieder, dann bricht die Wolkendecke wieder auf.

Der Zeltplatz ist ein lieblicher Rasenflecken neben einer Lodge und ist von einer meterhohen Hecke umgeben. Über eine kleine Holztreppe betreten wir den Hintereingang. Im Gastraum ist reges Leben. Wir trinken unseren Tee und beobachten das Treiben um uns herum, das kaum an den Tischen stattfindet. Es ist vielmehr ein Daherkommen, kurzes Verweilen und wieder Gehen. Wer durch den Vordereingang kommt, hält ein Schwätzchen im Stehen und geht durch den Hinterausgang hinaus auf die Wiese, wo sich unsere Träger aufhalten.

Zurückkommen heißt vielleicht, ich bin zufrieden mit dem, was sich mir auf dem Hinterhof geboten hat. Zwischen der Dorfstraße und der Hinterhofwiese entwickelt sich eine merkwürdige »Transitstrecke«. Der Gastraum der Lodge und die angrenzende Küche werden zu »Rast- und Schwatzstätten«, zum »Umschlagplatz« für den Dorftratsch.

Bisweilen verzweigt sich der »Verkehrsstrom« über eine Treppe, die mehr eine Leiter ist, zur über uns liegenden Etage. Dort hinauf gehen scheinbar Hinz und Kunz von Ghasa. Von oben ist meist nur nervöses

Poltern zu hören, welches nicht lange anhält, weil die Polterer bald wieder die Treppe herabsteigen, um sich zu neu gebildeten Gesprächsgrüppchen zu gesellen.

Als es um unseren Tisch etwas ruhiger wird, kommt eine Glucke mit ihren zwei Kücken »des Weges«. Sie schreitet mit aufgeregtem und strengem »Tuck tuck … « an unserem Tisch vorüber, hinaus in Richtung Küche.

Nicht nur in der Lodge ist Spätnachmittagsstimmung. Vor den Hauseingängen sind Frauen mit unterschiedlichsten Dingen beschäftigt. Eine Frau sitzt auf einer Mauererhöhung. Vor ihr steht ein kleiner Holzwebstuhl. Unter ihren schnell und geschickt arbeitenden Händen entsteht ein farbenfroher Kleinteppich. Sie schaut von ihrer angespannten Arbeit hoch und hat ein grüßendes, kurzes Lächeln für uns übrig. Eine junge Mutter hat einige Knöpfe des Obergewandes gelöst. Ihr Baby saugt leise schmatzend an ihrer Brust. Um sie herum tollen ihre größeren Kinder. Ein Kleinkind, kaum dem Babyalter entwachsen, krabbelt auf allen Vieren um die Mutter herum.

Neben den Treppenstufen der Hauseingänge befindet sich nicht selten der Geschirrabwaschplatz und manchmal auch ein Brunnen. Auch das sind Zentren der Geselligkeit. Vielleicht sind es auch die Orte des Austausches von Frustration über die täglichen Erschwernisse und Sorgen, was uns in aller Lebendigkeit und äußeren Frohgestimmtheit verborgen bleibt.

Ich habe meine Hand auf Martinas Schulter gelegt. Manchmal fassen wir uns an den Händen. So schlendern wir betrachtend durch das Dorf.

Uns streifen taxierende Blicke. Zwei Mädchen beginnen zu kichern, als sie uns kommen sehen. Sie verschwinden im Hausflur und kommen mit »Verstärkung« zurück. Auf den Treppenstufen positionieren sich weitere Hausbewohner. Alle blicken uns nach und tuscheln miteinander. Wir kommen uns vor wie Darsteller in einem ungewöhnlichen Bühnenstück, das sich vor den Augen der versammelten Hausbewohner darzubieten scheint. Doch was ist so absonderlich an unserem Auftritt, dass uns neugieriges Interesse verfolgt?

Mir kommt allmählich eine Erkenntnis, und Martina hat fast gleichzeitig die Idee. Gelesenes und Erfahrenes fügt sich zusammen. So steht in meinem kleinen Kauderwelsch-Wörterbuch geschrieben, dass Paare in der nepalesischen Öffentlichkeit nicht Händchen halten sollten. Auch andere näheren und intensiveren Körperkontakte gelten nach den öffentlichen Verhaltensnormen Nepals als unerwünscht und anstößig. Martina erzählt mir von einer Beobachtung, die sie vor Tagen gemacht hat. Es war im Dorf Kagbeni. Unsere beiden Träger Pantzang und Dorje hätten sich nach unserer Ankunft an den Händen gefasst und seien vergnügt und ausgelassen, befreit von ihrer Tragelast, vom Zeltplatz gegangen.

Gleichgeschlechtlichen Partnern, meist sind es auch echte Freunde, räumt man in Nepal dieses Gebaren ein, während unsere kritischen deutschen Augen darin spontan Homosexualität vermuten. Wiederholt kreuzen sich, wie auch in diesem Moment, als wir durch Ghasa gehen, asiatische und europäische Erscheinungsbilder und Sichtweisen. Doch wo liegen die Schnittpunkte?

Aus dem kleinen Tal von Ghasa haben sich die direkten Strahlen der Sonne zurückgezogen. Über die Bergrücken flutet nur noch der schwache Lichtschein des zu Ende gehenden Tages. Im dämmrigen Licht gehen wir zurück zur Lodge. Mingma empfängt uns mit: »Dinner is ready.«

Zum zweiten Mal seit Wochen sitzen wir an einem normalhohen Tisch, auf dem Temba und Mindu unser Essen serviert haben. Die Stühle des Gastraumes sind bis auf wenige Ausnahmen besetzt. Vor dem eingeschalteten Fernsehgerät in der Raumecke sitzen unsere Träger und schauen gebannt in die Röhre. Es läuft offenbar ein indischer Film, der in rosa-rot dominierenden Kitschfarben über den Bildschirm flimmert. Vom Straßeneingang her stolziert ein großer Gockelhahn durch die Gaststube. Er benutzt die gleiche »Route« wie die Glucke mit ihren beiden Kücken, die am Nachmittag an uns vorüberparadierte. Auch er verschwindet durch die offen stehende Tür im Halbdunkel der Küche.

Warm ist es in der Lodge. Durch den bequemen Tisch entspannen sich mein Rücken und meine Gedanken. Die Tinte aus meinem Kugelschreiber lässt die Worte geschmeidig auf das weiße Tagebuchpapier fließen.

Mingma setzt sich neben mich und schaut auf die mühelos dahingleitenden Bewegungen meines Schreibgerätes. Er stört mich nicht. Er ahnt, welche Begebenheiten ich in meinem Tagebuch festhalte. Ich schaue ihn dennoch an, als wäre ich ihm eine Erklärung schuldig: »Ich schreibe die Abenteuer mit Mingma nieder.«

Buddhabar (Mittwoch), den 12. November 2003

GHASA – TATOPANI

Am Ende unseres Lebens
bereuen wir nicht die Dinge,
die wir falsch gemacht haben,
sondern die wir nicht gemacht haben.

Ich öffne die Zeltplanen. Der Gang zur Außentoilette der Lodge ist unkompliziert, kurz und eben. Es graut der Tag. Auf dem First der Lodge sitzt der stattliche Gockelhahn von gestern und kräht sein Kikeriki ins Tal.

Wir brechen zwei Stunden nach dem ersten Hahnenschrei in Richtung Tatopani auf. Meine gestrige »Kartenschau« unter dem Licht meiner Stirnlampe wies das Streckenprofil mit einer deutlichen Abwärtstendenz aus. Wir werden die Zweitausendmetergrenze beträchtlich unterschreiten und in einer Höhenlage von eintausendzweihundert Metern in Tatopani ankommen. In den kommenden Stunden senkt sich der Weg in eine tiefe Talschlucht, in der sich die Ausblicke an den Bergfluchten stoßen.

Gestern noch boten sich uns in der Nähe von Kalopani Weitblicke in den zentralen Gipfelaufbau der Annapurna I. Bald verlor sich diese Aussicht wieder hinter namenlosen Vorbergen.

Mingma verwendet den Begriff »namenlose Berge« auf seine Weise. Frage ich ihn nach der Bezeichnung eines Gipfels, den er oft nicht kennt, antwortet er völlig unbeschwert in lockerem Englisch: »Just Hills!« (irgendwelche Hügel).

Ich verstehe das allzu gut, gibt es doch im zweieinhalbtausend Kilometer langen Himalaja-Bogen zirka 140 Siebentausender. Die Sechstausender Gipfel zählt offenbar niemand mehr. Über 1000 sollen es sein und auch das ist nur eine vage Vermutung. Viele davon besitzen keinen Namen und keine exakten Höhenangaben. Die Annapurna I ist, wie schon einmal erwähnt, mit neunzig Metern über der Achttausendmetermarke Nepals niedrigster Achttausender. Er kann aber für sich in Anspruch nehmen, als Erster bestiegen worden zu sein.

Es war im Jahre 1950, als sich eine französiche Expedition entlang der Ufer des Modi Khola auf den Weg in die Nähe des Zentralmassivs machte. So nahe sind wir dem Hauptgipfel auf unserer Tour nie gekommen. Maurice Herzog war der Erstbesteiger der Annapurna I. Er erreichte den Westgipfel und kehrte erschöpft und mit schweren Erfrierungen an den Fingern ins Basislager zurück. Gedankenvoll schweifte gestern mein Blick über die drei Gipfel der Annapurna. Ich dachte an Maurice Herzog, den Erstbezwinger, der den Berg überlebt hat. Und ich gedachte Anatoli Boukreev, der irgendwo an den Hängen der Südflanke dieses Bergmassivs begraben liegt.

A. Boukreev war einer der Teilnehmer der Mountain-Madness-Expedition 1996. In kurzer Zeit fanden in der Gipfelregion des Mount Everest zwölf Bergsteiger den Tod. Sie sind damals Opfer von tragisch miteinander verketteten Umständen und eines Wettersturzes geworden. A. Boukreev hat die Katastrophe jener Zeit überlebt und ein lesenswertes Buch über die damaligen Ereignisse geschrieben. Im Dezember 1997 plante er zusammen mit dem italienischen Alpinisten Simone Moro eine Winterbesteigung der Annapurna I über die besagte Südflanke. Während des Aufstieges löste sich eine Wand aus Eis und Schnee, unter der A. Boukreev sein eisiges Grab gefunden hat. Bis heute ist seine Leiche verschollen.

Lene Gammelgard, die ich persönlich während einer Tagung kennen lernte, kommt mir zurück in mein Gedächtnis. Es ergaben sich einige Möglichkeiten für ein kurzes Gespräch über ihre Everestbesteigung. Sie war ebenfalls Teilnehmerin der oben erwähnten Mountain-Madness-Expedition 1996. Auch sie hat ein Buch veröffentlicht und damit einen Beitrag geliefert, die verworrenen Vorgänge in der Todeszone zumindest teilweise transparenter zu machen. Sie erzählte mir, dass sie den Menschen A. Boukreev persönlich gut gekannt und aufrichtig geschätzt habe.

Nach wenigen Kilometern Marsch spüren wir eine eigentümliche Mattigkeit in den Beinen, obwohl wir deutlich talwärts gehen. Lassen wir uns von der Grundtendenz »abwärts« zu sehr leiten, verwechseln wir das Abwärts mit Leichtigkeit, welche die Anspannung untergräbt und Müdigkeit produziert, obwohl wir wieder Sauerstoff »satt« haben?

Etwas Unvorhergesehenes rüttelt uns aus der Lethargie der Schwäche. Eine lange Maultierkarawane ist vor einer Hängebrücke ins Stokken geraten. Wir gehen hangseitig an den Maultieren vorbei. Nach der nächsten Wegbiegung erkennen wir den Grund für das Verharren der Karawane: Soldaten der nepalesischen Armee haben offenbar unangekündigt einen Kontrollposten vor einer Hängebrücke eingerichtet. Sie inspizieren jedes einzelne Maultier. Die Soldaten gehen um die Ladungen herum, rütteln an Säcken und Körben und befragen zwischendurch die Karawanenführer, die nur unwillig und zögerlich irgendwelche Fragen beantworten. Ungeduldig sehen sie sich einem Prozedere ausgesetzt, in dem sie scheinbar keinen Sinn erkennen können.

»He, He!«, ruft der verantwortliche Offizier einem unbeherrschten Führer zu, der einem seiner Maultiere einen leichten Schlag versetzt, der unmissverständlich Weitermarsch bedeuten soll. Der Offizier schöpft Verdacht. Er stoppt den Vorstoß und beginnt gereizt mit einem Aluminiumstab die Kontrollen zu verschärfen. Er ergeht sich in der Methode der »Stichproben«, indem er mit Wucht das stumpfe Ende des Stabes durch die Sackumhüllungen stößt und dabei erbsengroße Löcher hinterlässt. Aus den »stichkontrollierten« Säcken rieseln Reis oder andere körnige Ladungen. Manchmal stößt der »Metalldetektor« auf harten Widerstand im Sackinneren, der sich aber weiteren Analysen entzieht, weil dazu die »Empfindlichkeit« des Detektors nicht ausreicht. Dieser entwickelt stattdessen durch den andauernden, unsanften und unsachgemäßen Gebrauch ein unstabiles Eigenleben. Ist der Offizier mit dem Spürsinn seines Metalldetektors nicht zufrieden, erteilt er ihm eine Lektion: Er stößt ihn mit noch größerer Beschleunigung in die Kontrollobjekte, mit dem Ergebnis, dass er sich in der Mitte zum rechten Winkel verbiegt und seine Unfähigkeit offenbart. Alle Umstehenden lachen aus voller Kehle. Auch der Offizier wird von der Komik der Situation erfasst. Ihn verlässst alle dienstliche Ernsthaftigkeit, er lässt den geknickten Aluminiumstab resignierend sinken und gibt dem Maultierführer ein Zeichen, die Hängebrücke zu überqueren.

Die typische, subtropische Vegetation dominiert zusehends die Landschaft, je näher wir Tatopani kommen. Sie erinnert uns an den Aufstieg durch das Marsyangdi-Tal, nur in umgekehrter Reihenfolge. An den Wegrändern stehen wieder Bäume mit Zitronen, Apfelsinen und Äpfeln, dazwischen Bananenstauden. Auch Weihnachtssterne stehen in voller Blüte.

Mitten im Tal taucht ein begrünter Hügel auf. Auf seinem grazil gerundeten Rücken reihen sich Bäume mit kugeliger Krone in penibel gleichmäßigen Abständen auf. Der Hügel vermittelt den Eindruck lieblichster Idylle. Plötzlich meldet sich in mir ein dringendes Verlangen nach Schelmerei. Insgeheim wächst in meinem Geist die kleine Anhöhe zum Achttausender an. So wie sie sich zum Hochgebirgsriesen erhebt, so brodelt in mir der Schalk. Neben mir geht Mingma. Er ahnt nichts von meinen heimlichen Gedanken. Ich trenne mit einiger Anstrengung meine Mimik von meinem Innenleben. Mein Gesicht wird »todernst«, meine Hand zeigt mit feuriger Neugier in Richtung Hügel: »Mingma, ist dort der Tatopani-Peak?«

»Nein, das ist nicht der Tatopani-Peak, das ist der Annapurna I!«

Mein ernstverzerrtes Gesicht löst sich, Mingma lacht. Hat er doch meine schalkhaften Absichten gespürt? Wie dem auch sei, wir schwelgen beide in wunderbarer Heiterkeit.

Tatopani zieht sich entlang des rechten Flussufers. Die Ortschaft besitzt kleine Restaurants, freundliche Lodges und »streichholzschachtelgroße« Läden, die sich entlang des steinplattenbelegten Durchgangsweges aufreihen. Mir fällt ein kleines Buchlädchen auf, das ich sofort betreten möchte. Ich unterlasse den spontanen Schwenk in das anheimelnde Bücherstübchen, denn es ist die Zeit der Ankunftsstimmung und Kräfteauffrischung, die heute ihre besondere Erweiterung finden soll.

Der große Wiesenzeltplatz ist weitgehend belegt. Eine außergewöhnlich große, französische Trekkinggruppe hat ihre Zelte über den Platz verstreut. Zusammen mit ihren Sherpas und Trägern ist es ein regelrechtes Aufgebot an Menschen, das uns ungewohnt turbulent umgibt.

Nur durch Büsche sind wir vom Flusslauf des Kali Gandaki getrennt. Wir wissen, dass sich unweit von hier die weitbekannten heißen Quellen von Tatopani befinden. Nach dem Tee setzen wir dort die wärmenden Erfrischungen fort und widmen uns vor allem der äußeren Körperpflege. Wir bereiten uns wie auf einen Saunagang vor und erreichen über einen schmalen Pfad zum Flussufer die Quellen am Rande des Flussbettes. In den kleinen betonierten Badebecken tummeln sich bereits Mingma, Krishna,Temba und Mindu, von denen nur die Köpfe zu sehen sind, die aus der Wasseroberfläche und den Dampfschwaden hervorschauen.

Das Wasser ist heiß, als wir in das Becken eintauchen, doch bald verfliegt das erste intensive Hitzegefühl. Wir spüren nur noch die erquickende »Ganzwasserberührung«, nach der unsere Körper lechzen. Mit Genugtuung umströmt uns das warme Wasser. Keine Partie an unseren Körpern wird, wie in so vielen Tagen zuvor, benachteiligt.

Unsere Sherpas haben sich momentan ihrer Aufgaben entledigt. Mingma und Krishna brauchen nicht zu führen, Mindu und Temba nicht zu kochen. Sie scheinen ihr Zusammensein, auch mit uns, zu genießen. Über die Badebecken breitet sich ein Schleier der Wohligkeit und Zusammengehörigkeit aus. Mindus Temperament läuft wieder zu Hochform auf. Er frotzelt mit seinen drei Kameraden, die nicht annähernd seinen freudvollen Launensprüngen folgen können. So wie der Wasserzulauf der heißen Quelle sprudelt, so sprudelt auch er. Dieser Mindu, dieser lustige Fink! Mir scheint, er ist immer »himmelhoch jauchzend« und nie »zu Tode betrübt«!

Die freundliche Bedienung im Restaurant serviert uns ein Bier. Wir unterbrechen damit das tägliche Nonstop des Früh-Mittag-Abend-Teetrinkens. Das Bier wird augenblicklich zur Köstlichkeit. In der Glasvitrine neben der Theke entdecken wir Kuchen aller Art, eigentümlich geformte Teigtaschen und Schokoladentorte. Martina bestellt sich Apfelkuchen und auf meinem Teller liegt alsbald ein großes Stück Schokoladentorte. Vor uns auf dem Tisch stehen die Bierflaschen, der Kuchen und die Torte, eine ungewöhnliche gastronomische Kombination, die jedoch unsere appetitgierigen Sinne nicht aus dem Gleichgewicht wirft. Am Nebentisch »verschmatzen« einige Amerikaner ebenfalls genussdurchströmt ihre großen Tortenstücke, während wir die Gaststätte verlassen.

Wir versuchen noch an diesem Abend eine Telefonverbindung nach Deutschland herzustellen. Es kommt im Grunde genommen gar nicht erst zum Prinzip »Versuch und Irrtum« à la Kalopani. In verschiedenen Restaurants und Läden bekomme ich nur stumme Telefonhörer an mein Ohr gehalten, bis uns klar wird, das in dem ansonsten belebten Ort ohne vorerst erkennbare »Strukturschwäche« grundsätzlich irgendetwas nicht stimmt.

Über die spärlich beleuchtete Dorfstraße, Licht fällt nur aus den ebenso diffus erhellten Läden und Restaurants, gehen wir zurück zu unserer Zeltbehausung. Die Franzosen im großen Gemeinschaftszelt singen Lieder. Sie klingen professionell wie Opernarien. Wir lauschen den gekonnten Gesängen, die nicht lange in den Abend hinein klingen. Nur hin und wieder hören wir bruchstückhafte Liedteile, gesungen und gepfiffen von den Sherpas. Auch sie verstummen bald.

Wieder war es nicht möglich, nach Hause zu telefonieren. Schon über zwei Wochen haben unsere Tochter Katja, Enkelin Elise, Eltern, Freunde und Bekannte keine Nachricht von uns erhalten. Uns geht es gut. Wir liegen sauber und erfrischt in den Schlafsäcken, haben das erste Bier seit langem getrunken und wohlschmeckendes Gebäck genossen.

Wir haben die Hochgebirgsregionen verlassen und bewegen uns seit wenigen Tagen in verhältnismäßig einfachem Gelände. Unruhe schleicht sich in meine müden Gedanken. Ganz Tatopani scheint von der Kommunikation nach außen abgeschnitten zu sein. Unterwegs führte die nepalesische Armee an einer wichtigen Hängebrücke verstärkte Kontrollen durch. Mir kommen die Informationen des Auswärtigen Amtes wieder in den Sinn, die ich zu Hause im Internet abrief: Aktivitäten der Maoisten nehmen im Annapurna-Gebiet zu, insbesondere in der Region Ghorepani ist mit unvorhergesehenen Zwischenfällen zu rechnen, teilweise sind dort die Telefonleitungen gekappt, Relaisstationen zerstört, fünfzig Maoisten von regulärer Armee erschossen!

Bihibar (Donnerstag), den 13. November 2003

TATOPANI – CHITRE

Der Tagesanbruch ist von rumorender Geschäftigkeit begleitet. Die Sherpatruppe der Franzosen packt die umfangreiche Ausrüstung zusammen, um in Richtung Ghasa weiterzuziehen. Unsere Träger gehen in der zahlen- und lautstärkemäßig überlegenen Begleitmannschaft der französischen Trekker unter. Mir wird in diesem überreizten Trubel unsere überaus komfortable Situation bewusst. Wir befinden uns tagsüber auf Pfaden und Wegen in relativer Einsamkeit, in der sich unser Tun und Denken in Freiheit bewegen können. Schweigen, wenn uns danach zumute ist, ohne dass uns ein Endlosschwätzer an den Nerven zerrt. Wir können reden, wenn uns Schönes begegnet oder uns fragend mitteilen, wenn uns die Neugier auf Neues beflügelt.

Nach wenigen hundert Metern zweigt der Weg nach links ab. Über eine unsichere Hängebrücke mit bruchverdächtigen und teils angefaulten Stegbrettern passieren wir zum letzten Mal den Kali Gandaki.

»Bye, bye Kali Gandaki!«, rufe ich dem hinter uns liegenden Flusslauf zu.

»Bye, bye!«, Mingmas Zustimmung schallt nach.

Würden wir weiter dem Flusslauf folgen, kämen wir schließlich über Beni nach Baglung. Die Hauptroute führt dagegen steil aufwärts zum Ghorepani-Pass. Unser mehr indirekter Begleiter, den wir nur wenige Male zu Gesicht bekommen, ist der Ghar Khola, der in der Nähe der Hängebrücke in den Kali Gandaki mündet. Der Aufstieg beginnt sehr forsch. An dieser Grundcharakteristik wird sich nicht viel ändern, denn das Verhältnis zwischen Streckenlänge und den zu absolvierenden Höhenmetern nach Chitre über den Ghorepani-Pass spricht ein »topografisches Machtwort«: Tatopani 1200 m ü. NN und Chitre: 2400 m ü. NN.

Der Höhenunterschied liegt in diesem Fall eindeutig fest. Welche Distanz wir letztendlich zurückgelegt haben, wenn wir in Chitre ankommen, ist in Kilometern jedoch schwer zu berechnen. In bestimmten Landstrichen Nepals wird von manchen Trägern eine »Streckenmessmethode« verwendet, die ich nicht unerwähnt lassen will, weil sie sehr zum Schmunzeln anregt, jedoch bei den Einheimischen als zuverlässig gilt. Grundlage dieser Methode ist die Maßeinheit »1 Kos«. Sie entspricht einer Entfernung, die ein Träger zurücklegt, bis er wieder das unbändige Verlangen spürt, seine Chilim, seine Tonpfeife, zu rauchen. Ein Kos wiederum soll drei zurückgelegten Kilometern in der Ebene entsprechen. Wir bewegen uns weder in flachem Gelände, noch begegnen uns Tonpfeife rauchende »Landvermesser«, von denen wir näherungsweise Schätzungen erfahren.

Subtropische Schwüle und die Steilstufen treiben uns Schweißperlen auf die Stirn. Nur manchmal umgibt uns ein sanfter Wind, trocknet unseren Schweiß zu einer dünnen, salzigen Kruste. Mit unserem Höhersteigen wachsen die Bergflanken im Nordwesten. Die Landschaft öffnet sich aus der Talschlucht heraus. Die Konturen der Fastsiebentausender Dhampus Peak und Tukuche Peak zeichnen sich am Horizont aus wechselnder Perspektive ab. Auf einer Waldlichtung fällt uns ein großer Quader aus sorgfältig aufgestapelten Steinen auf. Er sieht aus wie eine verkürzte, stark abgeflachte Manimauer. Ich schätze seine Länge auf knapp drei, seine Breite auf über einen und seine Höhe auf einen halben Meter. In der Diagonale befindet sich eine schräg aufgestellte Steinplatte, die in Devanagari eingemeißelte Inschriften trägt, die wir nicht entschlüsseln können.

Mingma umkreist den Block aus Steinen und liest interessiert die Aufschrift der für uns geheimnisvollen Steintafel. »Die Körper sind hier drin.« Er legt seine Hand auf die obere Steinplatte und deutet auf die Tafel, die offenbar Grabinschriften trägt.

Wir stehen vor einem Grabmal, in dem wahrscheinlich mehrere Tote gleichzeitig beigesetzt worden sind. Handelt es sich hierbei um ein Bestattungsritual, das den europäischen Auffassungen am nächsten steht? Bisher sahen wir auf unserer langen Tour keinen Friedhof, wir sahen keine Leichenverbrennungen wie in Pashupatinath, nur dieses einsame, rätselaufgebende Grab. Haben darin Christen, die in Nepal in einer kleinen Minderheit leben, ihren letzten Ruheort in der Einsamkeit gefunden? Oder hat man dem Inneren des aufgeschichteten Steinquaders die Knochenüberreste einer Feuerbestattung übergeben? Meine Gedanken gehen zurück nach Kagbeni, dem Dorf, in dem wir Tibet sehr nahe kamen. Ich weiß, dass in diesem Land die ungewöhnlichste aller Bestattungsformen praktiziert wurde. Niemand kann mir jedoch genau sagen, ob sie überhaupt noch eine Rolle im Leben der Tibeter spielt, das praktische Leben der »chinesischen Provinz« wird schließlich weitgehend chinesisch beherrscht.

Ich kann mir jedoch vorstellen, dass in weit abgelegen Regionen Tibets die Toten noch wie eh und je den Ragyapa, den Leichenzerschneidern, übergeben werden. Diese bringen die toten Körper außerhalb des Dorfes an einen vorbestimmten Platz, dem Leichenacker, zerlegen und zerstückeln die Leichen, zerstampfen ihre Knochen und überlassen die sterblichen Überreste den bereits lauernden Vögeln. Diese Bestattungsart mit einem geringen Aufwand, die sich in diesem Hinblick deutlich von der Erd- und Feuerbestattung unterscheidet, mag praktische Gründe haben, weil Holz in Tibet äußerst rar ist. Sie hat aber auch einen religiösen Hintergrund. Nach buddhistischem Verständnis und Glauben ist die Seele der Toten, die für die Wiedergeburt zuständig ist, in die unendlichen Weiten des tibetischen Himmels entwichen. Der Körper hat nur noch im Sinne der Verwertung einen Nutzen, indem er den Vögeln als Futter dient. In den Augen der Buddhisten ist das eine von vielen guten Taten. Die Toten erfüllen ihren letzten Dienst an das Leben.

Ob ich je einer solchen, aus meiner Sicht grausam anmutenden, »Himmelsbestattung« zusehen könnte, kann ich mir nicht vorstellen. Sie ist eingebettet in den Buddhismus, der im Grunde genommen den Lebenden und Fühlenden alle Aufmerksamkeit, Mitgefühl und Achtsamkeit entgegenbringt und dem toten Körper eine eher untergeordnete Rolle zubilligt.

Der eigentliche Totenkult und das Verständnis von Leben und Tod steht auf vielen anderen Blättern der asiatischen Religionen, in denen ich mich leicht verzettele und die mir in diesem Moment des Betrachtens und wiederholten Umgehens des Steingrabmals nichts nützen. Ich kann keine tiefschürfenden Fragen formulieren und Mingma kommt über die kümmerliche Erklärung, dass die Körper da drin seien, nicht hinaus. Wir kehren dem friedlichen Ort den Rücken und steigen weiter auf in Richtung Ghorepani-Pass.

Die Sonne steht hoch. Wir sitzen auf der hellblauen Plane und verfolgen die kleinen weißen Wolken, die wie Lichttupfer über den tiefblauen Himmel nach Osten gleiten. Neben uns steht der Teekessel im Kreise seiner Edelstahlbecher. Wir trinken Orangensaft. Martina schenkt die schnell geleerten Becher nach. Der Saft schmeckt köstlich, vor allem, weil er jetzt kein Tee ist. Augenblicklich kommt mir eine weitere Getränkeabwechslung in den Sinn. Warum tranken wir noch keinen Buttertee, das Nationalgetränk der Tibeter, welches auch in anderen Landesteilen des Himalaja als unangefochtenes Lieblingsgetränk gilt? Vielleicht deswegen, weil dieser Mischung aus Tee, Butter und Salz eine warnende »Anti-Gourmet-Kampagne« vorauseilt, welche die Zusammensetzung, die Fähigkeiten ihrer Hersteller und die daraus resultierende Wirkung und Verträglichkeit in Frage stellt. In Kagbeni, ich vergaß die Episode aufzuschreiben, bekamen wir eine »Buttertee-Fertigungslinie« zu Gesicht, die wahrscheinlich mit dazu beitrug, dass ein Verlangen nach Durstlöschung mit dieser besonderen Art Tee bisher nicht aufkam. Jedenfalls waren an der Herstellung des Buttertees mehrere Dorfbewohner Kagbenis beteiligt. Das Zentrum des »Fabrikationsprozesses« bildete ein langer Holzzylinder, den die Tibeter Gurgur nennen. Er wurde von einer Frau bedient. Von den Dorfbewohnern, die sie geschäftig umringten, bekam sie die Zutaten, schwarzen Tee, ein Stück Butter und einen Löffel Salz, gereicht. Mit einem Stab, in unserem beobachteten Fall war es ein Pistill, das einer wuchtigen Keule sehr ähnlich sah, stampfte eine Frau diese Mischung in dem überlangen, schlanken Butterfass, welches schmatzend gurgelnde Geräusche von sich gab. Alle schauten dieser Prozedur wohlwollend zu. Es entwickelte sich ein Bild beruhigender Idylle. Auf den sonnigen Steinstufen lag schlafend ein Hund. Zwei kleine Kälbchen blieben inmitten der kleinen Gemeinschaft stehen, als wären sie ebenfalls an den Geschehnissen »ihrer Menschen« interessiert. Die Frau stampfte und stampfte, der Gurgur gurgelte und schmatzte. Im Inneren entstand vor unseren Augen eine cremige Emulsion, die sich in der Gurgur-Öffnung als gelblich schäumende Krone zeigte. Welcher Geschmack sich beim Verstampfen der Ingredienzien entwickelte, wissen wir nicht genau. Butterteekenner schreiben dem Gebräu einen würzigen Bouillongeschmack zu, der beim ersten Schluck mehr als nur überrascht. Dem schockähnlichen Sinnesereignis soll danach der unbedingte Zwang folgen, die Butterteetasse nicht noch einmal an den Mund zu heben. Ganz aus den Fugen gerät meine Vorstellung, wenn ich daran denke, dass in Tibet und Ladakh durchschnittlich vierzig bis fünfzig Tassen pro Tag dieser kalorienbeladenen »Fleischbrühe« getrunken werden. Wo die bloße Anschauung versagt, schaltet sich hin und wieder korrigierend mein Verstand ein. Der Tee ist der Energielieferant in der kalten und rauen Wirklichkeit der Berge!

Ich kenne einen kubanischen Hochschullehrer, der nach der »Konfrontation« mit ungewöhnlichen Geschmackserlebnissen äußerst zurückhaltend und respektvoll reagiert. Edelmiro weicht dem wohlmeinenden Gastgeber pietätvoll mit einem vielbedeutenden: »Hhhmm, das schmeckt ja interessant« aus. Wir wollten es erst gar nicht zu dieser Äußerung und einer eventuellen Trinkverweigerung kommen lassen. Wir beließen das »drohende« Geschmackserlebnis im theoretischen Teil unseres sinnlichen Vorahnungsvermögens und gingen weiter, bevor es zum Umfüllen des Buttertees in eine Kanne mit anschließender »Verkostung« kam. Wir entrannen der Gastfreundschaft und nahmen die Herausforderung für unsere Mägen nicht an.

Herr Kleenlich kann an keinem Tag unserem Tempo mehr folgen. Er müht sich ab und benutzt jegliche Gelegenheit für eine Schlummerpause. Die Länge unserer Märsche setzt ihm mehr und mehr zu. »Isch bin volkomme ferrdisch!«, wird für ihn die tägliche Grundformel im pfälzischen Dialekt. Seine Reaktionen werden zunehmend apathisch. Den Bezug zu seiner Umgebung stellt er mit wunderlichen Assoziationen her, denen wir meist schlecht folgen können oder von solch simpel gestrickter Logik sind, dass sie uns nicht immer belustigen. Sieht er Hühner über den Weg rennen, folgert er sofort: »Suppentopf!« Er bereichert all seine Lebenserfahrungen, die gegenwärtigen Begegnungen und auch politische Zusammenhänge mit dieser »Hühner-Suppentopf-Logik«. Meist erfolgen diese Verknüpfungen in Monologen nebenbei. Gern würde ich sie Mingma übersetzend erzählen. Die pointenreiche Übersetzung scheitert wie so oft an mangelnden Englischkenntnissen.

Am Wegrand liegen neben einer frisch gegrabenen Erdvertiefung scheinbar achtlos Hacken und Schaufeln. Niemand ist zu sehen. Vom Hang her schallen Stimmen. Ein stämmiger Mann, für einen Nepalesen ein ungewöhnlicher Körperbau, kommt uns rückwärts mit einer Kabelrolle entgegen. Er entrollt das Kabel, das sich beim Näherkommen als dünne Plastikwasserleitung erweist und überlässt seinem Gefolge aus munter schwatzenden Frauen die Verlegung in die vorbereitete Erdrinne.

»Namaste!«, die Frauen lachen schallend im geschäftigen Vorübergehen.

Wir steigen weiter auf. Die flexible Bergwasserleitung endet in unmittelbarer Nähe eines winzigen Bergbachstausees. Er ist offenbar die vorbereitete Einspeisungsstelle für das Wasser nach unten.

Bis heute kann ich die Überquerung des Ghorepani-Passes nicht nachvollziehen. Auch der nachträglich suchende Blick auf mein zerschundenes Landkärtchen bringt keine Klarheit, wo sich diese Geländestelle in etwa zweieinhalbtausend Metern Höhe befindet. Desto bewusster ist mir ein Kurzaufenthalt auf einer exponierten Waldlichtung. War das der Ghorepani-Pass unweit von Chitre?

Wir machen unter einer Holzüberdachung in der Nähe einer Lodge eine herbeigesehnte Rast. Müde und matt, die Aufmerksamkeit nur auf uns selbst gerichtet, wendet sich alles Äußere von uns ab. Mingma unterhält sich mit dem Besitzer der Lodge. Ich werde aufmerksam, und mein Blick wendet sich in die Richtung, aus der wir aufstiegen, als ich aus dem schnell gesprochenen Nepali »Dhaulagiri« heraushöre.

Die Lichtung gibt ein überwältigendes Panorama frei. Der Dhaulagiri mit seiner wuchtigen Südostwand fängt unsere Blicke unweigerlich ein. Sie ist die herausragende Erscheinung des Bergmassivs. Senkrecht scheint die Wand mit ihren Hängegletschern und Eisbrüchen in die Tiefe zu stürzen. Nur langsam lösen sich unsere Betrachtungen von diesem monumentalen Klotz aus Eis und Schnee. Ich verfolge die Kammlinie nach Norden, überstreife den Tukuche Peak und »klettere« wieder herab, um erneut an den Flanken des Dhampus-Peak »aufzusteigen«.

Die Erstbesteigung des Dhaulagiri, des dritten Achtausenders mit 8167 Metern Höhe, der uns in seinen Bann zieht, erfolgte 1960 von einer Schweizer Expedition mit internationaler Besetzung, der Kurt Diemberger angehörte. Er ist der einzige noch lebende Bergsteiger, dem zwei Erstbesteigungen von zwei Achttausendern ohne zusätzlichen Sauerstoff gelangen. Dazu gehört der sich vor uns erhebende

Dhaulagiri. Den Broad Peak bestieg Diemberger drei Jahre früher ohne Sauerstoffflasche auf dem Rücken.

Der Aufstieg zum Gipfel dieses monumentalen Schneeberges, der in der Übersetzung »Weißer Berg« heißt, stellt ein schwieriges alpinistisches Unterfangen dar. Ihn ohne künstlichen Sauerstoff zu bezwingen, ist nur ausgesprochen willensstarken und robusten Naturen möglich.

Die Philosophen unter den Bergsteigern, einer davon versteht sich als Grenzgänger, benennen diese Version des Bergsteigens by fair means – mit fairen Mitteln. Sie sei die ethischste aller Verhaltensweisen gegenüber der achtunggebietenden Natur der Berge, die sich nach der Ansicht dieser Philosophen nicht plump überlisten lasse, sondern nur zuweilen mit Ehrfurcht und einfühlsamem Können »Gipfelsiege« ermögliche.

Die Katastrophe 1996 am Everest, an die ich dabei denken muss, ist wohl das überzeugendste Beispiel dafür, dass anmaßende und dilettantische Blauäugigkeit und urplötzlich auftretende Naturgewalten zum »tödlichen Duett« werden können. Selbst die Umrundung des Dhaulagiri verbirgt hohe Anforderungen, die nur im Expeditionsstil zu bewältigen sind. Die Tour durchquert wilde Regionen mit hohen, spektakulären Pässen. Absolute Höhentauglichkeit, Trittsicherheit und Schwindelfreiheit sind unabdingbare Voraussetzungen, diese Umrundung durchzustehen. Ist man auf der dreiwöchigen Expedition ungenügend ausgerüstet, hätte man in einem Schlechtwettereinbruch geringe Überlebenschancen, so berichten Insider der Bergsteigerzunft in der einschlägigen Fachliteratur.

Ich nutze unsere Rast und wechsle die Aufenthaltsorte meiner »fliegenden Wissensspeicher«. Die beschriebenen Notizzettel lege ich zwischen die harten Einbände meiner Tagebuchkladde, noch unverknitterte »Merkvorlagen« stecke ich zur schnellen Verfügung in meine Anoraktasche. Erst dann fühle ich mich zum Aufbruch bereit. Mingma wirft seinen Rucksack über den Rücken. Wir brechen auf, es ist ein Aufbruch auf kurze Dauer, Chitre ist nicht mehr weit.

Ein junger Nepalese treibt ein kleines Lamm vor sich her. Immer wieder bleibt das Tier störrisch meckernd stehen. Reglos verharren die dünnen Beine auf dem Weg, bis der Mann mit einem Stock auf den knochigen Rücken des Tieres einschlägt. Das Lämmchen meckert auf. Seine Stimme klingt bebend schrill. Es springt erschrocken vorwärts und stoppt abrupt mit den staksigen Beinen. Unsicher verharrend bleibt es vor einem abschüssigen Teil des Weges stehen. Der Lammtreiber gerät in Wut und gibt dem Tier einen heftigen Tritt. Der kleine Körper des Tieres verliert schnell den Halt, er überschlägt sich und rutscht den Geröllhang hinab. Wehklagend rappelt sich das Lämmchen wieder auf die Beine. Sein offenbar gnadenloser Herr ist alsbald wieder an der Seite »seines ihm anvertrauten« Tieres und verschwindet mit ihm im Wald.

Wir sind entsetzt. Mingma schüttelt mit tiefernster Miene den Kopf und sagt entrüstet: »Das war Hindu, ein Buddhist so etwas nicht machen!«

Augenblicklich befinde ich mich im labilen Zustand des inneren Widerstreits! Ich denke an das hinduistische »Fest der Tiere«, die Heiligen Kühe und deren Verehrung, Kühe, denen jeder in Nepal und Indien auf Straßen und Plätzen ungehinderte Vorfahrt einräumt. Sind die abgelegenen Bergregionen nur abgeschwächte, randständige Gebilde des ansonsten tiefreligiösen Hinduismus, der außer Reichweite von Grundsätzen das Durchbrechen und Ausleben von finsteren Charakterzügen zulässt? Mit der Zeit löse ich mich aus der Verklemmung. Ich denke »Trost suchend« an andere Lebensbereiche, auch außerhalb von Nepal, in denen erhabene Gesetze gebrochen werden. Oft geschieht das in der Unübersichtlichkeit von Aktenordnern und der Dunkelheit abgesprochener Verschwiegenheit. Erst wenn Journalisten und Staatsanwaltschaft das grelle Scheinwerferlicht der öffentlichen und medialen Aufmerksamkeit darauf lenken, beginnt eine standardisierte Abfolge von: Tatbestände aufgenommen – Aufklärung – Affäre zieht immer größere Kreise – mehr Personen darin verwickelt, als bisher angenommen – beteuern vehement ihre Unschuld – Untersuchungskommission einberufen – Tatverdacht erhärtet sich – die Beweislast ist erdrückend – Beteiligte treten von ihren Ämtern zurück – manche auf Bewährung verurteilt! Ich flüchte für kurze Zeit in den Weltfatalismus.

Temba und Mindu haben große Kohlköpfe in allen vier Händen. Als sie uns kommen sehen, jonglieren sie lustig mit den grünen Kugeln, als wollten sie Vorfreude auf das Zeltabendessen in uns erzeugen.

Sie haben den Kohl aus einem an den Zeltplatz angrenzenden steinigen Gemüsegärtchen geholt und gehen damit in ein großes, blau angestrichenes Gebäude, die Zeltplatz-Lodge.

In der unteren Etage sehen wir durch die gardinenlosen Fenster unser Küchentrüppchen mit Töpfen und Schüsseln hantieren. Temba zerschneidet die Kohlköpfe mit einem übergroßen Messer und grinst nebenher durch die große Fensterscheibe zu uns herüber. Mindu hüpft, seinem Wesen gemäß, durch den Küchenraum und ist das Faktotum im Kreise seiner Kameraden. Wenn er sich von uns beobachtet fühlt, werden wir für ihn zum Publikum. Er schlüpft beiläufig in die Rolle des Clowns – ohne die Küchenarbeit zu vernachlässigen. Er wackelt lässig mit dem Kopf, zieht hinter dem Rücken von Temba eigenartig verkrümmte Fratzen und verschwindet des Öfteren hinter einer Bretterwand. Er taucht mit ernstverzerrtem Gesicht wieder auf. Seine mimischen Kräfte halten die Spannung nicht lange aufrecht. Sie gibt plötzlich nach und sein Mienenspiel kann gar nicht anders, als seinem Gesicht wieder einen fröhlichen Ausdruck zu verleihen.

Die Dorfstraße in Chitre ist ein buckliger Felsenweg. In der Dämmerung, ohne Straßenbeleuchtung und ohne Stirnlampen, wird der Abendspaziergang für uns zum fußbrecherischen Hindernislauf, den wir nicht unnötig verlängern. Im Speisezelt flackert das Licht einer Kerze. Herr Kleenlich sitzt bereits auf seinem Klapphocker und wartet auf das Essen und unsere Geselschaft. Galey schiebt die lose herabhängenden »Zelttürenflügel« mit dem runden Tablett zur Seite. Das abgestellte Tablett bringt den Tisch auf dem welligen Rasenboden zum Schaukeln. Die Kerze fällt um und erlischt. Ich hole aus dem Zelt das Gasfeuerzeug und versorge den Kerzendocht wieder mit einer Flamme. Galey stellt einen Kerzenständer her, indem er etwas Wachs auf die Tischdecke träufelt und die Kerze hineinsetzt.

Aus den Töpfen duftet es nach frischem Gemüse und einer würzigen Fleischsuppe. Herr Kleenlich blickt kritisch in die Töpfe-Runde. »Er riecht den Braten«, indem er keinen riecht. Die Suppe ist ihm zu mager. Sein Kommentar ist eindeutig: »Da is ja so wenisch Fleisch drin, da hab isch ja in meine Zahnlücke mehr.«

In seinem Mund schnurpst notgedrungen das frische Gemüse aus »Lodge-Nachbars Garten«. »Isch ess das abgeschrammte Zeisch nur deswesche, weil mers der Hunger neitreibt, aber Kraft is do sowieso net drin.«

Shukrabar (Freitag), den 14. November 2003

Chitre – Ghorepani

Thulu steht neben unserem Zelt. Er tritt ungeduldig von einem Bein auf das andere. Die anderen Träger stehen bereits mit ihren Traglasten in Abmarschposition, während unsere Seesäcke noch offen und unverschnürt aneinandergelehnt auf der Zeltplatzwiese in sich selbst ruhen.

Erst spät sind wir heute aufgewacht, dennoch hat uns nochmals ein Kurzschlaf erfasst und danach in hektische Eile versetzt.

Vor uns auf dem Rasen dampfen die letzten Schlucke Tee in unseren Zahnputzbechern. Rasch fahren wir mit den Zahnbürsten über unsere mit weißem Schaum bedeckten Zahnreihen und schauen den wartenden Thulu mit bedauerndem Zähneputz-Grinsen an. Er lächelt ein wenig gezwungen zurück.

Krishna schiebt die Rundhölzer in die seitlichen Verankerungen der Steinsäulen-Pforte. Der Zeltplatz ist geschlossen und vereinsamt. Wir machen uns auf nach Ghorepani. Vor uns liegt eine steile Passage von 350 Höhenmetern. Der Weg ist vorwiegend von Wald umsäumt. Es ist morgendlich kühl, doch wir kommen schnell ins Schwitzen. Mingmas Stirn bleibt ohne Schweißperlen. Seine dunkelbraune Haut bleibt matt wie an jedem Tag, auch wenn die Aufstiege kräftefordernd sind.

Hinter uns scheppert der Küchenkorb. Temba und Mindu rennen schnell wie die Hasen an uns vorüber. Für Mindu reicht es für ein schnelles »Yes, yes«, für Temba für ein uns streifendes Zustimmungsgrinsen. Beide gewinnen deutlich an Abstand und sind bald im Bergwald verschwunden. Wir begegnen Absteigern, Trägern, wieder einer Gruppe Franzosen und ihre begleitenden Sherpas. Seit gestern fällt mir auf, dass sich Mingma öfter als bisher gewohnt mit seinen Sirdarkollegen anderer Trekkinggruppen unterhält. Obwohl ich die Dialoge und ihre begleitende Mimik zumindest aufmerksamer als sonst beobachte, verbirgt sich im schnellfließenden Nepali, was sie miteinander bereden. In einer Pause, Krishna und Herr Kleenlich haben zu unserem Rastplatz aufgeschlossen, diskutiert Mingma wiederum mit Krishna. Ich spüre, dass momentan Späße und Witzeleien unangebracht sind. Die beiden werfen ihre Rucksäcke ab und klettern auf einen Felssporn. Sie spähen aufmerksam in die Umgebung, kommen zurück und setzen sich wortlos neben uns. Wir biegen vom Hauptweg auf einen Seitenpfad ein, der eine schmale Einkerbung in eine steil abfallende Felswand bildet. Er ist gefährlich ausgesetzt und verlangt konzentrierte Aufmerksamkeit und Trittsicherheit. Jede Ablenkung kann jetzt bedenkliche Folgen haben, deshalb frage ich Mingma nicht, warum wir zum ersten Mal auf unserer langen Tour die Hauptroute verlassen haben. Aus der Ferne vernehmen wir das dumpfe Dröhnen eines Hubschraubers. Kurze Zeit später rumort ein großer grüner Militärhubschrauber durch das Tal nahe unserer Bergflanke. Er dreht eine Schleife, steigt weiter auf und überfliegt den nahen Gebirgskamm. Durch sein lautes Getöse über uns, den tiefen Abgrund unter uns und das urplötzliche Abbiegen von der Hauptroute, dämmert in mir ein beklemmender Verdacht. Wir meiden offenbar einen Geländepunkt, den unsere Sirdars als heikel ansehen und ihn deshalb mit uns umgehen. Was sich dort oben abspielt, bleibt uns verborgen. Wir verlassen uns auf unsere Begleiter und gehen auf einem von ihnen ausgewählten Umweg unserem nahen Ziel entgegen.

Ghorepani ist für uns das vorletzte Höhenintermezzo. Wenn ich auf meine kleine Karte schaue, die mir zum treuen Informationsbegleiter geworden ist, muss ich diesen Ort in 2750 m Höhe mehr einem Höhenfinale zuordnen, welches nur noch vom Poonhill mit 3200 m übertroffen wird. Wir werden in den nächsten Tagen noch mehrere tiefe Taleinschnitte durchqueren, aber nicht mehr in eine solche Höhenlage aufsteigen.

Die blauen großzügigen Häuserfassaden von Ghorepani sind ein äußeres Markenzeichen dieses Bergdorfes. Mitten durch den Ortskern zieht sich hangaufwärts ein imposanter Weg aus verlegten Steinplatten und naturvorgegebenen Felsvorsprüngen, die geschickte und kräftige

Hände mit Hammer und Meißel zu Stufen nachverformt haben. Natur und Kunst wechseln einander ab und verleihen dem Weg ein uns wohltuendes, idyllisches Gepräge, weitab von aller Langweiligkeit aus Stahl und Beton.

Links und rechts des leicht ansteigenden Stufenweges warten »fliegende Händler« auf Käufer. Sie bieten ihre Waren auf übergroßen Tischplatten feil. Meist sind es unzählige kleine Metallarbeiten, kleine Steinskulpturen und Gebetsmühlen in variantenreicher Vielfalt, die sich vor unseren Augen ausbreiten, uns aber meist in Kaufverwirrung versetzen. Sie hält uns vorerst davon ab, Rupienscheine aus unseren Hosentaschen zu ziehen.

Unsere Zelte stehen geborgen auf einem schmalen Wiesenstreifen zwischen der Fassade einer Lodge und einem ansteigenden, schwer zugänglichen Hang. Fast windstill ist es an diesem Ort. Die Sonne durchwärmt kräftig die Zelte und unsere ausgebreiteten Pullover und Jacken. Von Zeit zu Zeit schließen sich die Wolkenlücken, dann streift ein kühler Wind an uns vorüber. Galey und Lungpo, die Küchenjungen, scheuern mit Sand die kerosingeschwärzten Topfböden. Temba und Mindu haben sich bereits in ihre Freizeit begeben. Sie strolchen ausgelassen um die Lodge herum und erwecken den Anschein, ihre Freizeit nicht sinnvoll zu nutzen. Mindu schleppt plötzlich ein Katapult an. Er fuchtelt die grob zurechtgehauene Astgabel mit den labberigen Gummibändern und dem schwarzen »Lederläppchen-Magazin« durch die Luft und freut sich über seine Errungenschaft, die er aus dem scheinbaren Nichts gezaubert hat. Temba ist an seiner Seite und freut sich mit. Die beiden tauchen wieder ab und nach einer erneuten Umrundung der Lodge schallt es wie ein blecherner Paukenschlag vom Nachbargebäude her. Ich begebe mich zum grünen Klapptisch und gehe meiner Lieblingsbeschäftigung nach, dem nachmittäglichem Schreiben.

»Du, Martina, Friedi, unsere Tante aus München, ist in der Leitung, es rauscht zwar, aber ich höre sie, … wenn auch weit weg«, flüstere ich Martina nebenbei zu und halte den Telefonhörer mit festem Griff, als könne der Druck meiner Hand der Verbindung Stabilität und Dauer verleihen, doch Friedis Stimme wird leiser.

»Uns geht es gut!!«, rufe ich in den Hörer, »hast du mich verstanden, Hallo?«

»Ja, ja, das ist gut, ich habe dich verstanden ...«, es knackt, der Hörer verstummt.

Ich lege ihn auf und schaue dankbar auf den Telefonapparat herab, dem wir nicht viel zutrauten, weil seine wirre Verkabelung zur Anschlussdose eher einer labormäßigen Versuchsanordnung aus der Urzeit der Forschung ähnelt. Wie auch immer, das Gespräch war »hochinformativ« nach wochenlanger, absoluter Informationskarenz.

Die braunen Augen der Nepalesin glänzen. Auch sie strahlt Zufriedenheit über ihre Telefontechnik und unseren Gesprächserfolg aus. Sie hält ihre Hände auf.

»Dhanyabad, Danke«, ich lege dreihundert Rupien hinein. Wir verlassen die »Telefonlodge« und beginnen unseren Rundgang durch Ghorepani. Martina bleibt an einem der Verkaufstische stehen und lässt ihre Blicke ratlos über das bunte Warenangebot gleiten. Sie nimmt Ketten, Anstecker und Armreifen prüfend in die Hand. Wir gehen zum nächsten Tisch, der sich auf den ersten Blick kaum vom vorangegangenen unterscheidet. Und wieder nimmt sie Ketten, Anstecker und Armreifen prüfend in die Hand. Die Händler werden auf uns aufmerksam. Der erste ruft uns zurück. An den Zeigefingern seiner Hände baumeln zwei Ketten: »Schau, schau, guter Preis!«

Martina begutachtet die Lederbandketten: »Diese hier ist wirklich schön, Elise wird sie bestimmt gefallen oder vielleicht doch nicht?«

Der nächste Stand lockt. Martina prüft Ketten und Ringe, da entdecke ich ein Bücherstübchen! Dem in Tatopani sehr ähnlich! Ich gehe hinein und schaue mir Bücher, Landkarten und Buddhastatuen an. Ich werde fündig und vergesse jegliches Abwägen. Ich lege dem Verkäufer Heinrich Harrers »Wiedersehen mit Tibet« zur Schnellreservierung auf den Ladentisch und krame weiter in Regalen und provisorisch aufgestellten Kästen und Pappkartons. Mir fällt eine Pocketmap in die Hände, eine ebensolche kleinformatige Landkarte wie mein Annapurna-Kärtchen, welches ich seit Wochen mit mir herumtrage. Wie hypnotisiert halte ich sie in meinen Händen. Auf der Titelseite steht in großen Lettern EVEREST-BASE-CAMP. Sie landet ebenfalls auf dem Ladentisch und ähnelt thematisch dem Harrer-Taschenbuch. Ich will die Faltkarte ja nur zur Information benutzen, vielleicht abends im Zelt darin blättern und rein theoretisch Höhenprofile, Routenverläufe und Schwierigkeitsgrade mit der der Annapurna-Runde vergleichen, wie gesagt, rein theoretisch!

Martina hat nun doch die Lederbandkette mit dem leuchtenden Türkis erstanden. Ich zeige ihr das Taschenbuch und ganz nebenbei, als sei sie nicht gar so wichtig, die Karte des Solu-Khumbu-Gebietes. Ich merke, dass sie meine gespielte Tiefstapelei durchschaut. Inzwischen kenne ich jeden Wimpernschlag in ihrem Gesicht. Auch sie tarnt ihre momentane Reaktion ein wenig tiefstapelnd, als sie die Bedeutung der Karte wittert. Sie kennt die Nachwirkungen, die in mir entstehen, wenn ich mich in das Studieren von Gebirgskarten vertiefe …

Das an eine Hauswand geklebte Plakat, vor dem wir stehen, ist offenbar nochmals mit Kleister überstrichen, um es witterungsbeständiger zu machen. Die hässlichen Schlieren der Verkleisterung gehen über den Rand des Blattes hinaus. Haben es die Verteiler in einer schnellen nächtlichen Aktion angebracht? Der Platz ist gut gewählt, kontrastvoll heben sich die Parolen vom auffälligen Blau der Fassade ab. Sie haben unmissverständliche Botschaften:

Lang lebe der Marxismus
der Leninismus
der Maoismus
& der Prachanda-Pfad
Nieder mit der feudalen Monarchie und dem US-Imp.
CPN [MAOIST], (Kommunistische Partei Nepals)

Der erste Eindruck, den dieser lässig handgeschriebene Zettel hinterlässt, ist der eines Jungenstreiches. Wir lesen aufmerksamer und nachdenklicher. Die Ereignisse der vergangenen Tage verflechten sich mit den Parolen an der Hauswand. Sie wirken auf uns mit Nachdruck. Steckt hinter ihnen nur übermäßiges Säbelrasseln, oder sind es ernstzunehmende Kräfte, die im Untergrund wirken und an den Grundfesten der Monarchie rütteln? Kommen wir durch zeitlich und örtlich ungünstige Konstellationen womöglich zwischen die Fronten in konkrete, gefahrbergende Geschehnisse?

Die Sonne steht tief. Noch geben die Bergketten und Wolkenfenster das Sonnenlicht in gelborangenen Strahlen frei. Wir kriechen in unser Zelt. Nachdenklich starre ich an die Zeltdecke. Aus der Lodgeküche dringt Töpfegeklapper, das Gebrodel des Kerosinkochers und das Pfeifen von Temba und Mindu. Dazwischen mischen sich die Stimmen der Träger. Ich höre auf die Melodie des immer noch fremden Sprachklanges, ohne sie in diesem Moment verstehen zu wollen. In mein Unbehagen schleicht sich ausgleichendes Wohlgefühl.

»Gerhard, Gerhard …, das Abendessen ist fertig!«, Martina zupft mich am Jackenärmel. Ich erwache fröstelnd aus meinem Halbschlaf.

Unser Speisezelt blieb heute in seiner Umhüllung. Das Abendessen steht auf einem Tisch der Zeltplatzlodge. An einem Nachbartisch hat ein Ehepaar Platz genommen. Der Mann ist offenkundig ein Europäer. Die beiden sprechen englisch und sind nahe zueinander gerückt. Ihr Gespräch wird vertraulicher. Die braune Hautfarbe der jungen Frau kontrastiert deutlich zu der des Mannes.

»Ich denke, das ist eine Inderin«, flüstert mir Martina zu.

Ich bin geneigt, das Paar anzusprechen. Ihre Intimität, die Verliebtheit verrät, ist für mich jedoch eine Barriere, die ich nicht taktlos überschreiten will.

Die Lodge ist warm und gemütlich. Hier flattert keine Zeltplane des Speisezeltes und keine feuchte Kälte kriecht uns in die Hosenbeine. Kein Tisch wackelt unsicher, keine Kerze fällt um und auf dem großen Tisch vor uns stehen Töpfe, Teller und Gewürzbehälter übersichtlicher als sonst. In der Mitte des Raumes steht auf einem Steinpodest ein Ofen, der aus einem großen Metallfass mit angenietetem Aufsatz besteht, in dem ein langes Rohr eingelassen ist. Dieses Ofenrohr verschwindet im Halbdunkel der hölzernen Zimmerdecke. Ein Lattengerüst umgibt den wunderlichen Eigenbauwärmespender, auf das wir unsere klammen Jacken und Pullover hängen.

Wir lassen uns auf der Ofenbank nieder. Neben uns sitzt Thulu, unser persönlicher Träger. Sein Gesicht hat sich leuchtend gerötet. Der Lodgebesitzer öffnet die wackelige, quietschende Blechtür des glutheißen Feuerloches und legt halbmeterlange Holzscheite nach. Aus den Ritzen der Feuertür flackert und wummert der »Teerfassofen«. Seine Wandung glüht dunkelkirschrot. Sie bestrahlt uns mit wohligster

Wärme. Herr Kleenlich ist vornüber auf seine Knie gesunken und eingeschlafen. Sein Oberkörper sinkt weiter und schiebt seine Knie weiter auseinander. Der Hut rutscht ihm vom Kopf. Ein plötzlicher Ruck durchfährt ihn. Er richtet sich auf und schaut erschrocken abwesend in unsere plauschende Runde. Als hätte er Versäumtes nachzuholen, beginnt er loszuschwatzen, ohne sich in die Gespräche der anderen vorzutasten.

»Isch muss ämol saache, übber fünefunddreißig Jahre Weltreise, die isch uff meine Buckel aagesammelt hab, sinn nisch so ohne«, beginnt er zu predigen. »Isch war scho fascht überaal off der Welt, aber hier is ja was los!«, fährt er fort. »In Kanada zum Beespiel is mer mitten drin in de Berche, weil se nisch so groß sinn, do wo mer jetz sinn, is alles so wuchtisch, und für mich viel zu weet weg. Das is eefach nisch in Ardnung! Jeden Taach und jeden Taach is mer unnerwegs, das is mer bis jetz noch nie unterkomme.« Er kaut mit dem Unterkiefer und nickt mit dem Kopf »Isch wills emal deitlich saache, isch bin ferrdisch, ganz eefach ferrdisch!«

Mingma kommt zur Tür herein. Er stellt sich steif, etwas zögernd, neben uns an den Tisch. Er lehnt seine Beine an die Tischkante. »Morgen in der Frühe um fünf Uhr ist Wecken, sechs Uhr ist Start zum Poonhill, wir wollen dabei exakt sein.« Mingmas Stimme ist sanft wie immer, trotzdem klingen die wenigen Worte wie eine Anweisung.

Sanibar (Samstag), den 15. November 2003

GHOREPANI – POONHILL – TADAPANI

Vor unserem Zelteingang warten Mingma, Krishna, Temba und Mindu. Wir verschließen unsere Seesäcke und den Zelteingang und brechen auf. Der Himmel ist sternenlos und rabenschwarz. Unsere Stirnlampen erhellen nur notdürftig den Pfad durch gespenstige Büsche, weil ich den rechtzeitigen Batteriewechsel vergaß. Wieder steigt Unbehagen in mir auf, welches aber bald in der kalten, klaren Morgenluft verfliegt.

Der Himmel verfärbt sich allmählich anthrazit, vom Osten her schiebt sich ein schwachgrauer Saum über die Silhouetten der Bergketten. Mit der Höhe gewinnen wir an Helligkeit. Wir sind nicht allein. Auf einmündenden Seitenpfaden treffen wir mit anderen Trekkern zusammen, die mit uns den Weg in Richtung Poonhill-Gipfel gehen. Herr Kleenlich ist in seinem Zelt geblieben. Er wird sein reguläres Frühstück zu sich nehmen, während wir mit einem Becher Tee und einer Banane zwischenversorgt aufwärts steigen. Der Höhenunterschied von 450 m ist unbeträchtlich. Der Pfad wird zum Weg. Wir treten aus dem Buschwerk heraus. Das Halbrund des Poonhill-Gipfels zeichnet sich gegen das Himmelsgrau ab. Es dämmert. Die Wolkendecke zerteilt sich, kleine Wolken erheben sich über die Berggipfel, um das östliche Licht matt zu reflektieren. Die Strahlung verstärkt sich zum roten Orange. Wir erreichen den Poonhill-Gipfel.

Schnell löst sich der Tag aus der Nacht. Über den Bergkamm zwischen dem Annapurna Süd und dem Machapuchare steigt die Sonne auf. Sie lugt wie ein glutrotes Himmelsauge hinter den Bergrücken hervor. Es blickt uns an, wird größer und größer und gewinnt an überschwänglicher Leuchtkraft, die Himmel und Gebirge im gleißenden Orange umhüllt. Die Wolken lösen sich im Blau des hohen Himmels. Bald hat das Blau das Orange verdrängt. Noch einmal stemmt es sich mit Kraft gegen die aufkommende Übermacht des blauen unendlichen Raums. Wie in eine letzte Zufluchtstätte heftet es sich an einen runden Wolkenteppich, der über dem Annapurna Süd schwebt und überzieht ihn mit einem rosé-farbenen Schein. Ich fotografiere das fantastischen Spiel der Farben. Wir besteigen den stählernen Aussichtsturm. Jeder Höhenmeter verändert abermals die Perspektive. Uns umschließt ein beeindruckendes Panorama. Was sich bisher nur bruchstückhaft unseren Augen bot, wird zu einem zusammenhängenden Rundumblick. Beginnend im Nordwesten reihen sich in lückenloser Folge alle bedeutenden Schneegipfel aneinander: Dhaulagiri II, Dhaulagiri I, Tukuche-Peak, die gut erkennbaren Bergflanken des Dhampus-Passes, Dhampus-Peak, Nilgiri, Annapurna I, Annapurna Süd, Hiunchuli, Gangapurna und Machapuchare.

Ich suche die östliche Horizontlinie ab, der Manaslu entzieht sich jeder Betrachtung. Zu groß ist die Entfernung zu diesem Achttausender.

Wir waren in seiner Nähe als unsere große Schleife begann. Durch die Täler ziehen Nebelschwaden. Sie sind flüchtig wie die Wolken am Himmel. Nach Südosten weitet sich der Blick über grüne Vorberge. Im blassen Morgendunst liegt das Tal von Pokhara.

Wir steigen abwärts. Als wir die flache Passage des Hanges erreichen, erkennen wir aus der Entfernung eine größere Menschenansammlung. Sie erscheint uns ungewöhnlich an diesem frühen Morgen. Mingma verschärft das Tempo und erreicht als erster die Menschentraube. Auffallend ist das Stimmengewirr und der Debattiereifer, der die Szene beherrscht. Im Mittelpunkt stehen zwei Nepalesen am unteren Ende der Gruppe. Wir gehen an den übrigen Trekkern vorüber und beobachten das Geschehen aus der Nähe. Einer der beiden ist der Wortführer, der mit Selbstbewusstsein und Bestimmtheit auf seine Gegenüber einredet. Sein heftiges und energisches Auftreten erscheint mir aus der Situation heraus völlig unbegründet. Mingma bedeutet uns stehenzubleiben. Immer grimmiger wird der Gesichtsausdruck des wortführenden Nepalesen. Er herrscht einen Sherpa an, der ihm Paroli bieten will. Noch immer wissen wir nicht, um welches Problem die Wortgefechte ausgetragen werden. Der andere Nepalese hält einen Quittungsblock in der Hand. Eintrittsgeld zum Poonhill im Nachhinein? Oder »Austrittsgeld«? Meine Gedanken arbeiten. Ein Trekker reicht dem Wortführer mehrere Rupienscheine. Ich bemerke, dass es 500er sind. Er steckt die Scheine ohne eine weitere Reaktion in die Hosentasche und wendet sich seinem »Mitarbeiter« zu. Dieser greift zum Kugelschreiber, bekritzelt eine Quittung und übergibt sie dem böse dreinschauenden Trekker. Jetzt klärt sich die Situation für mich auf! Wir haben es nicht mit Beamten der Annapurna-Nationalparkverwaltung zu tun, die Eintrittsgelder abkassieren. Vor uns stehen Maoisten!

Der Wortführer wendet sich Mingma zu. Ich denke an meine Rupienscheine in der Seitentasche meiner Hose. Mingma blickt mich an, er braucht mir keine Erklärung abzugeben. Ich weiß, was ich zu tun habe, wenn auch widerwillig. Ich ziehe die kleine Plasthülle aus der Hosentasche. Ich zähle möglichst unauffällig tausend Rupien ab und lasse die Trekkinggeldbörse schnell wieder verschwinden. Ehe ich mich versehe, hat mir der großmäulige Wortführer das Rupienscheinbündel aus der Hand gezogen. Ich verberge meinen Jähzorn. Nervös lässt er die Scheine durch seine Finger gleiten. Er beendet die Abzählung und lässt die Hand mit den Scheinen sinken. Scheinbar enttäuscht lässt er einen aufgebrachten Redeschwall auf Mingma niederprasseln. Dabei wechselt sein Blick erbost zu mir. Mingma zeigt auf meine Hosentasche. In mir strafft sich der Widerspruchsgeist. Ich will nicht nochmals meine Tasche öffnen, um weitere Rupienscheine dem begierigen Forderer in den Rachen zu werfen. Meine Hände bleiben reglos, ich zeige sture Unwilligkeit. Wir wollen weitergehen. Der »Wortrebell« stößt uns unsanft in die Gruppe zurück. In seinen Augen blitzt Feindseligkeit. Mir wird der eskalierende Ernst der Situation bewusst, mein Widerstandswille erlahmt. Noch befinden wir uns im Kreuzfeuer des gesprochenen Wortes, was wird aber, wenn daraus Gewalttätigkeit wird? Die beiden Maoisten tragen keine Waffen, doch wie weit sind die Waffenträger von uns entfernt? Befinden wir uns bereits im Frontbereich, in dem sich die Camps der nepalesischen Armee und der Maoisten gegenüberstehen?

Ich zähle weitere tausend Rupien ab. Der »Quittungs-Maoist« drückt mir den Quittungsblock in die Hand. Mingma kommt mir zur Hilfe. Er lässt seinen Zeigefinger langsam über die Zeilen gleiten. In den Pausen bleibt mir Zeit, hinter den jeweiligen Doppelpunkt des Devanagari-Wortes die richtige Zahl und das richtige Wort zu schreiben, indem mir Mingma englische Kurzworte souffliert. Hinter dem Devanagari-Betrag steht: 2000 Rupien!

Im doppelten Sinn erleichtert verlassen wir den Ort der »aufständischen Gerichtsbarkeit«. Die Erleichterung seelischer Natur überwiegt mit deutlichem Vorsprung. Wir erkauften sie für umgerechnet fünfundzwanzig Euro. Sorgfältig verwahre ich die Quittung mit der roten Devanagari-Signalschrift zwischen den uns verbliebenen Rupienscheinen. Wird sie uns vor weiteren Wegelagerern und ihrer Geldhabsucht verschonen?

Unsere Zelte sind abgebaut. Nur unser grüner Klapptisch steht einsam auf dem schmalen Wiesenstreifen. Temba und Mindu lassen den Kerosinkocher aufflammen. Sie bereiten uns allen heißen Tee zu, der uns von den kalten Morgenerlebnissen erwärmt. Mingma und Krishna setzen sich neben uns auf den Rasen. Sie greifen mit den Händen in einen Aluminiumtopf und essen dhaal bhaat. Dann brechen wir auf nach Tadapani. Händler bauen erneut auf der Dorfstraße ihre Verkaufsstände auf. Träger durchschreiten mit forschem Schritt die Anhöhe hinauf zum Ortszentrum, Hunde trotten neben uns her. Frauen stehen in Grüppchen zusammen und halten den morgendlichen Schwatz. Zwei Nepalesen mit Topi, der typischen nepalesischen Mütze, zerren und schieben eine störrische Kuh die Stufen hinauf. Wenn ihnen die Zieh- und Schiebeprozedur zu anstrengend wird, bleiben sie stehen, schwätzen miteinander, beobachten die geschäftigen Händler und werfen bisweilen vorwurfsvolle Blicke auf ihre widerspenstige Begleiterin. Der Händler der Bücherstube steht in seiner geöffneten Ladentür. Noch einmal blicke ich seitwärts in das kleine Schaufenster mit seinen anheimelnden, unsterilen Auslagen, in denen nie ein professioneller Dekorateur gearbeitet hat.

Noch innerhalb von Ghorepani fällt der Weg wieder ab, um erneut anzusteigen. Wir wandern zunächst über einige, mit wenigen Bäumen bewachsene Hügel, die uns mehrere Blicke zurück erlauben. Deutlich ist der Stahlgerüst-Turm auf dem Rundrücken des Poonhill zu sehen. Später tauchen wir ein in einen dunklen, gespenstigen Wald. Scherenschnittartig umgeben uns bemooste Bäume. Nur wenige Baumlücken geben düstere Streifen von Sonnenlicht frei. Im ständigen Wechsel des Auf und Ab passieren wir glitschige, geländerlose Brücken aus Steinplatten, die über kleine Bäche führen, übersteigen oder unterkriechen umgestürzte Bäume und überschreiten kipplige Steine an brückenlosen Passagen der zahlreichen Bergbäche.

Der erste oberflächliche Schnellblick auf eine Karte des Himalaja ist immer eine Täuschung! Er berücksichtigt nicht, er berechnet nicht und er ist kaum in der Lage zu kalkulieren! Erst wenn ich die feinen, dünnen Höhenlinien meines Kärtchens verfolge und mit etwas Glück eine vierstellige Zahl erkenne, löst sich die Illusion auf. Die unscheinbare, bescheidene Höhenlinie wird zum Schwergewicht und nimmt das Leichtgewicht Luftlinie auf ihre Schulter. Mir scheint, im Leben ist es zuweilen ähnlich: Luftlinien werden zu Luftnummern, aber auch Höhenflüge können zu Luftnummern werden. Das letztendliche Urteil fällt die Realität und entspricht nicht immer dem ersten Eindruck.

Unsere heutigen Erlebnisse hatten nur zum Teil etwas mit Management zu tun. Die Maoisten, die unser Fortkommen behinderten, haben Geldeinnahmen für ihre Ziele organisiert. Wir haben zusammen mit Mingma und unserer »Geldspende« erfolgreiches »Gefahrenabwendungsmanagement« betrieben. Doch was wir momentan erleben, ist vorerst mehr Eindruck als Management. Wir werden das Gefühl nicht los, dass uns die Anstiege und Abstiege schlauchen. Wir versuchen mit eisernem Willen, das Schwächegefühl zu verdrängen.

Damit unterbrechen wir einen sich anbahnenden Teufelskreis und schaffen einen erträglichen Zustand.

Felsstufe um Felsstufe windet sich der Pfad aufwärts. Abwärts scheint es heute nicht mehr zu gehen, zu lange sind wir schon unterwegs. Feuchtschwül ist es unter dem Dickicht der Bäume. Farne links und rechts des Weges streifen unsere müden Beine. Ein Schein am oberen Ende des »Baumtunnels«, das nahe Ziel? Der Wald öffnet sich, wir betreten das volle Tageslicht, vor uns die Häuser von Tadapani.

Erste Anlaufstelle ist immer der Zeltplatz für die kommende Nacht. Spezifische Merkmale machen ihn meist zu einer kleinen Attraktion. Sie besteht heute offenbar darin, dass wir in besonderen Maße der Anziehungspunkt für einen Teil der Dorfbewohner sind. Einige blikken uns neugierig nach, andere folgen uns langsam und auffällig, und die auf einer Terrasse arbeitenden Frauen blicken interessiert zu uns auf die Zeltwiese herab. Die Dorfbewohner unterteilen sich in Interessengruppen: Gruppe eins verbleibt im Dorf, Gruppe zwei ist am Rand des Zeltplatzes tuschelnd stehen geblieben und Gruppe drei hat ihre Arbeit niedergelegt und wartet auf die Dinge, die da kommen.

Doch es geschieht erst einmal nichts. Unsere Seesäcke stehen noch auf dem Rasen, als hätten sie im Gegensatz zu ihren Beobachtern keinerlei Interesse an der Welt. Wir werfen unsere Rucksäcke ab, lehnen teilnahmslos an der steilen Böschung der Zeltplatzumfriedung und verarbeiten das Ankommen.

Doch dann kommt Herr Kleenlich mit Krishna über den Dorfplatz »gedackelt«. Mit einem rostigen Quietschen klappt Mindu unseren grünen Tisch auf und strafft mit kräftigen Armen die Leinwände unserer Klapphocker. Mingma schüttet mit Geklirre die Zeltstangen aus dem Umhüllungssack auf die Wiese. Die Träger lösen die Umschnürungsriemen und Seile von den paarigen Seesäcken und werfen damit um sich. Der Kerosinkocher verpufft eine Fehlzündung, aus dem

Küchenschuppen nahe am Wald klingt es nach »aluminium-blechernem Auftakt« zum Teetrinken. Mit jedem Schluck Tee und jedem Biss in die Kekse, das ist unser augenblicklicher Reichtum, steigt in uns die Zufriedenheit. Die Sonne verstrahlt durch das Geäst und das Laub der Bäume einen Rest Tageswärme.

Aus dem nahen Wald vernehmen wir Rascheln und Knacken. Die Äste der randständigen Bäume bewegen sich. Beigefarbige Affen schwingen sich durch die Bäume, verharren neugierig und verschwinden wieder im Wald. Ein belebtes und intensives Schauspiel, für uns eine Attraktion – eine tierische! Martina ordnet die Zeltwirtschaft. Sie organisiert lautlos. Es klappert kein Geschirr, es klappen keine Türen. Sie organisiert und sortiert unsere Ausrüstungstextilien in die Kategorien sauber, schmutzig und klebrig. Weil es im Zelt enger ist als in der kleinsten Klause und es dort keine Zangen, Schraubenzieher und Hämmer gibt und für mich keine Notwendigkeit besteht, quietschende Zelttüren zu ölen, die Zeltheizung zu entlüften oder einen Nagel in die Zeltwand zu schlagen, um ein neues Bild aufzuhängen, komme ich mir unwichtig und überflüssig vor. Ich verdrücke mich in Richtung Dorfplatz. Der Dorfplatz ist von Händlertischen »umstellt«. Welcher Tag ist heute? Findet hier der »Tadapanische Markttag« statt? Nein, in Nepal ist jeder Tag ein Markttag, in Kathmandu als auch in Tadapani. Ich überlege nicht lange, ich weiß, dass mir weder der Wochentag und schon gar nicht die zugehörige Datumszahl einfällt. Meine Uhr befindet sich in der Rucksackseitentasche, dort halten sich die Zeitinformationen versteckt. Habe ich nicht gestern erst Wochentag und Datum in mein Tagebuch geschrieben? Ich will sie nicht wissen und brauche sie nicht zu wissen.

Ich stehe vor einem der Verkaufstische. Obwohl ich eine Abneigung gegenüber vollgestopften Auslagen habe, bleibe ich länger stehen, weil ich den Vorsatz habe, etwas zu kaufen. Die kribbelige Unruhe der vielen kleinen Figuren, Amulette, Spangen und Döschen lässt es nicht zu, dass ich einen Fixpunkt finde, die Kaufentscheidung bleibt aus. Ich gehe weiter.

Der folgende Tisch ist übersichtlich geordnet. An einer Gebetsmühle finde ich Gefallen und lasse den Zylinder rotieren. Irgendjemand zupft an meinem Hosenbein und an meinen Schnürsenkeln. Ich trete vom Verkaufsstand zurück und schaue unter den Tisch. Ein kleines Hühnchen schreckt gackernd auf und weicht unter den Tisch zurück. Ich wende mich wieder der Gebetsmühle zu. Wieder zupft es am Hosenbein und den Schnürsenkeln. Ich weiß, wer sich da unten zu schaffen macht. Warum soll sich das Leben nur oberhalb der Tischkanten abspielen? Ich lasse das Tier gewähren. Ich kaufe zur Freude des graubärtigen Nepalesen die Gebetsmühle. Er packt sie mir in angegilbtes Zeitungspapier ein und ist sichtlich zufrieden. Das kleine Huhn ist unermüdlich, es zupft, zwickt und folgt mir zum nächsten Warenstand. Es schlüpft durch meine Beine, flitzt unter den Tisch und wieder ist es um mich herum. Eifrig pickt es auf das Oberleder meiner Schuhe, als wolle es etwas Fressbares darauf finden. In mein Tagebuch schreibe ich später: Das zahme Hühnchen von Tadapani.

Aitabar (Sonntag), den 16. November 2003

TADAPANI – LANDRUNG

Mindu reckt seinen sonnenbeschienenen Hosenboden aus dem Küchenschuppen. Er hat sich zu dem nicht ganz taktfesten Kerosinkocher gebückt, klopft lose Rußpartikel vom Brennergestell und verstaut sein wichtigstes Arbeitsgerät im Küchenkorb. Als er mich bemerkt, wiegt er seinen Kopf hin und her. Ein unsicheres Lächeln huscht über sein Gesicht. Galey und Lungpo scheuern Töpfe und Schüsseln. Thulu geht in die Knie und huckt unsere beiden Seesäcke auf. Krishna verpackt die Zelte. Herr Kleenlich brabbelt vor sich hin: »Isch ho gedacht, wir übernachte hier noch mol, dabei geht 's scho widder weiter. Außerdem bin isch noch gar net ferrdisch, isch ho mei ganzes Zeisch verkramt. Mei ganze Seesack hab isch off de Kopf gestellt und kann mei gut Rasiercrem net finde!«

Mingma und Temba kommen aus Richtung Dorfmitte. Mingma hat seine abgenutzte Buchführungsfibel unter den Arm geklemmt. Er benutzt sie für Eintragungen, wenn er mit regionalen Lodge- und

Zeltplatzbesitzern die vereinbarten Gebühren für die Benutzung der Zeltplatzflächen und Küchenschuppen entrichtet. Das auf bürokratischen Minimalaufwand und Effektivität getrimmte »Buchungsinstrument« ist darüber hinaus »Wareneingangs- und Warenausgangsjournal« für Temba, der vermutlich auf für ihn reservierten Seiten unsere benötigten Rationen und die Rentabilität seiner Küche aus dem Verhältnis von »Aufgegessenem« zu »Übriggelassenem« ermittelt. Temba hat auch heute unsere Lebensmittelvorräte ergänzt. Sie sind der Proviant für die kommenden Tage. Wir wissen, dass es nur noch wenige verbleibende Tage sind.

Der Dorfplatz wirkt noch ein wenig verschlafen. Die Händler hinter ihren Verkaufständen gähnen gelangweilt, weil sich die Käufer noch fernhalten und wir mit entschlossenen Schritten vorübergehen, weil wir nach Landrung aufbrechen. So wie wir Tadapani betraten, so verlassen wir diesen Ort. Der Weg senkt sich hinein in den moos- und flechtenbegrünten Bergregenwald. Lichtungen, die sich hin und wieder zu den jenseitigen Berghängen öffnen, unterbrechen die düsteren, feuchtkühlen Passagen durch die dichten Baumbestände. Die Dunstschleier in den Tälern lösen sich zögerlich auf. Das Grün der uns umgebenden Landschaft tritt deutlich hervor. So wie die samtfarbenen Ockertöne an den wuchtigen Bergrücken zwischen Muktinath und Kagbeni wechselten, so nuancenreich zeigen sich hier die Grüntöne der Terrassenfelder und der mit Büschen und Bäumen bewachsenen Berghänge.

Im sonnigen und windstillen Gartenidyll einer Lodge auf einem Plateau finden wir einen geeigneten Platz für eine erste Rast. Der Besitzer der Lodge fragt uns nach unseren Wünschen. Er nimmt die Bestellung für eine Coca Cola und eine große Flasche Mineralwasser auf, zögert für einen Moment und geht gemächlichen Schrittes, den Blick noch einmal wendend, in sein Holzhaus zurück.

»Weißt du was ich jetzt gerne essen und trinken würde?«, seufzt Martina.

Ihre Mimik, das genießerische Heben und Senken ihrer Stimme und der Zeitpunkt dieser Fragestellung, gerade dann, als der Lodgebesitzer in der Tür verschwindet, verraten mir sofort, dass dieser Wunsch nicht erfüllbar ist.

»Frischgebrühten Kaffee und knusprige Körnerbrötchen!«, ihre Stimme klingt ein wenig nach Heimweh. Auch mir läuft das Wasser im Mund zusammen.

Wir kneifen unsere Augen zusammen und »verblinzeln« unser Verlangen in der warm scheinenden Sonne. Im Eilmarsch zieht der Soldatentrupp pfadaufwärts an uns vorüber in Richtung Tadapani. Die harten Stiefelsohlen wirbeln den Wegstaub zu einer grauen Wolke auf. Die Soldaten haben ihre langläufigen Gewehre schräg über die Rükken geschultert und die Tragriemen fest angezogen.

Nur dass die Soldaten in straffem Tempo in die Gegenrichtung marschieren, nimmt uns etwas von dem Missbehagen, das uns ergreift. Dennoch werden die Ereignisse vom vorgestrigen Tag wieder gegenwärtig. Der Eilmarsch suggeriert mir die Schlagworte Einsatzbereitschaft, Gefechtsalarm, Gefahr in Verzug. Gilt dieser unmittelbare Aufmarsch den maoistischen Rebellen, die sich in der Nähe verschanzen oder ist er nur eine routinemäßige Übung im Rahmen eines regionalen Kleinmanövers? Treffen wir erneut auf Wegelagerer und Verschwörer, die sich mit einem für uns erträglichen Wegegeld nicht zufrieden geben und gegebenenfalls zu härteren Maßnahmen greifen? Hat das in meiner Hosentasche befindliche Quittungsdokument überhaupt eine Bedeutung, wenn wir noch aufgereizteren Revoluzzern gegenüberstehen?

Verdammte Was-wäre-wenn-Analyse! Soll sie sich doch in der klaren Bergluft verflüchtigen und sich zu den zornvollen Göttern und Dämonen scheren! Ich verscheuche diese düsteren Gedankengebilde, weigere mich, mich um Ereignisse zu sorgen, die noch nicht eingetreten sind und vielleicht auch nie eintreten werden. In meinem Unterbewusstsein tummeln sich weitere philosophische, lebensbejahende Lebensweisheiten. Manche davon sind fest mit Personen verknüpft, wie mit »Starkvereinfacher« Michael aus Thüringen beispielsweise. Mit kräftiger Stimme sagt er immer: »Warum fasst du auf die heiße Herdplatte, wenn du genau weißt, dass sie heiß ist. Das Feuer kannste sowieso nicht aus dem Ofen zerren!«

Meine Gedanken werden ruhiger. Die Realität in Nepal ist politisch nicht unproblematisch. Die Maoisten versetzen der Monarchie immer empfindlichere Schläge. In der feudalen Ordnung entstehen kleine

Haarrisse, die häufiger zu Bruchstellen werden. Verteilt über das Land, besonders im unübersichtlichen Bergland, kommt es zu Scharmützeln, zur Zerstörung wichtiger Infrastruktur und zu Wegelagereien, von denen wir eine erlebt haben. Unsere unfreiwillige »Geldspende« wird mit dazu beitragen, dass die Rebellen mehr und mehr in der Lage sind, neue, moderne Waffen zu kaufen, welche die alten, selbstgebastelten Flinten ablösen.

Diese Waffen gelangen über heimliche Wege, vielleicht auch auf den Rücken von Maultieren, in die Hände der maoistischen Untergrundkämpfer, die eine Stärke von etwa zweitausend Bewaffneten haben soll. Ob diese die noch bestehende Vormachtstellung der nepalesischen Armee brechen können, weiß niemand genau.

Wie die Nepalesen im Einzelnen zu der Absicht stehen, die Monarchie zu stürzen, entzieht sich unserer Kenntnis. Auch im Zusammensein mit Mingma und seinen Kameraden spüren wir keine eindeutige Parteinahme.

Die zentrale Führung der Rebellen agiert von Indien aus. Sie wird unter der Führung von Pushpa Kamal Dahal alles unternehmen, ihrem Ziel, die feudale Ordnung zu beseitigen, näherzukommen. Comrade Prachanda, so lautet der revolutionär klingende und vielversprechende Kampfname. Ob der vollmundig propagierte Prachanda-Pfad auch vielversprechende und friedliche Lebensverhältnisse schaffen wird, bezweifle ich. Entstand nicht in Jugoslawien, im Irak oder sonstwo auf der Erde ein gegenrevolutionäres Wirrwarr und Chaos nach dem uralten menschlichen Prinzip der Rache und Gegenrache? Wird der Aufwand an revolutionärer Waffengewalt, das Mittel, mit dem sich der Mensch vor sich selbst schützen muss, nicht unermesslich und wahrhaftig unmenschlich?

Eine große schwarze Kugel fliegt durch die Luft, sie kommt aus dem Nichts, völlig überraschend ist sie da! Sie senkt sich brummend auf eine Blüte nieder. Sie brummt noch immer, das Brummen stottert, dann kommt sie zur Ruhe. Noch nie sahen wir eine solch prächtige Hummel! Ihre Farbe ist vom tiefsten Schwarz, ihre Gliedmaßen kräftig und ihre Behaarung umgibt sie wie ein wertvoller kleiner Pelzmantel. Sie krabbelt und surrt mit den Flügeln, um ihren großen Leib zu bewegen. Die Blüte wiegt und biegt sich unter ihrer ungewöhnlichen, zusätzlichen Last. Als ich zu meiner Kamera greife, erhebt sie sich taumelnd in den lau wehenden Wind.

Mingma geht uns um Meter voraus. Mittagsmüde trotten wir ihm auf dem leichten Gefälle des Weges nach. Er folgt dem Weg geradeaus durch Gandrung. Mingma merkt nach weiteren Abwärtsmetern, dass er den falschen Weg eingeschlagen hat. Er führt uns zurück auf den verfehlten Weg, der in das Dorfzentrum von Gandrung einbiegt. Wir sind nicht die einzigen, die mittagsmüde sind. Ein Mann mit Topi liegt ausgestreckt auf einer Holzbank und schnarcht auf Nepali.

Nepalesisches Faulenzen äußert sich bei vielen Dorfbewohnern einfach durch In-der-Sonne-Sitzen, deutsches Faulenzen durch Teetrinken, Essen und Liegen auf der blauen Plane. Wir bekämpfen nun die Nachmittagsmüdigkeit. Den Kampf gegen unsere Trägheit haben wir schnell gewonnen, der Abstieg in das Modi Khola-Tal vertreibt die Müdigkeit und verwandelt sie zwangsläufig in große Aufmerksamkeit. Der Hang ist gefährlich abschüssig und steilstufig, ein Vornüberstürzen bliebe nicht ohne dramatische Schürfwunden oder gar brüchige Verletzungen. Wir müssen entgegenkommenden Bäuerinnen mit Tragekörben ausweichen oder sie kommen uns bereitwillig zuvor. Die Serpentinen haben kurze Flanken, deshalb sind sie steil und problematisch zu gehen, wir gewinnen aber schnell an Tiefe. Wir durchqueren zahlreiche Terrassenfelder und schneiden Verbindungspfade, auf denen sich ein wichtiger Teil des Lebens abspielt. Die Pfade verästeln sich bis zum einzelnen Haus.

Unten im Talschlund rauscht der Modi Khola. Wir werden ihn überqueren, aber seinem Lauf nicht folgen. Würden wir das tun, so gelangten wir flussabwärts nach Kusma und wenig später zur Einmündung in den Kali Gandaki, ein Vorhaben, das sicherlich nicht ohne Reiz ist. Flussaufwärts aber liegt ein Unternehmen, welches Neugier und Spannung in mir entzündet, das Annapurna-Basislager!

Waghalsig besteigen mehrere Männer am gegenüberliegenden Ufer des Modi Khola eine Felswand. Unterhalb einer Felsnische befestigt ein Voraussteiger eine Strickleiter, die anderen klettern daran hoch und ziehen die baumelnde Stiege auf eine neue Ausgangsbasis. Schließlich erreichen die Männer eine spaltenreiche und löchrige Felsformation, an der sie sich zu schaffen machen. Ich schaue Mingma fragend an.

»Honey«, bemerkt Mingma.

Ich verstehe zwar das Wort »Honig«, aber was Honig mit einer Felswand zu tun haben soll, ist mir rätselhaft.

Mingma ergänzt: »Honey finder …«

Honigsucher, ich verstehe etwas mehr, aber nicht vollständig. Befinden sich in den Spalten »Nistplätze« von Bienenschwärmen. Nistplätze von Bienen? Heißen die Orte, an denen Bienen ihren Honig »ablegen« überhaupt Nistplätze? Ich lasse es dabei, finde »Bienennistplatz« zumindest in diesem Moment lustig und fühle wieder etwas Kraft für den bevorstehenden Aufstieg. Dass ich nochmals einen Kräfteschub bekommen soll, ahne ich in diesem Moment der Unbedürftigkeit noch nicht.

Seit wir Gandrung verlassen haben, sehen wir unser Marschziel vor Augen. Landrung, am oberen gegenseitigen Flankenende des »Riesen-V«, in dessen Spitzwinkel wir uns momentan aufhalten, an der Mineralwasserflasche hängen und die Honigsucher bei ihrer kitzligen und »stichligen« Mission beobachten. Wir gehen mehrere dutzend Meter am Flussufer des Modi Khola flussaufwärts, beladen uns mit etwas Kühle für den der Sonne ausgesetzten Hang hinauf nach Landrung. Wir biegen nach rechts ab, gehen durch Uferbüsche und werden von einer neuartigen Brücke überrascht. Wir hatten mit einer eingeübten Selbstverständlichkeit eine Hängebrücke erwartet, haben es aber nicht mit einer solchen zu tun. Wir überschreiten eine solide Stahlkonstruktion, die keineswegs schwankt, sondern eher einen übersicheren Eindruck hinterlässt und uns großspurig, beinahe langweilig, über den Fluss leitet. Doch die Brücke »rächt« sich, als wir das fast sichere Ufer erreichen. Ihr entfährt aus den Stahlrohren ein lauter »beleidigter« Trompetenton! Alle Langeweile ist verflogen, wir drehen uns um. Mingma steht steif wie ein Pflock am anderen Ende des Brückengeländers, wirkt ebenfalls gelangweilt teilnahmslos und kommt uns langsam entgegen. Ich überlege. Mingma nicht. Seine Anspannung ist eine andere. Er ist sonderlich und die Brücke unterscheidet sich von den bisherigen auf besondere Weise. Mingma schneidet plötzlich Grimassen. Martina lacht, ich muss lachen, nur das obere Geländerrohr »lacht« nicht. Es gafft uns aus seiner dunklen »Schalltrichter-Höhlung« spöttisch an. Ob je einer der Brückenbauer auf die Idee kam, dass sich diese und so manch andere Brücke mit ihrem eigenen Ton selbst einzuweihen vermag? Mingma tat ‘s nachträglich, mit dem überlangen »Brückengeländer-Randong«. Ich erkläre den Brückengeländerton zum Geräusch des Tages und Mingma zum humoristischen Oberbrückenbauer!

Ich fühle mich freudig erregt, weil mir ein besonderes Glanzstück zur geeigneten Revanche in den Sinn kommt, mir aber alle sprachlichen Stimmbänder gebunden sind und auch meine pantomimischen Leistungen versagen, wenn ich an die mehr als wunderliche Begebenheit denke. Ich fürchte, ich muss sie Mingma vorenthalten.

Es begab sich zu einer Zeit der Physikprüfungen an einer namhaften deutschen Universität. Ein unsicherer Prüfling wird vom Prüfenden aufgefordert, sich zum Thema Leistung zu äußern.

»Beschreiben Sie die Leistung von einer Pferdestärke!«

»Eine Pferdestärke entspricht der elektrischen Leistung von 736 Watt, Herr Studienrat«, antwortet der Student folgerichtig.

»Bitte folgern Sie weiter!«

»Eine Pferdestärke entspricht wiederum 75 Kilopondmeter pro Sekunde.«

»Korrekt«, der Studienrat ist sichtlich zufrieden, »nennen Sie mir eine letzte Entsprechung.«

»Das ist so … , ääh, …, Moment bitte, … wie wenn, … ääh, ein Pferd in einer Sekunde 75 Meter hoch springt!«

Die Sonne sticht. Der Berghang hinauf nach Landrung ist zusätzlich zum drückenden, rückstrahlenden Wärmespeicher geworden. Die Serpentinen sind staubtrocken. Sie schmiegen sich eng an den Steilhang, die Häuser von Landrung sind unserem Blickfeld entschwunden. Wir überholen Krishna und Herrn Kleenlich, die vorausgegangen waren und nun eine kurze Pause machen. Herr Kleenlich schaut uns mit hochrotem, verschwitztem Gesicht an und sagt: »Isch bin so rischtisch gespannt, wo wir heit übernachte.«

Über der Steinumrandung eines Terrassenfeldes schaut ein Jungenkopf. Zuweilen duckt sich der schwarze Haarschopf hinter dem Steinwall. Als wir in seine Nähe kommen, klettert der Bursche auf die Mauer, legt sich lang und stützt seine Ellenbogen auf. Sein Kinn liegt lässig in den Handtellern. »Sweety, Pen?«, kommt von oben herab sein Wunsch über die Lippen.

Seine Worte sind weder Frage noch Aufforderung. Wir machen eine kurze Pause. Martina legt dem Jungen einen Kugelschreiber in die ausgestreckten Hände. Er sieht uns nach, wie wir langsam höher steigen. Innerhalb der ersten Häuser von Landrung verliert der Weg an Steilheit. Wir biegen in ein stacheldrahtumzäuntes Grundstück ein, eine kleine Kinderschar folgt uns. Eine korpulente Nepalesin mit einem straff über die Stirn gebundenen Kopftuch nimmt uns in Empfang. Sie zischt die Kinder an, die ohne langes Zögern auf die Außenseite des Stacheldrahtzaunes flüchten und das weitere Geschehen aus dieser für sie ungünstigen Perspektive verfolgen.

Die Hausherrin weist uns mit strengem Zeigefinger ein Teilareal auf dem gut gepflegten Grundstück zu und verschwindet im Haus. Krishna schüttet die Zeltstangen mit lautem Klingklang auf die Gartenwiese. Die Herrin des Hauses erscheint. Sie stemmt die Hände in ihre strammen Hüften und umzingelt mit ihren Blicken die Zeltstangen, die wie große Mikadostäbe bunt zusammengewürfelt am Boden liegen. Krishna handelt allerdings nicht nach dem strengen Prinzip des Spiels, bei dem sich kein »Zeltstangen-Mikado« bewegen darf!

Kurzum, die Aluminiumröhren schlagen laut aufeinander, weil die vorerst wichtigsten Zeltstangen zuunterst liegen. Mingma räumt den obenauf verweilenden »Mikados« zusätzlich das Recht ein, lautstark Protest anzumelden, weil sie vorerst für den Zeltaufbau keine Rolle spielen. Nach und nach verschwinden die Zeltstangen unter ihren Planen und verstummen. Alles ist ruhig und friedlich. Die Hausherrin traut dem Frieden nicht. Sie steht in der Haustür und beäugt das ruhiger gewordene Treiben auf der Wiese. Mingma schlägt mehrere Räder über den akribisch geschorenen Rasen.

Über die »Stacheldrahthecke« fliegt ein Ball. Mitten auf dem Rasen bleibt er wie eine Provokation liegen. Wir sahen zwar, woher er kam, aber wer den Ball im hohen Bogen über den Zaun schoss und über die Wiese ins Rollen brachte, bleibt im Verborgenen des benachbarten Grundstücks. Der Ball entwickelt eine magische Anziehungskraft. Die Träger vergessen ihr Kartenspiel, sie verlassen ihren Rasenflecken, streben zum Ball und werfen ihn freudig in die Luft. Sie spielen Volleyball ohne Netz. Das Leder fliegt nach einer Weile Spielzeit auf das Wellblechdach der Hausherrin und wird zum Stein des Anstoßes. Der »Generalhausmarschall« verlässt sein Stabsgebäude, betritt das »Schlachtfeld«, ergreift die »gegnerische Kugel« und wirft sie über den Stacheldrahtzaun in die »feindlichen Linien« zurück.

Das freudige »Ankunftszeremoniell« gerät in Disharmonie und hat scheinbar sein Ende gefunden. Für die Herrin des Hauses bedeutet das, Ordnung, Harmonie und Besinnlichkeit sind wieder hergestellt. Neben dem Wohnhaus steht auf einem erhöhten Steinsockel ein kleines Holzhaus. Eine kurze Stiege führt zur niedrigen Eingangstür. Über dem Türrahmen steht in unverhältnismäßig großen Buchstaben »Dininghall«. Die beiden Träger Pantzang und Dorje schlendern, die Hände in den Hosentaschen, über den grünen Rasen. Die Arme wirken wie Flügel, mit denen sie schlagen, als wollten sie sich in die Luft erheben, es aber nicht können, weil die Hände in den Taschen den »Flügelschlag« begrenzen. Aus den gelangweilten Pseudoflügelschlägen entwickelt sich bei den beiden eine Idee: Wenn schon nicht fliegen, dann wenigstens steigen! Sie unterbrechen die Geradlinigkeit ihres Ganges, schwenken plötzlich nach rechts, trippeln flink die Stiege zur »Dininghall« empor, öffnen hastig die Tür und lassen sie mit einem vorsichtigen Klick in den Schnapper fallen. Ein laut anschwellendes Plärren dringt durch die Bretterwand: »Cherry, cherry Lady …!« Ruhe. Martina geht in Richtung »Dininghall«, ich folge ihr. Das Plärren ist wieder zu hören als hätte die »Dininghall« Watte im Ohr. Wir hoffen, dass auch beim »Hausmarschall« Wattepfropfen in den Ohren stecken. Wir schlüpfen durch die Tür. In der Raumecke steht ein Kassettenrecorder, der dürre, ein wenig verzerrte Töne von sich gibt. Trotzdem haben sie die Körper von Dorje und Pantzang zum ausdrucksvollen Tanz belebt. Sie schmiegen und biegen sich zu den westlichen Kassettentönen, als gehörten sie zu ihrer eigenen Folkloremusik. Dorje sortiert den kleinen, angestaubten Kassettenstapel, welcher neben dem Kassettengerät liegt und füttert dieses mit einer weiteren, offenbar liegengelassenen Touristenkassette.

Die Tür geht auf, die anderen Träger gesellen sich zu der Runde. Ihr Tanzen gewinnt an Ausdruckskraft. Tenzing hat seine Wolljacke ausgezogen und über eine Stuhllehne geworfen. Sein T-Shirt ist mit der auffälligen Zahlenfolge 5-5-5 bedruckt. Mingma kichert und zeigt neckend auf Tenzing: »Mister five-five-five, hä, hä … is a wonderful dancer!« Tenzing ist wahrhaftig ein Spitzentänzer in den Disziplinen Biegsamkeit und Bewegungsexotik. Die Tänze werden impulsiver, der Bretterfußboden wippt im Takt der nackten Füße. Zusammen mit den auf den Stühlen sitzenden Nichttänzern beklatschen wir die improvisierten, aber sehr lebendigen Bewegungen unserer Träger, die Stimmung ist ungestört prächtig.

Mir wird ein Versäumnis bewusst. Seit Tagen suche ich nach einer entsprechenden Gelegenheit, es wettzumachen. Jetzt scheint sie gekommen. Als wir zusammen mit den Trägern die »Dininghall« verlassen, wende ich mich Mingma zu. Ich gebe ihm zu verstehen, dass ich von allen, den Sherpas, den Trägern und den übrigen Tourteilnehmern ein Foto machen möchte. Mingma ruft nur wenige Worte Nepali in die Trägerrunde, die offenbar genügen, dass das Aufstellen fürs Foto kein langwieriger Stellungswechsel wird. Die einstweilige Kameraübergabe an Herrn Kleenlich sorgt dafür, dass ein Bild von wenigen entsteht, auf dem ich »abgeschattet« bin.

Vom Talgrund her ziehen grauschwarze Nebelwolken. Sie steigen rasch auf und schieben sich wie ein Vorhang vor Gandrung am gegenüberliegenden Berghang. Ebenso schnell vereinigen sie sich mit der aufquellenden Wolkenfront in nördlicher Richtung. Das Modi Khola-Tal wird zum gewaltigen Wolkenkessel. Jedes Gefühl von Weite ist der Enge gewichen. Geisterhaft lugen winzig grüne Flecken aus der Wolkenwand hervor, die sich schnell wieder schließen. Es ist düster geworden, ein Gefühl von Einsamkeit und Abgeschiedenheit ergreift Besitz von mir. Die Wolken über uns sind regenbeladen. Ein heftiger Schauer mit großen Regentropfen prasselt nieder.

Ist der kurze Herbst, der Sharad Ritu, die schönste Jahreszeit im Himalaja bald vorüber, die Jahreszeit der weiten Sichten, der satten Grüntöne, den die Regengüsse des vorangegangenen Monsuns mit sich brachten?

Wir sind in unser Zelt geflüchtet und haben uns in die Geborgenheit unserer Schlafsäcke vermummt. Der Regen lässt nach. Hin und wieder klopfen noch dicke Regentropfen auf die Zeltplanen und das

Wellblechdach des Hauses der »Gastgeberin«. Im Schein der Stirnlampe mache ich für heute die letzten Eintragungen in mein Tagebuch. Ich schaue hinüber zu Martina. Sie ist fest eingeschlafen.

Sombar (Montag), den 17. November 2003

Landrung-Dhampus

Körperlich und geistig erfrischt brechen wir nach Dhampus auf. Der gestrige Nachmittag war einer der turbulentesten. Die unfreundliche Mitregisseurin der wechselvollen Szenen, die zum Teil aus einem Drehbuch mit dem Titel: »Nun erst recht« stammten, steht in der Tür ihres Hauses. Sie verabschiedet uns mit einem Lächeln, zu dem sie ihre Gesichtsmuskulatur zwingt.

Das Blau am Himmel hat wieder die beherrschende Rolle übernommen. Kleine hohe Wolken schweben über den Berghängen. Nur am Ende des Modi Khola-Tales verstopft ein großer Wolkenballen die Sicht nach Norden, dorthin, wo sich das Annapurna-Basislager verbirgt.

Am Dorfausgang von Landrung warten wir zusammen mit Krishna auf Mingma, der es diesmal offenbar mit einer zeitaufwändigen und vielleicht auch aufreibenden »Dininghall-Benutzungs- und Rasenabnutzungsabrechnung« zu tun hat. Wir setzen uns auf einen Felsvorsprung. Ich entfalte meine Pocketmap.

Wenn ich den Lauf des Modi Khola weiter in nördlicher Richtung verfolge und genauer betrachte, fällt mir ein weiterer Geländepunkt auf, der mit Machapuchare-Basislager bezeichnet ist. Er liegt in 3700 m Höhe. Von diesem Punkt aus verläuft der Modi Khola weiter nach Norden bis zu seinem Quellgebiet zwischen den Sechstausenderbergmassiven des Tharpu Chuli und des Gandharba Chuli.

Vom Machapuchare-Basislager biegt der Aufstiegspfad zum Annapurna-Basislager nach Westen ab und erreicht seinen Endpunkt in 4130 m Höhe. In meine rein kartografischen Betrachtungen schiebt sich ein anderer Gedanke. Der Machapuchare ist neben dem Kailash einer der heiligsten Berge für Buddhisten, Hindus und andere Anhänger weniger verbreiteter Religionen. Für die beiden Hauptreligionen, Buddhismus und Hinduismus, ist er einer der Wohnsitze des transzendenten Buddha Amithaba, des Buddha des unendlichen Lichtes. Eine Gipfelbesteigung des Machapuchare bedeutet deshalb eine Entweihung dieses heiligen Ortes.

Wird das Basislager nur als Ausgangspunkt für Kraxeleien an den Hängen dieses Berges genutzt, die mit einem Sakrileg nichts zu tun haben? Ich weiß nur, dass der Engländer Noyce den Berg in Angriff nahm und fast bis zum Gipfel vordrang, dann jedoch von Einheimischen davon abgehalten worden ist, den höchsten und heiligsten Ort zu betreten. Es wird berichtet, dass es trotz dieser letztendlichen Zurückhaltung zu einer Dürreperiode gekommen sein soll. Mingmas Abrechnung scheint ohne Reibungsverluste verlaufen zu sein, er lächelt. Oder setzt er sich nur mit einem großen inneren Lächeln über Unstimmigkeiten und Philisterei hinweg?

Mingma ist, warum auch immer, unbeschwert. Nun starten wir nach Dhampus. Der Weg führt in leichtem Gefälle abwärts und unterscheidet sich vorerst vom gestrigen, steilen Abstieg von Gandrung zum Modi Khola-Tal und dem Aufstieg nach Landrung. Die Zeit, die wir für die Durchquerung des Taleinschnittes benötigen, habe ich nicht ermittelt, weil mir Zeitdaten momentan unwichtig sind, aber sie war nicht unbeträchtlich und mit nicht geringem Kräfteverschleiß verbunden.

Gestern war Aitabar, der nepalesische Sonntag, auch das war uns nicht bewusst. Ich muss an die Dorfbewohner denken, denen wir auf Serpentinen begegneten, ihnen aber nur beiläufige Beachtung schenkten, weil wir uns auf die Einteilung unserer eigenen Kräfte konzentrieren mussten. Oft wird mir scheinbar Nebensächliches erst später wichtig und erwähnenswert.

Zahlreich waren die Menschen zwischen Landrung und Gandrung unterwegs, Kinder, Alte und die bestaunenswerten Träger mit ihrer »sehnigen Kraft«, die mit der größten Selbstverständlichkeit unterwegs waren. Nahmen sie »Sonntagsspaziergänge« über Stunden in Kauf, um ihre Verwandten in »benachbarten« Dörfern zu besuchen? Ist Klettern für sie nur Notwendigkeit oder gar ein Bedürfnis, so wie es mir ihre Freude und Leichtigkeit suggeriert?

Die Religionsgrenzen haben sich im Laufe der letzten Tage mehr und mehr in Richtung Hinduismus verschoben, Tor-Chörten überspannen keine Pfade mehr, Manimauern mit Gebetsmühlen säumen kaum noch die Wege und Gebetsfahnen flattern spärlicher im Wind.

Auch die naturgegebenen Bilder verändern sich allmählich. Die Berghänge verlieren mehr und mehr an trotziger Steilheit, unsere Blicke gleiten leichter und schwungvoller über sie hinweg, die dunstige Ferne von Pokhara ist einer klareren Sicht gewichen. Das letzte große Ukalo und Oralo, das letzte große Hinauf und Hinab, hat sich zwischen Gandrung und Landrung verloren. Der heutige Tag ist sonnig warm. Milder Wind streift durch die Bäume. Er schaukelt große Spinnennetze gemächlich im Gegenlicht der Sonne. Die Spinnen hängen reglos wie schwarze Beeren in den Netzverzweigungen. Von den Bäumen herabgefallene Blätter hat das zähe Spinnennetzwerk abgefangen. Sie baumeln gelangweilt im Wind.

Auf einer Betonfläche neben einem Terrassenfeld dreschen Frauen mit mittelalterlichen Dreschflegeln, die im Grunde genommen nur überlange Knüppel sind, sonnengelbes Getreide. Die Frauen erheben sie im wechselnden Takt und lassen sie auf den aufstaubenden Getreidehaufen niedersausen. Unterhalb einer Wegböschung kommt eine typisch nepalesische Freiluftschule in Sicht. Die Schulklasse sitzt im Halbkreis auf dem sandigen Schulhofboden. Das Schulgebäude, eine fensterlose Wellblechbaracke, brauchen sie an schönen Tagen nicht zu betreten. Der sich nähernde Winter und die nasskalten Zeiten des Monsuns werden sie in diese düstere Klause zwingen. Die Schüler haben auf den Knien ihre Schreibhefte aufgeschlagen. Die wenigen Bücher liegen auf ihren Schulranzen, den bunten Stofftaschen mit breitem Stirntrageband!

Unweit der Schule, wenige Meter vor dem Dorf Tolka, steht auf einem grob zusammengezimmerten Holzgestell ein einsamer Pappkarton. Als wir uns dem verdächtigen Behälter nähern, tritt ein Mann aus einer unscheinbaren Hütte und verweist auf die Aufschrift an der Oberseite des Kartons: Donationbox for school. Wir stecken einige Rupienscheine in den Schlitz und hoffen, dass der Beaufsichtiger und Herr über die »Freiland-Spendenbox« unsere Spende der Schule und einer amtlichen Abrechnung zuführt.

Wir erreichen eine Talsenke mit dem »Fünf-Häuser-Dorf« Bheri Kharka. Ich verwerfe die Vorschusslorbeeren, die ich für einen bequemen Marsch vergab. Der schwungvolle Blick über die grünen Berghänge war trügerisch. Der Anstieg hinauf nach Bhichok Deurali geht uns noch einmal kräftezehrend in die Beine. Mindu stürmt mit dem Küchenkorb vorüber, Temba folgt ihm mit dem Küchenrucksack auf leichterem Fuß.

Bhichok Deurali ist heute einer von vielen sonnigen Plätzen, an dem wir rasten. Wir benötigen keine blaue Plane, wir finden Platz vor einer freundlichen Lodge. Die Freundlichkeit rührt nicht von den bequemen Holzbänken und Tischen oder den sauberen Steinplattenboden her, sie kommt von der jungen Lodgebesitzerin, die uns mit einem schlichten freundlichen »Namaste!« begrüßt. Ebenso freundlich begegnen mir eine ältere Frau mit einem Baby. Die Frau ist die Großmutter des Babys, eines kleinen Mädchens. Auf einem Tisch hat die Großmutter eine Schaumgummimatte ausgebreitet, auf die sie das wohlgenährte Kind legt. Die Oma träufelt aus einer Flasche eine gelblich-ölige Flüssigkeit auf ein Stoffläppchen und reibt das Baby vom schwarzen Haarschopf bis zu den kleinen »Perlenzehen« ein. Der ölige Film auf der zartbraunen Haut glänzt wie ein Schutzmäntelchen in der Sonne. Das Baby plappert und strampelt quietschlebendig. Die Augen der Großmutter leuchten vergnügt. Die Lodgebesitzerin, die Mutter des Babys, ist für kurze Zeit in die Küche geeilt, wo sie mit Mindu und Temba die Essenzubereitung bespricht. Sie erscheint wieder, schaut lächelnd auf ihr Baby herab und tätschelt es zärtlich auf dem Bauch.

»Name is Nadini«, sagt sie und wendet den Blick zu uns. Sie wickelt das Kind in eine flauschige Decke, nimmt es mit Mutterstolz in die Arme und geht zu einer Schuppenüberdachung, unter der eine kleine Hängematte aus derbem Tuch befestigt ist. Sie legt das Baby in die Stoffkuhle der »Hängematten-Schaukel«.

Es beginnt zu weinen, als es die Körperwärme und die Hände der Mutter nicht mehr spürt. Die junge Frau macht das, was alle Mütter der Welt in solchen Augenblicken tun. Sie flüstert ihrem Kind zärtlich besänftigende Worte ins Ohr und schaukelt es in den Schlaf.

Aus der benachbarten Küche dringen die typischen Essenszubereitungsgeräusche. Das Baby wird unruhig. Die Lodge-Wirtin verlässt erneut ihre Küche. Sie schaukelt und wippt die Hängematte – Stille. Vorsorglich greift die Wirtin zu einem einfachen Beruhigungsmittel in Form einer langen Yakhaar-Leine. Diese hat eine tieferen Sinn. Sie zieht sie zu sich in die Küche und hat damit eine wichtige Verbindung zu ihrem Kind geschaffen. Ist Nadini ruhig und schläft entspannt, so ist es auch die Schnur. Gerät das Baby in seelische Spannungen und weint, dann strafft eine der beiden mütterlich erfinderischen Hände die Schnur, während die andere Hand Küchenarbeit verrichtet. Die Hängemattenschaukel wiegt im sanften Beruhigungstakt unter dem schattigen Schuppendach hin und her.

Die Wirtin zerstampft in einem Mörser Linsen zu Mehl. In einem Schnellkochtopf zischelt das Essen ankündigend vor sich hin. Temba und Mindu bringen unser Geschirr.

Die Wirtin serviert uns dhal bhat, während Nadini in ihrer Hängemattenschaukel gänzlich eingeschlummert ist.

»Kommen Sie aus Deutschland?«, fragt uns die Wirtin. Es ist mehr eine kenntnisreiche, »völkerkundliche« Feststellung als eine Frage, die wir nur zu bestätigen brauchen. Sie will weiterhin von uns wissen, wie lange wir uns bereits in Nepal aufhalten, woher wir kämen und wohin wir wollten. Alle Fragen formuliert sie in etwas schwerfälligem, aber verständlichen Englisch.

»Was tut denn die alles pappele?«, fällt Herr Kleenlich plötzlich ein, »… dass die das in Englisch spricht, krieg ich grad mal mit, aber was sie sage tut, daraus kann ich keine Zusammehäng erkenne.«

Die Lodge-Wirtin schaut in die Runde und versteht die »Ausführungen« von Herrn Kleenlich nicht. Sie lächelt ihn höflich an.

Herr Kleenlich ist ermutigt und verteilt als Gegenleistung für das freimütige Lächeln ein Kompliment: »Ich muss mich überhaupt wundere, dass manche in de kleinste Zipfel von de Welt Englisch spreche.«

Auch die Lobhudelei findet kein sprachliches Verständnis. Herr Kleenlich greift zum letzten Mittel seines Mitteilungsdranges, dem überzeugenden Selbstkompliment. Er kaut mit dem Unterkiefer, blinzelt in die Sonne und formuliert: »Ich hab mich mit meine Englischkenntnis immer uff ein Minimum gehalte, mit en paar Brocke davon bin ich immer durch meine ganze Weltreise gekomme und die Andere habe sich auch mit mir zurechtgefunde!«

Mingma und Krishna räumen das Geschirr vom Tisch. Galey und Lungpo scheuern in der Lodge-Küche Töpfe und Teller. Herr Kleenlich ist zu einem kurzen Mittagsschlaf auf der Bank in sich zusammengesunken. Die Träger hucken ihre Lasten von der chautaara auf und setzen sich in Marsch.

Temba hat seinen Küchenchef-Rucksack gepackt. Er setzt sich auf die Schwelle der Küchentür und schaut sinnend in die Sonne.

Ich entnehme meinem kleinen Fotoapparat den zurückgespulten Film. Mindu setzt sich neben uns auf die Bank und schaut mir beim Filmwechsel zu. Er zieht aus seiner Hosentasche eine kleine Fotokamera. Fast zeitgleich, so wie ich die Rückabdeckung in das Kameragehäuse einraste, lässt er die Rückwand seiner Kamera aufklappen. Er wendet sie zur Vorderseite und zeigt mit dem Zeigefinger auf die Typenbezeichnung. Er dreht das Gehäuse wieder zurück in die Rückansicht, als wolle er sagen, dass ist zwar ein Qualitätsprodukt, sie hat aber ein Innenleben ohne »fotografisches Gedächtnis«.

Mindus Kamera hat keine Seele, die Filmbühne ist leer.

Die Lodge-Wirtin hat in ihrem »Schaufenster«, einem kleinen Holzgestell, eine Auswahl von etwa zehn Filmen zu bieten. Ich kaufe einen Film und reiche ihn Mindu. Über seinen hohen Wangenknochen schiebt sich die Freude in Form von zwei kleinen Hügeln zusammen. Mindus Freude ist still und riesig zugleich.

Vorsichtig öffnet er die Filmschachtel, entnimmt ihr die Patrone und legt sie in die Kamera ein. Die Art und Weise, wie er seinen Fotoapparat und den Film handhabt, widerspricht so deutlich seinem bisherigen Wesen. Er tut es bedächtig langsam, beinahe feierlich.

Kurze Zeit später wird er jedoch wieder sprühend lebendig wie eh und je und beginnt zu inszenieren. Er ruft Temba herbei und übergibt ihm seine Kamera. Ich bekomme zum zweiten Mal die Gelegenheit, die Filmschachtel in die Hand zu nehmen, damit Mindu mit ihrer Hilfe ein »fotografisches Playback« herstellen kann.

Er streckt seine Hand aus, ich strecke die meinige und übergebe noch einmal symbolisch den Film. Temba löst den Verschluss aus, Mindu und ich lösen uns aus der »Filmaufnahmestarre«. Vor lauter Freude vergesse ich, dass wir diese Szene nur mit Mindus Kamera festgehalten haben. In meiner Fotoserie fehlt bis heute dieses denkwürdige Bild. Ich vermisse es in meinem Fotoarchiv, in meinem Gedächtnis und Tagebuch jedoch wird es jedoch im Laufe der Zeit nicht verblassen.

Mingma zeigt in die Ferne der Landschaft. Sein Zeigefinger beschreibt einen Viertelkreis, der einem Weg folgt und an kleinen, hellen »Haus-Vierecken« verweilt. Der leicht abfallende Wegbogen schmiegt sich ununterbrochen an einen einzigen grünen Bergrücken, in dem ich keine Gegensteigung mehr ausmachen kann. Diesmal ist es kein Trugbild. Dabei haben uns Anstiege nie »betrogen«. Sie waren für uns letztendlich immer ein Gewinn!

»Dhampus, das Ziel«, sagt Mingma mit weichem Unterton in der Stimme und schaut dabei abwechselnd zu Martina und mir.

Auf einem ungefährlichen, leicht abwärts führenden Weg pendeln meine Gedanken zurück nach Deurali. Noch immer empfinde ich eine stille, innere Genugtuung.

Weitere Bilder steigen in mir auf. Ich denke an Krishna und Mingma, die sich abwechselnd Äpfel kauften und jeweils einen Apfel durchschnitten, um sie hälftig dem anderen oder auch uns zu reichen. Schon diese einfache Geste wirkte so wohltuend auf unsere Stimmung. Ich denke an die sich diebisch freuenden Kinder, wenn wir ihnen Bonbons und Kugelschreiber in die ausgestreckten Hände legten, ich denke an unsere Träger, die tagein tagaus ihr nahrhaftes dhal bhat in freudiger Zufriedenheit aßen.

In meine harmonische Gedankenfolge mischt sich ein kurzes Störfeuer aus Richtung West. Die Störungen kommen aus den vermeintlich glänzend flimmernden Sphären westlicher Lebensart. Sie haben eine Reihe von Namen: Überfluss, Reichtum, Kapitalüberschuss … von der geschwärzten Seite der »Wohlstandsmedaille« wirken die dunklen Kräfte der Unzufriedenheit, Ungenügsamkeit, Unersättlichkeit, Raffgier und Missmut, die den Überfluss mit Füßen treten und ihn auf eine deprimierende Art und Weise mit Neid und Missgunst entwerten …

Der Unmut steigert sich in manchen menschlichen Seelen ins Unermessliche, wenn innerhalb des Überflusses ein vorübergehender Mangel entsteht, wenn die geliebte Biersorte einmal nicht verfügbar ist, obwohl sich die Bierkästen in großer Vielfalt in den Einkaufsmärkten auftürmen. Wir sind enttäuscht, wenn die Käsesorte, die uns so gut schmeckt und zur unverzichtbaren Leibspeise geworden ist, einmal nicht an ihrer gewohnten Stelle liegt, obwohl das sich durchbiegende Angebotsregal eine große Zahl von Alternativen bietet.

Sind wir nicht dem unseligen Zyklus aus übermäßigem Angebot und Unzufriedenheit erlegen? Fehlt es uns nicht an »Apfelteilungsgesten« nach dem Format Mingma und Krishna, obwohl wir den Apfel nicht nötig haben?

Wandelt vor uns eine Riesenmatratze? Das Ungetüm hebt und senkt sich im langsamen Rhythmus. Es bewegt sich schwankend vorwärts. Unter der Matratze bewegen sich Füße. Im Näherkommen werden aus den Füßen knubbelige Waden. Im Vorübergehen vereinigen sich Beine und Körper zu einem Erscheinungsbild: Last mit angebundenem Träger. Die Bürde besteht aus mehreren zusammengeschnürten Schaumgummilagen, die mit einem Leinentuch umwickelt sind. Was sich im Inneren des überdimensionalen Quaders befindet, erfahren wir nicht. Auch Mingma bemustert etwas verdutzt die außergewöhnlichen geometrischen Volumenverhältnisse zwischen Getragenem und Träger. Nur wenige Sekunden vergehen und ich spüre, dass es nicht nur bei der Verwunderung über die Begegnung bleibt. Mingma verlangsamt seinen Schritt, um wieder auf die gleiche Höhe mit dem »Extremvolumenträger« zu kommen.

»Annapurna one!«, Mingma zeigt hinauf zur »Gipfelregion«, der nach dem Nanga Parbat-Vorbild »Schaumrollengrat« heißen könnte.

Der Träger grinst, Mingma grinst, Martina und ich sind belustigt, ohne dass das Gefühl aufkommt, uns über den Träger lustig gemacht zu haben.

Wir erreichen nach einiger Marschzeit ein kleines Dorf. Es sind die Häuser von Pothana. Nur noch wenige Kilometer und dreihundert Höhenmeter trennen uns von Dhampus. Wir begegnen meistens Trägern und wenigen Maultieren. Die langen Maultierkarawanen sind uns in den unmittelbar vergangenen Tagen immer seltener begegnet. Ich vermisse die Tiere mit ihren Glöckchenspiel, mit ihrer guten Laufmoral und ihrer friedlichen Ausstrahlung, auch wenn das so mancher Maultiertreiber aus dem Blickwinkel des reinen Nutzens sieht und auch sehen muss. Für sie sind Maultiere Packtiere, die aus der offenbar nutzbringenden Kreuzung aus Eselshengsten und Pferdestuten hervorgegangen sind.

Aus der Talebene von Pokhara dringt Flugzeugmotorengedröhn. Eine Maschine ist gestartet. Sie fliegt nach Jomosom, ich kenne die Richtung hinauf in das Tal des Kali Gandaki.

Wir hören ein weiteres Motorgeräusch. Es kommt näher. Wir bekommen seit Wochen vier sich drehende und auf dem Boden rollende Räder zu sehen. Es ist ein beinahe fremdartiges Bild, weil laufende und trappelnde Hufe für uns zur selbstverständlichen Alltäglichkeit geworden sind. Ein stark angerosteter Geländewagen biegt um die Kurve. Unsere entwöhnten Nasen sprechen auf den Benzinverbrennungsgeruch empfindlich an, als der »Jeep« vorüberknattert und uns mit seinen Abgaswolken umbläfft. Ich frage mich in diesem Moment, welche schockierende Wirkung das Chaos des Straßenverkehrs in Kathmandu auf einen Bergbewohner ausüben muss, der nie vorher in seinem einsamen Leben ein Auto zu Gesicht und Ohren bekam.

Die Dorfstraße von Dhampus ist breit und großzügig, so lese ich in meinem Rucksacktagebuch. Sie ist in der Zeit unserer Ankunft bunt und geräuschvoll belebt. Kindergrüppchen springen spielend um die Häuser. Das dumpfe Aufschlagen von Dreschflegeln dringt von Hinterhöfen und Feldern. Ziegen weiden am spärlichen Grasbewuchs am Wegesrand. Das unendliche Scharren und Gackern der Hühner gehört hier, wie in vielen Siedlungen, zum täglichen, für uns entspannenden Bild.

Vor einer Steinveranda bleiben wir stehen. Fünf schwarze Hundewelpen kugeln sich dort auf einer Bambusmatte. Sie versuchen in ständig wühlender Unruhe ein Ganzes zu bilden, indem jedes der Hündchen versucht, in das Innere des wärmenden Fellknäuels zu gelangen. Für kurze Zeit tritt Ruhe ein, dann beginnt die knufflige Rebellion um den wärmsten Ruheplatz von Neuem.

Durch eine Lattentür betreten wir die Zeltwiese. Die gesamte Ausrüstung ist chaotisch auf der Rasenfläche verteilt, als bestünde Unklarheit, was mit ihr geschehen solle. Die Geschirrkörbe stehen in der Nähe des Küchenunterstandes, unser grüner Klapptisch lehnt unaufgeklappt an einem Holzpfosten und unsere Seesäcke harren auf dem Rasen auf ihre Befreiung aus den Seilfesseln.

Pantzang und Dorje, die beiden innigen Freunde, liegen auf der grünen Rasenmatte des Zeltplatzes. Sie haben einen Seesack zum gemeinsamen Ruhekissen gemacht. Fest eingeschlafen nehmen die beiden ihre unruhige Umgebung nicht wahr.

»How are you?«, fragt der indisch aussehende Nepalese, der über den Zeltplatz geradewegs auf uns zugegangen ist. Er ist uns fremd. Deshalb sind wir über die fragende »Fürsorge«, wie es uns geht, erstaunt. Er stellt weitere Routinefragen, woher wir kämen, wohin wir wollten … Schnell ordne ich den Smalltalk in die Kategorie »erste Kontaktaufnahme« für weiter Folgendes ein. In der Hand hält der an uns interessierte Nepalese ein zu einem Säckchen verknotetes Tuch.

Der Mann fragt interessiert: »Gefällt Ihnen die Handwerkkunst in Nepal gut?«

Er entknotet das Tuch und breitet es auf dem Rasen aus. Mit schnellen Fingern ordnet er Kettchen, Ringe und kleine Figürchen und lässt seine Hand hingebungsvoll über seine kleine Kunstausstellung gleiten.

»Habe alle selbst gefertigt«, sagt er bestimmt. Sein Kopf nickt wahrheitsbekräftigend.

Der Kopf des »Tuchhändlers« scheint Bruchteile von Sekunden zu lange und zu kräftig genickt zu haben, denn ich spüre, wie meine Aufmerksamkeitskraft sehr schnell schwindet. Auch deshalb, weil sich vor uns nicht individuell entworfene und angefertigte Kleinodien ausbreiten, sondern Massenware, wie sie sich uns in Ghorepani und anderswo bereits präsentierte. Jedes einzelne Stück, welches uns zum Kauf animieren soll, wurde von seinem Besitzer zur Lüge verpflichtet. Wir sind ärgerlich und wenden uns von dem Verkäufer und seiner Ware ab.

Auf dem Zeltplatz ordnen inzwischen viele Hände die Ausrüstung. Krishna macht unseren grünen Klapptisch zum geometrischen Zentrum des Zeltplatzes, wir werden zum Mittelpunkt ehrlicher Fürsorge. Mindu bringt uns auf dem radrunden Tablett Tee und Kekse.

Erst jetzt, als alles Treiben um uns zur Ruhe kommt, werden auch wir ruhiger. Vor uns stehen die aufgebauten Zelte. Ich sehe sie augenblicklich mit anderen Augen. Wir werden die heutige Nacht zum letzten Mal in ihnen verbringen. Das ist die nüchterne Gewissheit der scheinbar zögerlich vergangenen Zeit. Unsere Schritte durch das Gebirge erscheinen mir unverhofft, als seien sie in der Vergangenheit stehen geblieben. Mir kommt unser zweiter Whisky-Taschenrutscher in den Sinn, auf dessen Boden nur noch wenige Schlucke unserer »achtgliedrigen Unsterblichkeitsessenz« auf ihre Wirkung warten. Ich hole die Flasche aus der obersten »Lade« meines Seesackes. Die erste Idee, einen Whisky-Tee zu bereiten, lassen wir schnell fallen. Die letzten Schlucke sind für uns genüsslicher in reiner Form.

Bis zum Sonnenuntergang verbleiben uns nur knappe zwei Stunden, in denen wir uns noch Wichtiges vorgenommen haben. Was wir in den vergangenen Tagen gemeinsam mit Herrn Kleenlich in allgemeinem Rahmen besprachen, wollen wir zeitlich konkret in die Tat umsetzen.

Vom Küchenunterstand hole ich unsere blaue Plane, entfalte sie zur Hälfte und lege sie neben den Klapptisch. Wir bereiten gemeinsam einen Rollentausch vor. Die Orte, die für uns immer Mittelpunkte waren, sollen es nun für unsere Sherpas und Träger sein. Aus den Mittelpunkten entstehen Sammelpunkte.

Unseren Seesäcken entnehmen wir vorbereitete Überraschungen. Auf der Plane und auf dem Klapptisch entstehen kleine Stapel aus Wäschestücken, Bonbons, Kugelschreibern und sonstigen Gegenständen. Herr Kleenlich hat unter anderem sein Taschenmesser auf den Tisch gelegt.

Mingma ruft seine Sherpas und die Träger herbei. Zurückhaltend schauen die jungen Gesichter auf das vor ihnen aufgebaute Kunterbunt. Keiner traut sich etwas zu sagen oder in Tisch- und Planenrichtung Hand anzulegen. Über manches Gesicht flackert ein Lächeln, die Schüchternheit jedoch bleibt dominant.

Mingma schaut mich ratlos an und zeigt auf die ausgebreiteten Dinge. Sollte ich die Geschenke verteilen?

Zu jener Zeit in Afrika, nach Rückkehr vom Gipfel des Kilimandscharo, klärte sich die Vergabe der Abschiedsaufmerksamkeiten von selbst. Felix, der Koch, war damals schnell zur Stelle. Resolut und forsch teilte er die hinterlassenen »Naturalpräsente« nach Wert der Einzelgegenstände und der Rangordnung innerhalb der Begleitmannschaft auf. Emanuel, unser erster Bergführer und Felix, sein Stellvertreter, ließen es sich nicht nehmen, ihren Status deutlichst zu betonen, indem sie ihre Geschenke in Gestalt von jeweils einem Anorak schon während der Aufteilung der Präsente zur Schau trugen, derweil sich so mancher Träger mit einem Hemd oder einem Paar Strümpfe zufrieden geben musste.

Hier auf dem Zeltplatz von Dhampus ist alles anders. Zaghaft steht unser Begleitteam vor den Gebrauchsgegenständen, die wir ihm zueignen wollen. Krishna, das nepalesische Pendant zum afrikanischen Felix, steht am Rande der Gruppe und rührt sich nicht von der Stelle.

Ich greife zu dem Hut, den ich mir in Manang zulegte und setze ihn Mindu auf den Kopf. Diese Geste wirkt nicht gerade wie eine »Initialzündung«, obwohl ich weiß, dass Mindu leichter zu entzünden ist als alle anderen. Mit dem Hut auf dem Kopf zieht er eine freudige Grimasse. Auf den kleinen Stapeln liegen zwar keine Hüte mehr, aber vielleicht erzeugt ein um den Hals gewickelter Schal eine ebensolche Freude wie ein Hut auf Mindus Kopf? Noch bleibt der Schal an seiner Stelle. Dorje äugt nach einem bunten T-Shirt. Er hält es vor die Brust und schaut zu Pantzang, der mit dem Kopf nickt. Temba nimmt sich ein Handtuch. Langsam kommt eine leichte Bewegung in den »Bannkreis« der blauen Plane und des grünen Klapptisches. Tenzing hat schließlich Martinas abgelegten Schal in seinen Händen und wickelt ihn nach Sherpa-Art nicht um den Hals, sondern schlingt ihn unter seinem Kinn über die Ohren hinauf über den Kopf.

In meiner Hosentasche befindet sich noch ein kleines Rupienbündel, welches ich Mingma übergebe. Er wird es, dessen bin ich mir sicher, gerecht verteilen. Meinem Diktiergerät habe ich die bespielte Kassette entnommen und dafür eine Leerkassette eingeschoben. Die Batterien sind gegen neue getauscht. Ich habe mich innerlich schon von meinem Tonaufnahmebegleiter getrennt, Tonspeicherungen erachte ich für die wenigen Tage unseres Aufenthaltes nicht mehr für notwendig. Deshalb freue ich mich in diesem Augenblick, als ich Mingma das Diktafon als Geschenk überreiche. Er strahlt, weil er genau weiß, zu was das schwarze Kästchen fähig ist. Er hat es oft im Einsatz gesehen und gehört.

In den großen Fensterscheiben der Lodge spiegelt sich der orangegelbe Schein der bald untergehenden Sonne. Auf den Bergspitzen der Annapurnas und des Machapuchare ist noch schneeheller Tag. Auf der

Dorfstraße johlen und jagen sich die Kinder. Männer und Frauen stehen zusammen und schwatzen. Die Küchenaktivitäten des heutigen Abends sind geräuschvoller. Auch die Beleuchtung des Küchenunterstandes ist intensiver als das gewohnte Kerzenlicht. Das Mehrgeklapper aus dem Küchenbereich erkläre ich mir aus der Tatsache des letzten Zeltabends, die »Lichtflut« erzeugt eine Kerosinlampe.

Das Abendessen ist heute besonders üppig. In den Schüsseln und Töpfen befinden sich Momos, mehrere kunstvoll geflochtene Knoten nepalesischer Endlosspagettis und frische Hühnerkeulchen. Unser Nachtisch besteht aus Schokoladenpudding, ergänzt mit einer besonderen Dessertsauce. Temba bringt auf einem Metalltablett einen kleinen frischgebackenen Kuchen. Er ist eine Verkleinerung einer gebräuchlichen europäischen Kuchenform. Das kleine senkrecht verlaufendende Wellenprofil sieht aus wie kleine Bergflanken. Temba stellt das Kuchentablett in die Mitte des Tisches. Uns ist feierlich zumute. Der Kuchen hat einen durchaus interessanten Geschmack.

Unser Innenzeltkerzenlicht erhält Verstärkung durch die Kerosinlampe. Das Zwielicht verbreitet Gemütlichkeit, zu der sich zufällig ein willkommener Partner gesellt. Der zusätzliche Gesellschafter trägt den Vornamen Realität und den Nachnamen Ulk.

Auf der unteren Hälfte der Zeltplane mache ich eine Entdeckung. Der Kerosinlampenschein macht wahrhaftig einen Tatzenabdruck sichtbar. Er hat das Format eines hauskatzengroßen Tieres und ist blass wie das Wasserzeichen einer Briefmarke. Martina und ich finden den Tatzenabdruck lustig. Er fiel uns bisher nicht auf, weil draußen vor dem Zelt nie eine Kerosinlampe ihr Licht verbreitete.

Galey hat die Kerosinlampe in die Nähe unseres Zelteinganges gerückt. Der Tatzenabdruck ist mit der äußeren Wiederverdunklung der Zeltplane verschwunden. Im Zelt wird es heller, aber dafür kälter, weil wir die »Zelttüren« zurückgeschlagen haben. Auf dem Rasen haben sich unsere Sherpas und Träger im Halbkreis niedergelassen. Wir sitzen im halbwarmen Zelt auf unseren Klapphockern, unsere Begleitmannschaft hockt im Lotossitz ohne blaue Plane auf der kalten Zeltplatzwiese. Mingma hat einen dunkelblauen Plastikkanister auf den Rasen gestellt. Er öffnet den knallroten Verschluss des Kanisters und gießt eine farblose Flüssigkeit in ein Dutzend Edelstahlbecher.

»Rakhsi!«, sagt Mingma und reicht uns die spärlich gefüllten Becher. Wir stoßen die Becher in die Luft und prosten uns zu. Aus den Bechern steigt benzinartiger Geruch auf. Die ersten Schlucke des Rakhsi schmecken »dünn«. Das wiederholte Schmecken entwickelt sich zum zweiten interessanten Geschmack des heutigen Abends, der sich zunehmend in Beschwingtheit äußert und zu guter Verträglichkeit verwandelt. Ich bekomme nicht eine einzige Andeutung eines sich anbahnenden Kopfschmerzes zu spüren. Dem Rakhsi scheinen auch keine »Schönungswässerchen« untergemischt zu sein.

»Du Martina, der Rakhsi hat zwar keinen Spitzengeschmack, aber seine Verträglichkeit und seine schöne ›Duddeligkeit‹ schmecken mir«, sage ich zu ihr und bin überzeugt, dass ich noch ein Becherchen von diesem Schnaps, der aus Reis oder Gerste gebrannt wird, trinken werde. In unserem Umkreis finde ich meine eigene Meinung bestätigt. Auch die anderen fangen an ausgelassen zu »duddeln«.

Welche Reaktionen gäbe es in unseren Köpfen, wenn uns Mingma als Zugabe zu diesem Schnaps noch Chang servieren würde? Chang, das nicht nur in Nepal verbreitete Bier, hat die gleiche Getreidegrundlage wie das soeben servierte Getränk, wird naturgemäß nicht gebrannt, sondern mit Reis, Gerste, Mais, Hirse oder Weizen angesetzt. Es ergab sich für uns nirgendwo eine Gelegenheit, Chang zu trinken.

Fast alle »duddeln«, nur Herr Kleenlich nicht! Er sitzt mit zusammengekniffenen Augen und mahlendem Unterkiefer unlustbetont auf seinem Hocker. Die Sherpas und die Träger witzeln. Woher sie allerdings den zusätzlichen Stoff für ihre Fröhlichkeit in diesen Momenten nehmen, ist uns rätselhaft, das heißt, wir kennen ihre Gesprächsthemen nicht. Die Themen scheinen von Episode zu Episode zu springen, kleine merkliche Pausen deuten darauf hin. Mindu erzählt, die anderen lachen. Temba plappert durch den Schnaps etwas »verschwommen«, die Sherpas und Träger gäckern und kickern. Lungpo streckt seine Beine in die Luft und lässt sich auf die Seite fallen. Das Gelächter ist groß.

Herr Kleenlich taut plötzlich auf, schiebt seinen verspeckten Hut in den Nacken und ruft aus dem Zelt: »Isch, … isch will ämal sage, ach egentlich wolle ich gar nix sage, gebt mer äfach noch ä Schlücksche in de Bescher.«

Alle schauen zu Kleenlich ins Halbhelle des Zeltes, als wären sie überrascht, dass da noch einer sitzt. Ich reiche Mingma Kleenlichs Becher zum Nachschank. Mingma hält den Becher, Mindu schenkt ein und grinst Becher und Kanister lausbübisch an. Der blaue Kanister steht wieder im Rasenrund, die Feixerei geht weiter. Der Schalk in mir wird ungeduldig, er will sich beteiligen, er kann es aber nicht, aus allzubekannten Gründen. Zu gerne hätte ich gewusst, ob sich die Sherpas und Träger nur einfache »Feld-, Wald- und Bergwiesenwitze« erzählen oder ob es auch welche aus der Region unterhalb der Gürtellinie sind.

Ich weiß von den Tibetern, dass sie Alltagsgeschichten lieben, sie auch über die alltäglichsten Dinge des Lebens lachen können, wenn es sich nicht um Ereignisse mit ernsten Folgen handelt. Dazu gehören unter anderen Stolpern, auf einem Yakbutterklecks auszurutschen oder den Buttertee aus der Schale zu »verschwappen«.

Die Urahnen der Sherpas stammen aus OstTibet. Ich bin überzeugt, dass sie ähnliche Gene wie die »echten Tibeter« in sich tragen. Das wird mir am heutigen Abend nichts nützen, auch dann nicht, wenn ich vor Mitteilungsdrang aus allen Nähten platze. Ich fühle mich wie am Brückengeländer des Modi Khola.

Unser Hüttenfeuer ist die Kerosinlampe. Die warmen Luftschwaden des Brenners fächeln mir eine Idee zu. Ich schaue zu Herrn Kleenlich. Seine Augen glänzen und sind nicht mehr zugekniffen. Er scheint vom Rakhsi beschwingt zu sein. Ich mache Herrn Kleenlich zum Ersatzzuhörer. Martina kennt die Geschichte bereits, die der Alltag geschrieben hat. Sie hat sich im brandenburgischen Deutschland wirklich zugetragen, nur die Namen und der konkrete Wortlaut entspringen meiner eigenen Phantasie: Ein Ehepaar mit den Namen Erna und Horst ist im Einkaufscenter unterwegs. Sie gehen zum Parkplatz, alle Einkäufe sind offenbar erledigt.

»Mir is plötzlich ganz komisch im Bauche, ick globe ick muss schnell off Toillette«, sagt Erna mit verzerrtem Gesicht zu Horst.

»Is jut, ick warte im Auto off dir«, antwortet Horst.

Eine Weile vergeht, noch eine Weilchen vergeht, da kommt Erna angestürmt, reißt die Tür auf und keucht, »Mensch Horste, starte de Kiste und jib Jaas, nischt wie weg hier, ick globe, ick spinne!«

»Watt is denn los Erna …?«

»Frage nich, los ab und weg, fahre was haste was kannste, ick erzähls dir später!«, Erna atmet tief durch.

»Du, da hinter uns macht eener janz tolle mit de Lichthupe …. oller Ochse!

»Lassen jehn und fahre lieber.«

»Du Erna, der hört nich off mit Licht zu hupen, ick globe, da stimmt was nich, ick halte besser an.«

Horst hält an, das Auto hinter ihm hält an. Der Fahrer des »Lichthupen-autos« steigt aus und öffnet die Beifahrertür von Horsts Auto.

»Ham se etwa mir jemeent?«, fragt Horst.

»Natürlich hab ick Sie jemeent, besse jesagt Ihre Frau.«

»Wenn se schon in meine Sitzpolster nich janz reene Luft blasen tut, dann soll se wenigstens ihre Handtasche nich verjessen!«, sagt es und wirft die Tür wieder zu.

»Erna, Erna, ick versteh jetz jar nischt mehr, Mensch Erna!«, seufzt Horst.

»Ick kann dirs erklären, ick muss mir aber erst beruhigen«, Erna betatschelt ihre Handtasche, »denke dir Horste, in der Handtasche hat ick meen janzes Jeld und ooch mei Häkelzeig!«

»Da haste ja nun beides wieder, da kannste dir wirklich langsam beruhigen.«

»Ick bin ja schon janz ruhig, Mensch bin ick froh … meene Handtasche!«

»Nu erzähle endlich«, Horst wird ungeduldig.

»Ick komme doch von Toilette, egentlich ging mers wieder janz jut, dann doch wohl nisch so janz, und jerade als ick mir auf meen Sitz niederjelassen habe, gings wieder los. Da hab ick janz schnell festjestellt, das es nisch mein Sitz jewesen is und du warst plötzlich ooch nich du, aber da wars passiert, im Auto hats schon bisschen jerochen. Da hab ick schnell jemacht, dass ick aus dem fremden Auto fortkam. Bis ick die Orientierung auf de Parkplatz wieder jefunden hab, hats ooch ne Zeit jedauert !«

Herr Kleenlich patscht mit seinen Handflächen auf die Knie und gibt eine laute Lachsalve von sich: »Das kanns doch gar nich gebe, und das in de neie Bundesländer, da muss ja de Erna wärklich ferrdisch gewesen sei, haha, hä!«

Herr Kleenlichs Klapphocker wankt vor Vergnügen: »Isch, isch muss eich da auch was erzähle. Isch häts nich für möglich gehalte, da hamm se misch doch neilich in der Innestadt von Buxtehude ogehalten, isch meene de Polizei. Und könn Se sich denke warum? Se hamm misch abkassiert, weil isch innre Einbahnstraß geroocht habb, … hä hääå!«

Herr Kleenlich jauchzt: » … könn Se sisch das vorstelle, … hä hä hä hä häääå, huhu!«

Er hat die Aufmerksamkeit von unseren Sherpas und Trägern auf sich gelenkt. Einen solch zusammenhängenden, obwohl unverständlichen Redeschwall waren sie von ihm bislang nicht gewöhnt. Ihre eigenen Späße untereinander flauen für kurze Zeit etwas ab, kommen aber schnell wieder in Gang, nachdem im hinteren Abschnitt des Innenzeltes erneut Ruhe eingetreten ist.

Wir spüren die Kälte, die über dem Rasenboden schwebt, in das Zelt zieht und an unseren Beine hochsteigt. Einige Träger hocken mit unbestrumpft nackten Füßen vor dem Zelt im dunkler gewordenen Abend. Für sie bedeutet das offenbar noch keinen Mangel an Gemütlichkeit.

In unmittelbarer Nähe des Zelteinganges sitzen Temba, Krishna, Mindu und unser Sirdar Mingma. Auf Mindus Kopf sitzt sein »neuer« türkisfarbener Hut. Tenzing hat seine neue »Anschaffung«, Martinas Schal, um das Kinn und über seine Mütze geschlungen. Alle anderen sind verhältnismäßig schwach kälteabweisend angezogen. Immer wieder fallen meine Blicke auf die derben bloßen Füße der Träger, die zwar der Kälte ausgesetzt sind, aber einen rotdurchbluteten Eindruck machen. Die Kerosinlampe leuchtet unermüdlich. Ihr Licht hinterlässt auf Tembas Haarschopf einen kobaltblauen Schimmer. Die Heiterkeit und die Intensität der Späße vor und im Zelt lassen nach. Nebenan in der Lodge, unterhalb der Zeltplatzböschung, ist es schon still geworden.

Die leichte, angenehm benebelte Müdigkeit birgt den Wunsch, in den warmen Schlafsack zu kriechen. Martinas Augen sind kleiner geworden. Herr Kleenlichs abendliche Vitalität steht offenbar auch nicht mehr im Zenit. Ich bin weit entfernt davon, noch irgend ein Wort in mein Tagebuch zu schreiben. Der Rakhsi hat auch mich bleimüde gemacht.

Unsere Sherpas und Träger haben wir öfter beim heiteren Zusammensitzen erlebt, immer dann, wenn wir uns schon längst in die wärmenden Zelte verzogen hatten, allerdings dauerten diese Feiern nie bis spät in die Nacht.

Die Träger erheben sich. Temba und Mindu räumen unseren Klapptisch ab. Mingma und Krishna sind für den Schnapskanister und den Abtransport des Beleuchtungskörpers zuständig. Der Lichtfleck der Kerosinlampe wandert mit den beiden über die dunkle Zeltplatzwiese. Er verlischt wenig später im entfernten Küchenschuppen.

Zeitig in der Nacht werde ich munter. Der Druck in meiner Blase hat meinen Schlaf flacher werden lassen, mich in Unruhe versetzt und schließlich geweckt. Ich drehe mich auf die andere Schlafseite, doch die Bedrängnis lässt dadurch nicht nach. Ich versuche es mit einer erneuten Drehung im Schlafsack, aber ohne Erfolg.

Ich provoziere künstlich einen »Anfall von Entschlusskraft« nach dem Grundsatz je zeitiger und konsequenter der Ruck, desto früher die Erleichterung und die Rückkehr zum behaglichen Weiterschlummern. Mein Schlafsack richtet sich auf wie der Kokon eines Insektes, schon sitze ich aufrecht! Martina muss mein Anrucken bemerkt haben und meldet ebenfalls Erleichterungsbedarf an.

Ich öffne das Zelt. Mit schlappenden Wanderschuhen an den Füßen, tief ins Gesicht gezogenen Wollmützen und mit übergestreiften, verdrehten Gummibändern der Stirnlampen beginnen wir unter dem Sternenhimmel von Dhampus unsere nächtliche »Prozession« zur Toilette. Der Mond wirft unsere schwachgrauen Schatten auf den Rasen des Zeltplatzes. Wir steigen über die Steinstufen die Böschung zur Lodgetoilette hinab. Für den Aufbau des »Transformatorenhäuschens« gab es deshalb keinen Anlass, es steckt zusammengefaltet in seiner Umhüllung. Während Martinas Aufenthalt auf der Toilette stehe ich Posten und betrachte den Sternenhimmel über der Horizontlinie der Berge. Der Machapuchare und der Annapurna Süd heben sich aschgrau, wie verloschene Lichter, weltentrückt von ihr ab. Im Tal flimmern schwache Lichtpunkte. Aus einem angelehnten Fenster der Lodge dringt leises Schnarchen.

Mangalbar (Dienstag), den 18. November 2003

DHAMPUS – PHEDI – POKHARA

An der Schräge der Zeltplane bewegt sich ein schwarzes längliches Etwas. Es krümmt sich zu einer Art Öse, streckt sich wieder und kriecht langsam aufwärts. Mit einem Stück zerknülltem Papier will ich den dunklen »Wurm« erfassen. Er fällt aber nicht in die Knitterfalten des Papiers, sondern auf Martinas Schlafsack. Für Martina ist dieser Absturz eines »komischen Viehs« kurz nach dem morgendlichen Erwachen nicht ganz unproblematisch, zumal es nicht sofort wiederzufinden ist. »Hoffentlich ist das kein Blutegel!«, sie ist beunruhigt.

In meinem Rucksack befindet sich zwar unser wirkungsvolles Mittel zur Abwehr von Blutegeln, der winzig-kleine Salzstreuer. Er ist aber eine »Nahkampfwaffe« für einen sich bereits in der Haut verbissenen Egel. Salz in der Nähe der Saugstelle mögen diese Tiere nicht, zur Aufspürung ist sie dagegen vollkommen ungeeignet. Wir ziehen unsere Hosen über und achten auch sonst auf rundum bedeckte Hautpartien, den verdächtigen »Wurm« finden wir vorerst nicht. Erst beim gemeinsamen Schlafsackrollen fällt er auf die Isoliermatten. Ich schaufele ihn in das vorbereitete Knüllpapier. Einen Expeditionsbiologen, der uns sagen könnte, was für ein Tier sich in den Falten des Papiers windet, haben wir nicht.

Der heutige Tagesbeginn ist anders als sonst. Die Träger sind längst aufgebrochen. Wir haben sie nicht noch einmal gesehen. Unsere Seesäcke stehen unangerührt auf dem Zeltplatz. Mingma und Krishna lassen sich mit dem Abbau unserer Zelte viel Zeit. Sie tragen den Kerosinkocher und den Rakhsi-Kanister den Zeltplatz hinauf in Richtung Ortskern und sind für geraume Zeit nicht zu sehen. Wir sitzen am grünen Klapptisch und frühstücken. Temba und Mindu räumen gemächlich den Küchenschuppen auf.

Der Morgen ist kühl. Das wechselnde Spiel von Sonne und Wolken verändert sich jedoch zugunsten der wärmenden Sonnenstrahlen. Das Abbild dieser Veränderung spiegelt sich in den Fensterscheiben der naheliegenden Lodge. Auf der Dorfstraße hat das alltägliche Leben bereits begonnen. Träger, die aus Richtung Phedi aufwärts steigen, mischen sich unter die Einheimischen, die ihren lebenserhaltenden Pflichten nachgehen. Ein Schülergrüppchen geht an der Zeltplatzpforte vorüber. Versonnen schaue ich zu einer Wolkenlücke. Aus ihr strahlt wie durch ein Vergrößerungsglas das Gipfelweiß des Annapurna Süd und des Machapuchare.

Die Erhabenheit dieser Gipfel ruft eine außergewöhnliche und bemerkenswerte Persönlichkeit in mir wach. Es ist Prof. Oswald Oelz, ein passionierter Bergsteiger und ein hingebungsvoller Mediziner, der schwierige Berge auf allen Kontinenten bestiegen hat und inzwischen Chefarzt an einer Klinik in Zürich ist. Er hat an mehreren großen Bergbesteigungen unter der Leitung von Reinhold Messner als Expeditionsarzt teilgenommen. Reinhold Messner bezeichnet sich in seiner ureigenen Philosophie als Grenzgänger. Prof. Oswald Oelz bewegt sich mit seinen philosophischen Bekenntnissen in Grenzgängen zwischen seinem geliebten Beruf und der leidenschaftlichen Aura der Berge, Grenzgängen zwischen »Eispickel und Stethoskop«. Er braucht den kräftespendenden Ausbruch aus dem medizinischen Alltag mit seiner geistigen Ermüdung genauso wie die Rückkehr zur ethischen Pflichterfüllung in seine Klinik. Ich bewundere seine Auffassung in doppelter Hinsicht: Prof. Oswald Oelz hat die höhenmedizinischen Forschungen und Erkenntnisse durch seine Arbeit gefördert und bereichert. Er war auch Irrtümern erlegen, die aber zu weiteren Schlussfolgerungen in der Bergmedizin führten. In der Annahme, durch einen Blutaderlass mit anschließender Hämodilution, der an sich unter normalen Sauerstoffverhältnissen bewährten Blutverdünnung, eine bessere körperliche Leistungsfähigkeit in der Höhe zu erreichen, machte er diesbezüglich einen Selbstversuch. Der Versuch schlug fehl, mit dem Ergebnis einer deutlichen Verschlechterung der Höhenverträglichkeit. Die Fließfähigkeit des Blutes durch die kleinen Kapillaren nach der Hämodilution nimmt unbestritten zu, aber die Abnahme der roten Blutkörperchen verringert dramatisch die Sauerstofftransportkapazität in die ohnehin mit Sauerstoff unterversorgten Körperzellen. In Bergsteigerkreisen und unter Freunden kennt man Oswald Oelz auch unter einem anderen »Vornamen«. Er wird wegen seiner kräftigen, athletischen Gestalt »Bulle Oelz« genannt. Eine Episode aus seinem Leben finde ich für ihn bezeichnend und bemerkenswert zugleich: Oswald Ölz bekommt im September eines längst vergangenen Jahres von Reinhold Messner einen Anruf. Der Grund für dieses Telefongespräch war eine bevorstehende Winterbesteigung des Achttausenders Cho Oyu. Reinhold Messner war soeben erst von der Besteigung von drei Achttausendern zurückgekommen!

»Ich brauche einen Expeditionsarzt«, war aus dem Hörer zu vernehmen.

Die Feststellung, die eine Frage in sich verbarg, versetzte »Bulle« in Aufregung, weil er Winterbesteigungen im Himalaja bisher immer für selbstmörderischen Irrsinn gehalten hatte.

»Du, Reinhold, um das zu entscheiden, brauche ich erst meine Laufstrecke von 20 Kilometern«, sagt Oswald Ölz und legt auf. Bulle Oelz beginnt Stunden später seinen »Meditationslauf« und kommt bereits nach zwei Kilometern zu dem Ergebnis: Die Winterbesteigung des Cho Oyu ist zwar eine Wahnsinnssache und gerade deswegen ist sie die meinige!

Ich verstehe den Kern dieser Entscheidung nur zu gut, obwohl die Grundlage dieses Verständnisses auf einem Ereignis von buchstäblich niedrigerem Niveau beruht. Es erinnert mich an die Frage, die Gert mir vor Jahren stellte: »Kommst du mit zum Kilimandscharo?«

Ich müsse mir das erst überlegen, hatte ich damals geantwortet und kann das elektrisierende Gefühl deutlich reproduzieren, welches dieser Fragesatz in mir auslöste. Die Bedenkzeit verschob ich wenig später in die Unterkategorie der abgegriffenen Redefloskeln und ersetzte sie durch ein »Wann?«. Aus dem »Wann?« organisierten Gert und ich ein »Bald«.

Ein Motorgeräusch holt mich aus meinen Gedanken zurück auf den Zeltplatz. Ein großer Jeep hat vor der Pforte gehalten. Galey hangelt sich an der Dachreling des Geländewagens empor und nimmt die von den Trägern zurückgelassene Ausrüstung entgegen und verschnürt die Seesäcke und Körbe auf dem Dach des Wagens. Erst als wir zusammen mit Mingma, Krishna, Mindu, Temba und Lungpo dicht aneinander gedrängt auf den verschabten Sitzen Platz genommen haben, der startende Motor Dieselgeruch ins Innere des Jeeps treibt und die Fahrt holpernd ins Rollen kommt, wird mir der heutige Aufbruch bewusst, der kein echter mehr ist. Unsere Beine sind reglos eingezwängt, auf unseren Oberschenkeln liegen die Rucksäcke und Teleskopstöcke.

Der ursprünglich vorgesehene Abstieg nach Phedi ist für uns aus unbekannten Gründen, die wir nicht erfragen, zu einer rasanten Talfahrt mit dem Jeep geworden. Der junge Fahrer beschleunigt das Tempo von Anfang an. Nur an besonders gefährlichen Abschnitten des ausgewaschenen und mit Felsbuckeln gespickten Weges drosselt er das Tempo. Der Jeep schwankt im schnell ruckelnden Rhythmus von links nach rechts. Mit unseren Händen umklammern wir die Rohrbügel oberhalb der Vordersitze, um unsere hin und her wankenden Oberkörper zu stabilisieren.

»Wo ist Galey?«, frage ich Mingma, den ich zum letzten Mal auf dem Dach des Geländewagens sah, als er die Ausrüstung verzurrte. Mingma zeigt nach oben zum himmellosen Blechgewölbe des Jeepdaches, welches uns von Galey und der Wagenladung trennt.

Mit einem heftigen Ruck nach links bleibt des Jeep stehen. Er ist in eine bedenkliche Schieflage gesackt, der Motor verstummt. Braungraue Schlammspritzer klatschen an die linksseitigen Fensterscheiben. Der Wagen steckt in einer morastigen Kuhle fest. Mindu, Temba und Mingma, die im hinteren Wagenteil sitzen, öffnen die Türen. Der Fahrer startet den Motor. Sechs kräftige Arme ziehen den Jeep mit Schaukelbewegungen an der Dachreling hangseitig.

Die Räder bekommen wieder Bodenhaftung. Aufsprung, und schon sitzen die drei wieder im Wagen!

Der Zwischenfall wirkt wie ein willkommener Aufschwung. Er scheint paradoxerweise unbeschwerte Laune zu erzeugen. Mindu beginnt zu pfeifen und Liedchen zu summen, Temba singt mit. Auch wir nehmen das fahrtblockierende Schlammloch nicht weiter tragisch.

Ich bemerke bei mir und Martina eine gewisse Widerstandskraft gegenüber der »Fahrt des Schreckens«, wie wir sie vielleicht als zartbesaitete und wehleidige Europäer noch vor Wochen genannt hätten. Mingma nestelt an den Tasten seines Diktafons. Er hält es nah an seinen Mund und bespricht die kleine Mikrofonöffnung. Er spult das Band zurück, spielt mir das unverständliche Tonprodukt in mein Ohr und lächelt.

Die ersten Häuser von Phedi kommen in Sichtweite. Die unsichtbare Grenze des ACAP haben wir bereits durchfahren. Drei Wochen waren wir in der Region des Annapurna Conservation Area Projekts unterwegs. Dieses 1986 gegründete und weiter geförderte Schutz- und Erhaltungsprojekt für das Annapurnagebiet, sorgt für den ökologischen Schutz der Natur und die Bewahrung der Landschaft. Eine der wichtigsten Aufgaben ist die vernünftige Waldbewirtschaftung und Wiederaufforstung, um eine weitere Bodenerosion zu stoppen. Die raubbauartige Abholzung der Wälder zur Brennholzgewinnung ist strikt verboten worden. Dazu gehören auch strenge Auflagen, dass Bergsteiger- und Trekkinggruppen Kerosinkocher mit sich zu führen haben und nur in Ausnahmefällen mit einheimischem Holz kochen dürfen.

Zu beiden Seiten des Dorfweges von Phedi sind bunte Marktstände aufgebaut. Sie sind von vielen Menschen umringt. Der Fahrweg verbreitert sich schnell und stößt auf die asphaltierte, stark befahrene Fernverkehrsstraße, die Pokhara mit den Orten Kusma und Baglung verbindet.

Wir tauchen wieder ein in die laute Zivilisation. Ich komme mir vor, als müsste ich die einstürmenden Sinneseindrücke einer vollkommenen Neuordnung unterziehen. Zu stark ist der Kontrast zur Ruhe und Einsamkeit auf den Bergpfaden und in den Dörfern. Unsere Augen müssen wieder ordnen, was in der Schnelligkeit der Fahrt durch das Verkehrsdickicht, vorbei am Menschengewühl der Straßenränder, kaum in eine Ordnung zu bringen ist. Unsere Nasen müssen wieder stinkende Abgase riechen, ob sie es wollen oder nicht.

Wir erreichen ohne weitere Zwischenfälle die Stadtgrenze von Pokhara und biegen in Straßen ein, in denen sich der Verkehr schnell beruhigt. Nun zeigt sich Pokhara im Vergleich zu Kathmandu stark gemäßigt, obwohl mich der erste Eindruck auf der Fernverkehrsstraße geschockt hat und mir chaotisch vorkam. Erst als wir wieder eine breitere Straße befahren und auf einen großen Platz einschwenken, schwillt das Hin und Her des Verkehrs wieder an.

»Das ist die große Busstation von Pokhara«, erklärt uns Mingma.

Der erste Blick lässt ihn auch als solchen erkennen, doch je näher wir kommen und mit unserem Jeep durch die Haltebuchten fahren, desto multifunktionaler zeigt er sich im Detail. Sowie wir ungehinderte Zufahrt haben, befahren ihn auch andere Autos, Marktkarren, Fahrräder und Rikschas. Träger durchqueren scheinbar ziellos den Trubel des Platzes. Händler haben ihre Stände aufgebaut. Sie kennen die Gesetze des Kleinhandels genau. Dort, wo sich viele Menschen bewegen, bleiben diese auch stehen, um zu vergleichen, zu feilschen, das unumgängliche manangbhot zu betreiben, wie es auf Nepali heißt. Hartnäkkiges Feilschen ist das alltäglichste Ritual des Kaufens, im Kommen, Stehen bleiben, Weitergehen und wieder Zurückkommen, um einen annehmbaren Preis zu zahlen und so schlichtweg mit diesem uns lästig und unhöflich erscheinenden Prozedere Geld zu »verdienen«. Offenbar kommt auf dem Busbahnhof ein jeder zu seinem Recht, vielleicht auch zu seinem Unrecht? Ich sehe keine Verbotsschilder, keine Polizisten oder sonstige einschränkende Behördenrigorosität.

Der Jeep hält neben einer Wellblechhütte. Nach dem Aussteigen gilt meine erste Aufmerksamkeit Galey, der die Fahrt auf dem Fahrzeugdach verbracht und mit der Entschnürung der Ladung begonnen hat. Er ist guter Dinge. Mingma verschwindet im Dunkel der Wellblechhütte. Ich höre ihn in metallischen Gegenständen kramen. Mindu und Krishna transportieren die Zelte in den blechernen Schuppen. Sie tun es mit spielerischer Leichtigkeit. Mingma verschließt die Wellblechtür mit einem Schloss.

Die Wärme der Spätvormittagssonne hüllt uns angenehm ein. Wir ziehen unsere Anoraks aus und besteigen wieder den Jeep. Die Gepäckladung hat sich bis auf den Küchenkorb, den Klapptisch, die Seesäcke und die Rucksäcke reduziert.

In langsamer Fahrt verlassen wir den Platz des turbulenten Fahrzeugverkehrs, des Handels und der vielfältigsten Begegnungen. Unter den Menschen fallen mir nicht wenige Europäer oder auch Amerikaner auf, die mit Trekking- und Bergsteigerrucksäcken, Teleskopstöcken und Eispickeln den Bussen entsteigen oder in sie hineindrängen. Wir hören ein buntes Begrüßungsgemisch aus »Hallo!, Hi!, Namaste! und Bonjour!«, nur ein »Guten Tag!« oder »Guten Morgen!« vernehmen wir in diesem Menschengedränge nicht.

Der junge Fahrer steuert den Geländewagen mit Ortskenntnis durch Nebenstraßen und enge Gassen. Wieder vergleiche ich unweigerlich die ersten Erscheinungsbilder von Pokhara mit denen von Kathmandu.

Hier verläuft das Leben weniger pulsierend. Es wirkt auf uns nicht so deprimierend wie die schier erdrückende Vielfalt der Hauptstadt, die beunruhigende Elemente in sich trägt, wie die schnelle Zunahme der Einwohnerzahl mit gleichzeitig anwachsender Armut und drastischer sozialer Polarisation.

Kathmandu, das scheint für viele Nepalesen das magische Wort zu sein. Wenn es Mingma in den vergangenen Wochen manchmal aussprach, sei es auf sich selbst bezogen oder auf seinen älteren Bruder, habe ich immer den bedeutungsvollen Unterton herausgehört.

Kathmandu, die Plattform und Drehscheibe für das berufliche Fußfassen und Weiterkommen. Kathmandu, das Sprungbrett in den sozialen Wohlstand? Mingmas Bruder war offenbar schon immer sein Vorbild. Er verließ sein Heimatdorf im Solu Khumbu, um sich bei einer Bergsteigeragentur in Kathmandu zu bewerben und als Sirdar mit einer europäischen Bergsteigermannschaft den Annapurna I zu besteigen. Auch für Mingma werden es künftig Agenturen sein, die ihn wieder zum Sirdar machen und ihn seinen Unterhalt verdienen lassen. Was aber wird aus denen, die die Fähigkeiten verlieren, sich zu behaupten oder vergessen, sich rechtzeitig andere anzueignen?

Vielleicht werden auch diejenigen als geeigneter angesehen werden, die in den Bergdörfern nachwachsen und von Vorbildern wie Mingma, nicht unbedingt gewollt, nach Kathmandu gelockt werden, weil sie die Kunde vernahmen »Geld wächst nicht an den Hängen der hohen Berge, aber man kann es an ihnen verdienen!«.

Die Schwachen haben bereits verloren. Sie sitzen im Straßenschmutz und betreiben die kleinsten Händel der Welt oder sie halten ihre Hände hinauf zu den vorübergehenden Passanten der überquellenden Straßen.

Ich komme mir vor, als hätte ich die Oberfläche eines dunklen Abgrunds freigelegt, unter der sich eine weitere Schicht befindet. Ich schaue in die frohen Gesichter von Mingma, Mindu, Temba und Krishna, die neben uns sitzen. Sie tun mir in diesen Augenblicken besonders gut.

Zwei heilige Kühe versperren die Straße. Der Fahrer hupt nicht. Er benutzt den kleinsten Gang und bleibt ruhig und gelassen. Wir rollen langsam auf die Kuhleiber zu. Die Kühe mögen die Nähe des Geländewagens nicht. Sie heben gemächlich die Hufe und treten auf die

Höhe der Bordsteinkante. Eine der beiden »Heiligen« hebt den Schwanz und lässt einen spinatgrünen Fladen auf die Straße klatschen.

Wir fahren an einer hohen Mauer entlang, an der wir schließlich halten. Mingma steigt aus, verschwindet hinter einer schmiedeeisernen Pforte und öffnet ein zweiflügliges Tor. Eine große, mit Bäumen bestandene Wiese eröffnet unseren Blick auf eine weite Wasserfläche. Vor uns liegt der Phewasee.

Die Fahrt durch Pokhara wird zum bald vergessenen Zwischenspiel, uns umgibt eine beeindruckende Landschaft. Sie erscheint mir in Gliederung, Farbe und Form wie eine Darstellung von Vollkommenheit der Naturelemente. Vor uns breitet sich eine türkis flimmernde Wasserfläche aus. Sie ist umsäumt vom baumbewachsenen Ufergürtel, der in Berghänge mit zartgrün gegliederten Sockeln der Terrassenfelder und kleinen Häuserwürfeln der Dörfer und Siedlungen übergeht. Über diesen Anhöhen stoßen die unverrückbaren weißen »Throne der Götter« in den Himmel.

Mingma und Krishna breiten die blaue Plane aus. Wir setzen uns und beobachten die Wasserbüffel, die im seichten Ufergewässer des Phewasees ihr Bad nehmen. Martina sitzt neben mir, im Küchenschuppen bereiten Temba und Mindu unser Mittagessen zu. Ferne und Nähe erscheinen mir sonderbar vereint. Über allem strahlt die warme erquickende Sonne. Ich schaue zum Gipfel des Machapuchare empor. Auch er bekommt einen beträchtlichen Teil der Sonnenstrahlen ab, lebenspendend für Menschen wirken sie dort oben jedoch nicht. Auf den absoluten Endpunkten unserer Erde können nur die Götter auf Dauer überleben …

In meinen Betrachtungen und Empfindungen fühle ich mich gleichmütig und wunschlos. Irgendwie scheint unsere schlichte blaue Plane, die auf dem warmen Gras ausgebreitet ist, eine symbolische Kraft der Zufriedenheit auszustrahlen. Sie hat ein helleres Blau als der Himmel über uns. Beide Blautöne stimmen uns aber gleichermaßen gut. Werden wir sie bald vermissen? Ich gehe zum nahen Seeufer und fotografiere die Wasserbüffel, die sich durch mich nicht stören lassen. Manche Tiere tauchen bis zum Kopf in das Wasser ein. Auch die Büffel sind heilig. Außer ihnen genießt niemand die kühlende Erfrischung im See. Im Gras spüre ich unter meiner Schuhsohle etwas Hartes, instinktiv vermeide ich hart aufzutreten. Ein faustgroßes längliches Schneckenhaus rollt zur Seite. Es hat eine erdbraune Farbe, die von beigen Streifen unterbrochen ist.

Die wunderbare Zeichnung betont das äußerst steil aufragende »Gewinde« des großen Schneckenhauses, welches dadurch mehr als »Schneckenturm« wirkt und so spitz ausläuft wie ein Faustkeil. Ich hebe das Prachtexemplar auf. Vor dem »Eingang« entdecke ich verletzbares Leben. Es zieht sich durch äußere Erschütterungen ins schützende Innere zurück. Ich lege die exotische Schöpfung der Natur sicher vor der Trittgewalt grober Wanderstiefel in die Nähe eines Baumes am Rande der Wiese.

Mindu und Temba servieren uns ihr letztes Mittagessen. Galey und Lungpo verpacken einen Teil der Küchenausrüstung, bis sie auch die blaue Plane abräumen und vor unseren Augen zusammenfalten. Wie eine schützende Haube bedeckt sie den Küchenkorb mit dem Herzstück darin, dem Kerosinkocher. »Unser« grüner Klapptisch ist mit einem kleinen, schwarzen Seesack verschnürt und liegt im saftgrünen Gras vor dem Küchenschuppen. Es sind die scheinbar toten Dinge, die die Trennung von Menschen einleiten.

Mingma hat ein kleines Taxi bestellt, das uns zum Hotel Barahi bringen wird. Es steht in der Nähe des weit geöffneten, großen Tores. Sein Fahrer lehnt an der Motorhaube und raucht eine Zigarette. Wir wissen, dass nun der Abschied von Krishna und den anderen nahe rückt. Ich spüre die labile Verfassung und die Erregung, welche von mir Besitz ergreift und meine Augen feucht werden lässt.

Zusammen mit Mingma steigen wir schließlich in den Kleinwagen ein. Unsere treuen Gefährten der vergangenen Wochen bilden neben dem Taxi ein kleines Spalier. Sie lächeln uns an, wie so oft! Das Taxi fährt an. Mindu, Temba, Krishna, Galey und Lungpo winken uns nach, wir winken zurück, bis das Taxi auf die belebte Straße einbiegt. Ich hänge meinen Gedanken nach. Die Häuserzeilen ziehen an uns vorüber wie Bühnenbilder. Die Passanten auf den Straßen wirken wie Statisten. Die Hauptdarsteller sind noch immer unsere wochenlangen Begleiter, obwohl sie unseren Blicken längst entschwunden sind.

Die Fahrt zum Hotel Barahi ist von kurzer Dauer. Im Schritttempo nähert sich unser Taxi einem Schlagbaum. Der Fahrer wechselt wenige

Worte mit dem Portier, dann dürfen wir das Hotelgelände befahren. Das Hotel »prunkt« inmitten eines grünen Gartens mit den verschiedenartigsten subtropischen Bäumen.

Das Ambiente, das uns empfängt, ist ungewohnt. Glattgemähter Rasen, akkurat beschnittene Bäume und regelmäßig verlegte Steinplatten, auf denen wir mit Leichtigkeit zum Hintergebäude des Hotels »schreiten«.

Ein Hotelpage öffnet uns das Hotelzimmer, aus dem uns Komfort und Bequemlichkeit in Form von weißbezogenen Betten, Stuhlsesseln und einem großzügigen »Nicht-Klapptisch« entgegenstrahlen. Ich betrachte gefasst die »neuartigen« Einrichtungsgegenstände. Das Bad wirkt auf mich überwältigend. Mein Blick bleibt sehnsüchtig an einem weißen, besonderen »Ausrüstungsgegenstand« haften.

Hätte es irgendeine Möglichkeit gegeben, es im Rucksack oder in einem der Seesäcke mitzuführen, ich hätte sie genutzt. Das Becken mit Brille und Deckel war mein größter Verzicht. Die Vorfreude darauf ist groß. Zwischen meinem verlängerten Rücken und dem Boden wird sich kein luftleerer Raum mehr befinden, sondern eine Stütze aus Keramik!

Unser Zimmer liegt in der zweiten Etage des Hotels. Die Aussicht über die Stadt ist weitschweifend. Aus der schlichten Einheitlichkeit der Stadthäuser ragt in der Ferne eine Pagode heraus. Mingma lässt uns allein. Wir werden ihn morgen ein letztes Mal treffen. So entpacken wir unsere Ruck- und Seesäcke und nutzen die Weite des Zimmers, um unsere wenig belüfteten Begleitgegenstände auszubreiten. Im Nu entsteht eine Unordnung sondergleichen. Sie bringt uns nicht außer Fassung, weil wir sie als unwichtig erachten. Auch die Patina auf unserer Haut, an die wir uns prächtig gewöhnt haben, zerstören wir vorerst nicht. Der zeitig verdunkelte Abend wird dazu Gelegenheit genug bieten. Eine Handlung lasse ich mir jedoch nicht entgehen und genieße das entspannende Sitzen auf der Toilette.

Wir verlassen die ruhige Oase des Hotels und erreichen sehr schnell die bunte Geschäftsstraße, die wir vor unserer Ankunft durchfuhren. Laden reiht sich an Laden. Sie erinnern mich an den Stadtteil Thamel in Kathmandu, mit dem Unterschied, dass uns hier gemäßigtere Verhältnisse erwarten. Der Trubel reduziert sich auf rege Geschäftstätigkeit, der motorisierte Verkehr ist erträglich. Die Händler stehen meist vor ihren Läden. Es sind überwiegend Inder in langen Gewändern, deren Äußeres auf mich eine geheimnisvolle Wirkung hat. Ihre noch fremdländischer erscheinenden Gesichter und den Ausdruck ihrer tiefbraun glänzenden Augen zu deuten, erscheint mir unmöglich. Sie wirken auf mich wie undurchdringliche Barrieren zu ihren Seelen.

»Kommen Sie herein, schauen Sie, schauen ist frei!«, ruft ein Verkäufer in gebrochenem Englisch aus einem der Läden. Bevor wir uns besinnen können, steht der Inder vor uns und geleitet uns mit den charakteristischen Armbewegungen eines Verkehrspolizisten in sein Geschäft. Erkennt er uns als Neuankömmlinge?

»Meine Ware gut Preis!«, er deutet selbstschmeichlerisch in seine Regale. Verwirrt schauen wir auf die vielfältige Auswahl von Souvenirs, bunten Stofftaschen, verzierten hölzernen Schatullen und Lederetuis.

Schnell wird dem Ladeninhaber unsere Unschlüssigkeit gewahr und er versucht uns mit einer unsichtbaren Schnur, die bei uns Verkaufsstrategie heißt, an sich zu knüpfen. Er bringt uns in engen Kontakt mit seinen Waren und drückt uns kunstvoll bestickte Geldbörsen, farbenfrohe Kopftücher und Kissenüberzüge in die Hand. Martina steckt er einen Ring mit blauem Stein an einen Finger. Ich bekomme überfallartig ein T-Shirt mit romantischem Hochgebirgsmotiv übergestreift. Aus unserer Unschlüssigkeit wird Unwilligkeit. Der Verkäufer scheint auch diese innere Einstellung zu bemerken. Er gibt nicht auf, greift zu immer neuen Gegenständen im Regal und hofft auf das Gesetz der Menge: »This one, … or another one, this one or another one …«, (Dieses hier oder etwas anderes?) predigt er ununterbrochen.

Wir verlassen den Laden, weil uns der Verkäufer weder Zeit zum ruhigen Verweilen noch zum Feilschen gibt. In meinen Ohren klingt es wie ein endlos wiederkehrendes Echo: »This one or another one, … this one or another one …!«

Ein kleines emailliertes Blechschild mit der Aufschrift »Indian coffee« lädt uns zu einer Kaffeepause ein. Kaffee, ein Getränk, an das wir in diesem Augenblick erinnert werden und auf dessen Geschmack wir erpicht sind. Wir nehmen auf einer wenig erhöhten Terrasse Platz und geben unsere Bestellung auf. Die Bedienung, eine ältere Inderin mit anmutiger Eleganz, bringt uns in zwei verzierten Tassen das wohlduftende Getränk. Das eingeengte Spektrum an Geschmackserlebnissen der vergangenen Wochen hebt die ersten Schlucke des Kaffees in die höchsten Sphären des Genusses. Wir sind in dem kleinen Lokal die einzigen Gäste. Die Inderin setzt sich an ein Nebentischchen und schaut wohlwollend freundlich zu uns herüber. Ihre Beschaulichkeit wird zunächst unterbrochen, als ein hochaufgewachsener Inder mit einem rustikalen zweirädrigen Holzkarren, der mit Kartons unterschiedlichster Größe beladen ist, vor dem Restaurant anhält. Die Wirtin begrüßt den »Fahrzeugführer« wie einen alten Bekannten. Sie wechseln einige kurze Sätze miteinander, dann beugt sich die athletische Gestalt des Inders über die Pappkartons. Er entlädt einige davon und trägt die vielfarbig bedruckten Pakete mit äußerst schwungvoller Kraft in die angrenzende Küche.

Die äußere Gestalt und das Wesenhafte des Inders harmonieren nicht mit seiner Tätigkeit. Deshalb sehe ich in ihm nicht den Warenlieferanten, der er offenkundig ist, sondern einen Soldaten. Auf seinem kahlgeschorenen Kopf sitzt ein exakt geformtes Käppi. Die enganliegende kurze »Feldjacke« und die straff sitzende Hose verleihen ihm die militärische Autorität und Zackigkeit eines Offiziers, der als hochrangiger Befehlshaber in einer Armee gedient haben muss. Seine streng geschnittenen Gesichtszüge mit ihrem dunkelbraunen Teint und anthrazitfarbenen Schimmer sind die beherrschende Anziehungskraft seiner Erscheinung.

Die Wirtin serviert sich und dem Inder einen Kaffee. Auf dem Tablett liegt neben den Kaffeetassen ein abgegriffenes Notizbuch, das sie aufschlägt und darin Vermerke macht. Die Notizen scheinen Konzentrate aus der angeregten Plauderei mit ihrem Gegenüber zu sein. Der kleine zwanglose Kaffeeklatsch, den die beiden abhalten, kommt mir vor wie eine Mischung aus Ruhepause, Warenbestellung und Austausch von Neuigkeiten. Für uns ist er ein ruhender Pol, der uns verweilen lässt. Auch der Warenlieferant scheint es nicht sonderlich eilig zu haben und wird so für mich zu einem Erhabenen über die Rastlosigkeit mancher Menschen: Er ist die reine Verkörperung und Personifizierung von »Hastlosigkeit«.

Die Warenlieferung ist mit dem Leeren der Kaffeetassen abgeschlossen. Der Inder löst sich für heute mit einem freundlichen »Namaste!«

aus seiner »Geschäftsbeziehung«. Kraftvoll setzt er seinen Karren in Bewegung und zieht mit ihm weiter.

Die Wirtin fragt uns nach weiteren Wünschen. Der Kaffee bleibt unser einziger. Ich lege ihr einen Einhundert-Rupien-Schein in die Hand. Die Straße, durch die wir weiterbummeln, ist überschaubar. Die öffentlichen Szenen haben nicht die wirbelnde und verwirrende Dichtheit Kathmandus. Ihnen fehlt das überstürzend Gleichzeitige. Die Bilder sind ebenfalls bunt, sie reihen sich aber aneinander. Ich kann sie deshalb aufmerksamer verfolgen und auflösen. In ihnen wird mir ihre Widersprüchlichkeit und ihr Unverständnis offenbar.

Auf der gegenüberliegenden Straßenseite wird die Häuserfront von einem fensterlosen Gebäude unterbrochen. Aus dem Inneren schallen Hammerschläge, andere Baugeräusche und Stimmen von Handwerkern. Ob es sich bei dem Haus um einen Neubau oder um ein Sanierungsobjekt handelt, können wir nicht unterscheiden. Auf dem Gehsteig liegt ein breit aufgeschütteter Sandhaufen, vor dem eine Frau mit einem Tragekorb auf dem Rücken steht. Der Korb ist schon fast bis zum oberen Rand mit Sand gefüllt. Ein Mann wirft noch einige Schaufeln einebnend obenauf. Wir trauen unseren Augen nicht, als sich die Frau langsam mit dem Tragekorb auf eine Leiter zubewegt, die an einer Fensteröffnung der ersten Etage angelehnt ist. Mit äußerster Vorsicht steigt sie mit ihrer enormen Last Sprosse um Sprosse aufwärts. In der Fensterluke erscheint ein Handwerker. Er ergreift das Trageband des Korbes und zieht die Frau mit der Sandladung zu sich herein. Der Arbeiter zu ebener Erde lässt seine Schaufel fallen, lehnt sich an die Hauswand und zündet sich eine Zigarette an. Inzwischen ist seine Kollegin mit dem leeren Sandkorb die Leiter wieder herabgestiegen. Sie schaut unsicher um sich und wartet geduldig auf ihren Kooperationspartner mit der Schaufel, der inzwischen mit einem benachbarten Ladenbesitzer ins Plaudern gekommen ist. Er brennt sich eine zweite Zigarette an und hat damit vorerst das Interesse an seiner Handlangertätigkeit und dem Fortgang der Bautätigkeit verloren.

Die Sandschlepperin setzt nicht etwa ihren Korb ab, um ebenfalls eine Pause zu machen, nein, sie nimmt die Schaufel selbst in die Hände. Sie sticht in den lockeren Sand und wirft etliche Schaufeln über ihre Schulter in den Korb. Ihr Sandabwurf wird jedes Mal von einem kurzen Rückwärtsrucken ihres mäßig kräftigen Körpers begleitet.

In den Häusern und den dazwischenliegenden Nischen befinden sich nicht nur Läden, sondern auch Gewerbe und Handwerksbetriebe unterschiedlichster Art, unter anderen »Kraftfahrzeug-Reparaturwerkstätten«, deren Ausstattungen und Ersatzteile, wie Räder, Reifen und ölverschmutzte Fahrzeugteile Lagerungs- und Ausbreitungsfläche auf den Gehsteigen und Vorplätzen in Anspruch nehmen. Die Mechaniker arbeiten mit einem technischen Minimalaufwand vor den Augen der Passanten. Kein Handgriff geht der Öffentlichkeit verloren.

Schneider sitzen mit ihren surrenden Nähmaschinen vor ihren Läden und erhaschen die Sonnenstrahlen des Nachmittages. Auch sie sind ihrer Kundschaft mit dem Geschick ihrer Hände sehr nahe.

Aus den Türen von Friseurlädchen schauen uns weiß eingeseifte Gesichter mit schwarzen Haarschöpfen und braunen Augen an. Manche werden durch die Mehrfachspiegel dupliziert. Es entstehen wunderliche Halbgesichter, die uns ein gewaltiges Arbeitspensum des Friseurs und eine Überfüllung seines Geschäftes vorgaukeln, ein Effekt von äußerster Komik. Sie wird zusätzlich verstärkt, indem der Friseur seine Einseifarbeit im Gesicht eines Kunden für kurze Zeit unterbricht, mich bemustert, und mit dem Rasierpinsel Kreise in der Luft vollführt, die meinem Stoppelbart gelten.

Ein anderer Haare schneidender Friseur richtet sich vom Friseurstuhl auf und lässt für Bruchteile von Sekunden vom schwarzen Haarwulst seines Kunden ab, nimmt intensiven Blickkontakt mit mir auf und schert mit der Schere ein symbolisches »Schnipp-Schnapp« in die Luft. Diesmal ist das wohl eine Absichtserklärung für meine Haare, die er aus seiner Perspektive als unbedingt schneidensbedürftig, und mich als seinen nächsten Kunden erkannt hat. Er deutet auf einen Wartestuhl, während er zu mir sagt: »Hier guter Haarschnitt!« Dass ich irgendwann einen guten Haarschnitt benötige, ist mir plausibel, nur brauche ich ihn auf gar keinen Fall in diesem Moment. Wieder schert die erhobene Hand des Friseurs mit der Schere, als sei das bevorstehende Geschäft bereits eine abgemachte Sache. Seine Hand mit der Schere »gefriert« wie ein aufgerissener Storchenschnabel in der Ladenluft, als ich ihm auf sein Scherenklappern antworte: »Okay, haircut, but I want an Yak-haircut!«

Der Friseur lässt die Schere sinken. Er lacht resigniert und hält eine Weile das verkrampft ratlose Lächeln aufrecht. Auch der Kunde auf dem weißen Holzstuhl ist über meinen Satz belustigt, wie ich an seinem grinsenden Spiegelbild erkenne. Ich habe den Friseur auf meine Weise entmachtet. Ein zotteliger Yak-Haarschnitt ist bei meinen noch viel zu kurzen Haaren nicht möglich!

Der Friseur hat sich aus seiner Verblüffung gelöst und legt nach: »In five weeks super-Yak-haircut, okay…!«

»Gut abgemacht, in fünf Wochen ein Super-Yak-Haarschnitt!«, ist meine beschließende Antwort. Wir gehen erheitert auseinander. Als wir den nächsten Laden betreten, entpuppt sich der Verkäufer schnell mit der berüchtigten »This-one-or-another-one-Methode«, der wir diesmal mit aller Konsequenz ausweichen. Nachdem er uns eine Weile lang mit dem verkäuferischen »Rondo« genervt hat, schwenkt er auf eine Mitleidsmethode um, die er von vornherein als spaßige Auflockerung zu verstehen gibt. Er zeigt uns zwei Yak-Figuren. Sie erscheinen mir wie eine abgesprochene Revanche zwischen dem Friseur und dem Händler, der uns mit unseren eigenen Waffen, dem »Medium« Yak, schlagen will. Der Verkäufer zeigt mit gespielt traurigem Gesicht auf zwei struppige Wesen. Sie seien Yak-Mutter und Yak-Kind. Beide gehörten unbedingt zusammen, ein Einzelverkauf hätte für Mutter und Kind schlimme Folgen. Sie würden eine Trennung nicht überstehen und vor Sehnsucht und Kummer sterben. Die Trennung von ihrem Vater wäre schon sehr schmerzvoll gewesen, als er sich über Nacht nach Tibet abgesetzt hätte. Bis heute sei kein Lebenszeichen von ihm nach Pokhara gedrungen. Womöglich hat er sich eine neue Yak-Frau genommen und sich damit aller bisheriger familiärer Verantwortung entzogen. Ich erkläre dem Verkäufer, dass wir gern einen Yak kaufen würden, aber kein Futteraufkommen für zwei Tiere gleichzeitig hätten. Der Humor verbindet. Wir fühlen uns wohl, dem Verkäufer gefällt unser Bleiben, während wir in Ruhe Regale und Kästen durchstöbern. Auf dem Ladentisch sammeln sich einige gefällige und preiswerte »Ausstellungstücke«, drei filigran gefertigte Metallfläschchen, eine wunderschön ziselierte Gebetsmühle und eine dunkelbraune Vase mit kunstvoller Zeichnung. Auf ihr entdecke ich ein augenfälliges Symbol, das in regelmäßigen Abständen wiederkehrt. Es ist das berüchtigte Hakenkreuz. Es hat zumindest für europäische Empfindungen eine solch eindeutige Bedeutung erlangt, dass mir die ursprüngliche Symbolik erst später bewusst wird. Das Hakenkreuz hat als heiliges Zeichen eine ewig lange Zeit, Jahrtausende der Menschheitsgeschichte, in vielen Kulturen unbefleckt als Glück und Erfolg bringendes Symbol überdauert, bevor es zum verbrecherischen Missbrauch in deutschen Landen verkam. Im Sanskrit, dem »Latein Asiens«, bedeutet Hakenkreuz Swastika.

Im Laden des Händlers war ich geneigt, die Vase mit der vordergründig zweifelhaften Symbolik in das Regal zurückzustellen. Die Swastika auf unserer auserwählten Vase stehen waagerecht auf den kurzen Schenkeln der Kreuze. Erst wenn sie auf der Spitze stehen, verwandeln sie sich zu unheilvollen Hakenkreuzen der Nazis, habe ich mir später sagen lassen.

Aus dem hinteren Teil des Ladens vernehmen wir leises Tschilpen. Ein Schwalbennest klebt in der Deckennische über einem der Regale. So lange wir uns in dem Laden aufhalten, herrscht reger »Flugverkehr«. Die Schwalbenmutter schwirrt wie ein Pfeil durch die offen stehende Ladentür, das Tschilpen wird zum Aufkreischen, wenn sie auf der körnigen Oberfläche des Nestes landet und ihre Jungen mit Nahrung versorgt. Manchmal macht der rasante Segler auf dem untergebauten Kotbrett Zwischenstation. Sie beäugt mit hin und her zukkendem Köpfchen das Geschehen im Laden. Erst wenn sie sich sicher fühlt, startet sie einen erneuten Abflug hinaus auf die Straße.

Der Händler verpackt unsere erstandenen Erinnerungsstücke sorgfältig in »Devanagari-Zeitungspapier«. Er wünscht uns viel Glück. Wir verlassen die wohltuend freundliche Umgebung des Ladens. Die Schwalbe schießt über unsere Köpfe hinweg in den Laden hinein. Wird der Verkäufer nach Geschäftsschluss die Tür erst dann endgültig verschließen, wenn sich die Schwalbenmutter bei ihren Jungen für die Nacht eingefunden hat, oder besitzt das Tier in der bevorstehenden Dämmerung so viel Instinkt, dass es seine Bleibe erst am folgenden Morgen wieder verlässt? Mir genügt es zu wissen, dass es tierbehütende Menschen wie diesen freundlichen Geschäftsmann gibt.

Am Ende der Straße erhebt sich im letzten Verglühen der Sonnenstrahlen des Tages die Pyramide des Machapuchare. Er ist in seinen scharfen charakteristischen Konturen unverkennbar das »Matterhorn des Himalaja«. Seine ehemals stark vergletscherten Hänge haben durch ihre abhobelnden und ausschürfenden Kräfte die ausdrucksvolle Form des Berges entstehen lassen. Mir erscheinen der Machapuchare und das Matterhorn in der Schweiz wie Kunstwerke, als hätten über die langen Jahre der Erdgeschichte Hundertschaften von Steinmetzen an diesen Formen gearbeitet. Ich sehe das Bild des Ama Dablam im Everestgebiet vor mir. An seiner Vorderseite, man könnte sie auch als »Fotoflanke« bezeichnen, befindet sich ein riesiger Hängegletscher, der noch heute seine Arbeit verrichtet. Geologen nennen solche Berge Karlinge. Die Gletscher am Machapuchare haben ihr Werk bereits vollendet. Spitz läuft die Felspyramide dieses einmaligen Berges aus. Der bezeichnende Fischschwanz verbirgt sich hinter dem Gipfelaufbau der gewaltigen, grauweiß gesprenkelten Steilwand, die sich mehr und mehr ins anthrazitfarbene Dunkel des Dämmerlichtes verfärbt.

Das Treiben auf den Straßen verliert an Lebendigkeit und geht in eine schläfrige Abendstimmung über, die jeglichen Geschäftseifer besänftigt. Die Ausstellungsstände mit ihren Waren verschwinden ins Innere der Geschäfte. Vor manchen Schaufenstern rattern bereits die Jalousien herab, Ladentüren werden zugesperrt und teils mit Schlössern gesichert. Ein Holzkarren poltert über die Straße. Er ist mit Orangen beladen, die im diffusen Licht der Straßenlampen matt schimmern. Sie wirken wie ein letztes buntes Lebenszeichen des zu Ende gehenden Verkaufstages. In die scheinbare Normalität der Dämmerstunde schiebt sich eine berührende Szene. Wir trauen unseren Augen nicht! Gehört dieser kleine schmächtig eingefallene Körper zu einem Kind, der da zusammengekauert auf einem skateboardähnlichen Rollbrett sitzt und wie aus dem Nichts vor uns über die Straße fährt? Die kleinen Räder unter dem Holzbrett schürfen und quietschen mehr, als dass sie über den welligen Asphalt rollen. Erst als das »Fahrzeug« in den Schein einer Straßenlampe taucht, erkennen wir einen kleinen Mann mit einer turbanähnlichen Kopfbedeckung und einem zerschlissenen Jäckchen. Er sitzt mit stark gewölbtem Rücken auf dem Rollbrett. Beide Beine sind amputiert. Die Stümpfe seiner nur armdicken Oberschenkel hat er in aufgenagelte Lederschlaufen gesteckt. Sie sind sein einziger Halt auf dem bodennahen Sitzplatz. Die dünnen Arme sind sein Fortbewegungsmittel. Mit seinen Handflächen berührt er rhythmisch den Straßenboden. Der Mann schaut scheu zu uns herüber und verharrt für Augenblicke. Dann greift er wieder heftig auf den Straßenbelag, treibt sein Rollbrett an und ist bald in einer dunklen Toreinfahrt verschwunden.

In meinem Tagebuch ist kein Vermerk über diese ergreifende Begegnung zu finden. Ich war mir damals sicher, dass ich sie nicht vergessen würde. Heute kommt mir der kleine Mann auf dem rollenden Brett in meinem Schreibrefugium in der Dachkammer unseres Hauses wie von selbst in mein Gedächtnis zurück.

Selbstmitteilungen finden mich nur in ungestörten Stunden, wenn ich nicht die erdrückende Zeitenge des Alltags spüre. Die Leere auf dem Papier beflügelt erneut meine bereits verloren geglaubte Erinnerungskraft. Das Schreiben macht mich durch das gedankliche Nacherleben sogar empfindsamer für viele Erlebnisse, auch für solche, die ich während unserer Reise ganz nebenbei wahrgenommen habe und die für sich allein stehend scheinbar bedeutungslos vorüberzogen. Sie kommen zurück als elementare Ereignisse, die sich des Öfteren zu philosophischen Gedanken zusammenbauen und mein aufgewühltes Inneres in mehr Harmonie versetzen. Sie lösen mich aus der Befangenheit des Alltags und werden zur Selbstvergewisserung. Ich finde beim Schreiben häufiger meine eigene Mitte und vermehrt innere Stabilität, die erst dann wieder in bedenkliches Wanken gerät, wenn ich mich auf zu viel Schreckensnachrichten und Sensationsmeldungen, die sich in quälenden Wiederholungen ergehen, einlasse. Wenn sich dieses verbreitete »Allgemeingut« mit den konkreten Widerwärtigkeiten eines Außendiensttages, der Kampf mit belegten Parkplätzen, übervollen Wartezimmern und ebenfalls gereizten medizinischen Gesprächspartnern zum Unmut vernetzt, ist ausreichend für einen Abwärtstrend meiner Stimmungslage gesorgt.

Die Gespräche mit meinen Ärzten werden gezwungenermaßen zu einfachen Gerüsten, die sich aus Zeitmangel nicht ausfüllen lassen. Solche Tage wiederholen sich manchmal ohne erkennbares System. Ich durchlebe die Vielstimmigkeit der Begegnungen mit ihren Inhalten und Eindrücken, die sich von Stunde zu Stunde, ja von Minute zu Minute wandeln. Sie beginnen in den Wartezimmern der Arztpraxen, in denen mich Patienten als unwillkommenen »Pharmazievertreter« empfangen und entsprechend titulieren. Manchmal höre ich das versteckte mürrische Raunen aus einer Wartezimmerecke: »Schon wieder so einer …«

Diese »Einwirkungen« setzen sich unter bestimmten Voraussetzungen gewollt oder ohne Absicht an den Empfangspulten der Arzthelferinnen fort und finden ihre »Vollendung« an den Sprechzimmertischen, wo ich mich manchmal in spröde und gezwungene »Notgespräche« verwickle.

Ich erlebe glücklicherweise meist andere Realitäten, an denen sich das Miteinandersprechen im Gegenüber zu jenem Wohlgefühl aufschwingt, das mich für enttäuschende und niederdrückende Zusammentreffen entschädigt. Diese stimmungsaufhellenden Begegnungen entspringen manchmal nur den Gesten und der Mimik meiner Gesprächspartner. Finden sie durch gegenseitiges Verstehen eine sinntragende Ergänzung, tanke ich auf und verlasse gestärkt die Arztpraxis. Inzwischen kenne ich die Orte der Frustration und der freundschaftlichen Begegnungen in ihrer Gegensätzlichkeit aus hinreichenden Erfahrungen.

Die einen sind immer wiederkehrende Herausforderungen und ein Übungsfeld, die anderen sind eine tiefe Bestätigung des Weges zu mehr innerer Ruhe und Gelassenheit. In diesem Zusammenhang will ich nicht unerwähnt lassen, dass es einen ärztlichen Gesprächspartner für mich gibt, der einen bemerkenswerten Gleichmut ausstrahlt. Es ist die Ruhe in seiner Stimme, die Aufgeräumtheit des Sprechzimmers, die nur Wesentliches zulässt, und die kurzen, durchdachten Inhalte der Gespräche, die dem Aufenthalt diese unvergleichliche Aura geben. Immer wieder hinterließ sie bei mir eine faszinierende Wirkung, die mich irgendwann dazu veranlasste, nach der Herkunft dieser besonderen Eigenschaft zu fragen.

Er habe sie seit früher Kindheit erlernt, erzählt er mir freimütig. Am Anfang stand sein hölzernes Hochstühlchen, in dem er einen Teil seines Tages verbrachte. Bevor die Mutter mit dem Saubermachen begann, stellte sie ihren kleinen Sohn samt Hochstühlchen auf den Küchentisch. Mit einem Bilderbuch in der Hand habe er entweder darin geblättert oder das Geschehen um sich herum betrachtet und abwarten müssen, bis die Mutter ihre Arbeit beendet hatte. Auf diese Weise habe er zeitig aus »höherer Sicht« einen Teil seines Lebensüberblicks in punkto Abwartegeduld und Gefasstheit anerzogen bekommen.

Buddhabar (Mittwoch), den 19. November 2003

Ein Tag in Pokhara

Die Lehre des Buddha ist,
dass ich mein eigener Meister bin
und alles von mir selbst abhängt.
Dalai Lama

Ich öffne das Fenster hinaus zum Hotelgarten. Die Sonne ist längst über Pokhara aufgegangen. Das Dach der Pagode glitzert in der Morgensonne und blendet in meinen Augen, aus denen der Schlaf noch nicht vollständig gewichen ist. Ich weiß, dass es der vorletzte Sonnenaufgang in Nepal ist, bevor wir am morgigen Tag das Flugzeug besteigen und nach Hause fliegen werden. So wie sich uns die lange, weißleuchtende Gebirgskette des Himalaja näherte, wird sie allmählich unserem Blickfeld entschwinden. Ich fühle, dass die außergewöhnlichste Reise in unserem Leben zu Ende geht. Ich blicke über die Dächer von Pokhara. Sie verfließen zu einer nicht endlosen Fläche. Sie ist für mich ein Gleichnis. Auch die vergangenen Wochen mit ihren einzigartigen Augenblicken und beglückenden Erlebnissen, die in ihrer Einfachheit, Natürlichkeit und Nachdenklichkeit für uns zu einer endlichen Erlebnisebene zusammengeflossen sind. Aus dem zögerlichen Schwingen der Zeit ist Vergänglichkeit geworden.
Der angebrochene warme Tag streicht durch die Fensteröffnung. Er kommt mir vor wie ein wertvoller Mosaikstein. Ich gehe in das Badezimmer, drehe den Wasserhahn auf und lasse das kühle Wasser über meine Hände fließen, halte die Unterarme unter den erfrischenden Strahl, mache den Waschlappen triefnass und genieße seine erquickende

Wirkung in Gesicht und Nacken. Ich denke dabei an die gestrige abendliche Dusche, die wie ein Jungbrunnen auf uns wirkte und uns kurze Zeit später in eine angenehme schwere Müdigkeit versetzte.

Martina ist noch immer bis zu den Ohren in der Bettdecke vermummt. Langsam räkelt sie sich aus dem Schlaf. Wir bereiten unsere Seesäcke und Rucksäcke für die bevorstehende Abreise vor, rollen die gelüfteten Schlafsäcke ein, drücken sie in ihre Umhüllungen und schieben die Teleskopstöcke zusammen, um sie in der Mitte der Seesäcke reisesicher zu verstauen. Als wir das Hotelzimmer verlassen, steht unsere vollständige Ausrüstung zum Abtransport bereit.

Im Restaurant des Hotels sitzen nur ein halbes Dutzend Gäste beim Frühstück. Unter ihnen treffen wir Herrn Kleenlich, von dem wir seit gestern Mittag nichts mehr hörten und sahen. Ohne Umschweife erzählt er uns von seinen gestrigen Erlebnissen und Geschäften. Er teilt uns als erstes übersprudelnd mit, dass das Wichtigste bei einer Kaufabsicht das Feilschen sei, wie überall auf seinen Weltreisen: »Isch kann eich sage, mehr Geld als beim Feilsche kann der normale Mensch nicht verdiene! Isch hab mir en T-Shärt mit en Aufdruck bei eine Händler bestellt, das war mir viel zu teier, da bin isch wieder gegange und als isch gegange bin, hat der mich wieder zurückgeholt und mir en neies Agebot g'macht.« Herr Kleenlichs Unterkiefer kaut vor Eifer. »Das Ganze ging dann noch en paar Mal hin und her, bis de Händler schließlich nachgebe hat! Kanns äfacher gehe mit de Geldverdiene, als mit en paar Schritt in de Lade nei und widder raus?«, Herrn Kleenlichs Augen funkeln.

»Heit Nachmittag um zwäe nach de Mittagsschlaf hol isch des Hemdsche ab und dann is gut«, er schlägt mit dem Teelöffel auf sein Frühstücksei und scheint mit sich in Einklang zu sein.

Vor uns liegt ein freier Tag. Wir haben uns der Lässigkeit verschrieben und warten darauf, was er uns bringt und welche Formen er annehmen wird. Unsere Wanderschuhe haben wir vorsorglich noch nicht in das Reisegepäck verstaut. An unseren Füßen werden sie unter Umständen dienlicher sein. Ringsum steigt das Terrain aus der Talebene zu bewaldeten Anhöhen und umliegenden Dörfern an. Leicht werden sie zur unvorhergesehenen Inspiration, die diesmal nicht mit uns durchgehen darf. Zu leicht entreißt mir mein Bewegungsdrang die Zügel, die ich heute straffen muss, zumal uns Mingma spätnachmittags am Phewa-See erwartet.

Wir spazieren durch die »Hauptladenstraße«. Sie ist uns beinahe schon vertraut. Die Friseure rasieren ihre Kunden, die Warenauslagen sind wieder aus den Geschäften vor die Türen gezogen. In und an der Hausbaustelle ist noch Bauruhe. Niemand besteigt die Leiter. Sie lehnt vereinsamt an der Fensterluke. Der Sandhaufen liegt träge in der morgendlichen Sonne. Im »Schwalbenladen« bedient der Händler einige Touristen. Im Nest der Schwalbenjungen ist es still. Die schwarzen Köpfchen ducken sich hinter den schmalen Spalt des Nestes. Nur die Bewegung der gelbumrandeten Schnäbel verrät das auf Nahrung harrende Jungtierleben. Wir haben weder Lust noch Veranlassung, erneut die Läden zu durchkramen. Ich erinnere mich an einen Prospekt, der sich in meiner Anoraktasche befindet. Es ist das Faltblatt »Destination Pokhara«. Ich trage ihn seit Tagen in der Seitentasche mit mir herum, so dass er inzwischen zum schwer entzifferbaren »Knautschblatt« geworden ist. Ich entknülle es in vier Teile.

Ein weitgehend unversehrtes Papierareal mit einem farbigen Bild gibt mir bereitwillig Auskunft. Obwohl das Foto kleinformatig ist, kann ich ein prächtiges Kloster erkennen, das Jangchup Choeling Monastry.

Schnell entschlossen gehen wir zu einem parkenden Auto. Wir wissen, dass sich manche Nepalesen gern einige Rupien mit Privatfahrten dazuverdienen. Wir haben Glück, der Mann hat Zeit für uns, und so vereinbaren wir einen Fahrpreis von vierhundert Rupien zum Kloster, die Rückfahrt inbegriffen.

Das »Taxi« durchfährt unbekannte Stadtteile. Hin und wieder eröffnen sich großzügige Sichtachsen zum Machapuchare. Manchmal sind die Blicke dorthin von kreuz und quer verlaufenden elektrischen Leitungen gestört. Die Drähte wirken wie vorbereitete Seile, als hätte jemand die Absicht, den Berg zu einem Riesenpaket zu verschnüren. Wir erreichen die verkehrsarme, fast ländlich wirkende Peripherie der Stadt. Die Straße steigt in sanften Serpentinen leicht an. Der »Taxifahrer« parkt das Auto und schlendert mit uns zur Anhöhe des Klosters hinauf. Über eine Treppe erreichen wir einen prachtvollen sonnigen Garten mit exotischen Gewächsen, unter denen sich Bäume in ihrer Vielfalt und ihren unterschiedlichen Grüntönen geradezu präsentieren. Durch die Bäume hindurch leuchten Buddhastatuen in kontrastreichen Farben. In einem halboffenen Bauwerk, welches einem europäischen Musikpavillon gleicht, ziehen drei monumentale Buddhafiguren unsere Blicke an. Die Buddhas »verweilen« in der Positur des Lotossitzes. Die mittlere Figur übertrifft die beiden anderen deutlich an Größe. Auch ihre farbliche und wesenhafte Gestaltung unterscheidet sich von den beiden links und rechts angeordneten Statuen. Sie besitzt eine prunkvolle Vergoldung und ist mit der Erdberührungsgeste des Urbuddha dargestellt. Welche Bedeutung haben die beiden anderen Figuren? Sind es Bodhisattvas, jene Erleuchtungswesen, die auf das Nirvana verzichten und auf der Erde bleiben, um denen zur Erleuchtung zu verhelfen, die sie nicht aus eigener Kraft erreichen? Sind es die unentbehrlichen Gehilfen Buddhas, die auf Grund ihres Verzichtes selbst nicht den Buddha-Status erlangen? Ist einer davon Padmasambhava, auch Guru Rimpoche genannt, der den Buddhismus von Indien nach Tibet brachte und dort verbreitete? Handelt es sich bei dem anderen um Avalokiteshvara, den Bodhisattva des unendlichen Mitgefühls?

Mir fallen diese beiden Bodhisattvas spontan ein, weil sie wichtige Wesen der buddhistischen Philosophie sind. Sie sind bis in die heutige Zeit hinein bedeutungsvoll geblieben. Sie werden von tiefgläubigen Buddhisten verehrt wie der gegenwärtige vierzehnte Dalai Lama. Um mir die religiöse Bedeutung eines Bodhisattvas und die Hingabe zum Glauben an die Wiedergeburt zu verdeutlichen, rufe ich mir Worte des Dalai Lamas ins Gedächtnis: »Es fällt mir nicht schwer zu akzeptieren, dass es zwischen mir und den früheren dreizehn Dalai Lamas, Avalokithesvara und selbst Buddha eine spirituelle Verbindung gibt.«

An dieser Äußerung ist für mich bemerkenswert, dass diese Überzeugung für das Oberhaupt der Tibeter keine Abkehr von der Lösung weltlicher Aufgaben und Probleme bedeutet, sondern dass er sich diesen voller Hinwendung widmet. Mir scheint, ihm kommt das in ihm wiedergeborene Mitgefühl des Bodhisattva Avalokithesvara zu Hilfe.

Unser Fahrer hat es sich auf dem Rasen bequem gemacht. Er sieht uns mit ruhig betrachtender Teilnahmslosigkeit zu, wie wir durch den frühlingshaften Garten spazieren. Wir sind mit den uns umgebenden »religiösen Accessoires« allein. Aus den angelehnten Fenstern des Klosters summen Gebete. In meiner Fantasie fülle ich den Klostergarten mit Leben und stelle mir vor, die Mönche kämen mit ihren roten Roben zu uns heraus, würden an uns vorüberwandeln und begännen miteinander Streitgespräche, so wie sie in manchen Klöstern üblich sind. Gern würde ich das Gebärdenspiel während dieser Gespräche auf mich wirken lassen. Könnte ich damit aber den Verlust an sprachlicher Verständlichkeit ausgleichen, wenn mich die Neugier packte zu erfahren, wie und um welche Inhalte die Mönche stritten?

Die Mönche sind weder hier in unserer unmittelbaren Nähe, noch diskutieren sie miteinander, und wir kennen die Tageszeit ihrer Versammlung außerhalb der Klostermauern nicht. Aus den Fensterspalten dringt nur ihr monotones Murmeln von Mantras. So bleibt mir ausschließlich die Vorstellung von einem Disput in einer grünen Nische dieses Gartens und von anderen Debattiergärten. Sie gehören zum klösterlichen Leben und sind die Plattformen zur Festigung des philosophischen und religiösen Wissens. In solchen Zusammenkünften diskutieren die Mönche mit ausladender bewegungsreicher Gestik. Meist steht der Lehrer in der Mitte seiner sitzenden Schüler. Er ist der »Angreifer« und klatscht dabei möglichst schallend in die Hände oder verwendet andere Einschüchterungsgesten mit Hilfe von weiteren Körperbewegungen und unterstützt dabei die »Schlagkraft« seiner Behauptungen. Der angesprochene Schüler muss auf das vorgebrachtete Argument möglichst überzeugend reagieren, es entkräften und seine philosophische Schwäche aufdecken. Auch der Schüler kann durch körperliche Ausdrucksformen seinen Lehrer zusätzlich beeindrucken und damit dem Gegenargument mehr Gewicht verleihen. Im ständigen Rollentausch wird der Angreifer zum Verteidiger und umgekehrt. Die Debatten sollen zum höchsten geistigen Gewinn und größtem gegenseitigen Nutzen durch diese wechselseitigen Ratschläge und Denkanstöße führen.

Meine Gedanken kreisen um die Wörter Ratschlag und Denkanstoß. Verwandeln sich auch hier in klösterlicher Eintracht unter den Mönchen manchmal Ratschläge zu »Schlägen« und Denkanstöße zu »Anstößigkeiten«?

Werden diese wohlgemeinten Absichten auch hier hin und wieder ins Gegenteil verkehrt, um als Kränkungsabsicht oder gar Feindseligkeit missverstanden zu werden, wie von manchen Menschen im mittelsten Europa? Ich kann mir vorstellen, dass es unter den Mönchen solche inneren Regungen gibt, sich vor dem Gewinn zu sträuben, die Meinung des Anderen zu durchdenken und sie auch zu würdigen, wenn sie als richtig und wertvoll erkannt wird. Wie gehen die geistigen Lehrer der Mönche mit solchen aufkeimenden, menschlichen Schwächen um, und wie lauten ihre Gegenargumente? Oder genügen allein die ständigen Debattierübungen, um das Brauchtum ihrer Philosophie und des ehrlichen Umgangs miteinander von Angesicht zu Angesicht zu fördern und auch das »gegnerisch« Richtige zu ertragen?

Ich komme nicht umhin, eine Episode zu erzählen, die für mich ein musterhaftes Beispiel dafür ist, wie menschliche Geisteswelten und Empfindungsweisen derart auseinander klaffen können, dass sie mir als Außenstehendem auf den ersten Blick unverständlich erscheinen. Sie bestärken mich aber während unseres Aufenthaltes im Klostergarten mit der eingebildeten Anwesenheit der Mönche darin, an ihre Toleranz anderen Meinungen gegenüber zu glauben. Diese Begebenheit verblasst auf den ersten Blick in den spektakulären Ereignissen am Nanga Parbat 1970, auf die es mir in diesem Moment nicht ankommt. Ich verändere das »Drehbuch« zu meinen Gunsten, mache die Helfer, die Hunza-Träger, zu Hauptdarstellern und lasse die Initiatoren der Expedition zu diesem Berg mit bedachter Absicht in den Hintergrund treten. Ort des Geschehens ist einer der vielen Auf- und Abstiege an der Rupal-Flanke. Die Felswand ist sonnenbeschienen. Ein deutscher Bergsteiger ist mit einem Hunza-Träger auf dem Abstieg zum unteren Ende der Wand unterwegs. Die Strahlung der Sonne erzeugt eine erhebliche Hitze und treibt den Expeditionsteilnehmern den Schweiß aus den Poren. Die Folge davon ist der Flüssigkeitsverlust, der in solchen Höhen schnell wieder ausgeglichen werden muss, um das Blut für die Sauerstoffversorgung der Körperzellen ausreichend fließfähig zu halten. Der deutsche Bergsteiger beobachtet den Hunza-Träger, als dieser in den Schnee greift, ihn zu kleinen Schneebällen formt und sie in den Mund steckt. Er versucht ihn davon abzuhalten, weil es äußerst problematisch werden kann, das Flüssigkeitsdefizit auf diese Weise zu ergänzen. Schnee enthält, so wie Regenwasser und destilliertes Wasser, keine Mineralien. Besonders durch starkes Schwitzen werden dem

Körper schnell die lebensnotwendigen Mineralstoffe entzogen, durch den Schnee aber keine wieder zugeführt. Die reine Flüssigkeitsbilanz wird zwar stabilisiert, aber die speziellen Lebensfunktionen in den Körperzellen zunehmend gestört und geschwächt. Wird diese Art der Flüssigkeitszufuhr nicht rechtzeitig unterbunden, führt sie zum Kollaps und schließlich zum Tod.

Der Träger beachtet den gutgemeinten Hinweis seines Begleiters nicht, obwohl erfahrene Hunzas um die Gefährlichkeit des Schneeverspeisens wissen. Auch eine Drohung mit Worten hält ihn nicht von seiner unvernünftigen Handlung ab. Erst als der Träger einige Schläge mit einem Skistock erhält, unterbricht er sein irrationales Tun ohne Groll in seinem weiteren Benehmen. Als die beiden den Wandfuß erreichen, bedankt sich der Hunza-Träger mit gefalteten Händen und entwickelt im Verlaufe der Expedition eine außergewöhnliche Zutraulichkeit gegenüber seinem »Bestrafer«.

Die Eigenheit dieses Verhaltens erscheint mir nach europäischen Maßstäben vollkommen fremd, aber bestaunenswert. Müssten wir nicht all unsere Kräfte der nüchternen Vernunft zusammennehmen, in dieser »Züchtigung«, wenn sie uns in dieser Härte treffen würde, eher eine Fürsorge als eine Entwürdigung und Erniedrigung zu sehen? Sind viele von uns nicht schon überfordert, eine Gegenmeinung zu verkraften, selbst wenn sie unserem eigenen Nutzen dient? Nur keine ehrlichen Schwächen zeigen! Das Gesicht nicht verlieren! Nein, das Gesicht bewahren, heißt die westliche Devise!

Der Träger handelte nicht vernünftig vorausschauend, aber er entwickelte in der Rückschau eine äußerste Feinsinnigkeit und Verständigkeit, die mich verblüfft. Und trotzdem haben die Schläge seine Seele nicht verletzt, sondern das unerwartete Gegenteil bewirkt. Ich mache es mir leicht, dafür eine Erklärung zu finden. Der Grund für diese Lebenshaltung ist der ungewöhnliche Lebensraum und die ismailitische Religion dieses Lastenträgers aus der Volksgruppe der Hunza, und dennoch bleiben verborgene Fragezeichen, wie so oft in meinem Tagebuch.

Ich wende mich deshalb wieder den sichtbaren Dingen, der uns umgebenden Farbenvielfalt des Klostergartens zu und genieße mit Martina den strahlend sonnigen Tag, der über der Anhöhe liegt.

Viele kleine tänzelnde Schatten der windbewegten Baumzweige und Äste zerteilen das Licht der Sonne auf dem sattgrünen Rasen. Es entstehen Licht- und Schattenlabyrinthe im stetigen Wechsel. Über einen Treppenaufgang steigen wir hinauf zum Eingang des Klosters. Eine meterhohe Mauer umgrenzt den weitläufigen Vorplatz des monumentalen Hauptportals. Auf dem Dachsims über dem Säulengang der Klosterfront heben sich die beiden bedeutenden Symbole des tibetischen Buddhismus ab, das achtspeichige Rad der buddhistischen Lehre und die Gazelle. Das Rad der Lehre symbolisiert die Bedeutung der Lehre Buddhas und versinnbildlicht Bewegung, Kontinuität, Wandel im Leben und den Kreislauf der Wiedergeburten. Die Bestandteile Nabe, Speichen und Reifen stehen für drei wichtige Aspekte der Buddhalehre, die Sittlichkeit, die Weisheit und die Meditation. Die Gazelle soll an die ersten Lehrreden Buddhas im Gazellenhain von Sarnath erinnern. Sie ist außerdem das Sinnbild für die Eintracht mit der Natur. Beide Symbole leuchten zu uns herab. Ihre unübersehbar erhöhte Position und ihre Vergoldung vergegenwärtigen uns ihre Bedeutsamkeit. Mir erscheinen sie wie sanftmütige Wächter hoch oben über dem Innenleben des Klosters, in dem sich die Mönche in die Lehre Buddhas vertiefen, Mantras rezitieren und sich in Gebete versenken.

Wir brauchen die Klinke des Türflügels nicht niederzudrücken. Er steht einen spaltbreit offen. Ich schiebe die massive Holztür langsam in das Rauminnere.

Wir betreten den spärlich beleuchteten Dukhang, die Versammlungshalle der Mönche. Mit einer Mischung aus Scheu und ehrfürchtigem Respekt nähern wir uns zwei langen Tischreihen, an denen die Mönche vor ihren Gebetsbüchern sitzen. Wir betraten bisher noch nie ein Kloster, in dem die Mönche so zahlreich versammelt waren. Wir sind bemüht, leise aufzutreten, keine hastigen Bewegungen zu vollführen und auch sonst nicht aufzufallen. Ich habe das Gefühl, als sei ich von einer unsichtbarmachenden Hülle umgeben.

Bald erweist sich unsere anfängliche Verklemmtheit als überflüssig und albern. Die Mönche schauen von den Gebetstexten zu uns auf und erwidern die steife Schüchternheit mit ihrem freimütig gewinnenden Lächeln. Sie unterbrechen für Sekunden ihre Mantras, schauen uns immer wieder an, als seien wir willkommene, belebende Bestandteile ihres rituellen Beisammenseins. Ich bemerke überwiegend sehr junge Mönche, deren geschmeidige, weiche Gesichtszüge eine charismatische Wirkung auf uns haben.

Die Leichtigkeit der Stimmung, die in dem prachtvollen Versammlungssaal schwebt, hat uns eingenommen. Ich fühle mich ermutigt zu fotografieren, hebe meine Kamera in Kinnhöhe und richte sie in die Richtung der zelebrierenden Mönche.

Sie lächeln in das Objektiv. Ein am Tischende sitzender älterer Mönch, nach meinem Dafürhalten der Lama, nickt bejahend zu mir herüber. Das Blitzlicht durchflutet den schummrigen Raum und erhellt die Gesichter der Mönche, die große vergoldete Buddhastatue an der Stirnwand und die bunten Bemalungen der Wände und Säulen. Aus einem Nebenraum kommen zwei sehr junge Mönche, vermutlich Novizen. Sie tragen einen kleinen Plastikkasten, der mit Getränkeflaschen bestückt ist. Die Mönche verteilen, während die religiöse Zeremonie ihren Fortgang nimmt, Cola auf den Tischen. Sie stellen die Flaschen neben die Schriftblöcke. Niemand stört sich daran, nur für unsere gewohnheitsmäßig geordnete Gedankenwelt erscheint diese Handlung als störender Eingriff. Vergesse ich schon wieder, dass ich erst vor Minuten fotografierte und dass es die Mönche wohlgesonnen tolerierten? Ist mir bereits entfallen, dass hier in Nepal auch das alltägliche Leben von Religiosität durchdrungen ist und umgekehrt Spiritualität vom Alltag nicht ausgeschlossen wird? Nein, es ist mir nicht in Vergessenheit geraten, nur mein in langen Jahren antrainiertes Gefüge von Normen drängt mich dazu, dass neu Erlebte reflexartig beiseite zu schieben und nicht gelten zu lassen. Immer wieder muss ich in kleinen, neuen Anläufen versuchen zu begreifen, dass die Welt, die uns hier umgibt, ebenfalls komplex ist.

Ich denke an Pashupatinath, an den Ort der Leichenverbrennungen, die Rituale, an denen die Öffentlichkeit und das quirlig bunte Leben rundum mit der größten Selbstverständlichkeit teilnimmt. Religiosität und Alltag, Leben und Tod, sind in diesem Land keine Gegensätze, sie sind in besonderem Maße ein einheitliches Ganzes. Ich denke an das rituelle Mahl von Vater und Sohn, mit dem die beiden der vor einem Jahr verstorbenen Mutter gedachten, das eher den Anschein eines geselligen, beinahe aufgeheiterten Picknicks hatte, während am gegenseitigen Ufer des Bagmati-Flusses andere Verstorbene verbrannten.

Für uns waren das ungewohnte, fast erschütternde Bilder, weil sie sich so offen im bunten Trubel des Lebens zeigten und nicht wie die »deutschen Totensonntage«, an denen ich in der Einsamkeit trister Novembertage mit meinen Eltern die Gräber der Großeltern aufsuchte. Alltag und Religion begegneten uns in enger Verbundenheit tagtäglich. Frauen und Männer, die auf den Terrassenfeldern während der Arbeit Mantras murmelten, in den Pausen Gebetsmühlen drehten und Gebetsketten durch ihre Finger gleiten ließen. Sie begleiteten ihr Tun mit Singen und Pfeifen, so wie wir es bei unseren Sherpas in unseren gemeinsamen Tagen erlebten. Die Tiefe und Bedeutsamkeit, mit der sie ihre Religion leben, ist daran zu messen, dass sie nicht unvergessen in einer Nische verweilt, sondern beständig und allgegenwärtig ist. Bei aller Ernsthaftigkeit ihres Glaubens ist der Humor, die zeitweilig erfrischenden Albernheiten und das Lustigmachen über banale Alltäglichkeiten eher ein wichtiges Hilfsmittel, das ohnehin nicht leichte Leben zu erhellen, statt es durch herbeigeredete Schwermut zu schwärzen.

In vielen Gegenden des Himalaja und Tibets gibt es zur Unterstützung dieser überaus positiven Lebenseinstellung die Spaßmacher, die sogenannten Atsari.

Diese Figuren tragen lustige Masken mit abstehenden Ohren und bunten Gewändern. Sie erscheinen auf religiösen Festen, machen sich spontan über alles und jeden lustig, besonders dann, wenn die Stimmung zu sinken beginnt. War Mindu in unserer Gruppe ein »verkappter Atsara«, der rechtzeitig die Zeichen für seinen »Auftritt« erkannte? Wie es auch immer gewesen sei – nie erlebten wir Mingma, Mindu, Krishna, Temba und die anderen als lustfeindliche, finstere Gesellen mit belastenden Launensprüngen, sondern sie begegneten uns als lebenslustige Buddhisten.

Die Novizen gehen erneut an den Tischen vorüber, sie öffnen die Cola-Flaschen und sammeln die Leerflaschen ein. Sie erinnern mich an Kollekte einsammelnde Kirchendiener in deutschen Kirchen. Wer käme aber dort auf die Idee während des Gottesdienstes Cola zu verteilen? Das würde, vielleicht mit Recht, als lästig und störend empfunden, zumal sich für manche »Gläubige« die Religionsausübung auf den Kirchgang innerhalb der »Saison« beschränkt, besonders zu Weihnachtsfeiertagen, an denen der Kirchgang und der Pfarrer zu Verkündern von Feierlichkeit und Besinnlichkeit werden.

Die Mönche wenden während ihrer Gebete die langformatigen Schriftblätter. Manchmal verstummen sie und scheinen sich nur auf das Lesen der Texte zu konzentrieren. Die Holzdeckel und die roten Tücher, in denen die Blätterstapel zu Blöcken gebunden werden, liegen an den Stirnseiten der Tische. Später, nach der Benutzung, wenn wir das Kloster längst verlassen haben, werden sie von den Mönchsschülern in eine Bibliothek gebracht und dort aufbewahrt. Die jungenhaften Gesichter mit den kahlgeschorenen Köpfen schauen uns immer wieder an. Ich frage mich, aus welchen Landstrichen Nepals oder vielleicht auch Tibets die Mönche kommen. Aus welchen Familienverhältnissen mögen sie stammen? Beschleicht sie manchmal Heimweh in dieser verhältnismäßigen Abgeschiedenheit? Wie oft sehen sie ihre Familienangehörigen? Für Sherpafamilien ist es eine Ehre, einen Sohn ins Kloster zu schicken. Das geschieht meist im Alter von fünf bis sieben Jahren. Der Junge erhält einen neuen Namen, sobald er in das Klosterleben einbezogen wird. Für manchen ist das Gelübde, Mönch zu werden, nicht von Dauer. Sie brechen es und verlassen das Klosterleben, nicht um sich der Religion abzuwenden, sondern mit Hilfe derselben in der weltlichen Freiheit ihr Leben zu versuchen.

Die Tür des Versammlungsraumes öffnet sich, ein Mönch betritt den Dukhang. Der helllichte Tag wirft einen blendenden Schein über den Fußboden zur gegenüberliegenden Wand. Ein erfrischender Luftzug durchzieht den Raum. Wir wenden uns zur offen stehenden Tür, blicken noch einmal zurück über die Köpfe der Mönche zur großen Buddhafigur, die das Taglicht goldglänzend zurückstrahlt. Unser »Taxifahrer« hockt auf der Umgrenzungsmauer des Klostervorplatzes. Er blinzelt uns entgegen. Wir setzen uns neben ihn und schauen hinab auf das weitgestreckte, ebene Tal der Stadt. Die Häuser und die Berghänge verschwimmen im kontrastarmen Grau einer sonderbar dunstigen Lichtstimmung.

Wir steigen in den Tata-Kleinwagen ein, der sich beträchtlich aufgeheizt hat. Wir leiern die Fensterscheiben herab. Sehr schnell hat der

Fahrtwind den glühenden Luftkern um unsere Köpfe abgekühlt. Unsere Rückkehr in die Stadt ähnelt einer Punktlandung beim Fallschirmspringen. Der Fahrer hält exakt am Ausgangspunkt unseres Ausfluges. Er suggeriert uns einen neuen Anreiz für eine Unternehmung in den übrigen Tagesstunden. Wir wollen unsere heutige letzte »Landung«, die Rückkehr zum Hotel, weiter hinauszögern. Ich lege unserem »Freizeitfahrer« fünfhundert Rupien in die Hand. Wir verabschieden uns dankend. Der Fahrer macht ein zufriedenes Gesicht. Martinas Appetit nach frischem Gebäck wirkt wie eine Weichenstellung. Ein standardisiert europäisches Mittagessen, welches jetzt in den verschiedensten Restaurants durchaus möglich wäre, hat das Nachsehen und auch ich finde die Abweichung willkommen. Im Vorgarten einer »Konditorei« bestellen wir knusprig-frischen Apfelstrudel und zwei Tassen Kaffee.

Zwischen Straßenpassanten taucht ein bekanntes Gesicht auf. Es ist Herr Kleenlich. Als er uns erspäht, steuert er geradewegs in unsere Richtung und nimmt an unserem Tisch Platz. Er erscheint in seinem neuen eierschalenweißen T-Shirt. In grellen Farben ist eine Gebirgslandschaft aufgedruckt. Über der Landschaft prangen im Halbkreis, wie eine beschützende Glocke, die Worte Annapurna Circuit 2003.

»Hallo, na, wie schmeckt de Kaffee, ach wissen Se was, dass ist ne gut Idee, isch bestell mir aach so e Täss'sche, und …, wie finde Se mei neies T-Shärt, was isch grad von de Händler abgeholt hab?«, Herr Kleenlich ist ganz in sich selbst versunken.

»Daheem wärn se staune über de Annapurna, wenn isch 's überzieh und damit zu de Bier in de Altstadt-Kneip geh. Später häng isch das Ding zu meine Weltreise-Utensilie in de spezielle alte Kleiderschrank off de Bode. Noch vor Weihnachte geht 's ab nach de südlisch Amerika bis in de Januar nei. Entweder wärd 's dann wieder e T-Shärt oder e toller bedruckte Hut von de Inka oder, … nu wie häsen se gleich, de annere da, … de Maya. Auf jede Fall geht 's in de nächst Jahr noch off de Kilimandscharo zu de Schwarze nach Afrika.«

Herr Kleenlich mahlt mit dem Unterkiefer: »Manchmal wisse meine Verwandte gar net, wo isch grad steck in de Welt, ne Frau, so en Graupelgewitter hab isch mir gar net erst ageschafft und mei Freindin is grad mal einverstanne mit dem was isch grad mach, wenn se aach mit de

Zähn knirscht …, wenn misch de Weltreise vollkomme zermürbt hann, geh isch zu meine Enkelin in de Altenpfleg, mei gesparte Geld hann isch dann hoffentlich verkonsemadukelt, aber mei gute Rent is mir mehr als sischa, wie 's de Blüm scho so oft gesaacht hat.«

Herr Kleenlich schlürft nervös den Kaffee und stellt fest: »Hoffentlich vertrach isch de Kaffee, der is ja so dick wie de Erdöl aus Arabien, aaf jede Fall geh isch heit abend beizeite in mei Bett und mir sehe uns dann morgen widder vor de Abflug. Mei T-Shärt steck isch derweil in mei ramponierte Rucksack. Ob isch 's kurz vor de Landung in Frankfart überziehe tu, kann isch gar net mal sage, es kommt ganz auf de Kält an«, Herr Kleenlich bezahlt seinen Kaffee, erhebt sich und streckt im Weggehen mühsam seinen Rücken.

Der Kaffee und der Apfelstrudel haben uns ermuntert. Unseren gestrigen Schlenderweg durch die Straßen variieren wir auf Gutdünken, zunächst begehen wir bekannte Passagen, später verzweigt sich die Geschäftsstraße in Gassen. Durch die schmalen Häusereinschnitte glitzert die Wasserfläche des Phewa-Sees, wir spüren das Fluidum seiner Nähe. Pokhara berührt an dieser Stelle das Ostufer des Sees. Wir befinden uns im bezeichnenden Stadtteil Lakeside. Ein lebhaft buntbemaltes Holzschild mit der Aufschrift Ganden Yiga Chozin Bhuddist Meditations Centre erweckt unsere Aufmerksamkeit und Neugier. Ein roter Pfeil zeigt zu einem Pfad, der sich durch enge Gartenspaliere zwängt. Wir folgen ihm hangaufwärts und stehen bald vor einer Treppe, die zu einer sonnigen Veranda führt. Eine Gebetsmühle, die meine Körpergröße leicht überragt, bestimmt mit ihrer Stattlichkeit die Umgebung der Terrasse. Ihre kontrastreiche Bemalung mit den aus der Blechwandung herausgetriebenen Buchstaben und buddhistischen Symbolen ist beeindruckend. Mit nicht geringer Kraftanstrengung setze ich den Trommelkörper in gemächliche Rotation. Mehrmals schellt ein Glöckchen. Es zählt uns vor … eine Umdrehung, zwei, drei, … vier, … das Glöckchen hat einen Wirkungskreis. Aus der Tür des Hauses kommt eine Europäerin, die uns mit einem klaren englischen »Hello!« begrüßt. Sie hat einen Teller mit dem nepalesischen Nationalgericht dhal bhat in ihren Händen und ist gerade in Begriff sich zu ihren Gästen oder Freunden zu gesellen, die bereits an einem Tisch Platz genommen haben. Es sind Einheimische. Sie verspeisen ihr dhal bhat in landestypischer Art mit den Fingern der rechten Hand. Es ist sechzehn Uhr, eine unübliche Zeit für Nepalesen, Reis mit Linsen zu essen. Die Europäerin, die ich für eine Engländerin halte, setzt sich zu ihren Tischgenossen und deutet auf eine offen stehende Tür.

Wir betreten einen kleinen niedrigen Raum. Die Wände sind mit Bücherregalen verkleidet, in der Mitte des Raumes steht ein runder Tisch mit vier Stühlen. Die freundliche Geste der Frau und der Anblick dieser kleinen Bibliothek ist Einladung genug, zu den Buchrükken zu greifen und in den Büchern zu blättern. Wir sehen es den abgenutzten Büchern an, dass sie nicht nur reine Repräsentanten von Kultur und Bildung sind, sondern schon durch viele Hände gingen. Ich spüre, dass sie für die Benutzer wichtige Funktionen haben: Lebensergänzung und Lebenshilfe. Meist sind es in Englisch abgefasste Titel, die sich leicht religiösen und philosophischen Schriften zuordnen lassen. Mitunter fällt mir Jon Krakauers »In eisige Höhen« oder »Der gläserne Horizont« von Reinhold Messner in die Hände. Das einzige deutschsprachige Exemplar, welches ich in der Büchersammlung finde, ist ein kleines, zerfleddertes Büchlein mit dem Titel: »Indienfahrt eines Wandervogels. Bremen – Kalkutta« von 1926, verfasst von Heinz Kloppenburg. Es fällt in ungeordneten, losen Blättern zu Boden. Ich lege die altersschwachen, eingerissenen Blätter zwischen die ebenso verbrauchten Pappdeckel und klemme sie zurück in die Bücherreihe. Die Engländerin ist die Leiterin des buddhistischen Meditationszentrums. Sie setzt sich zu uns an den Tisch und beginnt locker zu plaudern. In ihre Englischsätze mischt sie deutsche Worte, als sie erkennt, dass wir aus Deutschland kommen. Wir profitieren davon.

»Mein Name ist Sarah Roberts. Nennen Sie mich doch einfach Sarah«, sagt sie in lockerem Ton zu uns.

Sie verstärkt den Deutschanteil ihrer Mitteilungen, als sie unsere Anteilnahme an ihrer Arbeit erkennt. Alles ist dazu angetan, dieses intensive Gespräch zu führen: Die spürbare Bereitschaft von Sarah Roberts sich Zeit für uns zu nehmen, die Stille des Raumes mit seinen Büchern…

»Wissen Sie, die Religionen in Nepal und überhaupt in Asien sind seit langer Zeit in ungeheuer vielen Schriften niedergelegt«, beginnt sie zu erzählen.

»Alles Religiöse in Nepal kommt uns vor, wie ein gewaltiger Irrgarten, aus dem wir niemals einen Ausweg finden würden«, gebe ich ihr zu verstehen.

»Wir als Abendländer haben damit wahrhaftig ein schier unlösbares Problem, wenn ich bedenke, dass allein die »Veden«, die ältesten hinduistischen Schriften Indiens, einen Umfang haben, der den der Bibel um das sechsfache übertrifft. Kein einzelner Mensch kann sie in ihrer Komplexität erfassen und in allen Bereichen verstehen«, antwortet Sarah Roberts.

»Wer sagt aber den Gläubigen Nepals, nach welchen Grundsätzen sie ihre Religion ausüben sollen?«, wirft Martina fragend ein.

»Schauen Sie, wir Europäer neigen meist und allerorten dazu, jedes Problem zu verwissenschaftlichen, es komplizierter auszulegen, als es in Wirklichkeit ist und damit eine Unlösbarkeit heraufzubeschwören. Viele religiöse Schriften Asiens und insbesondere Indiens sind schon von Europäern übersetzt worden und das nicht besonders gut. Daraus ist schließlich ein immer größerer Ballast geworden, der mit der täglichen Religionsausübung nicht mehr viel zu tun hat. Die Menschen in den abgelegenen Bergen Nepals und anderswo kennen nur religiöse Gerüste, die ihnen Stütze in ihrem Alltag sind. Die verschiedenen ethnischen Gruppen entnehmen der Staatsreligion das für sie geeignete Rüstzeug und lassen regionale Volkskulte als hilfreiche »Beigaben« in ihr spirituelles Verständnis einfließen«, erzählt unsere Gesprächspartnerin.

Sie fesselt uns mit diesen verständlichen Sätzen. Ich denke in diesem Moment an Frau Dr. Sarita Ban in Darmstadt, die mir aus ihrer Kinderzeit erzählte, dass ihre Lehrstunden im »Fach« Hinduismus in der Schulzeit sehr knapp bemessen gewesen seien. Sie hätten sich in einem überschaubaren Rahmen bewegt, den sie noch heute als ausreichend betrachte.

Meine Gedanken schweifen zurück nach Kagbeni zu der alten Frau mit der Gebetsmühle. Ich bezweifle, dass sie ein umfangreiches religiöses Wissen in sich trägt. Braucht sie es überhaupt, um ihr eigenes Urlicht der Religion in sich flackern zu lassen? Würde es nicht zum Irrlicht, wenn sie mit inflationärem Wissen, äußeren Eindrücken und Gefühlen überlastet würde? Ich sehe und bedenke in der kleinen Bibliothek plötzlich die Vieldeutigkeit aller Dinge. Ich registrierte in den vergangen Wochen viele Ereignisse der nepalesischen Gegenwart. Mir ist, als stünde ich auf Mingmas und Mindus kräftigen Schultern und begänne, ein wenig weiter zu sehen und mehr und mehr zu begreifen, indem ich das unmittelbar zurückliegende Erleben mit meiner europäischen Lebensgeschichte vergleiche. Ich sehe noch ein wenig verschwommen, in einem großen, imaginären Bogen, der sich über den Himmel von Asien nach Europa spannt, sehe das Intakte und das mögliche Glück, das sich für ein Leben eröffnet. Ich sehe aber auch das Bedrückende und die hier wie dort geringen Chancen, es abzuwenden. Werde ich die kraftspendenden, elementaren Momente unseres Hierseins vermissen, wenn das demokratische Wirrwarr mit seinem sinnlosen, bürokratischen Ballast auf meine Stimmung drückt und ich mich dennoch genötigt sehe, einen immensen Aufwand zu betreiben, um unser Alltagsleben hauptsächlich in materieller Hinsicht zu analysieren und zu verwalten? Werde ich wieder den Blick auf mich selbst verlieren, um brauchbare, lebensbejahende Bausteine für mein Leben und meine Familie zusammenzutragen und folgerichtig aneinanderzufügen? Seit ich in Afrika mit Gert den Kilimandscharo bestieg, habe ich einen gewissen, mitteleuropäischen »Überlegenheitskomplex«, der sich manchmal in mir meldete, abgelegt. Können wir in arroganter Art die bedingungslose Übernahme westlicher Lebensart in allen Lebenssphären einfordern, indem wir schöpfkellenweise unsere unerschütterlichen »betriebswirtschaftlichen Fundamentalerkenntnisse des Marktes« über die Erde verbreiten, wo es doch Bewahrenswertes zu schützen gilt? Ist es andererseits angemessen, materiell armen Völkern den Fortschritt zu verweigern, nur um uns »exotische Reiseinseln« zu erhalten …? Müssen wir den Nepalesen nicht eben die Veränderungen zugestehen, die sie selbst für richtig halten?

Martina stupst mich am Arm: »Ich glaube, du bist unhöflich, du stierst vor dich hin, hörst nicht mehr zu und beteiligst dich nicht am Gespräch.«

Ich erwache aus meiner Grübelei und höre die Stimme unserer Gastgeberin wieder: »… auch die buddhistische Philosophie und Religion hat seit ihrem anfänglichen Bestehen Wandlungen und Ergänzungen erfahren …«

»Wir haben einige Klöster besucht und waren insbesondere in Muktinath von dem bunten Allerlei der Dekoration und den Requisiten der religiösen Räume verwirrt, deren Bedeutung für uns schwer zu durchschauen ist.« Martina rettet die Situation.

»Gewiss, schon mit der äußeren Vielfalt, mit der sich der Buddhismus präsentiert, mit seinen Symbolen, Statuen, Gongs, Trompeten, Glocken, Räucherwerk und ikonenhaften Darstellungen von Göttern, milden, halbzornvollen und zornvollen Dämonen, Buddhafamilien, Ritualen und Zeremonien ist man schnell überfordert. Das Reich der Mythen und Legenden ›komplettiert‹ die Undurchsichtigkeit mit einer Unzahl von Begriffen und Darstellungen, wie die ›Legende vom Weltenberg Meru‹, ›Das Bündel roter Flüche‹, ›Die Wirklichkeitsquelle oder Dharmodaya‹ und die ›Legende von der Quirlung des Ozeans‹. Das alles ist nur ausschmückendes Beiwerk, das Gläubige in über zweieinhalbtausend Jahren seit Buddhas Erleuchtung an seine Lehre angehängt haben. Diese Farbenpracht hat nichts mehr gemein mit dem schlichten Leinengewand des Religionsstifters Siddharta Gautama.«

»Was ist aber das Wesentliche am Buddhismus?«, frage ich weiter.

»Der feste Kern, das Brauchbare und Fruchtbare ist die Grundlehre dieser Religion, die bei näherer Betrachtung mehr eine Philosophie ist und keinen Schöpfergott für sich in Anspruch nimmt. Die höchste Absicht im Buddhismus ist immer die Erleuchtung und der Endzweck, das Nirvana, um aus dem Kreislauf der Wiedergeburten herauszutreten«, die Engländerin lächelt während sie das sagt. Sie bemerkt unsere Unsicherheit.

»Die Begriffe Erleuchtung und Nirvana kann ich bei bestem Bemühen nicht mit Inhalten füllen, unter einem ›ichlosen‹ Daseinszustand, der das höchste Ziel eines jeden Buddhisten ist, verbirgt sich für mich nur vollkommene Leere, die mir im weltlichen Leben nutzlos erscheint. Worin bestehen nun die wesenhaften Züge der Grundlehre?«, dringe ich weiter vor.

»Zunächst einige Worte zu Erleuchtung und Nirvana. Beide Zustände sind äußerst schwer, im Grunde genommen gar nicht zu erklären, weil sie rein theoretisch nicht fassbar sind. Sie wissen so gut wie ich, dass die Menschen nur das glauben, was sie mit ihren Sinnen unmittelbar erleben können und alles nicht Sichtbare und Greifbare anzweifeln. Das ist von vornherein erst einmal verständlich. Stellen Sie sich einen Horizont vor. Sie werden merken, dass Sie nichts weiter sehen als diesen Horizont. Was verbirgt sich aber hinter dieser Grenzlinie zwischen Himmel und Erde? Das werden Sie erst dann erfahren, wenn Sie sich in Richtung dieser Linie bewegen. Die Struktur, die Gestalt und vielleicht sogar die Helligkeit werden sich ändern. Was aber ist das Ergebnis? Sie machen eine neue Erfahrung, weil Sie sich der Methode der Annäherung mit Hilfe ihrer Beine eines Maultieres oder eines Fahrzeuges bedient haben. Mit der Erleuchtung und dem Nirvana ist es ähnlich. Sie gleichen dem Zustand hinter dem Horizont und Sie müssen sich diesem Horizont ebenfalls nähern, mehr noch, Sie müssen ihn überschreiten. Sie benutzen dazu nicht ihre Beine, ein Maultier oder ein Fahrzeug, sondern Ihr geistiges und spirituelles Vermögen, dass Sie mit besonderen Praktiken wie Yoga, Meditation und anderen Ritualen schulen, um damit die Fähigkeit zu erlangen, den Horizont Ihrer sinnlichen Erfahrungen zu überschreiten. Sie können sich vorstellen, dass diese Übungen nur über längere Zeit Früchte tragen. Sie haben den Sinn, das irdische Leben im wahrsten Sinne des Wortes zu meistern, weil die Geschehnisse um uns herum nur bedingt änderbar sind, wir aber unsere Position und unsere Stimmung zu ihnen realistisch und positiv gestalten können. Im Buddhismus geht es weniger um das Zukünftige, als vielmehr um das Hier und Jetzt, um das richtige Erkennen der Welt, um das wahrhaftige Sehen der Dinge wie sie sind und nicht wie wir sie in Wunschträumen haben wollen. Wir können unsere Zukunft letztendlich nicht spekulativ betrachten und nicht mit Manipulationen beeinflussen. Wir müssen aber erkennen, dass es eine Wechselwirkung zwischen Ursache und Wirkung gibt, ist das nicht zutiefst realistisch, was meinen Sie, wenn sie auf Ihr persönliches Leben zurückschauen?«

Die Frage erscheint mir nicht außergewöhnlich schwierig, sie kommt mir aber zu unverhofft. Ich denke spontan an das physikalische Prinzip von Ursächlichkeit und nachfolgender Wirkung und Gegenwirkung und an das pharmakologische Prinzip der vielfältigsten Wechselwirkungen.

»Ich weiß, dass ihre Frage auf das übergeordnete Prinzip von Ursache und Wirkung abzielt und mit den streng abgegrenzten Einzelwissenschaften nicht allein lösbar ist und die Gesamtheit unserer umgebenden Welt erfasst«, ich atme tief durch, Sarah Roberts nickt Martina und mir wohlwollend zu.

»Ja, es stimmt. Das Anerkennen von Ursache und Wirkung ist eine wichtige buddhistische Grundüberzeugung. Beide sind unaufhaltsam miteinander verflochten und es gilt, alle Ursachen zu ergründen, die zu menschlichem Leid führen. Die buddhistische Lehre spricht unter anderem von den drei größten Giften des Geistes Gier, Hass und Verblendung, die es gilt, mit geeigneten Methoden zu überwinden. Sie sehen an diesem Beispiel, dass der Buddhismus die menschliche Natur mit all ihrer Lückenhaftigkeit und Schwächen in den Mittelpunkt seiner Lehre stellt«, sagt Sarah mit ruhiger Stimme.

Sie wirkt auf uns weder fanatisch noch belehrend: »Mein erlerntes, tieferes Verständnis, ja wahrhaftig, ich habe es in mein Inneres aufgenommen, hat mir meinen weiteren Weg gebahnt, mich dazu gebracht, negative Gedanken und Neigungen abzuwenden, falschem Tun vorzubeugen und an dessen Stelle Achtsamkeit, Aufmerksamkeit und Mitgefühl zu setzen. Das Schwierige daran ist, dass sich jeder Buddhas Lehre mit der Hilfe anderer aneignen kann, jedoch seinen eigenen Weg dorthin selbst finden muss.« Sarah Roberts macht eine lange Pause. Auch wir schweigen. Ich habe das Gefühl, als sei mir kein einziges der Worte dieser ruhig erzählenden Stimme verloren gegangen. Sie wirken auf mich wie ein Rückruf aller Erlebnisse in den Bergen. Uns bleibt verborgen, wo Krishna, Mindu, Temba, Galey, Lungpo und die Träger seit unserer Verabschiedung hingegegangen sind und wie ihr weiteres Leben verläuft, wir wissen aber, dass sie uns in vielen Situationen buddhistisch hilfreich begegneten, dass sie so manches Problem lachend begleiteten und dass vieles trotz scheinbar unüberwindbarer Hemmnisse letztendlich doch geklappt hat. Wir passierten mit ihnen Täler und Schluchten, überquerten Passhöhen und Hängebrücken. Wir hatten unzählige Begegnungen mit Menschen, die uns mit ihrer sanften Lebensart trotz vereinzelter Zwielichtigkeit berührten. Es scheint mir, als hätte die friedlichste aller Religionen wohlwollend in die Vererbung eingegriffen und nicht nur das Aussehen der Menschen weitergegeben, sondern auch die liebenswürdigen Charaktereigenschaften vererbt und ihre Freundlichkeit vervielfältigt. Was mir am Anfang unserer Himalaja-Durchquerung als Unterwürfigkeit und kühlsachliche Verpflichtung unserer Sherpas uns gegenüber vorkam, erscheint nun in einem anderen Blickwinkel. Immer fragte ich mich, woher diese herzliche Wärme kam, die die Menschen ausstrahlten, die uns begegneten. Im Fortgang der Zeit entdeckte ich deutlich, dass sie beständig war. Ich bemerkte auch, dass sie sich ohne schauspielerischen Kraftaufwand und ohne Beobachtung in ihrer Wirkung zeigte. Ihre konkrete Herkunft blieb mir jedoch verborgen.

»Das Bestreben eines Buddhisten hat nicht nur etwas mit der Erleuchtung und dem Nirvana zu tun, sondern, wie ich schon sagte, das Leben eines Buddhisten in der Gegenwart …«, die Engländerin nimmt mit diesem Grundgedanken den Gesprächsfaden wieder auf, »… aber was nützt diese Erkenntnis, wenn ich das Leben nicht mit Handeln ausfülle und was bezweckt das bloße Tun, wenn es nicht das rechte ist? Wissen Sie, die Buddhisten leben nach dem Prinzip des Karma und sie glauben an das Prinzip der Wiedergeburt. Schauen Sie in ein Lexikon und Sie werden dort die Übersetzung und die Erklärung für dieses einfache Wort finden. Während die Übersetzung noch schlichter als das indische Ursprungswort und die Erklärung leicht verständlich ist, bedeutet die Umsetzung für Ungeübte ein weitaus schwierigeres Unterfangen. Karma ist altindischer Herkunft und bedeutet Tat. Ich erwähnte bereits, dass es darauf ankommt, sich im gegenwärtigen Leben den rechten Taten zu widmen. Und darin liegt der Schwerpunkt für einen Buddhisten, weil die Lehre des Buddha besagt, dass nur derjenige eine »hohe Wiedergeburt« erlangt, der ein gutes Karma besitzt …«

Unsere Gastgeberin verlässt den Raum, kommt mit einer Thermosflasche und einem Tablett Gläser zurück. Sie zieht den großen Korken aus dem Flaschenhals und schenkt ein. Alles tut sie wortlos und bedächtig. Der Tee und das offenbar wohlbedachte Innehalten unterbricht unsere aufmerksame Spannung nicht. Mit jedem Augenblick der stillschweigenden Pause und mit jedem Schluck Tee wird sie eher gesteigert.

Von der Terrasse her kommt monotones Mantra-Gemurmel. Das Gebetsmühlen-Glöckchen klingt dazu, als setze es Kommas, Punkte und Ausrufezeichen zwischen die heiligen Silben. Über das Gesicht der Frau huscht ein entspanntes, gütiges Lächeln.

»Geht es Ihnen gut?«, fragt sie uns. »Sie sehen zufrieden aus, ich möchte Ihnen nur noch wenige, aber wichtige Worte sagen. Gehen Sie bei allen Betrachtungen und dem Bemühen, alles zu hinterfragen erst einmal einfach vom Weltlichen aus. Der Buddhismus ist in allen Ausprägungsformen und in all seiner rituellen Vielfalt in Asien ein philosophisch-religiöses System, das im Wechselspiel mit den anderen Religionen unendliche Ausmaße annimmt, weil abergläubige und metaphysische Gesichtspunkte das Verständnis zusätzlich erschweren. Ich möchte mich deshalb nicht weiter in komplizierten Erklärungen verfangen und mich viel lieber noch einmal meinem letzten Gedankengang widmen, der sich mit dem Karma eines Buddhisten beschäftigte. Das Karma beinhaltet rechtes Tun, wie ich bereits bemerkte. Es genügt aber nach buddhistischem Verständnis nicht, eine tugendhafte Tat nur mit kühler Alltagsroutine zu begehen. Sie nützt dem Vollbringer nur dann etwas, wenn sie einen hohen moralischen Wert besitzt und sie einer wohlwollenden inneren Einstellung entspringt. Damit diese guten Taten für die spätere Wiedergeburt von entscheidender Wirkung sind, also Früchte tragen, gilt es, sie in Form von Verdiensten an den Mitmenschen anzuhäufen. Letztendlich entscheidet die Summe aller guten und schlechten Verhaltensweisen, das Karma, über eine hohe oder niedere Wiedergeburt und damit über die Qualität des nächsten Lebens.«

Sarah Roberts geht zum Bücherregal, zieht eines der religiösen Werke heraus und blättert darin: »Hier in dieser Schrift ist ein Teil der Theorie niedergeschrieben, die buddhistische Lamas zum Karma entwickelt haben. Auch über das Karma existieren im Detail unterschiedliche Ansichten. Das wertvolle Grundprinzip ist jedoch unumstößlich immer das Gleiche, dass Buddhisten daran glauben, wiedergeboren zu werden und selbst das Wohl oder Wehe des folgenden Lebens durch ihr gegenwärtiges Leben vorausbestimmen. Es ist durchaus nicht selbstverständlich als Mensch eine Wiedergeburt zu erreichen. Ein niederes Dasein, beispielsweise als gequälter Hund eines grausamen Herren, ist durchaus möglich, wenn das Karma es will. Das Leben und Streben wendet sich aber meist entgegengesetzt zu einem Karma mit seligem Ausgang.«

Die letzten Sätze empfinde ich wie einen Schlussstein des Gedankengebäudes, welches in der Abgeschiedenheit der kleinen Bibliothek entstanden ist, weil es Mingma, Mindu, Temba näher erklärt. Noch einmal habe ich die schönen Begegnungen mit unseren Begleitern, in deren Atmosphäre wir uns zunehmend wohl und auch gestärkt fühlten und deren vorgelebtes, bescheidenes Miteinander, das durchaus zur Nachahmung taugt, vor mir.

»Ich lebe seit fünf Jahren in Nepal und habe hier eine neue, vor allem geistige Heimat gefunden«, sagt Sarah Roberts und fügt hinzu: »ich führe ein verhältnismäßig anspruchsloses Leben und bin damit recht zufrieden. Manchmal jedoch bekomme ich Heimweh. Ich gebe in großen Abständen diesem Verlangen nach und fliege nach England. Ich freue mich sehr, meine Familie wiederzusehen. Je länger mich das westliche Leben umfängt, dazu reichen meist wenige Tage, desto mehr spüre ich meine durchlebten Wandlungen in Nepal, desto gravierender regen sich die Widersprüche in mir. Mir wird bewusst, dass sich meine westliche Heimat nur noch durch die eigene Brille betrachtet und unsere westliche Gesellschaft setzt voraus, dass die ganze Welt so zu werden hätte wie sie. Je länger mein Aufenthalt andauert, desto deutlicher spüre ich die Kühle der wohlgepriesenen Marktwirtschaft und die Härte der Ellenbogen. Ich muss buddhistische Schwerstarbeit unter nichtbuddhistischen Bedingungen leisten, nicht mit meinen Ellenbogen zurückzustoßen und in das Prinzip der negativen Vergeltung zu verfallen.«

Wieder lässt die Engländerin eine längere Pause zu. Ein krasser Gegensatz zu dauerredenden Selbstüberschätzern wird mir in ihrer Persönlichkeit gewahr. Ich entdecke ihre Art des Erzählens als eine nichtalltägliche Eigenschaft. Sie gibt uns Gelegenheit, das Gehörte entspannt zu verinnerlichen und ich brauche keinen Keil in einen unterbrechungslosen Redeschwall zu schlagen, um eine Chance zu erhaschen, zumindest einen Hauptsatz zu formulieren, bevor mir der Dauerredner den folgenden Nebensatz wieder verstümmelt.

»Wissen Sie, immer wenn ich dann nach Nepal zurückkehre, bremst sich auf angenehme Weise die Schnelligkeit des westlichen Lebens wieder aus. Ich finde wieder Zuflucht in meiner neuen Religion, mit der ich mich immer enger verbunden fühle. Ich bin zu der Überzeugung gelangt, dass uns nur die Güte im Menschen, oder nennen Sie sie es den »Gott im Menschen«, auf unserer kleinen, einmaligen Erde weiterbringt. Buddha und der Gott im Menschen sind mir näher als ein

Gott sehr weit weg. Diesen Gott im Menschen zu wecken gelingt uns Buddhisten mit geeigneten Methoden und grundsätzlichen Wegen, die ich Ihnen bereits in Grundzügen verdeutlichte. Wir bedienen und dieser Hilfsmittel und Wege, eigentlich nennen wir sie Pfade, ohne Versuche andere Menschen zu bekehren. Wir tolerieren den Glauben an einen Schöpfergott, wenn er den eigenen Veranlagungen nahe kommt und man mit dieser Hilfe einen friedlichen und zufriedenen Lebensweg findet – zusammen mit anderen Menschen.« Sarah betont diesen letzten Satz wie ein Resümee, indem sie sich vom Stuhl erhebt und das Buch über das Karma zurück in das Bücherregal stellt. Ich weiß in diesem Moment, dass unser Zusammensein von Nutzen war und es der Mühe wert sein wird, darüber noch so manches Mal nachzudenken. Eine weitere Kraftanstrengung, die ich mir freiwillig auferlegt habe, ist, darüber mit immer wieder zu aktivierender Zähigkeit zu schreiben, um die essenziellsten Gedanken zu bewahren.

Die Zeit ist verstrichen. Die Sonne steht tief. Die schrägen Schatten der Gartenbäume fallen durch die offene Tür in die Bibliothek. Wir gehen gemeinsam hinaus auf die Veranda. Ich drehe an der großen Gebetsmühle, das Glöckchen schellt.

»Wie lange bleiben Sie noch in Pokhara?«, fragt Sarah Roberts.

»Unsere Zeit in Nepal ist morgen zu Ende, heute ist unser letzter Tag, der Tag des eigentlichen Abschiednehmens«, sagt Martina.

»Wann kommen Sie wieder?«, Sarah blinzelt uns an.

Es ist eine sensible Frage, die mich in diesem Moment berührt. Ich greife auf die am meisten ausweichende und abgenutzte Antwort zurück, die es für mich gibt: »Wir wissen es noch nicht.« Weiß ich es noch nicht?

»Wenn sich die Sehnsucht nach Großbritanien bei mir wieder angestaut hat, ich kann nicht sagen, wann das sein wird, besteige ich das Flugzeug und fliege hinüber nach Europa. Kann Ihnen das in umgedrehter Richtung nicht auch passieren, ist das für Sie nicht vorstellbar?«, sie wiegt leicht den Kopf.

»Wir wollen zunächst in unsere eigene Welt zurückkehren. Ich werde mit der Hilfe meines Tagebuches auf Nepal zurückschauen, bevor wir ohne Hast den Blick wieder zurückwenden«, antworte ich ihr nach einer kurzen Denkpause.

»Ich hoffe, dass Ihnen die Einfachheit Nepals Halt gegeben hat und ich Ihnen die zugehörige Bedeutung der buddhistischen Religion nähergebracht habe.« Mit diesen Worten reicht sie Martina und mir die Hand zum Abschiedsgruß, »Namaste! Kommen Sie gut zurück nach Hause, auf ein Wiedersehen!«

Wir steigen hinab zum Ufer des Phewa-Sees. Ich setze mich mit Martina in das weiche, warme Gras. Wir blicken hinaus auf die weite Fläche des blauen Gewässers. Der laue Wind und die in der Uferbucht badenden Wasserbüffel schlagen winzige Wellen, die in einem blinkenden Puzzle das Gipfelweiß der Annapurna-Bergkette und des Machapuchare zu einem verschwommenen Abbild zusammensetzen.

Wir träumen uns in die wechselnden Bilder hinein. Es sind bewegte und bewegende Bilder zugleich. Wir schauen hinauf in die Höhe, weg von den Spiegelbildern hin zu den Originalen, zu den Massiven, die ein unverrückbares Ganzes ergeben. Und doch sind sie nur ein Teil der weiten Himalajakette, so wie unsere Erlebnisse in ihr nur ein Abschnitt unseres Lebens sein können.

Ich denke an die morgige Abreise nach Deutschland, aber noch verspüre ich das Hier. Ich blicke zu einem nahen Baum am Ufer des Sees. Er hat seine Wurzeln fest mit dem Erdreich unter dem grünen Rasen verbunden. Seit vielen Jahren wächst er hier und niemand käme auf die Idee ihn auszugraben, um ihn zu verpflanzen. Er sah im Wechsel der Jahreszeiten das Leben um sich herum. Das ist seine Geschichte. Ich fühle eine heimliche Verbindung zu diesem Baum. Kann ich meinen Lebensbaum in Deutschland herausreißen, um ihn in ein mir zugeneigtes, aber dennoch fremdes Land zu versetzen? Wohl kaum. Ich kann und werde aber versuchen, ihn oberirdisch zu stutzen, die sperrigen Äste zu verschneiden, die faulen und morschen Zweige herauszubrechen und ihn wetterfester zu machen. Der Aufenthalt in Nepal mit seinem Nachklingen wird mir dabei zur Seite stehen, die Dinge so zu sehen wie sie sind, und sie von Änderbarem zu unterscheiden. Meiner ursprünglichen und mir eingeborenen Lebensgeschichte kann und will ich nicht entfliehen, ich kann sie aber gemeinsam mit Martina umgestalten. Dessen bin ich mir sicher.

Auf dem Parkplatz am Rande der Wiese hält ein Auto. Die Beifahrertür öffnet sich. Mingma steigt aus. Ich gehe ihm entgegen.

»Namaste!«, er lacht in die abendliche Sonne. Seine Hautbräunung ist von einem matten Staubschleier gedämpft. Ich begleite ihn zum Ufer. Mit schüchterner Zurückhaltung setzt er sich neben uns ins Gras. Mingma wird nicht lange bleiben können. Wir wissen, dass er sich zusammen mit dem Fahrer des Agenturautos auf der Durchreise befindet. Beide kommen aus Baglung, wo sie sich einige Stunden aufhielten, um im Auftrag von Herrn Gurubacharya Geschäftliches zu erledigen. Sie wollen noch heute, so lange es die Helligkeit des Tages zulässt, in Richtung Kathmandu weiterfahren, irgendwo die Nacht verbringen, um schließlich im zeitigen Morgengrauen zur fernen Hauptstadt weiterzufahren. Der Fahrer hat alle Autotüren geöffnet, den Sitz zurückgeklappt und sich in Schlummerposition begeben.

»Was habt ihr in Pokhara alles unternommen?«, ist Mingmas erste Frage. Wir erzählen ihm vom Besuch des Klosters am Vormittag und unserem längeren Verweilen im Meditationszentrum.

»Ich kenne das Kloster Jangchup Choeling. Ich war selbst schon dort oben und habe einen Freund wiedergesehen, der seit drei Jahren dort Mönch ist, es ist ein großes und gutes Kloster. Ich kann ihn, wann immer ich will, besuchen«, erzählt uns Mingma, »es ist etwas Gutes Mönch zu sein.«

Mingma zieht aus seiner Jacke sein Allzweckbuch. Er schlägt es auf und zeigt uns das Bild eines Jungen. Es ist das Foto des Freundes aus der Zeit bevor er ins Kloster ging. Mingma tippt mit dem Finger auf den üppigen, schwarzen Haarschopf des Freundes und streift die rechte Hand über sein eigenes Haar.

Noch heute frage ich mich manchmal, was diese Geste bedeutete.

Wollte auch Mingma Mönch werden oder hat er sich nur über den im Kloster kahlgeschorenen Kopf seines Freundes belustigt? War er gar selbst einmal für kurze Zeit Mönchsschüler und floh aus dem Kloster, weil ihm die heiligen Mauern auf Dauer zu eng wurden? Wir wissen es nicht und werden es wahrscheinlich auch nie erfahren. Es ist eines der ungelösten Rätsel, die wir mit nach Hause nehmen.

Mingma geht zum Auto und kommt mit einem Tuchpäckchen zurück. Er wickelt den Stoff auseinander. Zum Vorschein kommen zwei

Katas, die Seidentücher mit den unterschiedlichsten Namen: Glücksschleifen, Band der Freundschaft, Begrüßungs- und Abschiedsschal …

Mingma legt uns die Katas um den Hals. Es ist, als hätte er mit den strahlend weißen Tüchern seine eigene Schüchternheit abgestreift und an uns übergeben. Wir stehen verlegen im grünen Gras, uns ist feierlich zumute. Mingma zeigt zu der weißen Gipfelkette über dem See und beschreibt mit der Hand einen Bogen. Wir verstehen uns und es ist wie ein letztes Mal …

Der Fahrer lässt den Motor anspringen. Mingma schwingt sich auf den Sitz und schließt die Tür. Er kurbelt die Scheibe herab und lächelt uns im Fortfahren zu. In diesem Moment weiß ich, wie ich die Katas nennen werde, die uns luftig und leicht über der Brust wehen: Bänder der Freundschaft!

Langsam gehen wir durch die Ladenstraße zurück zum Hotel. Mingma ist nach Kathmandu unterwegs. Er wird dort in den nächsten Tagen ein kleines Inland-Flugzeug besteigen und oberhalb von Namche Bazar, in der Nähe von Shyangboche landen. Nur ein kurzer Fußmarsch wird nötig sein, bis er sein Heimatdorf Khumjung erreicht. Mingma erzählte uns in den vergangenen Tagen, dass auch sein großer Bruder dort sein wird. Noch ist er mit einer internationalen Expedition am Makalu unterwegs. Wird er rechtzeitig von diesem Achttausender zurückkehren? Mögen ihm die Götter des Khumbi Yul Lha, des heiligen Berges der Sherpas, dabei helfen.

Wir schlafen in unseren Hotelbetten schnell ein. Doch nachts werde ich wach. Drang von draußen durch das offene Fenster ein Geräusch? Nein, alles ist still. Und doch ist mir als klänge eine kleine Melodie, als sänge Mingma leise das Liedchen »Resham firiri, Resham firiri …«, so wie manchmal irgendwo oben in den Bergen.

GLOSSAR

AVALOKITESHVARA: wörtlich: »Der gütig herabschauende Herr«; Bodhisattva des Mitgefühls und der Güte, der als erster diesen tugendhaften Weg beschritten hat. Er wird mit elf Gesichtern und tausend Armen dargestellt. Diese Abbildung symbolisiert die nie endende, uneigennützige Arbeit für den Menschen. Der Dalai Lama gilt als die Reinkarnation Avalokiteshvaras, versteht sich selbst als dessen Verkörperung und hat sich gegen den Eingang ins Nirvana entschieden, um als dieser Bodhisattva zum Wohle der Menschheit wirken zu können. Avalokiteshvara ist der Schutzpatron Tibets.

BHATTI: wörtlich: »Reishaus«; Teehaus, Gasthaus, einfache Herberge

BODHISATTVA: wörtlich: »Erleuchtungsexistenz«; ein Bodhisattva strebt die Buddhaschaft durch Ausübung der Tugendvollkommenheiten an. Er verzichtet jedoch auf das vollständige Eingehen in das Nirvana, bis alle Lebewesen erlöst sind. Seine Handlungen sind von höchster Einsicht und Weisheit getragen und von Erbarmen bestimmt.

BODNATH: In diesem Stadtteil Kathmandus steht der größte Stupa des Landes. Er ist das religiöse Zentrum des tibetischen Buddhismus in Nepal. Der Stupa hat einen Durchmesser von 40 Metern und ist eines der monumentalsten buddhistischen Bauwerke der Erde. Der Zeitpunkt seiner Erbauung ist umstritten, möglicherweise stammt er aus dem 7. Jahrhundert n. Chr.. Das ist jedoch sehr unsicher, weil sich in Nepal sehr oft Fakten und Legenden mysteriös vermischen. Die Grundstruktur des Stupas entspricht einem räumlichen Mandala mit einem vierstufigen Sockel, auf dem sich die große, glockenförmige Kuppel erhebt.

BUDDHA: wörtlich: »Der Erwachte«; Bezeichnung insbesondere für den Religionsstifter des Buddhismus, den historischen Buddha, den Prinzen Siddharta Gautama aus dem Geschlecht der Shakia. Deshalb wird er manchmal auch Shakiamuni-Buddha genannt. Er wurde 566 oder 563 v. Chr. in Kapilavastu, einer damals existierenden Stadt im heutigen Nepal geboren. Er verließ alle weltlichen Annehmlichkeiten und Freuden und verwirklichte mit 35 Jahren die vollkommene Erleuchtung. Er war sich anfänglich über die Nichtmitteilbarkeit des in der Erleuchtung Erfahrenen bewusst. Er begann jedoch auf Bitten anderer seine Einsichten darzulegen. Er zog für den Rest seines Lebens von Ort zu Ort und widmete sich der Verbreitung seiner Lehre. Er starb mit 80 Jahren.
Bezeichnung des »Buddha-Prinzips«, welches in verschiedenen Erscheinungsformen zum Ausdruck kommt. Im Mahayana-Buddhismus gibt es eine große Zahl so genannter transzendenter oder auch volkstümlicher Buddhas, die verschiedene Aspekte des Buddha-Prinzips verkörpern. Ein Beispiel dafür ist der Buddha Amitabha, der Buddha des »Grenzenlosen Lichtes«, den es im frühen Buddhismus noch nicht gab. In den Klöstern Nepals begegneten wir unzähligen solcher Buddhas.

BUTTERLAMPE: Kerze, die aus harter Butter in einer Schale besteht.

BUTTERTEE: Tibetisches Nationalgetränk, welches auch in bestimmten Regionen Nepals getrunken wird. Grundlage dieses Getränkes ist schwarzer Tee, in den Dri-Butter (Butter von der Milch der Yak-Kuh) gestampft wird. Die abrundende Würzung erhält dieser Tee durch beigemischtes Salz.

CHANG: Selbstgebrautes Gerstenbier, manchmal auch aus Reis, Mais, Hirse oder Weizen hergestellt. Wird verbreitet in Nepal und Tibet getrunken.

CHAUTARA: Rastbank, Rastplatz oder Plattform; meist eine Mauer aus aufgeschichteten Steinen, auf die die Träger ihre Lasten abstellen. Manchmal sind die Chautaras um den Stamm schattiger Bäume gebaut.

CHÖRTEN: Tibetische Ausprägung des buddhistischen Stupa

CHOWKILDAR: Schlüsselverwalter für Klöster und Tempel

DALAI LAMA: wörtlich: »Ozean der Weisheit«; geistliches und weltliches Oberhaupt Tibets. Der gegenwärtige 14. Dalai Lama, Tenzin Gyatso, lebt im nordindischen Dharamsala, wo die tibetische Exilregierung ihren Sitz hat. Er wurde am 6. Juli 1935 im Dorf Taktser in der Osttibetischen Provinz Amdo geboren. Er bekam den Namen Lhamo Thöndup und wurde als Kind zum Nachfolger des vorangegangen Dalai Lama bestimmt. Sein außergewöhnliches Wirken im Sinne von mehr Menschlichkeit ist in der Welt hoch geschätzt. Er selbst sieht eine spirituelle Verbindung zu Avalokiteshvara, dem Botthisattva des Mitgefühls und der Güte. Er hat sich diesem Wirken mit dem folgenden Gebet auf Dauer verpflichtet:

»So lange das Weltall besteht,
So lange Lebendiges lebt,
So lange möchte auch ich bestehen,
Um das Elend der Welt zu vertreiben.«

DEVANAGARI: Schriftsprache des Nepali, Hindi, Sanskrit und Marathi (Regionalsprache des indischen Bundesstaates Maharashtra).

DHAL BHAT: Nepalesisches Standardgericht; gekochter Reis mit Linsen. Die Linsen werden in einem Mörser zerkleinert und anschließend gekocht. Mit der so entstandenen Soße wird der Reis übergossen.

DIDI: (große) Schwester; Wort mit Höflichkeitsbedeutung

DOKO: kegelförmiger Korb, ein sehr verbreitetes Transportmittel, das mittels Stirnband auf dem Rücken getragen wird.

DUKHANG: Hauptversammlungsraum eines Klosters, in dem die Mönche Zeremonien abhalten und religiöse Feste feiern.

DURBAR-SQUARE: wörtlich: »Palastplatz«; Platz im Zentrum von Kathmandu, der die Palastanlage und andere historische Bauwerke beherbergt und sehr stark von Einheimischen und Touristen frequentiert wird.

GEBETSFAHNE: Fahnen unterschiedlicher Größe und Farbe mit aufgedruckten religiösen Texten und Symbolen, die Glück und Wohlwollen verbreiten sollen.

GEBETSKETTE: der »tibetische Rosenkranz« mit 108 Perlen. Sie wird in der rechten Hand gehalten, wobei jede einzelne Perle mit dem Daumen weiterbefördert und dabei Mantras rezitiert werden.

GEBETSMÜHLE: eine zylindrische Trommel, sehr häufig aus Kupfer, welche Papierstreifen mit aufgedruckten Mantras enthält. Jede Trommeldrehung im Uhrzeigersinn soll die Wirkung der religiösen Inhalte verstärken.

GELUGPA: wörtlich: »Orden der Tugendhaften«; auch »Gelbmützenorden« genannt. Sekte bzw. eine der vier Hauptschulen des tibetischen Buddhismus, der der Dalai Lama angehört. Der Dalai Lama ist gleichzeitig der Führer aller anderen Orden.

GHAT: Anlegestelle an einem Fluss oder eine Treppe an einem Badeplatz, die für rituelle Zwecke u. a. für die Totenverbrennungen genutzt wird.

GOMPA: wörtich: »Einsame Wohnstätte«; Kloster, Klause, Einsiedelei

HIMAL: Gebirgskette, Gebirgszug

KALACHAKRA: wörtlich: »Rad der Zeit«; höchste Lehre der Gelugpa-Sekte

KARMA: wörtlich: »Tat«, Tatenfolge, Universelles Gesetz von Ursache und Wirkung, Wirkung der guten und bösen Taten in ihrer Gesamtheit als Schicksal von einer Wiedergeburt zur anderen.

KATA: lange Bänder oder Schals, meist aus weißer Baumwolle oder Musselin. Sie werden Gästen oder Gastgebern zur Begrüßung, beim Abschied oder beim Wiedersehen übereicht. Sie sollen Glück und Segen bringen und vor Unheil und Gefahren schützen.

KHOLA: Fluss

KOS: Entfernungseinheit, 1 Kos = ca. 3 km

KUMARI: Jungfrau, lebende Göttin Nepals, die aus der newarischen Priesterkaste stammt. Sie residiert in der Kumari-Bahal in Kathmandu und wird als die Garantin des Königreiches Nepal angesehen.

LA: wörtlich: »göttlich«; Gebirgspass

LAMA: wörtlich: »Der Obere«, »Geistiger Freund«; Buddhistischer Priester, vollordinierter Mönch, verehrungswürdiger religiöser Lehrer, dem indischen »Guru« gleichbedeutend. Würdenträger des tibetischen Buddhismus, der Dalai Lama ist der höchste Vertreter.

LODGE: einfache Unterkunft, Hotel

MALLA-HERRSCHER: Königsdynastie in Nepal, die von 1200-1768 die Herrschaft im Kathmandutal ausübte.

MANJUSHRI: wörtlich: »Herr des Wissens«; Mystischer Bodhisattva der Weisheit. Seine Symbole sind das Schwert und das Buch, die die Weisheit, mit der er das Dunkel der Unwissenheit zerteilt, verkörpern.

MANDALA: wörtlich: »Kreis«, »Bogen«, »Abschnitt«; Magisches Diagramm, symbolische Darstellung der Welt und der geistigen Wesen, die sie ordnen; wird meist als Meditationshife verwendet.

MANIMAUER/MANISTEIN: wörtlich: »Edelstein«, »Juwel«, »Schmuckstück«, Mauer oder Stein mit eingravierten Mantras

MANTRA: wörtlich: »Denkwerkzeug«; Wort- oder Klangsymbole, Gebetsformel, mystische kraftgeladene Silben, die häufig zyklisch wiederholt werden. Sie helfen, die Gedanken zu konzentrieren, sie schützen den Geist und ermöglichen das Vordringen in tiefere Bewusstseinsregionen.

MITHAI: Süßigkeiten, Bonbons

MUDRA: wörtlich: »Siegel«, »Zeichen«; Rituelle Handgeste oder Körperhaltung mit bestimmter Bedeutung, z. B. die beiden zusammengelegten Handflächen während der Begrüßung mit »Namaste!«

NAMASTE: Die nepalesische (und indische) Allzweckbegrüßungsformel mit den Bedeutungen »Sei mir gegrüßt«, »Guten Tag«, »Auf Wiedersehen« und »Gegrüßt und geachtet sei der Gott in dir«. Den formellen Gruß »Namaskar« hörten wir sehr selten.

NIRVANA: wörtlich: »Verlöschen«, Erlösung, Himmel (bei Buddhisten); Zustand jenseits von Sinneswahrnehmung, irdisches Bewusstsein des absoluten Seins, zugleich Befeiung und Freisein von Bindungen, Illusionen und Begierden. Eingehen in eine andere Existenz mit völlig ausgewogenem Geisteszustand. Befreiung von Leiden, Tod und Wiedergeburt.

OM: heilige Ursilbe im Buddhismus, Silbe des Absoluten; OM ist sowohl ein Symbol der Form als auch des Klanges. Es ist kein magisches Wort, sondern eine Manifestation der spirituellen Kraft.

OM MANI PADME HUM: wörtlich: »OM Juwel im Lotos HUM«; Sanskritformel, die Avalokiteshvara zugeordnet wird. Sie ist das älteste und bedeutendste Mantra des tibetischen Buddhismus. »Juwel im Lotos« wird von den Keimsilben OM und HUM eingeschlossen und ist die Gleichsetzung des Juwels mit dem Erleuchtungsgeist, der im Lotos des menschlichen Bewusstseins wachgerufen werden soll. Die tibetische Variante dieses Mantras lautet »OM MANI PEME HUNG«. Für die tibetischen Buddhisten sind die sechs Silben Ausdruck der grundlegenden Haltung des Erbarmens und der Hilfsbereitschaft. Die Rezitation des Mantras formuliert den Wunsch nach Befreiung (Nirvana) zum Wohle aller Lebewesen.

PADMASAMBHAVA: wörtlich: »Der aus dem Lotos Geborene«; Weiser aus Indien, der im 8. Jahrhundert von König Trison Detsen nach Tibet eingeladen wurde, um den Buddhismus im Land einzuführen, Begründer des tibetischen Buddhismus (»Kostbarer Lehrer«). Er prägte vor allem die Lehren der Nyingmapa-Schule und wird von seinen Anhängern als »zweiter Buddha« verehrt.

PASHUPATINATH: »Pashupati«, der Gott Shiva in seiner Form als der »Herr der Tiere«, Tempelkomplex am Bagmati-Fluss, Nepals wichtigstes hinduistisches Heiligtum und der Zielort von Pilgern und Sadhus. Der Zutritt von Nichthindus zu den heiligen Tempeln ist nicht erlaubt. Vermögende Hindus verbrennen hier ihre Toten. In vergangenen Zeiten fanden hier die Sati statt, die Selbstverbrennungen der Witwen, die sich zusammen mit ihren verstorbenen Ehemännern den Flammen übergaben.

PUJA: buddhistische und hinduistische religiöse Zeremonie, oft mit der Darbietung von Opferspeisen, Blumen und Räucherwerk mit Meditationen und dem Rezitieren von Zufluchtsformeln.

RAKSHI: selbstgebrannter Schnaps aus Reis, Gerste, Mais, Hirse oder Weizen

RANDONG: lange Trompeten, die aus einzelen Segmenten hergestellt werden. Sie können wie ein Teleskop ineinander geschoben werden, wenn sie außer Gebrauch sind. Sie werden bei religiösen Zeremonien geblasen und klingen in einem faszinierend tiefen Ton.

RHODODENDRON: in Nepal weitverbreitete Zierpflanzen mit vielen Formen vom Zwergrhododendron bis hin zur Baumform, der die Nationalblüte Nepals trägt.

RUPIE: Währungseinheit in Nepal; zur Zeit unseres Aufenthaltes galt der Wechselkurs 1 Euro = 80 Rupien.

SADHU: wandernder Asket, Mönch oder Pilger; tugendhafter Mensch, Weiser

SAMSARA: wörtlich: »Wanderung«, »Kreislauf«; Kreislauf oder Rad des Weltenlaufs und der Wiedergeburten, in der sich der Mensch so lange befindet, wie er sich mit dem Körper und dem Handeln identifiziert, d. h. so lange er in der Nichterkenntnis seiner wahren Identität lebt und die geistige Realität nicht erkannt hat.

SIRDAR: nepalesisch auch »Sardar«, leitender Sherpa bei Expeditionen und Trekkingtouren

STUPA: buddhistisches Bauwerk in unterschiedlichsten Formen mit kosmischer Symbolik. Er ist der Ersatz oder das Symbol Buddhas, enthält u. a. Reliquien großer Lamas und heilige Texte.

SWASTIKA: Glückssymbol in Form des Hakenkreuzes, eines der ältesten und universellsten Symbole in fast allen Kulturen der Erde. Es existiert die sehr verbreitete Auffassung, dass es sich ursprünglich um ein Sonnensymbol handelte, aus dem man die vier Jahreszeiten abgeleitet hat.

THAMEL: Stadtteil in Kathmandu, der auf Touristen- und Bergsteigerartikel ausgerichtet ist.

THANGKA: wörtlich: »Nachricht«; Religiöses Gemälde bzw. Rollbild, das nach streng ikonografischen Gesetzen gemalt wird. Auf solchen Thangkas sind sehr häufig der Urbuddha und Mandalas abgebildet.

TIKA: Hindustirnpunkt, das so genannte »Dritte Auge« und Symbol des Göttlichen, wird bei Zeremonien und Feierlichkeiten mit Zinnoberpulver und Lehm vermischt auf die Haut aufgetragen.

TOPI: nepalesische, meist sehr farbenfrohe, Kappe der Männer; für Frauen ist diese Kappe eine Art Tabuobjekt. Sie sollten sie keinesfalls in der Öffentlichkeit tragen.

TRIBHUVAN: nepalesischer König (1911-1955), nach dem der internationale Flughafen in Kathmandu benannt ist; Großvater des Königs Birendra.

YAK: langhaariges, zentralasiatisches Hochgebirgsrind, das auf 3000-6000 m Höhe lebt. Es ist ein äußerst fähiges Last- und Nutztier in diesen Regionen.

YETI: legendärer Schneemensch, der im Himalaja leben soll.

EDGAR PRESIA:

TAGEBUCH EINER SCHIFFSREISE.

Entlang der Westküste Norwegens zum Nordkap

Zusammen mit seiner Frau erfüllt sich Edgar Presia einen lang gehegten Wunsch, eine Schiffsreise zum nördlichsten Punkt des europäischen Festlands, dem Nordkap. An einem Frühlingsmorgen ist es endlich so weit: Die »Maxim Gorki« startet von Bremerhaven aus zu ihrer zweiwöchigen Skandinavientour, die nicht nur am Nordkap, sondern unter anderem auch in Tromsö, auf den Lofoten und in Bergen Station macht.
In seinem an Bord und mit viel Liebe zum Detail geführten Tagebuch hat der Autor nicht nur seine persönlichen Eindrücke vom Aufenthalt auf dem Schiff und von den landschaftlichen Schönheiten Norwegens, sondern auch Gespräche mit Mitreisenden und eigene Gedanken festgehalten. So weckt die Seereise auch immer wieder lebhafte Erinnerungen an seine Zeit als Leichtmatrose und Maschinenassistent auf einem Fischereiboot.

Verlag Neue Literatur 2005, 280 Seiten, ISBN: 3-938157-03-8,
14,90 Euro

PAL NAGYIVAN:

AM PIPALBAUM WERDEN WIR UNS WIEDERSEHEN

Sechs Erzählungen über Begegnungen in Nepal

Nepal – ein Land mit vielen Gesichtern! Vor der Kulisse eines fernen Landes mitten im politischen und gesellschaftlichen Umbruch lässt Pál Nagyiván die unterschiedlichsten Menschen – Einheimische und Fremde – zufällig aufeinander treffen. In den sechs Geschichten zeichnet er ein buntes Kaleidoskop von verschiedenen Lebenssituationen, Eindrücken und Wahrnehmungen, die zusammengesetzt ein lebendiges Abbild dieses faszinierenden Landes geben.

Da ist Bahandur, der seine Heimat mit den traditionellen Dorfstrukturen verlässt, um seine Kinder in Kathmandu zu besuchen. In der hektischen, lauten Stadt voller Rikschas, Tempos und Bettler muss er erleben, wie der Einfluss des »Westens« und der Moderne die Menschen verändert hat. Die Extremkletterer Sven und Pjier werden dafür bestraft, dass sie die Warnungen eines Sadhu ignorieren und den verbotenen Berg erklimmen.

Verlag Neue Literatur 2005, 98 Seiten, ISBN: 3-938157-19-4,
9,90 Euro

Verlag Neue Literatur
Jena · Plauen · Quedlinburg

KLAUS ZITZMANN:

TRAGÖDIE AM PICO COLON

Nachforschungen

Kurz vor Weihnachten1992 besteigt eine kleine Gruppe Deutscher und Österreicher den höchsten Berg Kolumbiens, den Pico Colon. Dabei stirbt der Thüringer Frank Zitzmann unter erschütternden Umständen. Wie konnte es dazu kommen?
Sein Vater, Klaus Zitzmann, will sich nicht mit der angegebenen Todesursache Malaria tropica abfinden und stößt bei Nachforschungen auf mehrere Ungereimtheiten. Anhand von Tagebüchern, Aussagen anderer Teilnehmer und des Expeditionsfilmes rekonstruiert er die Katastrophe und ihre Ursachen.
Klaus Zitzmann nimmt den Leser mit auf eine Erkenntnisreise zwischen Urwald und Karibikstrand, zwischen Ehrgeiz und menschlichem Versagen, die ein dramatisches Ende nimmt.
Dieses Buch ist für jeden, der sich für Expeditionen und Bergsteigen interessiert, ein Muss. Aber auch den Leser, der sich von einem wahren, tragischen Schicksal berühren lässt, wird das Buch in seinen Bann ziehen.

Verlag Neue Literatur 2002, 138 Seiten, ISBN: 3-934141-47-1,
13,90 Euro, gebunden

MARIANNE FONTANE:

HAUTNAH
oder
Davids Traum

Ein Sommer wie er prächtiger kaum sein könnte: heiß und trocken. Ferienzeit, Badezeit. Doch die Idylle ist trügerisch. An einem der schwülen Sommerabende wird der zehnjährige David mit ungewöhnlich schweren Symptomen ins Krankenhaus eingeliefert. Dort fällt er ins Koma. Die erschreckende Diagnose: Hirnhautentzündung – verursacht durch einen Zeckenbiss. Aber David hat einen enormen Willen und kämpft sich zurück ins Leben, mühsam erlernt er wieder, seinen Körper zu beherrschen.
Doch hinter dieser Fassade lauert schon der nächste Schicksalsschlag: David erkrankt erneut – und diesmal gibt es keine Hoffnung …
»David nahm alles wahr, registrierte, was er lange nicht mehr so gesehen hatte: den Sportplatz, die Betriebshallen, den Laden, die Bushaltestelle, dann die Brücke mit dem Wehr. Er sah die Vergangenheit … Auch zum Wäldchen konnte er sehen. Es lebte auf in der Sonne, war aber noch durchsichtig. War auch schon lange stumm, hatte kein Kind mehr gesehen, an keinem Tag, in keinem Jahr mehr seit damals …«

Verlag Neue Literatur 2005, 130 Seiten, ISBN: 3-938157-29-18,
12,90 Euro, gebunden

VNL
Verlag Neue Literatur
Jena · Plauen · Quedlinburg

ANDREAS GROSS:

LUZIES WELT

Auf der Suche nach einem neuen Denken

Warum ist etwas und nicht nichts? Diese uralte Frage treibt die 16-jährige Luzie seit dem Ohnmachtsanfall auf ihrer Geburtstagsparty um. Merkwürdige Dinge passieren: Im Garten findet sie eine goldene Armbanduhr, auf deren Rückseite ihr Name und ein Hamlet-Zitat mit dem Auftrag die Welt zu retten eingraviert sind, und im Postfach stapeln sich Briefe eines Unbekannten, der ihr bei der Beantwortung der Frage helfen will. Als Luzie sich auf das Angebot, an dem Schnellkurs des Unbekannten teilzunehmen, einlässt, gerät ihre Welt vollends aus den Fugen. Doch Luzie kämpft sich gegen alle Widerstände tapfer durch die Lektionen, die ihr der Unbekannte auf immer neuen Wegen zukommen lässt und die eine klare Botschaft ergeben: Das neuzeitliche Denken befindet sich in einer Sackgasse und muss so schnell wie möglich daraus befreit werden, will die Menschheit nicht ihren Untergang riskieren. Die Frage ist nur: Wie? Was ist das Zauberwort, das der Welt ihren verlorenen Sinn wiedergibt?

Verlag Neue Literatur 2004, 318 Seiten, ISBN: 3-934141-77-3,
14,90 Euro

Verlag Neue Literatur
Jena · Plauen · Quedlinburg